智能网联汽车导论

Introduction to
Intelligent and Connected Vehicles

主编 李 骏
副主编 李克强 王云鹏

清华大学出版社
北京

内 容 简 介

本书是中国科协新一代信息技术系列丛书之一。

本书主要内容包括智能网联汽车关键的理论基础、软硬件设计、核心技术和集成应用等方面。理论基础部分介绍了车辆系统动力学、驾驶员行为特性、交通流建模、自动控制、机器学习、数据挖掘等。软硬件设计部分从场景与功能定义、系统体系架构、电子电气架构等角度介绍了智能网联汽车设计思想与原理。核心技术部分介绍了智能网联汽车环境感知、地图定位、决策规划、运动控制、网联通信、功能安全、测试评价等关键技术。集成应用部分介绍了低级别辅助驾驶系统、高级别自动驾驶系统、车路协同系统、网联云控系统等方面的典型示范与工程应用。

本书可作为车辆类专业的本科生与研究生教材,也可作为计算机类、电子信息类、自动化类、交通运输类等专业的选修课教材或教学参考书,同时也可供从事汽车相关行业的工程技术人员学习使用。

版权所有,侵权必究。举报: 010-62782989,beiqinquan@tup.tsinghua.edu.cn。

图书在版编目(CIP)数据

智能网联汽车导论/李骏主编. —北京:清华大学出版社,2022.5(2024.8重印)
ISBN 978-7-302-60547-8

Ⅰ.①智… Ⅱ.①李… Ⅲ.①汽车-智能通信网 Ⅳ.①U463.67

中国版本图书馆 CIP 数据核字(2022)第 060031 号

责任编辑:许 龙
封面设计:傅瑞学
责任校对:赵丽敏
责任印制:刘海龙

出版发行:清华大学出版社
    网　　址: https://www.tup.com.cn, https://www.wqxuetang.com
    地　　址: 北京清华大学学研大厦 A 座　　邮　编: 100084
    社 总 机: 010-83470000　　邮　购: 010-62786544
    投稿与读者服务: 010-62776969, c-service@tup.tsinghua.edu.cn
    质量反馈: 010-62772015, zhiliang@tup.tsinghua.edu.cn
印 装 者:涿州市般润文化传播有限公司
经　　销:全国新华书店
开　　本: 185mm×260mm　　印　张: 21.5　　字　数: 522 千字
版　　次: 2022 年 7 月第 1 版　　印　次: 2024 年 8 月第 5 次印刷
定　　价: 59.80 元

产品编号: 096605-01

编审委员会

顾　问：郭孔辉　钟志华　孙逢春
主　编：李　骏
副主编：李克强　王云鹏
专家委员（按姓氏拼音排序）：
　　　　陈　虹　陈　龙　陈山枝　陈志鑫　邓伟文
　　　　高镇海　管　欣　何举刚　胡成臣　姜　潮
　　　　李必军　李　斌　李丰军　李开国　连小珉
　　　　林　逸　王长君　王笑京　王震坡　王志勤
　　　　吴志军　吴志新　夏群生　余卓平　张亚勤
　　　　朱西产　祖似杰

青年委员（按姓氏拼音排序）：
　　　　蔡英凤　褚端峰　高炳钊　高博麟　黄　晋
　　　　黄岩军　江　昆　孔伟伟　雷　飞　李升波
　　　　毛正涛　倪　俊　孙　剑　田大新　王　红
　　　　王亚飞　熊　璐　袁基睿　张　辉　章新杰
　　　　张照生　朱　冰　庄伟超

编委会办公室
主　任：赵莲芳
成　员：李升波　薄　颖　廖　航

前言

智能化和网联化是当前全球新一轮汽车产业变革的核心特征,也是新一代人工智能和信息技术的重要应用领域,智能网联汽车是互联网、5G通信、云计算、人工智能、大数据等先进技术的集成载体和应用平台。这些技术的融合应用,不仅将彻底变革汽车产业链、技术链和价值链,还将推动持续创新和技术突破,促进相关产业之间深度交叉融合,形成全新的产业生态体系,为我国汽车产业的全面转型升级提供了重大机遇。智能网联汽车与交通系统、能源体系、城市运行与社会生活紧密结合,是一项集智慧城市、智慧交通和智能服务于一体的国家级重大系统工程,更承载了我国经济战略转型、重点突破和构建未来创新社会的重要使命。加快推动智能网联汽车创新发展,对我国经济社会发展具有十分突出的战略意义。

中国汽车工程学会发布的《智能网联汽车产业人才需求预测报告》显示,到2025年我国智能网联汽车研发人才净缺口预计为1.3万~3.7万人。以车辆工程为基础的"汽车+"高层次复合型人才仍然非常稀缺,这也是智能网联汽车产业发展的当务之急。在此形势下,受中国科学技术协会委托,中国汽车工程学会组织车辆工程及关联交叉领域专家共同编写了《智能网联汽车导论》教材,以积极应对新一代人才培养的需求与挑战。本教材系统且全面地介绍了智能网联汽车核心技术及其发展,既可以作为车辆、交通、计算机、电子信息、自动化等专业的导论类教材,也可以作为汽车技术人员深入了解智能网联汽车的学习参考用书。

本教材是中国科协新一代信息技术系列丛书之一,诸多专家学者为其编写付出了辛劳和智慧。中国汽车工程学会承担了本教材的前期调研、组织编写和推广宣传工作,为保证教材的编写质量,设立了编审委员会,编委会办公室沟通协调多家参与单位,保证了编写工作的扎实推进。清华大学出版社承担了本教材的出版工作。

本教材编写团队专家包括清华大学、同济大学、北京航空航天大学、北京理工大学、东南大学、吉林大学、江苏大学、湖南大学、上海交通大学、北京邮电大学、重庆大学、深圳大学、武汉大学、厦门大学、浙大城市学院、浙江工业大学等高等院校的教师以及上海汽车集团股份有限公司、蔚来控股有限公司、深圳市大疆创新科技有限公司、中国汽车工程研究院股份有限公司等企业具有丰富实践经验的汽车工程师,在此对为本教材面世做出贡献的单位和个人一并表示感谢。

当前,智能网联汽车技术仍处于快速发展阶段,编写团队的工作,不可避免地存在一定的不足或疏漏,欢迎广大读者批评指正。希望本教材的出版对智能网联汽车的知识普及和技术发展起到积极的引导作用。

李克强

2022 年 3 月

目 录

第一篇 智能网联汽车基础

第 1 章 智能网联汽车概述 ………………………………………………………… 003
- 1.1 智能网联汽车的基本概念与内涵 ……………………………………… 003
  - 1.1.1 智能网联汽车定义 ……………………………………………… 003
  - 1.1.2 智能网联汽车功能 ……………………………………………… 005
  - 1.1.3 智能网联汽车等级 ……………………………………………… 006
- 1.2 智能网联汽车的体系架构 ……………………………………………… 008
  - 1.2.1 智能网联汽车的结构 …………………………………………… 008
  - 1.2.2 智能网联汽车的技术体系 ……………………………………… 010
- 1.3 智能网联汽车的发展与挑战 …………………………………………… 012
  - 1.3.1 新技术的发展与助推 …………………………………………… 012
  - 1.3.2 智能网联汽车发展面临的挑战 ………………………………… 013
- 本章小结 ……………………………………………………………………… 016
- 习题 …………………………………………………………………………… 016
- 参考文献 ……………………………………………………………………… 017

第 2 章 智能网联汽车基础理论 …………………………………………………… 018
- 2.1 车辆系统动力学 ………………………………………………………… 018
- 2.2 驾驶员行为特性 ………………………………………………………… 022
- 2.3 交通流理论 ……………………………………………………………… 025
- 2.4 自动控制理论 …………………………………………………………… 028
- 2.5 机器学习理论 …………………………………………………………… 031
- 2.6 数据挖掘与分析 ………………………………………………………… 033
- 2.7 多传感器融合感知 ……………………………………………………… 036

2.8 可靠性设计理论 ·· 040
本章小结 ··· 042
习题 ·· 042
参考文献 ··· 043

第3章 智能网联汽车设计 ·· 044

3.1 智能网联汽车设计概述 ·· 044
   3.1.1 智能网联汽车产品规划 ·· 044
   3.1.2 智能网联汽车设计思想 ·· 045
3.2 智能网联汽车场景与功能 ··· 048
   3.2.1 智能网联汽车场景 ·· 048
   3.2.2 智能网联汽车功能 ·· 052
3.3 智能网联汽车架构设计 ·· 053
   3.3.1 智能网联汽车电子电气架构设计 ································ 053
   3.3.2 智能网联汽车软件架构设计 ······································ 055
   3.3.3 智能网联汽车车路云总体架构设计 ···························· 057
3.4 智能网联汽车智能驾驶模块设计 ·· 059
   3.4.1 智能驾驶硬件模块 ·· 059
   3.4.2 智能驾驶功能应用算法模块 ······································ 061
3.5 智能网联汽车人机交互设计 ·· 063
   3.5.1 人机交互设计策略 ·· 063
   3.5.2 汽车智能座舱设计 ·· 065
本章小结 ··· 068
习题 ·· 068
参考文献 ··· 069

第二篇 智能网联汽车核心技术

第4章 智能网联汽车环境感知 ·· 073

4.1 环境感知技术概述 ·· 073
   4.1.1 环境感知系统简介 ·· 073
   4.1.2 环境感知系统构成 ·· 074
4.2 智能网联汽车传感器 ··· 075
   4.2.1 视觉传感器 ··· 075
   4.2.2 毫米波雷达 ··· 076
   4.2.3 激光雷达 ·· 079

4.2.4　超声波雷达 ………………………………………………………… 082
　4.3　智能网联汽车感知技术 …………………………………………………… 083
　　　4.3.1　视觉感知技术 ………………………………………………………… 083
　　　4.3.2　毫米波雷达感知技术 ………………………………………………… 086
　　　4.3.3　激光雷达点云感知技术 ……………………………………………… 088
　　　4.3.4　道路环境综合感知技术 ……………………………………………… 090
　4.4　典型环境感知系统介绍 …………………………………………………… 094
　　　4.4.1　自动驾驶试验车感知系统集成方案 ………………………………… 094
　　　4.4.2　自动驾驶试验车感知系统功能实现 ………………………………… 097
本章小结 ……………………………………………………………………………… 100
习题 …………………………………………………………………………………… 101
参考文献 ……………………………………………………………………………… 101

第5章　自动驾驶地图与定位 …………………………………………………… 102

　5.1　自动驾驶地图与定位概述 ………………………………………………… 102
　　　5.1.1　自动驾驶地图与定位简介 …………………………………………… 102
　　　5.1.2　自动驾驶地图的表达形式与应用场景 ……………………………… 104
　5.2　自动驾驶定位技术 ………………………………………………………… 107
　　　5.2.1　卫星惯导组合定位技术 ……………………………………………… 107
　　　5.2.2　地图匹配定位技术 …………………………………………………… 109
　　　5.2.3　SLAM融合定位技术 ………………………………………………… 112
　5.3　自动驾驶地图构建技术 …………………………………………………… 117
　　　5.3.1　自动驾驶地图采集系统 ……………………………………………… 117
　　　5.3.2　自动驾驶地图制作方法 ……………………………………………… 118
　　　5.3.3　自动驾驶地图格式规范 ……………………………………………… 120
　5.4　自动驾驶地图更新技术 …………………………………………………… 123
　　　5.4.1　集中式更新技术 ……………………………………………………… 124
　　　5.4.2　众源式更新技术 ……………………………………………………… 124
本章小结 ……………………………………………………………………………… 125
习题 …………………………………………………………………………………… 125
参考文献 ……………………………………………………………………………… 126

第6章　智能网联汽车决策与规划 ……………………………………………… 127

　6.1　决策规划技术概述 ………………………………………………………… 127
　6.2　分解式决策规划技术 ……………………………………………………… 129
　　　6.2.1　周车行为预测 ………………………………………………………… 130

	6.2.2 驾驶意图选择	131
	6.2.3 动态轨迹规划	132
6.3	集中式自主决策技术	132
	6.3.1 监督学习型自主决策	133
	6.3.2 强化学习型自主决策	135
6.4	典型路径规划算法	136
	6.4.1 栅格地图搜索算法	137
	6.4.2 特征地图搜索算法	138
本章小结		139
习题		139
参考文献		140

第7章 智能网联汽车运动控制 ··· 141

7.1	智能网联汽车运动控制概述	141
7.2	关键执行部件建模与控制	143
	7.2.1 驱动装置建模与控制	143
	7.2.2 线控转向建模与控制	145
	7.2.3 线控制动建模与控制	146
7.3	车辆状态估计与参数辨识	148
	7.3.1 车辆关键状态估计	148
	7.3.2 车辆模型参数辨识	150
	7.3.3 道路参数动态估计	151
7.4	智能网联汽车自主控制技术	153
	7.4.1 汽车纵向控制	153
	7.4.2 汽车横向控制	154
	7.4.3 底盘域协同控制	156
	7.4.4 极限工况车辆控制	158
	7.4.5 队列网联控制	159
本章小结		162
习题		162
参考文献		163

第8章 智能网联汽车网联通信 ··· 164

8.1	智能网联汽车网联通信概述	164
	8.1.1 汽车网联通信系统简介	164
	8.1.2 汽车网联通信发展趋势	168

8.2 车内网通信技术 170
  8.2.1 CAN 170
  8.2.2 LIN 173
  8.2.3 MOST 网络 176
  8.2.4 汽车以太网 178
8.3 车联网通信技术 180
  8.3.1 移动通信技术 180
  8.3.2 DSRC 技术 181
  8.3.3 C-V2X 技术 184
  8.3.4 DSRC 与 C-V2X 的技术比较 186
  8.3.5 全球频谱政策及分配 187
本章小结 190
习题 190
参考文献 190

第 9 章 智能网联汽车安全 192

9.1 智能网联汽车安全概述 192
  9.1.1 智能网联汽车安全简介 193
  9.1.2 智能网联汽车安全问题 194
9.2 智能网联汽车功能安全 197
  9.2.1 功能安全概念阶段 198
  9.2.2 功能安全设计开发 200
  9.2.3 功能安全管理 202
9.3 智能网联汽车预期功能安全 202
  9.3.1 预期功能安全概念 202
  9.3.2 预期功能安全设计开发 203
  9.3.3 预期功能安全保障技术 207
9.4 信息安全 208
  9.4.1 信息安全概念 208
  9.4.2 信息安全体系设计 209
  9.4.3 信息安全保障技术应用 211
9.5 人员安全防护 213
  9.5.1 智能网联汽车不可避免碰撞事故诱因与特征 214
  9.5.2 危险状态下人体损伤严重性预测 214
  9.5.3 人员智能安全保护 216
本章小结 219
习题 219

参考文献 ………………………………………………………………………………… 219

第 10 章　智能网联汽车测试评价 ………………………………………………… 221

10.1　智能网联汽车测试评价概述 ……………………………………………… 221
10.1.1　测试方法 ……………………………………………………………… 221
10.1.2　测试场景 ……………………………………………………………… 222
10.1.3　测试工具链 …………………………………………………………… 223
10.1.4　评价体系与方法 ……………………………………………………… 224

10.2　虚拟仿真测试关键技术 …………………………………………………… 225
10.2.1　行驶场景模型 ………………………………………………………… 226
10.2.2　感知传感器模型 ……………………………………………………… 227

10.3　硬件在环与车辆在环测试关键技术 ……………………………………… 231
10.3.1　硬件在环测试技术 …………………………………………………… 231
10.3.2　车辆在环测试技术 …………………………………………………… 233

10.4　试验场及开放道路测试关键技术 ………………………………………… 235
10.4.1　试验场测试 …………………………………………………………… 235
10.4.2　试验场测试装备关键技术 …………………………………………… 236
10.4.3　开放道路测试装备关键技术 ………………………………………… 238

10.5　智能网联汽车测试评价方法与标准体系 ………………………………… 239
10.5.1　智能网联汽车测试方法 ……………………………………………… 239
10.5.2　智能网联汽车评价规程 ……………………………………………… 241
10.5.3　智能网联汽车标准体系 ……………………………………………… 242

本章小结 ………………………………………………………………………… 243

习题 ……………………………………………………………………………… 244

参考文献 ………………………………………………………………………… 244

第三篇　智能网联汽车应用

第 11 章　辅助驾驶系统应用 ………………………………………………………… 249

11.1　L0 级辅助驾驶系统应用 …………………………………………………… 249
11.1.1　自动紧急制动系统 …………………………………………………… 249
11.1.2　自动紧急转向系统 …………………………………………………… 251

11.2　L1 级辅助驾驶系统应用 …………………………………………………… 254
11.2.1　主动巡航控制系统 …………………………………………………… 254
11.2.2　车道保持辅助系统 …………………………………………………… 256

11.3　L2 级辅助驾驶系统应用 …………………………………………………… 258

	11.3.1 领航辅助系统	258
	11.3.2 自动泊车系统	260
本章小结		261
习题		261
参考文献		262

第12章 自动驾驶系统应用 263

12.1	L3级自动驾驶系统应用	263
	12.1.1 交通拥堵自动驾驶系统	263
	12.1.2 自主代客泊车系统	265
12.2	L4级自动驾驶系统应用	267
	12.2.1 封闭场景自动驾驶系统应用	267
	12.2.2 城市道路自动驾驶系统应用	270
	12.2.3 高速公路自动驾驶系统应用	273
本章小结		274
习题		274
参考文献		275

第13章 车路协同系统应用 276

13.1	车路协同系统	276
	13.1.1 系统总体架构	277
	13.1.2 系统的特征	278
	13.1.3 系统演进阶段	279
13.2	车路协同辅助驾驶和自动驾驶应用	281
	13.2.1 车路协同辅助驾驶应用	281
	13.2.2 车路协同自动驾驶应用	288
13.3	车联网应用	296
	13.3.1 数据共享服务	296
	13.3.2 驾驶辅助类应用	298
本章小结		301
习题		301
参考文献		302

第14章 智能网联云控系统应用 303

14.1	智能网联云控系统概述	303

14.2 云控系统工程设计方法与应用概述 …………………………………… 306
14.3 典型智能网联云控系统介绍 …………………………………………… 308
　　14.3.1 云控车辆预测性巡航控制 ……………………………………… 308
　　14.3.2 云控车辆路口绿波通行 ………………………………………… 311
　　14.3.3 支撑数字映射的跨域感知 ……………………………………… 315
　　14.3.4 城市车流混合引导控制 ………………………………………… 320
本章小结 …………………………………………………………………………… 323
习题 ………………………………………………………………………………… 323
参考文献 …………………………………………………………………………… 324

附录 ……………………………………………………………………………… 325

附录A　智能网联汽车知识结构图 …………………………………………… 325
附录B　常用术语中英文对照表 ……………………………………………… 326

第一篇 智能网联汽车基础

第1章 智能网联汽车概述

汽车产业是国民经济的重要支柱和新一轮产业革命的战略性先导产业,是体现国家现代化竞争力的标志性产业,在国民经济和社会发展中具有重要的引领和支撑作用。随着以智能化、网联化为重要特征的全球新一轮科技革命和产业的蓬勃兴起与发展,传统汽车产业正在迎来一场全新的技术变革,正朝向低碳化、信息化和智能化方向发展。搭载先进车载传感器、控制器、执行器等装置的智能汽车逐步成为新一轮科技革命和产业变革的标志性、引领性产品,打造了全新的交通服务模式,构成了新型城市智能交通系统,是推动智能交通、智慧城市的重要技术载体。智能汽车是人工智能、移动互联网、新一代信息技术、交通能源系统等技术的综合性应用平台,是城市智能交通系统的重要组成部分,是构建绿色生态社会的核心要素,其意义不仅在于汽车产品与技术的升级,更有可能带来汽车及相关产业生态和价值链体系的重塑,是国际公认的未来发展方向和关注焦点之一。

1.1 智能网联汽车的基本概念与内涵

1.1.1 智能网联汽车定义

1. 智能汽车的定义

智能汽车指在普通汽车的基础上增加先进的传感器(摄像头、雷达等)、控制器、执行器等装置,通过车载传感系统和信息终端实现车与X(人、车、路、云等)智能信息交换,具备智能的环境感知能力,能够自动地分析汽车行驶的安全及危险状态,按照人的意志到达目的地,最终实现替代人来操作的新一代汽车[1-2]。智能汽车的发展可分为两个阶段,即初级阶段与终极阶段。初级阶段包括高级驾驶辅助系统(ADAS)及各级别的自动驾驶系统。终极阶段指的是最高级别的自动驾驶系统,即无人驾驶。

智能汽车可分为自主式智能汽车(Autonomous Vehicle)与网联式汽车(Connected Vehicle)。自主式智能汽车是基于车载装置,像人一样具有环境感知与决策控制能力的汽车,网联式智能汽车是基于通信互联,像人一样具有环境感知与决策控制能力的汽车[4]。智能网联汽车是自主式智能汽车与网联式汽车结合的产物,是智能汽车发展的新形态。智能网联汽车、自主式智能汽车与网联式汽车的关系如图1-1所示。

2. 智能网联汽车的定义

智能网联汽车(Intelligent and Connected Vehicles,ICV)是指搭载先进的车载传感器、控制器、执行器等装置,并融合现代通信与网络技术,使车辆具备复杂环境感知、智能化决策

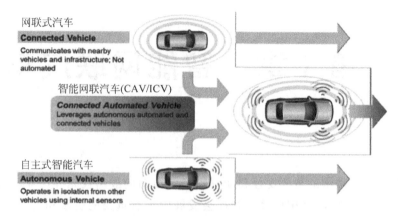

图 1-1　智能网联汽车是智能汽车技术发展的一种新形态[4]

与控制功能,能综合实现安全、节能、环保及舒适行驶的新一代智能汽车。智能网联汽车是信息物理系统(Cyber-Physical Systems,CPS)在汽车交通系统中的典型应用。智能网联汽车实质上是一个典型的 CPS,是大规模网联应用实时协同计算环境的新一代交通系统,以数据融合与服务融合,共同实现物理-虚拟双向交互与协同,也是数字孪生系统的典型应用(图 1-2)。

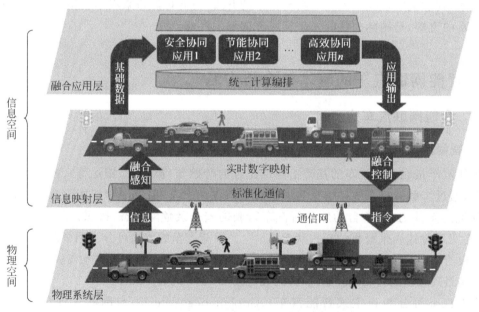

图 1-2　智能网联汽车对应的信息物理系统

常规汽车是机电一体化产品,而智能网联汽车是机电信息一体化产品。智能网联汽车具有多技术交叉、跨产业融合的特点,需要汽车、交通设施、信息通信基础设施(包括 4G/5G、地图与定位、数据平台)等多个产业跨界融合。同时,智能网联汽车增加了区域属性及社会属性,在行驶过程中需要通信、地图、数据平台等具有社会属性的支撑和安全管理。每个国家都有自己的标准规范,因此智能网联汽车的开发和使用具有特殊的本地属性和社会属性。

3. 智能网联汽车与智能交通系统、车联网

智能交通系统(Intelligent Transportation Systems,ITS)是指将通信技术、信息技术、控制技术、传感技术以及计算机技术等先进技术有效地集中运用到整个交通体系中,从而能够在大范围内实现实时、准确、高效的运输与管理的交通系统。

车联网是以车内网、车载移动互联网和车际网为基础,按照约定的通信协议和数据交互标准,在车-X(车、路、行人及互联网等)之间,进行无线通信和信息交换的大系统网络。其中,车内网是通过应用成熟的总线技术建立一个标准化的整车网络;车载移动互联网是车载终端通过4G/5G等通信技术与互联网进行无线连接;车际网是基于LTE-V等技术的"车-车""车-路"无线局域网。三网通过光纤等媒介与基础数据中心连接,以实现智能交通管理、智能动态信息服务和车辆智能化控制。

智能网联汽车、智能交通系统、车联网等技术之间的关系如图1-3所示。智能交通系统(ITS)是指将通信技术、信息技术、控制技术、传感技术以及计算机技术等先进技术有效地集中运用到整个交通体系,从而能够在大范围内实现实时、准确、高效的运输与管理的交通系统,不仅包括了车辆,还包括了道路、行人等一系列基础设施与交通参与者。智能汽车是智能交通系统的子系统之一,是一个融合环境感知、高精度定位与建图、路径规划、车辆控制、多等级辅助驾驶等功能于一体的综合系统。ADAS是智能汽车的一个重要组成部分。目前,智能交通系统还难以全面获取交通状态,及时侦测道路情况,准确了解交通主体参与者的运行状况,以及根据车路状况和彼此交互的相关状态为出行者提供更有效的交通信息。车联网为上述问题提供了有效的解决方案,在技术上,车联网是智能交通系统和智能汽车的重要技术支撑。传统意义上的自主式智能汽车加上网联化,构成新一代智能网联汽车[图1-3中A],除了能够保证自车与其他车辆、物体保持安全距离,还可实现车与车、车与设施、人与车、车与互联网的实时在线通信。基于智能网联汽车的发展,有望打造协同式智能交通系统,提升交通安全与交通效率。智能交通系统与车联网融合的产物为智能交通管理与信息服务[图1-3中B],而车联网还包括电商及后服务、汽车智能制造[图1-3中C]等。

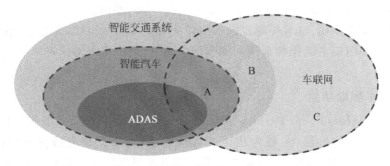

图1-3 智能交通系统、智能汽车、ADAS与车联网关系

A—协同式智能车辆控制(智能网联汽车);B—智能交通管理与信息服务;C—电商及后服务、汽车智能制造

1.1.2 智能网联汽车功能

智能网联汽车的功能主要包括以下6个方面:①在交通安全方面,智能网联技术的应

用可有效避免由90%人类驾驶员失误导致的事故,进而可使交通事故率降低到目前的1%,显著提高交通安全性;②在交通效率方面,车联网技术可提高道路通行效率,协同式自动驾驶巡航系统的大规模应用将会进一步提高交通效率;③在节能减排方面,现阶段协同式交通系统可提高自车燃油经济性20%~30%,高速公路编队行驶可降低油耗10%~15%;④在产业带动方面,智能网联汽车产业将会拉动机械、电子、通信、互联网等相关产业快速发展;⑤在国防应用方面,基于智能网联技术的无人驾驶战斗车辆可服务于国家重大军事战略;⑥在交通方式方面,智能网联汽车可减轻人们的驾驶负担,提升人们出行的便捷性,改变人们的交通方式。目前,智能汽车已实现应用功能的是高级辅助驾驶系统,典型功能如下。

1. **自适应巡航控制功能**

   自适应巡航控制(Adaptive Cruise Control,ACC)是一种车辆的巡航系统,基于车载传感器提供的前车信息,其中传感器类型包括毫米波雷达、激光传感器或摄像头,以达到自动调节车速,维持与前方车辆的安全距离的目的。

2. **车道偏离预警功能**

   车道偏离预警(Lane Departure Warning,LDW)是一种通过报警的方式辅助驾驶员减少汽车因车道偏离而发生交通事故的系统。当车道偏离预警系统开启时,摄像头(一般安置在车身侧面或后视镜位置)会时刻采集行驶车道的标识线信息,通过图像处理获得汽车在当前车道中的位置参数,当检测到汽车偏离车道时,传感器会及时收集车辆数据和驾驶员的操作状态,然后由控制器发出报警信号。

3. **自动紧急制动功能**

   自动紧急制动(Autonomous Emergency Braking,AEB)是一种汽车主动安全技术,主要由测距模块、电子控制单元(Electronic Control Unit,ECU)和制动模块三部分组成。AEB采用雷达探测自车与前车之间的距离,经由ECU对探测距离与安全距离进行比较并做出响应,当探测距离小于安全距离时进行自动制动,从而保障行车安全。

4. **车道保持辅助功能**

   车道保持辅助(Lane Keeping Assist,LKA)是一种辅助驾驶员使得车辆保持在固定车道内的智能驾驶辅助系统。LKA通过前视摄像头检测车道标识线,并在车辆接近车道线时向方向盘施加微小扭矩主动操控车辆回到车道中央,如果车辆即将越过车道线,将通过声音信号警告驾驶员。

5. **智能泊车辅助功能**

   智能泊车辅助(Intelligent Parking Assist,IPA)系统是用于汽车泊车或倒车时的安全辅助装置,利用车载传感器(一般为超声波雷达或摄像头)识别有效泊车空间,并能通过ECU控制车辆进行泊车。最常用的智能泊车辅助系统是倒车雷达系统,也有使用声呐传感器的,其作用是在倒车时,帮助驾驶员感知后视镜盲区并提醒有后方障碍物。

1.1.3 智能网联汽车等级

智能网联汽车包括智能化与网联化两个技术层面,其分级也可对应地按照智能化与网联化两个层面区分。在智能化层面,美国国家公路交通安全管理局(National Highway

Traffic Safety Administration，NHTSA)、国际汽车工程师学会(Society of Automotive Engineers，SAE)、我国全国汽车标准化技术委员会等组织已经给出了各自的分级方案。2017年12月,我国工信部与国家标准委联合印发了《国家车联网产业标准体系建设指南(智能网联汽车)》,进一步将智能网联汽车的发展分为智能化、网联化两种路径。在智能化方面,以目前普遍接受的SAE分级定义为基础,并考虑我国道路交通情况的复杂性,我国智能网联汽车智能化分为驾驶辅助、部分自动驾驶、有条件自动驾驶、高度自动驾驶、完全自动驾驶五个等级,如表1-1所示。

标准体系建设指南

表1-1 我国智能网联汽车智能化分级

智能化等级	等级名称	等级定义	控制	监视	失效应对	典型工况
	人监控驾驶环境					
1	驾驶辅助	通过环境信息对方向和加减速中的一项操作提供帮助,其他驾驶操作都由人完成	人与系统	人	人	车道内正常行驶,高速公路无车道干涉路段,泊车工况
2	部分自动驾驶	通过环境信息对方向和加减速中的多项操作提供支援,其他驾驶操作都由人完成	人与系统	人	人	高速公路及市区无车道干涉路段,换道、环岛绕行、拥堵跟车等工况
	自动驾驶系统("系统")监控驾驶环境					
3	有条件自动驾驶	由无人驾驶系统完成所有驾驶操作,根据系统请求,驾驶员需要提供适当的干预	系统	系统	人	高速公路正常行驶工况,市区无车道干涉路段
4	高度自动驾驶	由无人驾驶系统完成所有驾驶操作,特定环境下系统会向驾驶员提出响应请求,驾驶员可以对系统请求不进行响应	系统	系统	系统	高速公路全部工况及市区有车道干涉路段
5	完全自动驾驶	无人驾驶系统可以完成驾驶员能够完成的所有道路环境下的操作,不需要驾驶员介入	系统	系统	系统	所有行驶工况

我国汽车业界按照网联通信功能的不同将网联化划分为网联辅助信息交互、网联协同感知、网联协同决策与控制三个等级,如表1-2所示。

表1-2 我国智能网联汽车网联化分级

网联化等级	等级名称	等级定义	控制	典型信息	传输需求
1	网联辅助信息交互	基于车-路、车-后台通信,实现导航等辅助信息的获取以及车辆行驶与驾驶员操作等数据的上传	人	地图、交通流量、交通标志油耗、里程等信息	传输实时性、可靠性要求较低
2	网联协同感知	基于车-车、车-路、车-人、车-后台通信,实时获取车辆周边交通环境信息,与车载传感器的感知信息融合,作为自车决策与控制系统的输入	人与系统	周边车辆/行人/非机动车位置、信号灯相位、道路预警等信息	传输实时性、可靠性要求较高

续表

网联化等级	等级名称	等级定义	控制	典型信息	传输需求
3	网联协同决策与控制	基于车-车、车-路、车-人、车-后台通信,实时并可靠获取车辆周边交通环境信息及车辆决策信息,车-车、车-路等各交通参与者之间信息进行交互融合,形成车-车、车-路等各交通参与者之间的协同决策与控制	人与系统	车-车、车-路之间的协同控制信息	传输实时性、可靠性要求最高

《国家车联网产业标准体系建设指南(智能网联汽车)》中描述了智能化和网联化分级方式,在网联化层面提出了网联辅助信息交互、网联协同感知、网联协同决策与控制三个等级,并在一个坐标系中呈现智能化与网联化的关联。智能网联汽车的智能化和网联化的关联如图 1-4 所示。

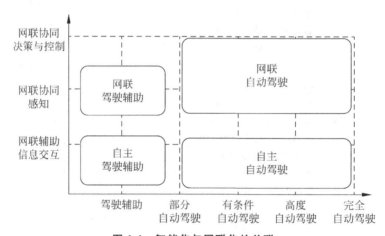

图 1-4 智能化与网联化的关联

1.2 智能网联汽车的体系架构

1.2.1 智能网联汽车的结构

智能网联汽车的结构按照物理和信息两个方面,可以分为整车物理结构以及整车信息结构。

1. 整车物理结构

整车物理结构是指车辆物理层面上的硬件结构。智能网联汽车整车物理结构主要可分为环境感知系统、决策规划系统、控制系统、车身及座舱、动力系统、底盘、电气设备等。整车的物理结构如图 1-5 所示。

(1) 环境感知系统硬件主要包括车辆状态感知传感器、交通环境状态感知传感器、驾驶员检测传感器以及能够使自车与外界车辆、设施、行人等交通参与要素进行有机联系与通信的设施;

(2) 决策规划系统硬件主要是指负责实时接收并处理传感器采集数据的高性能计算单

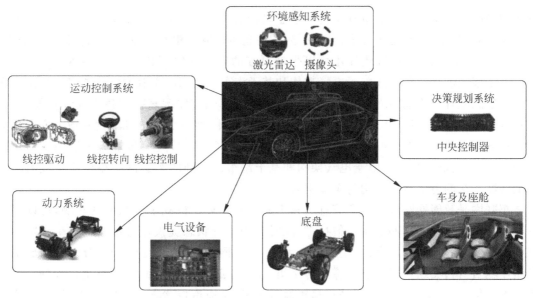

图 1-5　整车物理结构示意图

元,如 CPU、GPU、FPGA、ASIC 等;

(3) 与传统车辆相比,智能网联汽车将更多地用电信号控制车辆转向、制动、加速等,并大多采用线控制动、线控转向和线控节气门等线控技术;

(4) 与传统车辆相比,智能网联汽车的座舱将采用承载着更直接、更多样的用户需求的智能座舱;

(5) 与传统汽车以发动机为主的动力系统相比,智能网联汽车大多采用电动化动力系统;

(6) 智能网联汽车在整车底盘构造上与传统汽车底盘区别不大,仍以传动系、转向系、行驶系、制动系为主要组成;

(7) 汽车电气设备主要由电源系统和用电设备两部分组成,与传统汽车区别不大。

2. 整车信息结构

整车信息结构是指车辆中涉及车内外信息通信、软件功能等的结构,主要包括整车电子电气架构及车载网络、车联网等。整车电子电气架构是由德尔福公司提出的概念,是指集合汽车的电子电气系统、中央电器盒、连接器、电子电气分配系统等设计为一体的整车电子电气解决方案,相当于整车电子电气的总布置,主要包括汽车芯片、电子控制单元(ECU)以及安全气囊等;车载网络是解决汽车电气系统"交互"问题的关键技术,车载通信网络可以分为控制器局域网络(Controller Area Network,CAN)、汽车以太网(Automotive Ethernet,AE)、面向媒体的系统传输总线(Media Oriented System Transport,MOST)以及局部互联网络(Local Interconnect Network,LIN)等。

激光雷达、毫米波雷达、摄像头等大量传感器的加入使得智能网联汽车需要传输大量的数据,同时人机交互功能以及智能驾驶安全性也对汽车电子电气架构提出了新的要求。目前在发展中的汽车电子电气架构是基于域控制器和以太网通信网络的集中式电子电气架构,按照功能关联程度划分不同的功能域,每个功能域都包含强大的域控制器(Domain Control Unit,DCU)。域控制器集成了复杂且相对集中的功能,可以统一处理运算控制单元的数据信息,并将处理后的数据信息发回给控制单元执行,同时也集成了网关功能。这种基于域控制器的集中式电子电气架构的企业以特斯拉为代表，可以将多个系统的功能集成在一起，具有复杂度低、易于标准化的优势，同时也可以降低整车开发成本和软件开发难度，缩短整车集成验证的周期，此外还可以带来更好的空中软件更新（Over-the-Air，OTA）能力。基于域控制器的集中式电子电气架构和基于汽车以太网的车载网络能够满足智能网联汽车对信息处理计算能力、网络带宽的新需求，促进车辆端实现超强的集中式计算能力，支撑持续的软件应用升级，并且能够促进融合云计算技术，将部分功能如非隐私或非安全相关数据处理等转移至云端，增强与云端配合的分布式计算能力，进一步解放车辆端算力。因此，基于域控制器的集中式电子电气架构和基于汽车以太网的车载网络很可能将成为未来智能网联汽车的电子电气架构与车载网络。

车联网是智能网联汽车整车信息结构中的重要一环。搭载了车联网的车辆，可以提取利用信息网络平台上车辆的相关信息，并能对车辆运行状态提供监管和服务。车联网体系架构与物联网有许多共同之处，主要可分为感知层、网络层、应用层三个部分。感知层主要负责车辆自身与交通环境状态的感知与采集，通过车载无线通信系统、路侧通信设施以及个人便携通信终端，实时地感知和采集车辆运行状况、交通运控状态、道路周边环境、天气变化情况等；网络层主要负责整合感知层获取的数据，利用蜂窝网络、V2X（Vehicle to Everything）等通信技术，实现车与车、车与路、车与平台、车与人等全方位网络连接和信息交互，为应用层提供信息传输服务，实现远距离通信和远程控制的目的；应用层主要基于开放业务平台、数据平台和支持平台，为个人、企业、政府提供交通信息发布等公共服务以及智能交通管理、车辆安全控制等行业服务。

1.2.2 智能网联汽车的技术体系

智能网联汽车涉及车辆工程、计算机科学等多学科技术，其技术复杂程度高且耦合关联性强，其体系可划分为"三横两纵"式技术架构，如图 1-6 所示。"三横"是指智能网联汽车主要涉及的车辆关键技术、信息交互关键技术与基础支撑关键技术，"两纵"是指支撑智能网联

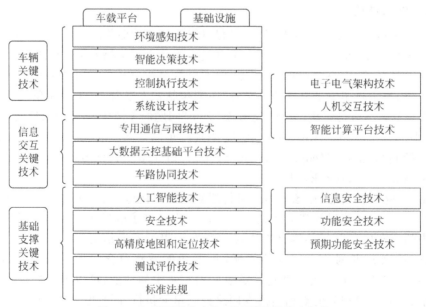

图 1-6 智能网联汽车"三横两纵"式技术架构

汽车发展的车载平台与基础设施。

本节主要对智能网联汽车关键技术发展现状进行阐释,重点介绍环境感知技术、智能决策技术、控制执行技术、人机共驾技术、网联通信技术、智能安全技术及系统测试技术。

1. **环境感知技术**

环境感知系统的任务是利用摄像头、激光雷达、毫米波雷达等主要车载传感器以及V2X通信系统感知周围环境,通过提取路况信息、检测障碍物,为智能网联汽车提供决策依据。环境感知技术是指通过各种传感器对车辆行驶环境进行动态感知和认知,为车辆提供数字化的已知驾驶环境信息,为决策模块提供输入,是实现自动驾驶功能的必要基础。根据感知传感器来源的不同可分为自主式环境感知和协同式环境感知。自主式环境感知是利用多传感器融合等技术获得车辆行驶环境的有用信息,如道路环境状况、车道状况、周边车辆的速度信息、车流信息、行车标志信息、车辆自身状态等。协同式环境感知是通过"车-车""车-路"等通信技术实现与智能车载设备的感知信息交互,从而使系统获取更全面、丰富的行车环境信息。目前常用的主流环境感知传感器有摄像头、雷达传感器、超声波传感器以及激光雷达。

2. **智能决策技术**

智能决策技术可根据汽车传感器的输入,制定当前时刻的汽车行驶策略(如直行、变道、超车等),为控制执行模块提供期望参考量。智能决策是自动驾驶技术中的关键技术之一,其难点在于:

(1) 复杂性:交通参与者多,道路类型多,规则约束多;

(2) 动态性:行人/自行车/机动车/红绿灯均变动,自车面临的情况瞬息万变;

(3) 随机性:机动车、非机动车、自行车、行人的意图和行为难以预测;

(4) 博弈性:自车与交通参与者(行人、机动车等)的行为是互相影响、制约的。

决策规划系统根据决策结构可以分为模块间次序分明的感知—规划—控制的分解式决策以及基于图像等原始信息输入直接得到控制量的端到端式决策。

3. **控制执行技术**

控制执行技术是指根据期望轨迹信息、车辆动力学模型及相应的控制算法,设计合理的目标函数和约束,实时求解控制指令的技术。控制执行技术的目的是根据决策指令规划出目标轨迹,通过纵向和横向控制系统的配合使汽车能够按照目标轨迹准确稳定地行驶,同时使汽车在行驶过程中能够实现车速调节、车距保持、变道、超车等基本操作。控制技术可以分为纵向控制、横向控制、底盘域协同控制、极限工况车辆控制与队列网联控制五个方面。

4. **人机共驾技术**

控制层的控制互补是目前人机共驾领域的核心关注点。控制层的人机共驾技术按照系统功能,可以分为共享型控制和包络型控制。共享型控制指人机同时在线,驾驶员与智能系统的控制权随场景转移,人机控制并行存在,主要解决因控制冗余造成的人机冲突,以及控制权分配不合理引起的负荷加重等问题。包络型控制指通过获取状态空间的安全区域和边界条件形成控制包络,进而对行车安全进行监管,当其判定可能发生风险时进行干预,从而保证动力学稳定性和避免碰撞事故发生。

5. 网联通信技术

车载通信的模式，依据通信的覆盖范围可分为车内通信、车际通信和广域通信。车内通信，从蓝牙技术发展到 Wi-Fi 技术和以太网通信技术；车际通信，包括专用短程通信（Dedicated Short Range Communication，DSRC）技术和蜂窝车联网（Cellular V2X，C-V2X）。C-V2X 是将车辆与一切事物相连接的新一代信息通信技术，其中 V 代表车辆，X 代表任何与车交互信息的对象，当前 X 主要包含车、人、交通路侧基础设施和网络。以长期演进技术（Long Term Evolution，LTE）为基础的 C-V2X 称为 LTE V2X（LTE-V），是我国力推的车联网标准。通过网联无线通信技术，车载通信系统将更有效地获得驾驶员信息、自车的姿态信息和汽车周边的环境数据等。利用网联通信技术，智能网联汽车能够建立车内系统互联及自车与其他车辆、路侧基础设施、行人、云端平台等关键元素的动态连接，实现交通系统内各类信息的实时传输交互，有助于提高车辆智能化水平、降低车辆安全风险、提升交通系统整体运行效率。

6. 智能安全技术

随着汽车智能化和网联化技术的发展，交通对象间耦合关系不断增强，交通参与者行为特性和人-车-路相互作用机理随之变化，对汽车行驶安全提出了更高的要求。传统汽车的主、被动安全技术难以满足交通要素强交互作用下的行车安全需求，需要以系统性、协同性和智能化的思想去研究汽车的安全问题。与传统的汽车主、被动安全技术相比，汽车智能安全技术在多方面具有显著特征，智能网联化道路交通中的汽车安全技术已不局限于单纯的碰撞保护，而是包括了功能安全、预期功能安全、信息安全、智能防护等面向运行全阶段的智能安全技术。

7. 系统测试技术

系统测试技术的研究重点是如何全面、准确、高效、安全地实现对汽车性能测试与评价。汽车测试过程以测试场景为输入数据，通过各类在环测试、封闭场地测试和开放道路测试技术，可以实现从虚拟到真实、从部件到整车、从具体功能到综合性能的测试。在测试场景生成时，常用方法包括典型场景自动生成和高风险场景加速生成。在对汽车进行测试时，经典技术包括基于各类仿真软件的虚拟测试技术、硬件在环与车辆在环测试技术以及试验场与开放道路测试技术。

1.3 智能网联汽车的发展与挑战

1.3.1 新技术的发展与助推

近年来，人工智能技术、智能芯片、大数据与 5G 通信技术以及车路云融合控制技术的快速发展，加速了智能网联汽车的发展。

1. 人工智能

得益于人工智能的发展，如目标检测、行人意图识别、车辆轨迹预测及基于人工智能的决策等算法，在自动驾驶决策中得到广泛应用；在基于神经网络的感知方面，AI 对复杂场景具有更强适应性，可实现多目标体的意图识别和预测，并且可考虑信息维数容量更大；在基于机器学习的决策方面,利用强化学习/深度强化学习等,在仿真环境中模拟训练能够适用于复杂场景并能够不断学习迭代;在基于强化学习的控制方面,AI的运用可使得控制算法不依赖于带标签的驾驶数据,能够实现复杂场景、复杂模型输出控制。

2. 智能芯片

智能芯片作为智能算法的载体,芯片算力提升、算法/硬件协同开发,实现芯片高算力、低能耗、小体积、低成本,推动智能网联汽车产业化。如英特尔"Pohoiki Beach"AI芯片与普通CPU相比,速度快了1000倍,能效高了10000倍,擅长执行神经元类任务,包括稀疏编码、路径规划、同步定位与地图构建(Simultaneous Localization and Mapping,SLAM)。英伟达Drive Xavier自动驾驶芯片,CPU部分采用定制架构8核单元,GPU采用最新Volta架构,含有512个CUDA核心,人工智能需求处理能力高达20 Tensor Core TOPS。

3. 大数据与5G通信

随着云时代的到来,大数据的应用越来越彰显其优势,唯有在互联基础上实现大数据分析与计算,才能保障智能网联汽车真正拥有充分的"智能"。大数据帮助智能汽车处理感知信息,快速分析决策。英特尔前首席执行官Brian Krzanich称,自动驾驶汽车每行驶8h将产生并消耗约40TB的数据,这意味着自动驾驶汽车将至少像传统汽车依赖化石燃料一样依赖数据。5G的时延从4G时代的50ms降低到了1ms。5G通信为车-车、车-物网联提供了大容量、低时延的可靠工具和手段,5G通信能够承载大规模的数据传输,让车与车、车与环境之间实现信息交换,通过通信感知到彼此的状态,并检测到潜在威胁。

4. 车路云融合控制

车路云融合控制系统,也称为智能网联汽车云控系统,是利用新一代信息与通信技术,将人、车、路、云的物理层、信息层、应用层连接为一体,进行多源融合下的感知、决策与控制,可实现汽车行驶和交通运行的安全、效率等性能提升的信息物理系统[6]。通过网联式智能汽车、路侧基础设施与资源平台的融合,建立物理系统的数字映射,实施分层融合决策与网联式智能汽车及路侧基础设施的协同控制,如图1-7所示。与单车智能相比,V2X增加了路侧设备和云的部署,可以有效降低自车智能的技术难度。其中,路侧设备通过路边设备感知周围交通的静态和动态信息,对车辆的路况数据进行精确分析,然后实时传输到车辆终端以形成协同决策。首先,由于在路边安装了传感设备,因此可以降低汽车硬件的成本,同时相当于形成"上帝视野",可以解决视觉范围之外的问题并确保高级自动驾驶的安全性;其次,云端可以通过收集大量数据来训练自动驾驶算法,支持全球信息存储和共享、互联业务流以及优化自动驾驶车辆的路径。因此,未来智能网联汽车将成为主流产品,车-路、车-车网联协同系统已经成为各国智能网联汽车发展的热点,是智能网联汽车落地应用的重要技术路径。

1.3.2 智能网联汽车发展面临的挑战

智能网联汽车发展面临的挑战包括但不局限于以下几个方面。

1. 智能驾驶技术尚不成熟

智能驾驶技术中目标识别、跟踪与行为预测算法、高精度地图与更高智能的决策算法以及高性能、低成本、低功耗的传感器与硬件计算平台都有待提升。除此之外,大规模通信的

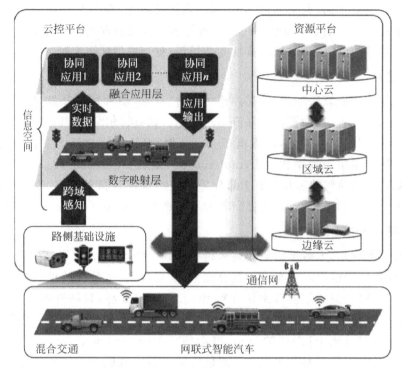

图 1-7　智能网联汽车云控系统基本架构

高性能、高可靠性,以及通信在各种工况条件下的性能一致性等均有待提高。

近年来,自动驾驶在感知、决策中运用了大量的人工智能算法,但这些算法并不能够支持全场景的高级别自动驾驶。为了实现全自动驾驶,就需要让自动驾驶车辆具备认知智能。然而,由于人工智能算法基于概率统计的本质,在模型训练与测试过程中所涉及的训练样本难以覆盖自动驾驶的所有场景,导致算法在面对未曾训练过的关键场景时会出现对周围环境预测不正确、做出错误决策等情况,从而危害行车安全,这是自动驾驶决策预期功能安全问题产生的根源。2016 年 5 月,特斯拉自动驾驶车辆在美国佛罗里达州的交叉路口撞向一辆正在左转的白色卡车,事故原因为自动驾驶系统将白色的车厢误以为是明亮的天空或是一朵白云,未采取避让措施。2018 年 3 月,Uber 自动驾驶车辆在美国亚利桑那州撞死一名推自行车穿越马路的女子,事故原因为决策系统未曾考虑违规穿越马路的行人,因此未能做出正确决策导致悲剧的发生。这两起事故均是由于人工智能算法在动态未知场景下的局限性造成的预期功能安全问题的案例,如图 1-8 所示。预期功能安全问题被普遍认为是智能网联汽车发展商业化与研究的最大难题之一。

此外,随着自动驾驶技术与车联网技术的发展,智能汽车信息物理系统的功能模块越来越多,攻击面越来越大,恶意网络攻击更有可能乘虚而入。同时,传统网络攻击工具可以很方便地直接应用于车联网中,对智能汽车系统的信息安全威胁极大。这些网络攻击的数量之大、速度之快、方式之多,使得有效防御十分困难。

2. 法律法规尚不完善

当前相关法律关于交通事故责任的认定,都是以驾驶员的驾驶行为制定的。而智能网联汽车通过算法自主做出驾驶行为打破了这一法律假设,这对以人的行为为基础构成的法

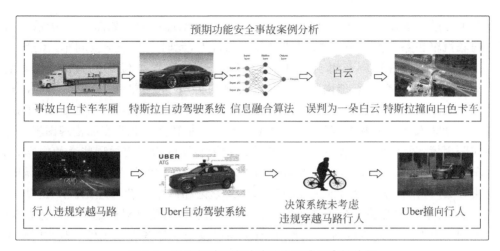

图 1-8 自动驾驶预期功能安全的典型案例分析

律规则提出了根本的挑战。责任的界定存在矛盾：一方面，当事故是因为自动驾驶算法故障导致的，那么生产者、销售者需要承担产品责任；另一方面，尽管用户不进行直接的驾驶，但作为自动驾驶汽车的保有人，应当承担部分相关的风险。随着智能网联汽车数量的增加和覆盖范围的进一步扩大，各国政府必将对事故责任界定进行进一步的讨论和立法。除事故责任界定之外，随着智能网联汽车逐渐大范围地上路运行，对适配场地的选择及道路设施的搭建也应有法律法规支撑。此外，由于自动驾驶车辆的特殊属性，相比于传统互联网应用，更需要信息安全方面的保证，因此对于智能网联汽车的信息安全相关法律也将进一步完善。

3. 公众可接受度尚未定论

近年来，人工智能和自动驾驶技术发展之快，完全超出了人们的想象。几年前还停留在测试验证阶段的自动驾驶汽车，如今离我们的日常生活已并不遥远了。2019年德勤全球汽车消费者调查指出，消费者对自动驾驶汽车持观望态度[7]。其中，因媒体对自动驾驶汽车事故的报道，72%的东南亚消费者对该技术持更加谨慎的态度，而我国消费者的谨慎度比东南亚、韩国低，如图1-9所示。当逐渐由机器替代人类驾驶，公众是否能够接受自动驾驶上路？

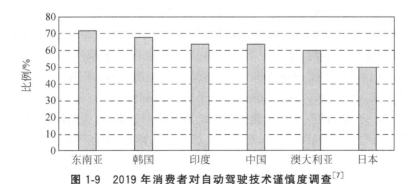

图 1-9 2019年消费者对自动驾驶技术谨慎度调查[7]

4. 伦理难题尚未攻克

即使将来智能网联汽车的部件、传感器以及算法会发展成熟，在一些实际的交通场景中也会存在不可避免的碰撞,此时如何决策是一个重要的伦理挑战。如图 1-10 所示,一辆黑色智能网联汽车在路右侧行驶,前方突然出现四位行人,此时已经来不及刹车,无论选择直行刹车、左转刹车或右转刹车都会发生交通事故,这类场景类似于经典的"电车难题"(Trolley Problem)。将来,智能网联汽车一定会遇到类似"电车难题"的伦理场景,需要妥善处理。在实际的交通场景中还有很多类似的情况,麻省理工学院(MIT)在 2015 年做过一项调查,有 1928 人参与了调查,调查结果显示这不仅仅是智能网联汽车的伦理困境,也是一个社会问题困境:公众无法达成一致的共识来决定智能网联汽车遵循哪些道德规则。智能网联汽车伦理问题已经引起了学者、政府机构以及企业等各方面的关注,他们各自提出了不同的解决方案[10]。在学术界目前主流的理论有义务论和后果论两种理论。产业界可以通过改进算法,提前采取措施避免不必要的潜在风险,当然也需要针对道德规则进行必要的设计。智能网联汽车的伦理难题需要学者、政府机构以及企业等各方面集思广益共同解决。

图 1-10 智能网联汽车的伦理困境
A—与前方 2 名行人相撞;B—与左侧自行车相撞;C—与右侧卡车相撞

本章小结

主要知识点:智能网联汽车是自主式智能汽车与网联式汽车结合的产物,可以分为整车物理结构以及整车信息结构,整车物理结构主要包括环境感知系统、决策规划系统硬件、控制系统、车身及座舱、动力系统、底盘、电气设备等,整车信息架构是指车辆中涉及车内外信息通信、软件功能等的结构,主要包括整车电子电气架构及车载网络、车联网等。智能网联汽车的技术架构可划分为"三横两纵"式技术架构,"三横"是指车辆关键技术、信息交互关键技术与基础支撑关键技术,"两纵"是指车载平台与基础设施。

重点和难点:智能网联汽车与智能交通系统和车联网的关系,智能网联汽车等级,智能网联汽车的技术体系架构,智能网联汽车对当前法律构成的挑战,智能网联汽车的伦理困境。

习题

一、基础习题

1. 智能网联汽车的定义是什么?

2. 描述智能网联汽车的智能化与网联化的分级方法。
3. 说明智能网联汽车、智能汽车与车联网、智能交通系统概念间的相互关系。
4. 智能网联汽车的结构可以分为哪几种？具体包含哪些部件？
5. 影响智能网联汽车发展商业化与研究的最大难题是什么？
6. 当前智能网联汽车面临的挑战是什么？

二、拓展习题

1. 建立智能网联汽车政策法规的目的是什么？
2. 推动智能网联汽车政策法规建设的方式有哪两种？
3. 我国的智能网联汽车技术发展路线是什么？
4. 举例说明新一代人工智能技术在智能网联汽车的环境感知、决策规划、运动控制方面的具体应用。
5. 智能芯片与普通芯片的本质区别是什么？
6. 智能网联汽车的安全问题可以分为几种？

参考文献

[1] 李克强,等.智能环境友好型车辆：概念、技术架构与工程实现[J].北京：机械工业出版社,2021.
[2] 李克强,王建强,许庆.智能网联汽车[M].北京：清华大学出版社,2022.
[3] 杨殿阁,黄晋,江昆,等.汽车自动驾驶[M].北京：清华大学出版社,2022.
[4] GAY K. Connected and automated vehicle research in the United States [R/OL]. US Department of Transportation. (2014-11-16). http://www.unece.org/fileadmin/DAM/trans/events/2014/Joint_BELGIUM-UNECE_ITS/02_ITS_Nov2014_Kevin_Gay_US_DOT.pdf.
[5] 李克强,戴一凡,李升波,等.智能网联汽车(ICV)技术的发展现状及趋势[J].汽车安全与节能学报,2017,8(1),1-14.
[6] 李克强,常雪阳,李家文,等.智能网联汽车云控系统及其实现[J].汽车工程,2021,42(12):1595-1605.
[7] 德勤. 2019年全球汽车消费者调查报告[EB/OL]. https://www2.deloitte.com/content/dam/Deloitte/cn/Documents/consumer-business/deloitte-cn-consumer-2019-gags-zh-190610.pdf.
[8] WANG H, HUANG Y, KHAJEPOUR A, et al. Ethical decision-making platform in autonomous vehicles with lexicographic optimization based model predictive controller[J]. IEEE Transactions on Vehicular Technology,2020,69(22):8164-8175.
[9] BONNEFON J F, SHARIFF A, RAHWAN I. The social dilemma of autonomous vehicles[J]. Science,2016,352(6293):1573-1576.
[10] WANG H, KHAJEPOUR A, CAO D, et al. Ethical decision making in autonomous vehicles: challenges and research progress[J/OL]. IEEE Intelligent Transportation Systems Magazine,doi: 10.1109/MITS.2019.2953556.

(本章编写人员：王红、顾大松、张晓飞、周沫)

第 2 章 智能网联汽车基础理论

本章主要介绍智能网联汽车设计开发中涉及的基础理论,分别从动力学与建模、控制与智能化算法、可靠性设计三个方面展开阐述。首先针对人-车-路系统的不同维度,简要介绍车辆系统动力学、驾驶员行为特征和交通流建模理论;然后结合智能网联汽车电控系统设计介绍其基础理论方法,具体包括自动控制理论、机器学习理论、数据挖掘与分析、多传感器融合;最后,从电子电气软硬件设计角度给出系统可靠性设计理论。

2.1 车辆系统动力学

车辆系统动力学研究所有与车辆系统运动相关的问题,包含加速、减速、转向等直观的车辆动作,实现车辆运动的执行系统及其子系统的动力学响应特性,如驱动系统、制动系统、转向系统、悬架系统等,其是智能网联汽车运动控制的基础。建立合理有效的动力学模型以精确表征车辆动力学响应特性,并以此为基础设计运动控制策略,是保障智能网联汽车行驶稳定性与平顺性的基石。针对车辆系统动力学的研究由来已久,随着传感器、控制、计算机、测试等技术的发展和应用,对于车辆复杂系统的建模和分析逐渐完善,极大地推动了动力学研究的进步。

为了描述车辆系统运动,可以将整车简化为有若干自由度的车辆模型。车辆模型自由度的增加可提高模型的表征精度,但同时会带来求解计算量的增加。在实际工程应用中,为突出相应研究问题的特征和本质,并满足实时计算要求,可以将整车运动拆分成局部问题进行分析。在固定坐标系下,如图 2-1 所示,一般可将车辆运动分解为纵向运动、横向运动和

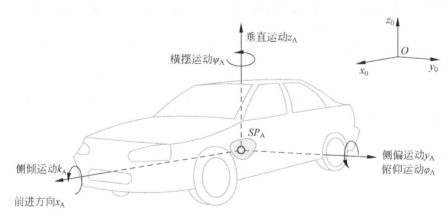

图 2-1 描述车辆运动的坐标系及其名称

垂向运动。$Ox_0y_0z_0$是描述车辆运动的固定坐标系。$Ox_Ay_Az_A$构成车身坐标系,其坐标原点与车辆质心SP_A位置重合,x_A平行于地面指向车辆前进方向,y_A平行于地面指向驾驶员左侧,z_A垂直于地面指向上方。侧倾运动k_A是车身绕x_A轴的转动,俯仰运动φ_A是车身绕y_A轴的转动,横摆运动ψ_A是车身绕z_A轴的转动。需要注意的是,各方向运动之间是相互作用、相互耦合的,如在转向过程中,同时会引起车辆侧倾。在针对某个方向进行动力学研究时,需要将其他两个方向的输入和扰动进行合理简化,如在研究转向特性时,可假设车辆行驶在平坦路面,并将纵向速度视为恒定。此外,车辆与地面之间的相互作用是通过轮胎进行的,轮胎为车辆在纵向、横向和垂向上的运动提供作用力。由于轮胎运动是非线性的,其模型难以精准表述,因此在进行动力学研究时,需要根据实际情况对轮胎运动进行合理假设,如一般在研究智能车辆路径跟踪问题时,可假设轮胎工作在线性区域。

车辆系统动力学发展至今已取得丰硕的成果,未来的发展方向包括非线性动力学、车辆主动控制及考虑驾驶员特性的"人-车-环境"耦合动力学。

1. 轮胎模型

轮胎是车辆与地面接触的唯一部件,是车辆系统的重要组成部分,其模型的精度是影响车辆动力学特性表征准确性的关键,是智能网联汽车运动控制的基础,特别是对于极限工况下车辆的运动控制。轮胎与地面接触产生的变形是形成纵向轮胎力、横向轮胎力和垂向轮胎力的根源。其中,侧偏特性是轮胎动力学重要研究内容之一,主要表征轮胎侧偏力与侧偏角之间的关系。轮胎侧偏是指车轮行驶方向偏离车轮平面,是形成侧偏角的直接原因。如图2-2所示,车辆在行驶过程中必然会受到地面侧向反作用力,即侧偏力F_Y。当车轮静止未滚动时,由于车轮具有侧向弹性,轮胎发生侧向变形,轮胎胎面接地印迹的中心线ee与车轮平面zz不重合,错开Δd,但两者仍平行,如图2-2(a)所示。当车轮滚动时,接地印迹的中心线ee仍与车轮平面zz不重合,且两者不再平行,而是形成夹角α,即侧偏角。此时,车轮沿着ee方向滚动,如图2-2(b)所示。

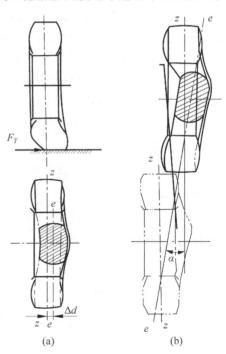

图 2-2 轮胎侧偏现象
(a) 车轮静止;(b) 车轮滚动

根据车辆动力学研究目标的不同,可将轮胎模型分为纵滑模型、侧偏模型和侧倾模型,以及垂向振动模型[1]。纵滑模型主要用于预测车辆在驱动和制动工况时的纵向力;侧偏模型和侧倾模型主要用于预测车辆的侧向力和回正力矩,评价转向工况下低频转角输入响应;垂向振动模型主要用于高频垂向振动的评价,并考虑轮胎的包容特性。然而,车轮在实际运动时,必然受到多个方向的输入影响,因此需要采用相应联合工况下的轮胎模型,如同时考虑纵滑和侧偏特性的轮胎模型,其能够反映附着力与侧偏角、滑移率和滑转率之间的关系。此外,又可将轮胎模型按照建模方法分为经验模型(如魔术公式轮胎模型、幂指数统一轮胎模型、SWIFT模型等)与物理模型(如弦模型、梁模型、刷子模型、辐条模型等)。

2. 纵向动力学

纵向动力学研究车辆直线运动及其控制的问题,与智能网联汽车的纵向运动控制息息相关,包括自适应巡航控制、自动紧急刹车等功能。车辆沿前进方向的受力包括轮胎纵向力和行驶阻力,其中行驶阻力包含车轮滚动阻力、空气阻力、坡道阻力、惯性阻力等。车辆匀速行驶时受力分析如图 2-3 所示。

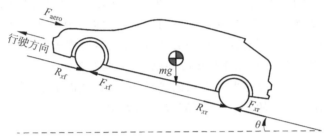

图 2-3 车辆纵向受力分析图

对应的运动微分方程如式(2-1)所示。

$$m\ddot{x} = F_{xf} + F_{xr} - F_{aero} - R_{xf} - R_{xr} - mg\sin\theta \tag{2-1}$$

式中,m 是车辆等效质量;x 是纵向位移;F_{xf} 是前轮纵向轮胎力;F_{xr} 是后轮纵向轮胎力;F_{aero} 是等效纵向空气阻力;R_{xf} 是前轮滚动阻力;R_{xr} 是后轮滚动阻力;g 是重力加速度;θ 是道路坡度角。

对于纵向动力学特性的研究将主要影响智能网联汽车的动力性、制动性和经济性。动力性一般表现形式在于加速能力、爬坡能力和最高车速,其本质上是研究车辆对于动力的需求(克服行驶阻力达到期望的纵向加速度和速度)与整车动力供应间的关系(动力、传动和驱动防滑等)。制动性能直接影响车辆的主动安全性能,主要可从制动效能(即制动距离和制动减速度)、制动稳定性(即制动时不发生跑偏、侧滑以及失去转向能力)等方面进行研究。经济性的总体研究目标是减少不必要的能量消耗,包括提高传动效率、降低行驶阻力、优化系统设计以及经济性行驶策略等方面内容。

3. 横向动力学

横向动力学主要研究车辆操纵稳定性与响应特性,包括转向特性研究、车辆横向控制等内容,是智能网联汽车横向控制的基础,如车道保持等辅助驾驶系统。二自由度车辆模型是最基本,也是运用最为广泛的横向动力学模型,其假定纵向速度恒定,仅关注横向运动和横摆运动两个自由度,动力学模型如图 2-4 所示。

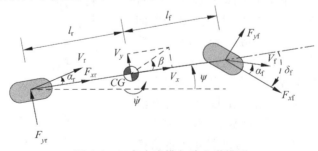

图 2-4 二自由度横向动力学模型

二自由度车辆模型的运动微分方程如式(2-2)所示。

$$\begin{cases} mV_x(\dot{\beta}+\dot{\psi}) = F_{yr} + F_{yf}\cos\delta_f \\ I_z\ddot{\psi} = l_f F_{yf}\cos\delta_f - l_r F_{yr} \end{cases} \quad (2\text{-}2)$$

式中,m 是车辆等效质量;I_z 是车辆绕 z 轴的转动惯量;F_{xf} 是前轮纵向轮胎力;F_{xr} 是后轮纵向轮胎力;F_{yf} 是前轮横向轮胎力;F_{yr} 是后轮横向轮胎力;δ_f 是前轮转向角;ψ 是横摆角;β 是质心侧偏角;l_f 和 l_r 分别是车辆质心到前、后轮中心的距离;α_f 和 α_r 分别是前、后轮侧偏角。V_x 和 V_y 分别是质心沿纵向、横向速度;V_f 和 V_r 分别是前、后轮速度。

二自由度模型虽然简单,但能够方便地展示动力学特征,尤其在轮胎线性范围内,其预估精度能够达到 70% 以上。但仍要注意,二自由度模型是建立在相应假设基础上,如假设无垂向路面不平输入、悬架刚性结构、转向系统刚性结构、前轮转角足够小等。基于二自由度模型,结合轮胎非线性动力学、驱动系统特性、转向系统特性、制动系统特性、悬架运动特性(如侧倾运动、载荷转移、车轮外倾角变化、变形转向等)等内容,可进一步分析更为复杂的车辆横向动力学响应特性,提升智能网联汽车在复杂多变的现实工况,以及相应极限工况下的运动控制性能。

4. 垂向动力学

垂向动力学是在考虑车辆悬架特性基础上,研究道路不平输入对驾乘舒适性、车辆振动等的影响,是智能网联汽车舒适性控制研究的基础。为了便于研究,一般将路面激励用谱密度函数来表示,并将复杂车辆系统进行合理简化。七自由度车辆模型是研究垂向动力学的基本模型,其假定车身是一个刚体,车辆具有上下跳动、俯仰和侧倾三个自由度,以及四个车轮的垂向运动,如图 2-5(a)所示。考虑到在低频路面激励下,可以认为车辆左右两侧的运动完全相同,而在高频路面激励下,车辆所受激励大多只涉及车轮跳动,因此可将七自由度模型简化为线性四自由度半车模型,如图 2-5(b)所示。若进一步考虑前、后轴垂向运动相互独立,不产生耦合,则车辆模型可进一步简化成单轮模型,如图 2-5(c)所示,通常轿车的车辆参数近似满足该条件。

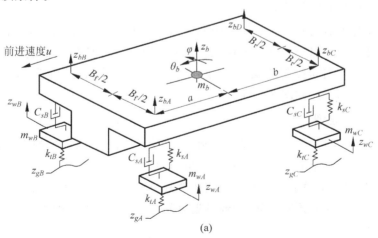

图 2-5 垂向动力学模型

(a)七自由度车辆模型;(b)四自由度半车模型;(c)单轮模型

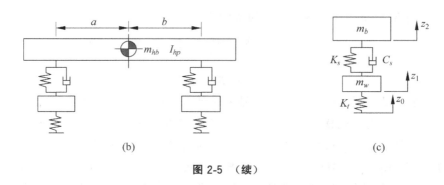

图 2-5 （续）

随着主动悬架技术的发展，垂向动力学研究内容变得更加丰富，其研究是决定智能网联汽车乘坐舒适性的关键。此外，除研究路面输入模型、悬架运动特性、车身姿态控制、车轮动载荷分配等问题外，驾乘舒适性研究还需要将人的主观评价纳入研究范畴，关注驾驶员与乘客的响应特性。

2.2 驾驶员行为特性

智能网联汽车的最终目标是像熟练驾驶员一样产生合理的驾驶行为，从辅助驾驶到完全自主驾驶，智能汽车决策控制都离不开对驾驶员驾驶行为的学习和适应。首先，驾驶员驾驶行为经过系统的培训和实践积累，蕴含着对复杂环境信息、车辆运动特性、交通参与者动态变化机制等深刻的理解和丰富的经验，具有优异的自学习能力和自适应能力，是智能网联汽车天然的学习蓝本；其次，精确辨识其他交通参与者的驾驶行为，从而精准预测其驾驶意图和行驶轨迹，是智能网联汽车决策规划的先决条件；再次，实现"类人驾驶"是体现智能网联汽车智能化和人性化的根源，也是智能网联汽车能够被驾乘人员信任和接受并真正融入混合交通环境，从而得到广泛应用的基础。与 2.3 节交通流理论中的跟驰与换道模型不同，本节主要从"单车"视角出发，深入分析驾驶员驾驶机理和行为特性。

1. 驾驶员驾驶行为的内涵

驾驶员驾驶行为是驾驶员在本体影响要素和环境影响要素的共同作用下产生的行为表征，包括对信息的感知、综合、判断、推理、决断，最后通过神经肌肉的反应产生汽车所需要的方向控制、驱动控制、制动控制等操纵力，具有很强的随机性、自适应性、离散性和时变性。驾驶员驾驶行为影响要素如图 2-6 所示。

2. 驾驶员行为模型

有关驾驶员驾驶行为的研究可以追溯到 20 世纪 50 年代，国内外的学者提出了一系列基于统计分析或控制理论的驾驶行为特性分析与建模方法，例如驾驶员反应动作点理论模型、最优控制理论驾驶员模型和预瞄最优曲率驾驶员模型等。其中，预瞄最优曲率驾驶员模型可以综合考虑驾驶员的预瞄时间、神经延迟时间、手臂肌肉惯性时间以及车辆动力学等因素[5]，如图 2-7 所示。

预瞄最优曲率驾驶员模型的原理是根据车辆当前位置和状态计算出前方道路预瞄点和期望点处的偏差，然后基于实际轨迹与期望轨迹的偏差最小原则得到最优横向加速度，最后

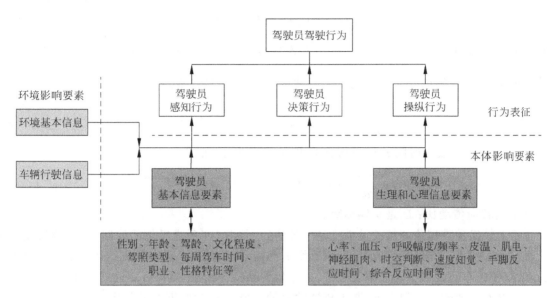

图 2-6 驾驶员驾驶行为影响要素

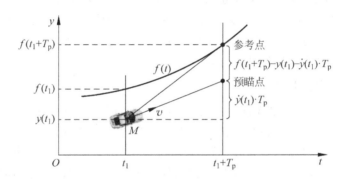

图 2-7 预瞄最优曲率模型

借助横向加速度和方向盘转角之间的函数关系得到最佳方向盘转角。

如图 2-7 所示,假设车辆行驶速度保持不变或变化较小,道路曲率较小,车辆行驶在期望轨迹 $f(t)$ 上,在 t_1 时刻,车辆的横向位移和横向速度分别为 $y(t_1)$ 和 $\dot{y}(t_1)$,如果车辆行驶方向不变,则经过预瞄时间 T_p 后车辆的实际侧向位移为

$$y(t_1 + T_p) = y(t_1) + \dot{y}(t_1) \cdot T_p + \frac{1}{2} \cdot \ddot{y}(t_1) \cdot T_p^2 \tag{2-3}$$

为了满足"最小误差原则",驾驶员会选择一个合适的方向盘转角 δ_{sw},此时车辆的横向加速度为 $\ddot{y}(t_1)$,轨迹曲率为 $1/R$,使得经过预瞄时间 T_p 后,车辆的实际横向位移和期望轨迹上参考点的横向位移相等,即 $y(t_1 + T_p) = f(t_1 + T_p)$。根据预瞄误差得到最优横向加速度为

$$\ddot{y}(t_1) = \frac{2}{T_p^2}[f(t_1 + T_p) - y(t_1) - \dot{y}(t_1) \cdot T_p] \tag{2-4}$$

最优轨迹曲率为

$$\frac{1}{R}=\frac{2}{d^2}[f(t_1+T_p)-y(t_1)-\dot{y}(t_1)\cdot T_p] \qquad (2\text{-}5)$$

式中，d 是预瞄距离，$d=v\cdot T_p+d_0$；v 是车辆速度；d_0 是最小预瞄距离。

根据"阿克曼转向几何关系"$\dfrac{1}{R}=\dfrac{\delta_{sw}}{iL}$，得到最优方向盘转角为

$$\delta_{sw}=\frac{2iL}{d^2}[f(t_1+T_p)-y(t_1)-\dot{y}(t_1)\cdot T_p] \qquad (2\text{-}6)$$

若将时间 t_1 设为时间 t，便可转化为更为一般的表达形式：

$$\delta_{sw}=\frac{2iL}{d^2}[f(t+T_p)-y(t)-\dot{y}(t)\cdot T_p] \qquad (2\text{-}7)$$

式中，i 是转向传动比；L 是车辆轴距。

基于最优预瞄理论的驾驶员模型是一种仿照"驾驶员"预瞄思想的控制算法，该模型在低速、道路曲率较小时能很好地满足轨迹跟随的需求，但其本质是一种无约束的线性优化方法，没有考虑车辆控制中路面附着条件、执行机构特性等约束，具有一定的局限性。

随着人工智能技术的发展，基于机器学习的驾驶员行为模型开始得到关注。这些模型通常利用监督学习方法，采用人工神经网络结构，利用驾驶员驾驶行为数据进行训练，从而达到模拟真实驾驶员行为的效果。除此之外，还可以利用强化学习方法，使智能体以"试错"的方式进行学习，通过与环境进行交互获得的奖赏指导行为的生成，目标是使智能体获得最大的奖赏，从而表现出恰当的驾驶员行为。

3. 驾驶员行为多维度表征

驾驶员行为复杂多变且动态演化，不同年龄、不同性别、不同性格、不同驾龄、不同驾驶熟练程度、不同操作风格等都会对驾驶行为产生显著影响。事实上，驾驶行为的动态生成机制在本质上蕴含着驾驶状态、驾驶习性和驾驶技能三个不同维度的表征体系。

所谓驾驶状态(Driving State)是指驾驶员驾驶过程中的心理、生理等机能状态，驾驶状态是驾驶员在特定条件下表现出的动态属性，具有很强的随机性和不确定性，极易受驾驶员情绪、情感、体力、精力等状况的影响。

所谓驾驶习性(Driving Style)是指驾驶员相对稳定的、习惯性的内在行为倾向，它是个人心理思维和行为模式的综合体。不同个体间习性差异明显。典型的驾驶习性包括激进型、灵活型、保守型和稳健型等。驾驶习性无明显的优劣之分，不同驾驶习性在安全、节能、舒适、效率等方面的侧重不同，在设计智能驾驶系统时应考虑驾驶员的个性化驾驶习性因素，以实现个性化、人性化的类人驾驶，从而提升系统的用户接受度和满意度。

所谓驾驶技能(Driving Skill)是指驾驶员驾驭车辆的能力和水平，是驾驶员通过学习以及反复实践所巩固掌握的动作技能和心智技能，包括感知技能、决策技能和操控技能等。驾驶技能一般不受外界环境等因素影响，在驾驶员从生疏到熟练的过程中，驾驶技能不断提高并趋向于成熟，最终达到由个人知识经验限制的最高水平。驾驶技能有明确的高低之分，其差异性在极端或临界驾驶工况下表现显著，具有高等级驾驶技能的驾驶员能够应对更加复杂、更加多变、更加危险的驾驶工况。

驾驶状态、驾驶习性、驾驶技能三者共同描述了驾驶员行为特性，从三个不同层次和角度解析了驾驶员驾驶行为的特征规律和动态演化机理，揭示了驾驶员特质的内在属性。

2.3 交通流理论

由于在解决交通安全问题、缓解道路拥堵以及改善驾乘体验上具有巨大潜力,智能网联汽车将是未来交通的发展趋势及核心,智能网联交通流将呈现完全不同的特性,甚至改变人类的出行模式。同时,自动驾驶技术在我国特色混合交通流环境中的规模化部署,安全测试是重中之重,由于具有成本低、场景可控、绝对安全等特点,基于交通流仿真生成驾驶场景并进行虚拟测试已成为自动驾驶测试的核心技术手段。本节从"多车交互"的角度主要介绍交通流特征指标、交通流仿真的核心模型(跟驰/换道模型)及常见的仿真工具。

1. 交通流特征指标

交通流特征指标可以分为宏观特征指标和微观特征指标。宏观特征指标将交通流作为整体进行描述,主要指标包括流量、速度、密度。具体而言,流量指的是特定时间段内通过道路上某一地点的车辆数,单位是辆/h;速度指的是单位时间内车辆移动的距离,这里指多辆车的平均速度,单位是 m/s 或 km/h;密度指的是单位长度路段上,一个车道某一瞬时的车辆数,单位是辆/千米或辆/(千米·车道)。

宏观交通流三参数之间关系也是交通流理论的重要内容。智能网联车辆的加入,将对交通流三参数关系产生显著的影响。如有研究给出纯人工驾驶和纯自动驾驶环境下的流量-速度曲线,如图 2-8 所示。随着不同自动化等级的智能网联汽车进入市场,人机共驾、人机混驾、队列行驶、车路协同等都会对交通流运行特性造成显著影响。

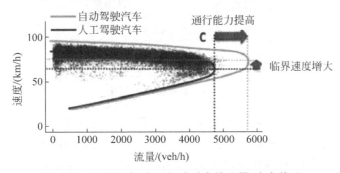

彩图 2-8

图 2-8 自动驾驶/人工驾驶对应的流量-速度关系

微观特征指标描述交通流中单个车辆或二三辆车构成的车队特征,主要指标包括单个车辆速度、车头时距、车头空距,是跟驰、换道模型中的核心参数。具体而言,车头时距指的是同向行驶的一列车队中,两辆连续车辆车头通过道路同一断面的时间间隔,用车前保险杠或车前轮作为参考点进行测量,单位为 s;车头空距描述的是两连续车辆车头间的距离,单位为 m,车头时距和车头空距的概念如图 2-9 所示。

若一条车道的车流行驶稳定,车种单一,车速均匀,该车流的平均车头时距与流量之间、平均车头空距与车道交通密度之间均成反比例关系,如式(2-8)、式(2-9)所示。

$$h = \frac{3600}{Q} \tag{2-8}$$

$$h_s = \frac{1000}{D} \tag{2-9}$$

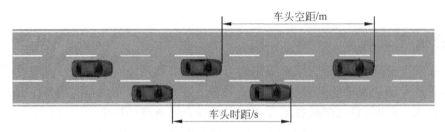

图 2-9 车头时距与车头空距示意图

式中，h 为平均车头时距(s)；Q 为一条车道上的交通流量(辆/h)；h_s 为平均车头空距(m)；D 为交通流密度(辆/(千米·车道))。

2. 跟驰模型

跟驰行为指的是在无法超车的单一车道上，后车跟随前车的行驶状态。一般认为，车头间距在 100~125m 以内或车头时距小于 6s 时，车辆间存在相互影响，后车存在"跟驰"状态，如图 2-10 所示。处于跟驰状态下的车流具备以下特征：前车车速制约着后车车速和两车间距；前车改变运行状态后，后车也要随之改变，且由于驾驶员反应时间的存在，后车改变状态会滞后于前车。

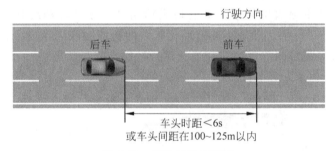

图 2-10 跟驰状态示意图

描述跟驰行为的经典模型是刺激-反应模型，可表达为：反应＝λ·刺激。其中，刺激是指前车加速或减速行为以及随之产生的两车之间的速度差或车间距离的变化；驾驶员对刺激的反应是指根据前车所做的加速或减速运动而对后车进行的相应操纵及其效果；λ 是驾驶员对刺激的反应系数，称为灵敏度或灵敏系数，与个体的感知能力有关。

除刺激-反应模型外，跟驰模型还包括安全距离模型、心理-生理模型、人工智能模型、优化速度模型、智能驾驶员模型、元胞自动机模型等。其中，智能驾驶员模型（Intelligent Driver Model，IDM）是目前自动驾驶汽车常用的跟驰模型。在 IDM 中，车辆下一时刻的加速度由当前速度和期望速度的偏差以及当前车头间距和期望跟驰距离的偏差决定。智能网联环境下，IDM 可较好地描述跟驰车辆借助通信手段及时获知前方车辆行驶信息，进而实现"智能"驾驶。

3. 换道模型

区别于单车道上的跟驰行为，换道行为描述的是车辆在车道间的运行，也是最基本的驾驶行为，是交通流理论的重要组成部分。根据换道动机不同，换道划分为强制性换道和任意性换道。强制性换道（Mandatory Lane Change）指的是当前车道无法到达预定的目的地，为了行驶到可达目的地的车道而采取的换道,常见场景如当前车道终止、阻塞;进入左、右转专用道或出入口匝道;车辆的目的地需要转向另一条车道;当前车道禁止某种车型通行等。任意性换道(Discretionary Lane Change)指的是当前车辆的行驶车速未达到期望值,为了获得更好的驾驶环境而采取的换道,常见场景如当前车道中有低速车辆或大型车辆;停车线前当前车道排队长度过长等。

通常车辆换道过程可划分为以下四个阶段:动机生成、车道选择、间隙选择和换道执行。间隙选择是决定车辆能否换道成功的关键,换道车辆需判断目标车道的前方/后方间距是否满足换入的安全阈值,如图 2-11 所示。

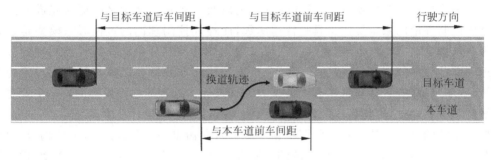

图 2-11 换道行为示意图

4. 交通流仿真

智能车虚拟测试需要实现路网、车辆动力学、传感器、交通流等多要素一体化高精度模拟,真实可信的交通流仿真是虚拟测试的关键一环。交通流仿真将每一辆车视为离散的个体,对系统内人、车、路、环境等多要素建模,采用仿真模型解析各要素间的相互作用和驾驶行为产生机理。微观交通仿真系统可看作多种驾驶行为的耦合,根据驾驶行为的持续时长和空间范围,可将其划分为战略级、战术级和运行级三个层次,分别描述路径、车道间和车道内的行为,详见表 2-1。

表 2-1 微观交通仿真模型层级和对应的驾驶行为

模型层级	描述对象	典型驾驶行为
战略级	路径层面的行为	路径选择行为
战术级	车道间的行为	换道行为、汇入行为、汇出行为、间隙选择行为等
运行级	车道内的行为	自由行驶、跟驰行为、排队形成与消散等

目前业界主流微观交通仿真软件有 PTV 公司开发的 VISSIM、Caliper 公司开发的 TransModeler、TSS 公司开发的 AIMSUN、德国宇航中心(DLR)开发的 SUMO 以及同济大学开发的 TESS NG 等,其中国产软件 TESS NG 立足于国内驾驶员的驾驶特性,对国内交通流环境具有更好的仿真能力,也可很好地支持智能网联交通流仿真(图 2-12)。

图 2-12 TESS NG 微观交通流仿真界面

2.4 自动控制理论

智能网联汽车在网联信息基础上结合智能控制算法实现车辆的自动控制。从系统技术角度,控制系统主要目标是设计一个模型或者算法,通过调节控制输入,使系统在小时延、无超调或者小超调达到期望的状态,并保证系统稳定性,以及较小的系统稳态误差。智能网联汽车存在开环控制和闭环(反馈)控制两种控制回路,PID控制就是最常见的闭环反馈控制系统。

控制理论包括经典控制理论、现代控制理论以及近年来发展起来的更为先进的控制方法。经典控制理论的系统描述工具是传递函数,而现代控制理论的被控对象模型是状态空间方程。从系统动态特性划分,控制理论可以分为线性控制理论和非线性控制理论。线性控制理论满足叠加原理,存在成熟的频域分析方法。而非线性控制理论的研究对象为非线性系统,不满足叠加原理,通常用非线性微分方程描述。处理非线性系统的一个主要思路是将非线性系统线性化,转化为线性系统,然后使用线性系统的设计技术。

控制系统的划分方法有很多种。根据系统输入和输出的数量,可以分为单输入/单输出系统和多输入/多输出系统。根据系统的控制方法,可以分为最优控制、鲁棒控制、模型预测控制、自适应控制和一些非线性控制方法等。在汽车控制中,这些方法有助于高效地设计出满足精度和鲁棒性需求的控制系统,因此接下来将针对这些控制方法进行简要介绍。

1. 最优控制

最优控制适用于具有优化特征的汽车控制问题,在早期驾驶员建模中应用广泛[8]。智能网联汽车路径规划和能量管理也可表达为最优控制问题,通过优化问题描述可以直观地进行数学建模,进而求解出车辆最优路径或者最优的驱动力矩。最优控制理论研究的主要问题是:按照控制对象的动态特性,选择一个容许控制,使得被控对象按预定要求运行,并使给定的性能指标达到最优值,其本质为泛函极值问题。

下面给出最优控制问题的一般数学描述:

目标函数:$\min_{u(\cdot)} J = \int_0^T L(\boldsymbol{x}(t), \boldsymbol{u}(t)) dt + E(\boldsymbol{x}(T))$ (2-10)

动态系统约束:$\dot{\boldsymbol{x}}(t) = f(\boldsymbol{x}(t), \boldsymbol{u}(t), \boldsymbol{p})$ (2-11)

状态和输入约束:$h(\boldsymbol{x}(t), \boldsymbol{u}(t)) \leqslant 0$ (2-12)

终端状态约束:$r(\boldsymbol{x}(T)) \leqslant 0$ (2-13)

初始状态:$\boldsymbol{x}(0) = \boldsymbol{x}_0$ (2-14)

其中,目标函数[式(2-10)]包含整个时间段内都存在的积分项和只在终端时间点处存在的终值误差项;系统状态方程(2-11)是状态向量 $\boldsymbol{x}$、控制向量 $\boldsymbol{u}$ 和设计参数向量 $\boldsymbol{p}$ 的矢量函数,其中 $\boldsymbol{p} = [p_1 p_2 \cdots p_N]^T \in \mathbb{R}^N$ 是由所有与时间无关的设计参数组成的向量(如车辆的尺寸);控制变量在满足初始状态约束[式(2-14)]、终端状态约束[式(2-13)]和输入/输出约束[式(2-12)]的同时,使得目标函数 J 最小(或最大)。优化问题常用的求解方法可以分为动态规划、间接法和直接法。动态规划以贝尔曼最优性原理为核心,将多步最优问题转化为单步最优控制问题;直接法则通过离散化手段将无限维最优控制问题近似为有限维数学规划问题;间接法是推导出最优性必要条件,得到数学上的两/多点边值问题。

2. 鲁棒控制

鲁棒控制诞生于 20 世纪 70 年代末,当时一个重要的成功应用是在模型不确定性和参数不确定性存在的条件下,实现了航空飞行器的高精度姿态控制。在网联汽车领域,车辆系统存在诸多不确定性,环境温度、海拔、车辆质量、道路坡度、道路附着条件等都会在一定范围内变化,因此运动控制(第 7 章)和执行机构控制都有鲁棒控制算法的应用。

鲁棒控制方法能在保证闭环系统稳定性的同时处理模型不确定性或外部扰动。所谓"鲁棒性",是指控制系统在一定的参数摄动下,维持某些性能的特性[9]。

考虑如图 2-13 所示的反馈系统,图中,实际系统 $G(s)$ 代表的是一类可以由名义系统 $G_0(s)$ 加系统扰动表示的系统,$C(s)$ 是需要设计的控制器,$F(s)$ 为测量增益,d_u,d,d_n 为系统的有界扰动,y_m 是系统参考输入,y 是系统输出。实际系统 $G(s)$ 和名义系统 $G_0(s)$ 之间的偏差认为是系统的扰动或者不确定性。如果控制器 $C(s)$ 除了使名义系统 $G_0(s)$ 稳定外,还可以克服实际系统 $G(s)$ 中的扰动使其稳定,那么我们可以称使实际系统 $G(s)$ 稳定的控制器 $C(s)$ 具有鲁棒稳定性。研究人员对系统鲁棒控制进行了大量深入的研究,提出了诸如 H_∞ 和 μ 方法等研究成果。

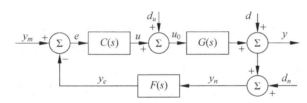

图 2-13 带有扰动的反馈控制系统

3. 模型预测控制

模型预测控制(Model Predictive Control,MPC)融合了优化控制理论与反馈校正的控制框架,可以处理具有优化目标需求、多输入/多输出、状态或者控制输入约束的控制问题,在智能网联汽车有在线优化需求的任务中得到了广泛应用[10]。第 6 章的局部路径规划(有控制约束)和第 7 章的底盘协同控制问题(多输入/多输出)都可以用模型预测控制架构来解决。

模型预测控制基本原理如图 2-14 所示,其核心思想是三个步骤:在当前的采样时刻,通过模型来预测未来一段时间内的系统动态(该预测时间段称为预测时域);在此基础上构建优化控制问题并求解整个时域内的最优控制序列;由于存在外部扰动、模型不确定性以及实际控制中时域有限等问题,模型预测控制将最优控制序列的第一个结果应用于被控对象,而在下一时刻重复以上步骤,最终实现滚动控制。关于 MPC 的稳定性、鲁棒性及其他理论性证明,可阅读书后参考文献。

4. 自适应控制

汽车往往处于复杂、动态交通环境,而且车辆系统存在器件老化、参数时变等因素带来的系统动态特性变化,且车载传感器难以直接测量。传统汽车可以通过驾驶员的操控加以补偿。智能网联汽车本质上是替代驾驶员完成驾驶任务。因此,其控制系统也需要能够处理上述不便直接测量且无法采用模型准确描述的扰动。

彩图 2-14

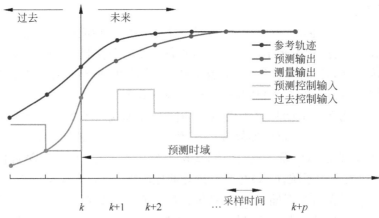

图 2-14 模型预测控制基本原理示意图

自适应控制不依赖于精准的系统模型，可以自动补偿系统模型阶次、参数和输入信号方面非预知的变化。其系统框架由性能指标的测量、性能指标的比较与决策、自适应机构及可调系统组成。

自适应控制包括变增益控制器、模型参考自适应控制[图 2-15(a)]和自校正控制[图 2-15(b)]等。变增益控制器，顾名思义，根据不同的控制场景选取不同的控制器参数。模型参考自适应以局部参数优化方法、李雅普诺夫稳定性定理和波波夫超稳定性为理论基础，包括一个定义理想闭回路特性的"参考模型"，自适应机制利用参考模型的输出来调整控制器的参数。自校正控制以系统辨识和随机最优控制为理论基础，经过多次辨识和参数调节，以有效地消除被控对象参数扰动造成的影响。自适应控制系统的稳定性、鲁棒性和收敛性都是控制理论研究中的重点问题。

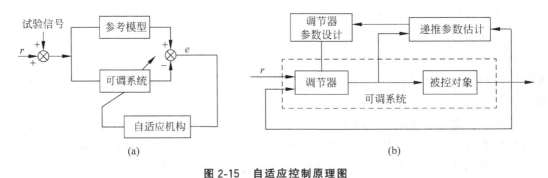

图 2-15 自适应控制原理图
（a）模型参考自适应控制系统结构；(b) 自校正控制系统结构

5．非线性控制

智能网联汽车非线性无所不在，如悬架、转向、传动、制动、轮胎等系统中都存在着诸多非线性因素，例如离合器摩擦特性、轮胎力特性、空气阻力特性等。针对这些非线性系统，如果用线性控制方法处理其控制问题，则需要将非线性系统进行分段线性化处理，用多段线性系统代替整个非线性系统，工程应用时需要繁杂的标定工作才能实现需要的控制性能。若采用非线性控制器设计方法，则可以大大提升算法的工况适应性和瞬态性能指标。

非线性控制算法设计的根本目的是针对非线性的被控系统构造反馈控制规律,使得系统呈现出期望的运动状态,主要方法有精确反馈线性化、滑模变结构控制、微分平坦、反步法、三步法等。以反馈线性化为例,其基本思想是利用微分几何理论,通过适当的非线性状态变换和反馈变换,将智能网联汽车这一复杂的非线性系统转化为完全或者部分线性的系统,在线性化过程中没有忽略任何高阶非线性项,通过严格的状态变换与反馈变换实现输入-状态或者输入-输出的精确线性化,将复杂的非线性系统的控制问题转化为线性系统的控制问题,然后通过线性控制方法完成控制器设计,通过输入的反变换求得非线性控制律。由于篇幅限制,不再详述其他方法,感兴趣的读者可以自行查阅相关文献。

2.5 机器学习理论

机器学习理论是智能网联汽车环境感知、决策和控制等关键技术的重要基础,主要研究如何使用机器去模仿人类学习行为,从数据中获取知识或经验,并重新组织已有的知识结构,从而提高自身性能的科学。机器学习的研究对象是数据,从数据出发,提取出数据的特征,发现数据的规律和模式,抽象出数据中的模型,最终回到对于未知数据的分析和预测[14]。在智能网联汽车软件架构中,感知层算法主要基于机器学习理论和方法设计而成,将汽车行驶状态数据和机器学习相结合,开展数据驱动的决策层和控制层算法设计是当下的前沿研究方向之一,未来机器学习理论对智能网联汽车关键技术的进步将发挥更大作用。

机器学习的三要素包括模型、策略以及算法。其中,模型代表着以何种方式来表示所需要解决的客观问题,策略代表着以何种准则来选取最优的模型,算法代表着以何种方式来进行模型的学习。例如,假设给定一个数据集 $T=\{(x_1,y_1),(x_2,y_2),\cdots,(x_N,y_N)\}$,其中 x_i 代表模型输入,y_i 代表数据标签,此时的学习任务是针对一个全新的输入如何准确得到其对应的输出。为解决上述问题,可以将学习任务定义为寻求一个有效的决策函数 $f(x)$ 去拟合输入到输出的映射,此时 $f(x)$ 可认为是该任务的模型。为学习得到决策函数 $f(x)$,通常需要构建一个目标函数 $L(\theta)$ 来度量决策函数 $f(x)$ 与真实值之间的差别,通过定义目标函数 $L(\theta)$ 来学习决策函数 $f(x)$ 的过程则可以认为是学习的策略,而如何去计算最小化目标函数 $L(\theta)$ 的过程则是学习的算法。

机器学习的目的是使训练得到的模型对训练集数据和测试集数据都有很好的预测效果,我们将模型在训练集上的误差称为训练误差,又称为经验误差;在新的数据集,如测试集上的误差称为泛化误差,泛化误差也可以认为是模型在总体样本上的误差。对于一个好的机器学习模型应该是经验误差约等于泛化误差,也就是经验误差要收敛于泛化误差,根据霍夫丁不等式可知经验误差在一定条件下是可以收敛于泛化误差的。当机器学习模型出现经验误差很小、泛化误差很大时,这种情况称为过拟合;当模型经验误差较大时,则称为欠拟合。欠拟合会在模型训练过程中表现出来,通过增加模型的复杂度比较容易控制。过拟合不会体现在训练集上,常见的方式是采用交叉验证来检测过拟合,解决方法一方面是增大数据集,另一方面是降低模型复杂度。

根据数据分析的类型,机器学习算法可以分为以下三类:监督学习、无监督学习以及强化学习。

1. 监督学习

监督学习是指给定输入数据以及输出标签，来学习如何关联输入与输出。监督学习是最常见的机器学习算法，其主要特点在于数据集内每个样本都存在其对应的标签，以智能网联汽车环境感知所涉车辆检测为例，如图 2-16 所示，其基本学习任务是针对一张图像，检测出图像中所有车辆的位置信息。为解决该任务，首先需要构造数据集 (X,Y)，其中 X 代表样本信息，标签 Y 代表该图像中所有车辆的位置信息，然后定义本次学习任务的模型为 $F(X)$，将样本 X 输入到模型中可以得到对应的预测值 Y_pred，为了使得 Y_pred 尽可能拟合数据集中对应的标签 Y，需要定义一个目标函数来度量预测值 Y_pred 与真实标签 Y 之间的差距，此时就可以将车辆检测问题转化为最小化目标函数的问题，通过模型优化得到最终的预测结果。监督学习的典型学习任务可分为分类、回归两类，两类任务的主要区别在于输出形式的不同，分类问题的模型输出为离散值，回归问题的模型输出为连续值。例如，当检测前方图像是否存在车辆时，其输出类别为"是""否"两类离散类别，则该类学习任务为分类任务；而在判断前方车辆的具体个数时，其输出为"1""2""3"等连续的数字，则该类学习任务为回归任务。

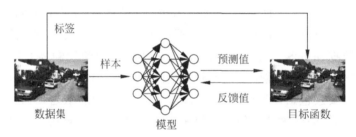

图 2-16 监督学习基本原理图

2. 无监督学习

无监督学习是指仅给定无标签的输入数据，通过分析数据内部的统计规律或潜在结构，给出所期望的最佳表示，与监督学习相比较，其最大区别在于输入数据没有标签。以智能网联汽车中常见的点云聚类算法为例，如图 2-17 所示，其基本学习任务是通过分析点云数据，将相近性质的点云信息进行归类。为解决该类学习，首先构造的点云数据集包含点样本信息 X，而不存在其对应的标签信息，然后定义本次学习任务的模型为 $F(X)$，$F(X)$ 通常代表着一种点云聚类的规则，例如通过欧氏距离将相近点云划分到相同类别，通过一次次的迭代最终得到满足终止条件的聚类结果。无监督学习的典型学习任务包括聚类、降维等。聚类问题如上例所示，针对给定样本，依据它们特征的相似度或距离进行归类归纳；降维问题

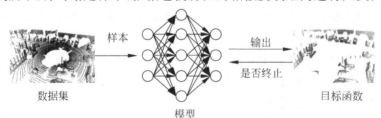

图 2-17 无监督学习基本原理图

则是将数据由高维空间转换为低维空间,从而更好地表现数据内部结构,例如在智能网联汽车的感知任务中,往往通过数据降维来优化数据的表征方式,从而进一步优化下游任务。

3. 强化学习

强化学习是指智能系统在与环境的连续互动中学习最优行为策略的机器学习算法。强化学习介于监督学习与非监督学习之间,即没有明确的监督标签,但仍然尝试学习输入与输出之间的关系。图 2-18 所示为强化学习的基本原理图,强化学习基本学习过程为:智能体通过观察环境得到当前的状态与奖励值,同时采取动作,环境则根据智能体采取的动作改变下一时刻的状态量以及奖励值,智能体通过这种不断试错的方式来实现累积奖励的最大化,以达到最优的动作序列。以智能网联汽车中的决策规划为例,当一辆自动驾驶车辆需要从 A 行驶到 B,此时自动驾驶车辆为定义的智能体,车辆行驶道路环境为定义的环境,假设从安全性、高效性以及舒适性出发定义一个奖励函数,车辆观察到的前景图像为其状态量,自动驾驶车辆的动作包括油门和刹车,则自动驾驶的车辆需要根据前景图像来判断下一刻执行的油门和刹车,每次动作之后车辆所观察到的前景图像也会发生改变;同时环境会返回一个奖励值,经过反复循环,可以得到一连串的动作以及其对应的累计奖励值,当得到最大的累计奖励值则可以认为此次连串动作为最优行为,从而得到从 A 到 B 的最优路径。

图 2-18　强化学习基本原理图

深度学习是近年来最热门的机器学习方法,得到学术界和工业界的广泛关注。区别于基于人工特征的浅层机器学习方法,深度学习方法能够从数据中抽取高维特征,对非线性函数具有任意逼近和自学习能力,在计算机视觉、自然语言处理等领域取得了优异的效果。常见的深度学习模型包括卷积神经网络、循环神经网络以及编码器-解码器等。由于汽车行驶的环境具有复杂性、动态性和不确定性特点,基于深度学习的环境感知和系统动力学分析方法均面临极大挑战。如何解决非理想环境下多目标的可靠识别问题,如何提升深度模型的可解释性和泛化性能,成为智能网联汽车技术进一步发展面临的瓶颈难题。受限于篇幅,在此对于详细的深度学习方法不做介绍,有需要的读者可继续阅读相关文献。

2.6　数据挖掘与分析

智能网联汽车运行时会产生大量数据,相应数据的挖掘与分析对车辆安全、节能等发挥重要作用。本节从数据采集、数据存储与管理和数据分析三部分对智能网联汽车数据挖掘与分析进行介绍。

1. 数据采集

相比传统车辆，智能网联汽车数据维度高、规模大、来源广，数据采集的方法也更加多样，下文从数据来源和数据结构两方面介绍数据采集过程。

1）数据来源

智能网联汽车数据来源主要包括车辆本身、智能设备、路边设施和空中平台4个部分。车辆本身产生的数据包括车载数据和车际数据。车载数据指汽车内部反映汽车自身运行状态的数据，由车载传感器采集，如车速、发动机参数和制动状态参数等。车际数据指汽车周边的环境数据，部分也来自车载传感器，比如车距、盲点目标和车载摄像头视频数据等。驾乘人员的智能设备也产生大量数据，如车载智能终端或乘客智能手机，产生的数据包括车辆轨迹数据、用户交互数据等。路边设施采集的数据也属于车际数据，通过汽车与路边设施之间信息交互采集数据，如车载单元与路侧单元通信，获取道路材质、交通灯状态、相邻车辆刹车通知以及对车辆身份识别等。在基础设施不完善、网络覆盖缺乏的农村地区，空中平台（包括卫星、高空平台和无人机三大平台）也可以作为智能网联汽车的重要数据源，相比其他数据采集方式，空中平台覆盖范围更广，可以实现车辆与车辆、车辆与基础设施之间数据的交互。

2）数据结构

按照采集数据的结构划分，智能网联汽车数据包括结构化、非结构化和半结构化数据三种。结构化数据指由二维表结构来逻辑表达和实现、严格遵循数据格式与长度规范的数据，主要通过关系型数据库进行存储和管理，如汽车车速、报警等数据，目前智能网联汽车绝大多数传感器采集的数据都属于结构化数据。非结构化数据是指没有确定的数据结构、不方便用数据库二维逻辑表来表达的数据，如车载摄像头、相机、语音采集器等采集的车内外视频图像信息、语音信息等。半结构化数据是介于结构化数据和非结构化数据之间的数据形式，它不符合关系型数据库或数据表关联的数据模型，但应用相关标记（逗号、空格等分隔符）分隔不同的语义元素，如激光雷达采集的原始回波和雷达图像等数据。

2. 数据存储与管理

智能网联汽车数据规模大、处理速度要求高，给传统的数据存储架构和管理方法带来了新的挑战，同时还需要满足低延迟、大吞吐量等数据处理要求。因此，智能网联汽车的蓬勃发展依赖于良好的数据存储、处理和管理方法。

分布式存储是目前主流的大批量数据存储管理方式。简单地说，分布式存储是将数据分散存储在多台存储服务器上，其具体形式包括分布式文件系统和分布式数据库。分布式文件系统是一种允许文件通过网络在多台主机上共享的系统形式，可让多用户同时分享文件和存储空间，如Google公司参照谷歌文件系统（Google File System，GFS）开发的开源分布式文件系统（Hardware Distributed File System，HDFS），实现了跨越多个服务器节点的分布式透明存储。分布式数据库可分为关系型数据库和非关系型数据库。关系型数据库是指采用了关系模型来组织数据的数据库，采用表格存储方式，并运用分库、分表方法解决大量数据库表插入和查询操作时反应速度下降的问题。常见的关系型数据库包括MySQL、SQLServer和Oracle等。非关系型数据库区别于关系型数据库，各属性间没有明确关联，具有很强的灵活性和水平扩展性，可支持海量数据的存储。常见的非关系型数据库包括

Hbase 和 MongoDB 等。

云存储是在云计算概念上延伸和衍生发展出来的一个新的概念,指通过集群应用、网格技术或分布式文件系统等功能,将网络中大量不同类型的存储设备通过应用软件集合起来协同工作,并共同对外提供数据存储和业务访问功能的一个系统。云存储具有良好的可扩展性、存储成本低及更好的数据保护等特点,面对丰富的智能网联数据,可以利用一个池化的大数据云端存储平台,更好地支撑多模、异构数据的存储、查询和解析。

按存储载体的不同,智能网联汽车数据存储类型可分为互联网存储、车载存储和路边存储。互联网存储是智能网联汽车主流的存储方式。分布式存储和云存储都属于互联网存储,主要存储非实时调用的数据。车辆可以通过互联网远程访问存储设备。车载存储利用车辆上安装的 OBU(On Board Unit)提供的可扩展接口,连接相应外置存储设备进行存储,此种方式数据交互快、访问延迟低,常用于车-车、车-路等数据实时交互。路边设备通常也安装有外部存储扩展接口,例如,部分公司的商用 RSU(Road Side Unit)产品拥有超过 10Gb 的板载存储,并集成了 USB 接口。

3. 数据分析

数据分析是指采用适当的统计分析方法对收集来的大量数据开展分析、提取有用信息并形成结论,从而最大化地开发数据功能、发挥数据作用的过程。数据分析流程包括目标确定、数据预处理、建模分析、模型评估等,如图 2-19 所示。

图 2-19 数据分析流程

1) 目标确定

针对具体数据挖掘应用需求,首先要明确数据挖掘的目标,包括了解相关领域的情况、熟悉背景知识、理清用户需求。在智能网联汽车数据分析与挖掘中,可以针对用户的用车习惯进行相应的场景推荐服务,如根据车辆行驶状况推荐合适的加油站、充电桩,从而方便用户出行,提高出行效率;也可以根据车辆上传的相关数据分析并预测车辆故障,及时解决安全隐患,提高出行安全性。

2) 数据预处理

在数据挖掘中,原始数据中存在大量不完整(有缺失值)、不一致和异常(数据错误)数据,严重影响数据分析建模的效率,甚至导致分析结果的偏差,因此开展数据预处理显得尤为重要。数据预处理包括数据清洗、数据集成、数据转换和数据规约 4 个部分。

数据清洗是对数据进行重新审查和校验的过程,主要是删除原始数据集中的无关数据、重复数据,并对缺失值、异常值进行修复等,是整个数据分析过程中不可缺少的重要环节,其结果质量直接关系到模型效果和最终结论。在实际操作中,数据清洗通常会占用分析过程50%~80%的时间。数据集成是将不同数据源、格式、特点的数据在逻辑上或物理上有机地集成到一个数据集合中。如:智能网联汽车数据来源包括车载数据、路边设施数据和空中平台数据等,数据集成可将相关数据整合为一个数据源,从而提高数据的一致性和信息共享利用效率。数据转换是将数据从一种格式或结构转换为另一种格式或结构的过程。数据转换对于数据集成和数据管理至关重要。数据转换的主要方法包括平滑处理、合计处理、泛化处理、规格化处理和属性构造处理等。数据规约也称数据削减,是指从原有巨大数据集中通过去除与分析无关属性获得一个精简数据集的过程。在精简数据集上开展数据挖掘会提高效率,并保证挖掘出来的结果与使用原数据集获得的结果基本相同。数据规约的主要方法包括数据立方合计、维数削减、数据压缩、数据块削减等。

3)建模分析

数据经预处理后要进行数据建模分析。数据建模是数据挖掘分析中最重要的环节。挖掘建模常用的算法有分类分析、聚类分析、关联规则和时序模式。分类分析指根据数据特点,通过事物特征的定量分析,形成能够进行分类预测的分类模型,挖掘事物的本质。如智能网联汽车可通过图像信息对汽车、摩托车和自行车进行分类,识别不同类别(直行、左拐、右拐等)交通标线,保障车辆行车安全。聚类分析指按照特征相似性将研究对象分为几个组,如根据智能网联汽车行驶轨迹,聚类推断驾驶员常去的地点;或通过聚类分析了解同一批次零件之间的一致性,提高产品生产质量等。关联分析指从大规模数据中,发现数据集中各项之间的关联关系,从而根据一个属性的信息推断另一个关联属性的信息,如推断驾驶越野车、经常参加户外运动的人更可能购买户外装备等。时间序列分析用来描述某一对象随着时间发展而变化的规律,并根据有限长度的观察数据,建立反映序列中动态依存关系的数学模型,并依据该模型对系统的未来趋势进行预报,如智能网联车辆应用时间序列分析方法分析车辆健康状态演化规律等。

4)模型评估

模型评估处于整个数据分析中的最后阶段,是对最终模型效果进行评测的过程。在挖掘算法初期需要制定好最终模型的评测方法、相关指标等,在这个过程中对这些评测指标进行量化,判断最终模型是否可以达到预期目标。通常模型的评估人员和模型的构建人员不是同一批人,以保证模型评估的客观性、公正性。

2.7 多传感器融合感知

智能网联汽车的环境感知系统往往配备有多种传感器,如激光雷达、毫米波雷达、视觉传感器、超声波雷达等。不同传感器在感知范围、感知精度、成本价格等方面具有不同的特性,且具有互为补充的特点。多传感器融合感知是充分利用不同传感器的优势、提升感知系统能力的关键技术。多传感器融合感知技术所涉及的基础理论是多源信息融合理论。在智能网联汽车领域,多源信息融合可大致分为三种类型:目标级融合、数据级融合和特征级融合(图2-20)。

	目标级融合	数据级融合	特征级融合
方法	各传感器输出目标级结果，然后融合	各传感器原始数据融合，然后检测	各传感器预处理，得到特征级融合
架构	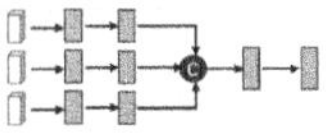	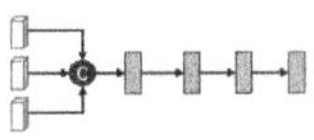	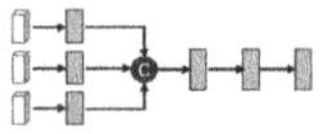
特点	融合复杂度低，但融合不充分	信息充分交互，但过程复杂	既实现充分交互，又节省一定算力

图 2-20 融合识别算法分类及对比示意图

1. 目标级融合

目标级融合是指各传感器分别提取出目标信息，之后再对各传感器的提取结果进行融合，最终得到优化后的估计结果。目标级融合方法不直接处理传感器原始数据，而是要求各传感器进行预处理，输出相同结构的检测结果，最终对各传感器结果进行加权平均。目标级融合的方法往往具有较好的通用性，广泛应用于不同传感器、不同来源之间的信息融合，例如视觉与雷达、自车端与路侧端等融合场景。其缺点在于各传感器的预处理会带来较大的信息损失，不能充分实现传感器之间的优势互补。目标级融合所处理的数据一般数据结构较为一致，均为目标的位姿信息。因为这一特性，目标级融合可以转化为较为经典的位姿状态估计问题。最常用的估计方法是最小二乘估计法，其核心思想是找到一组状态估计结果，使得该状态与所有传感器观测值距离的平方和最小。然而在智能网联汽车上不同传感器具有不同测量精度。为了考虑这种特性、提升估计精度，加权最小二乘法（Weighted Least Squares，WLS）被广泛使用。

经典加权最小二乘法是将所有的观测数据一次性批处理给出估计结果。而在实时运行过程中，不同传感器数据往往是按时间序列依次进入计算过程。因而可以采用递推的方法进行最小二乘参数估计，有效地减少数据存储量，这便是递推加权最小二乘法。其基本思路如图 2-21 所示，在计算当前帧的最优估计值时，所需要的信息为上一帧的最优估计结果，以及新接收到的测量值。

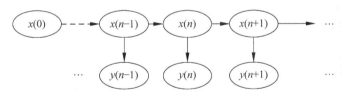

图 2-21 递推式的最优估计流程示意图

借鉴递推最小二乘法的表示形式，我们可以进一步完成卡尔曼滤波器的推导过程。卡尔曼滤波器是实现目标级融合最常用的工程技术，其主要流程包括五个步骤，如图 2-22 所示。

经过卡尔曼滤波处理之后，多传感器的测量值将按照测量误差的大小（即均方差的大小）进行加权平均。误差越大的测量值，权重越小；反之，误差越小的测量值，权重越大。

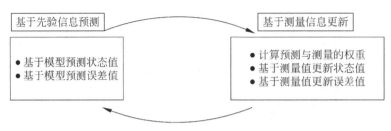

图 2-22 基于最优估计的滤波流程图

经典卡尔曼滤波器是针对线性系统设计的。对于非线性系统,一种常见的解决思路是进行泰勒级数展开,略去高阶项,近似为线性系统,再作线性卡尔曼滤波估计。这种处理非线性系统的卡尔曼滤波方法称为扩展卡尔曼滤波(Extended Kalman Filter,EKF)。

2. 数据级融合

数据级融合是直接在采集到的原始数据层进行信息的综合分析。这种融合方法的主要优点是保持尽可能多的原始数据,避免有效信息的丢失,从而提供强大的细节描述能力。但其缺点也较为明显:基于原始数据的处理会带来较大的计算负担和计算难度,算法实时性难以保障。同时,不同传感器的数据级融合还需要精准的标定参数,以便不同传感器的原始数据能够相互匹配。当前深度学习网络等人工智能技术发展迅速,为数据级融合方法的研究提供了新的思路和手段。基于深度学习的数据集融合方法是当前研究热点。

例如,低线束激光雷达的点云较为稀疏,通过多激光雷达的拼接,可以在数据层实现稀疏问题的解决。当然数据级融合也可以应用于不同类型传感器之间。例如,激光雷达和相机可以进行数据级融合,让点云带有色彩信息(图 2-23)。其前提是获取到高精度的内外参标定结果。通过高精度的参数标定,激光雷达和视觉可以实现原始数据的关联,即每一个激光雷达点都可以匹配到对应的像素上。这样就可以将原本只包含 (x,y,z) 三个维度信息的点,扩展为 (x,y,z,r,g,b) 六个维度信息的点。这种异构数据的直接融合,相对于单一传感器明显具有优势。然而其缺点在于,其对异构数据的融合方法过于简单粗暴。以视觉与点云为例,其数据结构相差较大,通过点云像素的一一对应,不一定是最好的融合机制。单一像素的信息量十分有限,远不及局部像素区域所包含的信息。异构数据的直接拼接往往会导致信息的丢失,因此需要结合特征级融合方法。

彩图 2-23

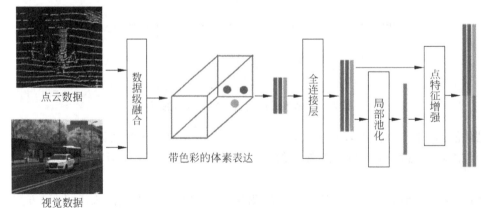

图 2-23 视觉与点云基于体素的数据级融合方法示意图

3. 特征级融合

特征级融合是对来自传感器的原始信息进行特征提取,然后对特征信息进行综合分析和处理。特征级融合介于目标级融合和数据级融合之间,优点在于充分利用不同传感器的特征级信息,能够对目标进行更高维度的特征描述,从而提高检测性能;同时,特征提取的过程对原始信息进行了有效的压缩,减少了信息传输与处理的负担,有利于实时处理。特征级融合的步骤一般包括特征提取、特征匹配和特征融合。特征级融合既可以基于规则算法具体实现,也可以基于神经网络实现。

特征级融合可以很好地解决不同类型传感器异构数据的深度融合问题,是提升自动驾驶感知性能的重要手段。这里介绍视觉与激光雷达点云的深度融合方法。

视觉图像与激光雷达点云之间的深度融合又可以划分为集中式融合与非集中式融合。集中式融合方法指对图像与点云特征进行提取,在此基础上再对融合后的特征进一步进行特征加工,进而实现特定的任务,如目标检测、语义分割等。非集中式融合方法指分阶段对图像和点云数据进行加工和处理,并在后阶段的处理过程中利用前阶段处理的结果。

集中式融合方法中,对于图像与点云原始数据融合常见的方法为空间投影法。其典型算法代表为 MVX-Net,如图 2-24 所示。在 MVX-Net 中,首先利用二维目标检测网络 Faster R-CNN 对视觉图像的原始数据进行二维卷积特征提取,同时利用 VoxelNet 对原始点云数据进行体素特征编码,得到编码后的点云特征。然后,利用图像二维卷积特征与图像原始数据之间的对应关系、点云编码特征与原始点云数据之间的对应关系以及点云和原始图像之间的投影关系,计算得到点云编码特征与图像二维卷积特征之间的投影关系。进而利用投影关系,将图像二维卷积特征与对应的点云编码特征拼接在一起,实现图像与点云原始数据的融合。

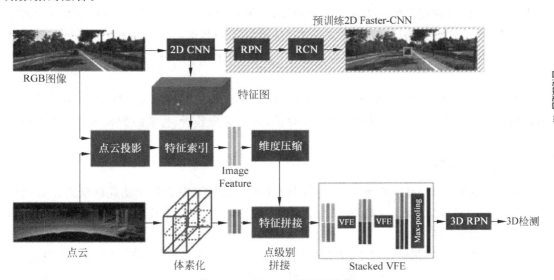

图 2-24 MVX-Net 网络结构图

非集中式融合方法的典型代表是 F-PointNet。F-PointNet 首先对单一的图像数据进行处理,利用二维目标检测网络检测得到目标在图像中的位置和边界框信息,如图 2-25 所示。利用激光雷达与相机之间的坐标转换关系以及投影关系,将点云投影到图像平面中,进而筛选出所有落在图像中目标边界框内部的点云。利用点云目标检测网络 PointNet 对筛选出的点云数据进行三维目标检测,从而得到目标在三维空间中的检测结果。在 F-PointNet 的处理流程中,图像和点云的特征提取操作先后进行,利用图像的检测结果缩小了点云场景中目标所在的位置范围,从而有效降低了三维目标检测网络所需处理的点云数据量,实现检测速度的提升。

点云与图像特征

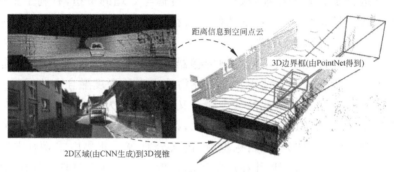

图 2-25　F-PointNet 图像与点云融合方法

2.8　可靠性设计理论

随着智能网联汽车系统复杂性的增加,可靠性设计成为智能网联汽车设计、生产、运行和维护过程中备受关注的环节之一。电子电气系统的硬件可靠性和控制系统的软件可靠性是智能网联汽车区别于常规车辆可靠性的关键特征。

通常,可靠性设计包括定义产品需求和约束,确定产品生命周期环境,通过评估进行部件选择和管理,研究在全生命周期内的故障模式、机制和影响,从保护、冗余和诊断等方面进行设计考量,确定虚拟测试或加速试验方法,分析制造和装配过程的影响,对整个生命周期内产品或服务可靠性进行闭环监测等。有时,也将可靠性、可维护性和可用性综合在一起进行分析。

本节介绍与智能网联汽车相关的可靠性基本理论、系统可靠性及分析方法,为后续章节智能网联车辆的功能安全和预期功能安全分析、运行安全分析、智能防护和测试等提供理论支撑和工具。

1. 可靠性量化

可靠性指部件、产品或服务在规定时间内和规定条件下完成预定功能的能力。常用的可靠性指标包括可靠度、无故障率、失效率等。在生产中,平均无故障工作时间(MTBF)也是产品可靠性的一种反映。

在可靠性量化和评估过程中,常使用统计或概率的方法。功能函数作为度量工具之一,可以用于描述可靠、失效或极限等状态。假设功能函数为 Z,规定 $Z>0$ 表示处于可靠状态,$Z<0$ 表示处于失效状态,$Z=0$ 表示处于极限状态。由此可知,当某功能处于不可靠状态时,$Z\leqslant 0$。通过功能函数的分布情况可得到某一功能的可靠性指标。可靠性指标与失效概率有明确的对应关系,比较直观而且便于实际应用。在实际工程中,当功能函数不服从正态分布时,可以通过其他方法(如一次二阶矩等)近似获得可靠性指标。

智能网联汽车整车、子系统或部件的环境状况、故障机制、应力条件、材料性质等多种因素都会对其可靠性产生影响,内外因素的作用也存在着时变性、不确定性、复杂性、交互耦合性等特征,因此,在进行可靠性设计时应将这些因素考虑在内。

2. 系统可靠性模型

无人驾驶系统由环境感知与定位、决策与规划、跟随控制等环节组成,每个环节包含硬件及软件等部分,对于由多个部件或服务组成的系统,系统可靠性模型建立在部件可靠性基础上。目前可靠性模型包括可靠性框图和可靠性数字模型等。

可靠性框图用于描述系统各组成部分的故障或它们的组合如何导致系统故障的逻辑关系,体现了系统各组成部分之间的可靠性关系。通过给出确切的数学表达式,可以计算系统可靠性。可靠性框图的基本元素为"框"和"线","框"用于表示系统、子系统、设备或基本部件,"框"之间的功能关系用线或箭头连接表示。常见的可靠性框图包括串联系统、并联系统等,如图 2-26 所示。从可靠性框图可见,串联系统可靠度为各单元可靠度的乘积,并联系统的可靠度也可以通过简单的推导得到。

图 2-26 串联系统和并联系统可靠性框图示例
(a) 串联系统;(b) 并联系统

贝叶斯网络也可用于系统可靠性建模。贝叶斯网络由一系列节点和节点之间的有向边组成,每个节点代表一个随机变量,节点之间的有向边代表节点之间的条件概率关系。基于条件独立假设,贝叶斯网络的联合概率分布可表示为边缘概率分布和条件概率分布的乘积。随着系统逐渐向复杂化发展,系统的故障模式除了"故障"和"正常"状态外,还存在"半故障"等状态,贝叶斯网络在处理多态问题上具有一定优势。

3. 可靠性分析

故障模式与影响分析(FMEA)是一种可靠性分析技术,其目的是分析产品中可能的故障模式,确定故障对该产品及其上层产品产生的影响,并对每一种故障模式按照影响的严重程度进行分类。基本分析流程如图 2-27 所示。

图 2-27 故障模式与影响分析的基本流程

故障树是一种对不期望事件的图形演绎。故障树的顶层故障为不期望事件,从顶层故障开始向下分解,继而找出导致这一故障状态发生的所有可能的直接原因,直至追寻到底事件。在故障树分析中,将不希望发生的故障状态定义为"顶事件",将导致这一故障发生的所有直接原因称为"中间事件",通过对每一个"中间事件"的追踪,将最终的基本原因定义为"底事件"。典型的故障树构成元素包括顶事件、与门、或门、条件事件、中间事件、底事件等。图 2-28 给出了一种故障树结构,与其对应的贝叶斯网络见图 2-29。

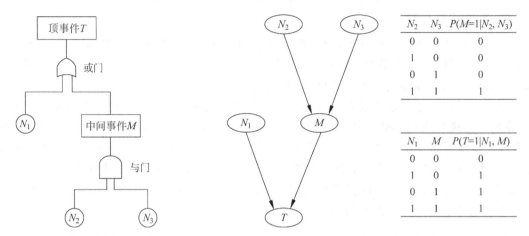

图 2-28 故障树结构图示例　　图 2-29 贝叶斯网络及其条件概率关系示例

本章小结

主要知识点:智能网联汽车设计开发基础理论包括动力学与建模、控制与智能化算法、可靠性设计三个方面。动力学与建模包括车辆系统动力学、驾驶员行为特征和交通流建模理论;控制与智能化算法包括自动控制理论、机器学习理论、数据挖掘与分析、多传感器融合;可靠性设计主要依据是系统可靠性设计理论。

重点和难点:轮胎模型,预瞄最优曲率驾驶员模型,车辆跟驰模型,最优控制,模型预测控制原理,机器学习算法分类,融合识别算法分类及对比,可靠性优化设计。

习题

一、基础习题

1. 在车辆实际行驶过程中,更为常见的需求是如何保证车辆在加速/减速过程中保持车辆稳定,试分析在平坦路面,如何建立同时考虑纵向运动与横向运动的动力学模型。
2. 在基于最优预瞄理论的驾驶员模型中,如何体现出不同的驾驶员行为特性?
3. 举例说明智能网联汽车中的非线性因素有哪些,它们可能引起哪些不良后果。
4. 目标级融合、特征级融合和数据集融合的优势分别是什么?在当前车路云网联协同感知的场景下,哪种融合的方案更适合?
5. 视觉与激光雷达的深度融合可以更好地利用哪些维度的信息?
6. 从系统可靠性的角度分析无人驾驶汽车决策、规划和控制三部分的可靠性关系,并用可靠性框图进行表达。

二、拓展习题

1. 为满足城市道路复杂交通环境下的智能汽车安全性测试需求,交通流仿真精度应达到怎样的要求?

2. 简述模型预测控制的基本原理和主要步骤,并阐述模型预测控制与最优控制的关系。

3. 按照最优控制问题一般形式,构建典型驾驶行为包括跟车、换道、泊车的最优控制问题。

4. 对于城市混行交通环境下的行人目标识别,试设计深度神经网络分类器,探讨如何改进网络结构以提升遮挡行人的识别效果。

5. 采用不同的神经网络模型,在 MNIST 数据集上完成手写字体的分类识别。

参考文献

[1] PACEJKA H. Tire and vehicle dynamics[M]. Elsevier,2011.
[2] 喻凡,林逸. 汽车系统动力学[M]. 2 版. 北京:机械工业出版社,2016.
[3] 余志生. 汽车理论[M]. 6 版. 北京:机械工业出版社,2019.
[4] ABE M. Vehicle handling dynamics:theory and application[M]. Butterworth-Heinemann,2015.
[5] 郭孔辉. 汽车操纵动力学原理[M]. 南京:江苏科学技术出版社,2011.
[6] TREIBER M,HENNECKE A,HELBING D. Congested traffic states in empirical observations and microscopic simulations[J]. Physical Review,2000,E 62(2):1805-1824.
[7] 孙剑. 微观交通仿真分析指南[M]. 上海:同济大学出版社,2014.
[8] GEERING H P. Optimal control with engineering applications[M]. Springer,2007.
[9] ZHOU K,DOYLE J C. Essentials of robust control[M]. Prentice Hall,1998.
[10] 陈虹. 模型预测控制[M]. 北京:科学出版社,2013.
[11] ÅSTRÖM K J,WITTENMARK B. Adaptive control[M]. Courier Corporation,2013.
[12] KHALIL H K. Nonlinear systems third edition[M]. 3rd ed. Patience Hall,2002.
[13] 李航. 统计学习方法[M]. 2 版. 北京:清华大学出版社,2019.
[14] 周志华. 机器学习[M]. 北京:清华大学出版社,2012.
[15] 王震坡,刘鹏,张照生. 新能源汽车大数据分析与应用技术[M]. 北京:机械工业出版社,2018.
[16] 姜潮,韩旭,谢慧超. 区间不确定性优化设计理论与方法[M]. 北京:科学出版社,2017.

(本章由陈虹、高炳钊统稿,编写分工如下:2.1 殷国栋、庄伟超;2.2 朱冰;2.3 孙剑、倪颖;2.4 褚洪庆、高锋、郭景华;2.5 蔡英凤;2.6 王震坡、张照生;2.7 江昆;2.8 姜潮、雷飞)

第 3 章　智能网联汽车设计

汽车从最早的机械产品,发展成为机电产品、新能源产品,现在又成为智能产品。其设计方法也从机械设计学,增加了电子电气设计学和软件设计学等新的内涵。好的汽车产品设计首先要有好的产品规划,而智能汽车产品的规划方法则是从以竞品对标为核心发展为以用户体验为核心。面向大批量生产和多样化用户需求,保障产品质量、缩短开发周期、降低生产成本的汽车产品设计需求,汽车设计的目标是实现汽车中的关键零部件和分总成的通用化、系列化以及模块化。汽车设计历经了面向流水线生产的通用零件设计阶段,到面向精益生产的设计阶段,再经由平台化的设计阶段,发展到今天的架构模块设计新阶段[1]。智能网联汽车的设计就是架构模块设计阶段的典型体现。

3.1　智能网联汽车设计概述

3.1.1　智能网联汽车产品规划

汽车产品规划是产品设计的重要基础。它是在对行业、市场、用户、需求、技术等领域具备一定的研究基础上,结合企业自身的优势及战略方向,系统性地选择可供发展的产品方向,规划产品功能等特性,进而明确开发目标并制定企业产品开发的短期和中长期规划。

传统的汽车产品规划方法以竞品对标为核心思维。在明确细分市场后,会重点关注竞品的动向来积极地响应,以当前的竞品情况来指导自身的产品特性优化,从而加大竞争优势来抢占细分市场。

而随着经济社会、技术水平和用户群体的变化,智能网联汽车的产品规划需要以用户体验为核心,从实际使用场景出发,研究每个功能如何为用户创造价值,即解决谁(用户)在什么场合(场景)用车、使用什么功能(功能清单)、解决什么问题(任务)、期待什么感受(体验)的问题。

以用户体验为核心的智能网联汽车产品规划的创新方法并非意味着全面取代传统的方法,而是在传统方法中更加注重从用户的视角出发去定义产品体系,将用户体验融入产品规划的过程中,最终再反馈给用户。以用户体验为核心的汽车产品规划流程如图 3-1 所示。

未来的产品创新探索,离不开用户的本质需求和行业趋势的推动。本质需求是用户需求的底层基因,只有知道用户真正想要什么,才能为用户带来满意和惊喜的产品;行业趋势是产品发展的另外一条逻辑线,从外部趋势出发,改变功能和体验。本质需求和行业趋势带来的变化,最后通过用户的体验流程实现落地。

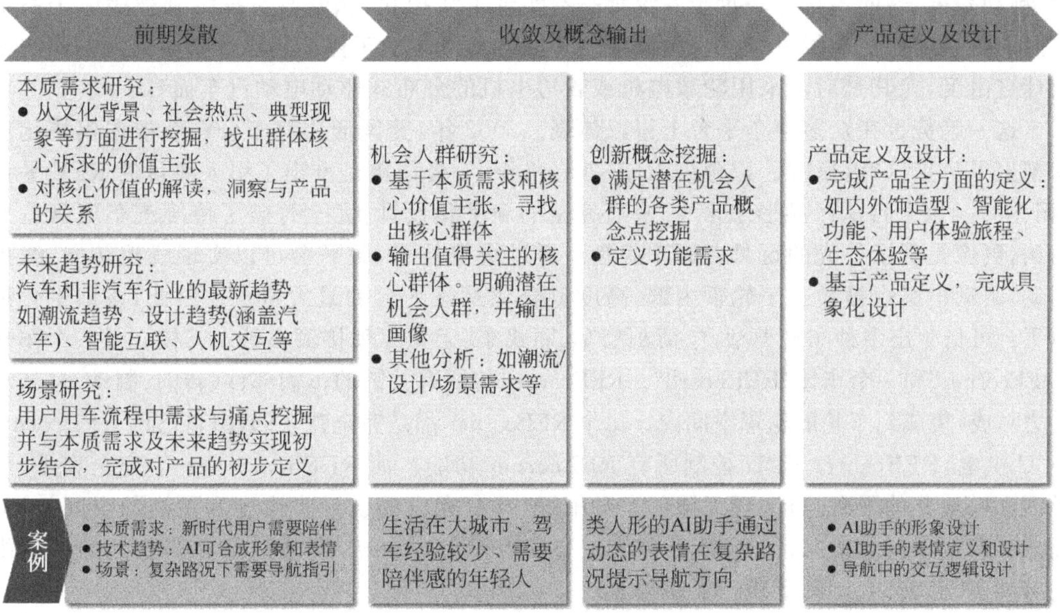

前期发散	收敛及概念输出	产品定义及设计
本质需求研究： • 从文化背景、社会热点、典型现象等方面进行挖掘，找出群体核心诉求的价值主张 • 对核心价值的解读，洞察与产品的关系 **未来趋势研究：** 汽车和非汽车行业的最新趋势如潮流趋势、设计趋势(涵盖汽车)、智能互联、人机交互等 **场景研究：** 用户用车流程中需求与痛点挖掘并与本质需求及未来趋势实现初步结合，完成对产品的初步定义	**机会人群研究：** • 基于本质需求和核心价值主张，寻找出核心群体 • 输出值得关注的核心群体。明确潜在机会人群，并输出画像 • 其他分析：如潮流/设计/场景需求等	**创新概念挖掘：** • 满足潜在机会人群的各类产品概念点挖掘 • 定义功能需求	**产品定义及设计：** • 完成产品全方面的定义，如内外饰造型、智能化功能、用户体验旅程、生态体验等 • 基于产品定义，完成具象化设计
案例 • 本质需求：新时代用户需要陪伴 • 技术趋势：AI可合成形象和表情 • 场景：复杂路况下需要导航指引	生活在大城市、驾车经验较少、需要陪伴感的年轻人	类人形的AI助手通过动态的表情在复杂路况提示导航方向	• AI助手的形象设计 • AI助手的表情定义和设计 • 导航中的交互逻辑设计

图 3-1　以用户体验为核心的智能网联汽车产品规划流程

3.1.2　智能网联汽车设计思想

智能网联汽车成为汽车设计的主要对象。按照信息-物理-社会系统理论，可以将智能网联汽车的架构模块化设计思想分为既相对独立又相互关联的三大领域，即物理域车体结构系统的模块化设计、信息域智能控制系统的电子电气架构设计、社会域以用户体验为中心的人机交互设计。

1. 物理域车体结构系统的模块化设计

物理域车体结构系统的模块化设计思想继承自传统内燃机汽车平台化和模块化。其核心思想是：通过综合相同的工程解决方案和模块化制造工艺，从平台概念上物理结构的"同零件"、设计过程的"同方法"和制造过程中的"同工艺"，进而实现同构共用的深层次资源协同。

传统内燃机汽车车体结构的典型代表是德国大众汽车集团的 MQB 平台（图 3-2），该平台将车辆分成若干个子模块，通过模块组合，实现了轴距、悬挂、宽度等尺寸的灵活调整，覆盖大众的绝大多数前驱动车，实现不同市场定位、不同尺寸车型的共线生产，显著提高了生产率，降低了开发和生产成本。

随着动力电动化和底盘线控化的发展，汽车车体结构系统的模块化也表现出新的发展趋势。主要原因在于：①纯电驱动电动汽车与传统的内燃机汽车不同，原来必须依托从发动机到驱动车轮之间需经由离合器、变速器、传动轴等刚性机械连接才能传递的驱动功率，可以通过柔性线束系统实现电能传输，进而通过电机转化为机械能驱动汽车；②驱动系统、传动系

图 3-2　大众汽车集团的 MQB 平台

统、制动系统、转向系统等底盘子系统都基本实现了线控化,从驾驶员操纵到被操纵子系统之间的机械连接也被线束取代。由此导致智能电动汽车的车体结构设计具有更大的模块化设计自由度,尤其是对于采用轮毂电机或轮边电机的分布式驱动电动汽车而言。

这一趋势也在众多整车平台上得以体现。2002 年,美国通用汽车公司就根据模块化理念推出了 AUTONOMY。以色列 REE Automotive 公司更是推出了引人注目的 REE 平台(图 3-3)。该平台从产品形态来看,具有完全的扁平化设计,完全打破了传统汽车底盘造型结构,更像是拆了外壳的玩具四驱车底盘。通过线控技术,该平台可以实现线控转向、线控制动,驱动电机也被整合于轮辋内部,高度整合化是该平台的最大特点。因此,该扁平化纯电平台可衍生出多种车辆类型,包括小型车、厢式车、无人驾驶接驳车等。其核心是一个车轮"REEcorner"和一个车体"REEboard"。REEcorner 将所有关键的车辆部件(转向、制动、悬架和动力总成)集成到车轮的轮罩空间内。每个 REEcorner 都是完全独立的,由自己的 REEcorner ECU 供电,REEcenter ECU 控制所有 REEcorner 功能。而 REEboard 是一个完全扁平、可扩展和模块化的平台,可实现无限的车身配置,具有完全的设计自由度和更高的空间效率,而成本却很低。总的来说,REE 平台的主要特点是"Corner",即通过附在车轮上的集成组件容纳驱动、转向、制动等所有关键要素。

E-mobility

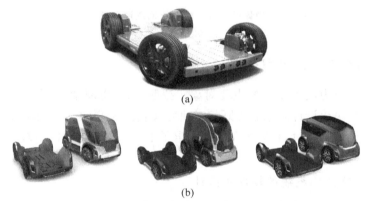

图 3-3 REE 平台及其应用

(a) REE 平台;(b) REE 平台不同车身

2. 信息域智能驾驶系统的电子电气架构设计

汽车电子电气架构包含车上所有的硬件、软件、传感器、执行机构、电子电气分配系统,包含了软件设施、硬件设施以及高效的动力和信号分配系统三个基础要素。从功能来看,目前常见的汽车电子电气架构采用三大功能域架构,车身域控制器(Vehicle Domain Controller,VDC)实现实时性和安全性较高的整车控制,辅助/自动驾驶域控制器(ADAS/AD Domain Controller)负责自动驾驶相关感知、规划、决策相关功能的实现,智能座舱域控制器(Cockpit Domain Controller,CDC)负责人机交互和智能座舱相关(甚至整合 T-Box)功能的实现。

随着功能的进一步整合、硬件计算能力的提升、传感器技术的发展,汽车电子电气架构将向区域控制器和中央计算单元方向发展。Zonal EEA 将由车载中央计算机(Vehicle Central Computer,VCC)和区控制器(Zonal Control Unit,ZCU)组成。未来 TSN(Time Sensitive Network,时间敏感网络)技术将解决以太网实时性和可靠性问题,Zonal EEA 将实现环形链接的以太网 TSN 组成的主干网以及 CAN/LIN/10BaseT1s 的区内网,并由双电源冗余供电及区域内智能分级供电。按照博世公司思路(图 3-4),整个过程分为三个大的步骤(分布式架构、跨域集中架构、车载计算机集中架构)、六个阶段(模块化、集成化、中央域化、跨域融合、车载中央电脑、车载云计算),逐步完成功能整合、多个独立网络内整合、中央网关协调通信、跨域功能整合,进一步通过中央域控制器降低成本,最后通过网络建立虚拟域,通过车载中央电脑甚至云计算,完成复杂功能的整合。

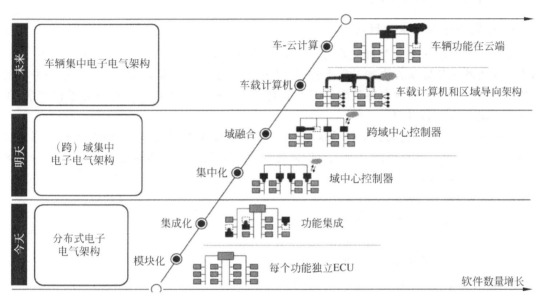

图 3-4 博世电子电气架构演化步骤

在汽车控制器标准软件架构方面,宝马、博世、大陆、戴姆勒等公司于 2003 年成立了 AUTOSAR(汽车开放系统架构)联盟,它是由全球各家汽车制造商、零部件供应商以及各种研究、服务机构共同参与的一种汽车电子系统的合作开发框架,并建立了一个开放的 ECU 标准软件架构,通过提升 OEM 以及供应商之间软件模块的可复用性和可互换性来改进对复杂汽车电子电气架构的管理,因此 AUTOSAR 能够提升软件的开发和更新速度并降低软件开发和维护成本。

3. 社会域以用户体验为中心的智能座舱人机交互设计

用户体验满意度与汽车产品人机交互设计密切相关。智能座舱中的人机交互设计已成为智能网联汽车中与智能驾驶和智能服务并列的最重要核心开发重点之一。汽车座舱按照功能可以分为人员居留空间功能、驾驶操作空间功能、娱乐健康空间功能等不同层次的需求,其核心就是使驾乘人员拥有最佳的体验,提高对智能网联汽车的理解度、认可度和接受度。其中,面向安全、舒适、互联、娱乐的人机交互界面设计成为汽车智能座舱设计的重点。

智能座舱人机交互的方式很多,具有显著的多模态特点,包括有接触的机械式机构操作、机械式按钮操作、电子显示屏触控等,也包括无接触的手势识别控制、语音识别控制,以及更高层次的情感、意图识别等技术,甚至是基于 AR 或 VR 等技术。上述人机交互方式都需要各种人机界面来实现,硬件层面包括座椅、方向盘、仪表、中控屏、按键、氛围灯、传感器等所有内饰和可交互的器件;软件层面主要指系统软件和功能软件。硬件与软件的创新、集合与联动为汽车座舱赋予"智能",使汽车座舱成为从用户使用场景角度出发而构建的人机交互体系。

3.2 智能网联汽车场景与功能

3.2.1 智能网联汽车场景

1. 场景描述的需求和目的

场景是测试概念中的关键元素之一。在虚拟测试环境中对自动驾驶系统(ADS)进行基于场景的测试和确认方法越来越重要,并成为 ADS 验证和确认过程的重要组成部分。实际测试的系统复杂性和成本导致测试工作量呈指数级增长。使用基于场景的模拟方法,可以有效地减少成本和时间。

研究表明,驾驶和测试数十亿千米以确保 ADS 的安全性是必要的,但考虑到实际测试的时间和成本,这是不合理的。因此我们需要建立一套语言描述被测系统的相关场景。场景的描述应当遵守以下几点:

(1) 中立和公平性;

(2) 场景应该支持随机性和可重复性;

(3) 不依赖于地域和环境因素;

(4) 遵守一些基本的相关法规。

2. 场景的具体描述与分类

在不同的阶段,"场景"具有不同的内容和表示,其中不同阶段的定义如下。

概念阶段:

(1) 必须以自然语言的方式描述场景;

(2) 场景必须可读并且可被人类专家理解。

系统开发阶段:

(1) 必须限定参数的变化范围以提供给系统;

(2) 必须以正式的形式给出参数范围(以数据的格式)。

测试验证阶段:

(1) 为了能够在测试方法和工具中应用,测试场景必须被描述得尽可能详细;

(2) 场景必须被确切定义,不能留下可能的解释;

(3) 对于计算机等应用,场景必须是可读的。

目前主要的场景描述方法可以分为三大类:按照抽象的级别、按照观测的级别和按照信息的级别。

- 按照抽象的级别

按照抽象的级别从大到小,智能驾驶汽车在开发和测试中用到的场景可以被描述为三种类型:功能场景(Functional Scenarios)、逻辑场景(Logical Scenarios)和具体场景(Concrete Scenarios),如图 3-5 所示。功能场景使用语言进行描述,它主要用在概念阶段的项目定义、危险分析和风险评估;逻辑场景在功能场景的基础上指定了参数,定义参数的范围,是对功能场景的进一步详细描述,主要用于系统发展阶段;具体场景则是描述逻辑场景

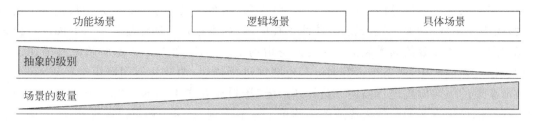

图 3-5 开发过程中的抽象级别

在现实世界中的某一个具体表示,其主要作为仿真测试阶段的输入。

功能场景使用语言描述方便专家简单地理解场景并进行讨论、创建新场景等。在语义上对功能场景的描述包括对于其中的元素与元素之间的关系或交互进行描述。功能场景的详细程度取决于实际使用的部分与派生出来的待使用部分。在定义术语时,必须考虑这两个方面。例如,高速公路驾驶场景需要描述道路的形状以及道路在空间的变化、与其他交通参与者的交互以及天气状况。但是库位停车场景只需要描述建筑物的布局,而不需要对天气进行描述,如果过多地描述反而会派生出大量场景导致场景不唯一。场景概念的抽象程度越低、场景的具体数量就越多。

图 3-6(a)显示了在弯道双车道高速公路上"跟随"工况下的功能场景。一辆汽车和一辆卡车在道路的右车道上行驶,汽车跟随卡车行驶。在此案例中道路使用了"布局"以及"几何形状"来描述。根据场景的用途与所应用的领域,还需使用其他术语来描述这些特征,例如用于布局的"三车道高速公路"以及用于几何形状的"直线"或"螺旋线"。我们也可以通过选择其他的术语来改变场景。

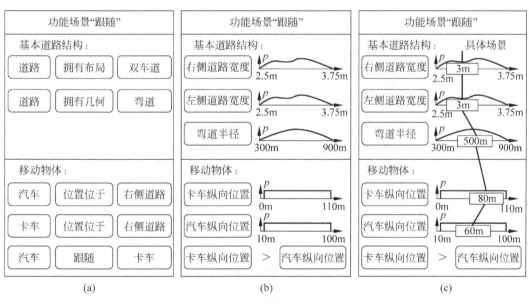

图 3-6 汽车在弯道双车道高速公路的右车道跟随卡车的场景

图 3-6(b)显示了从功能场景派生出来的逻辑方案。逻辑场景的描述涵盖了要实现这些场景所需技术的所有必要元素。逻辑场景必须通过值范围定义参数。为了更详细地描述这些参数范围,可以选择为每个参数范围指定概率分布(例如,高斯分布、均匀分布)。此外,

参数范围的关系可以选择性地通过数字条件（例如，超车车辆的速度必须大于被超车车辆的速度）或相关函数（例如，车道宽度与曲线半径的函数）来指定。功能场景中用的词汇转换为状态空间和描述参数的场景规范后转变为逻辑场景。因此，每个术语都必须配有描述该术语的参数。在此例中，两条车道都通过车道宽度进行描述，曲线几何图形由半径表示，车辆通过沿车道的纵向位置进行描述。此外，"跟随"场景还要求卡车的纵向大于汽车的纵向位置。我们也可用更多的参数来描述图中的单个术语。例如，卡车还可以通过其尺寸、质量和发动机功率进行指定。每个逻辑场景可以派生出任意数量的具体场景。例如，对逻辑场景每个参数选择无穷小的采样步长宽度，可以实现无限数量的具体场景。图 3-6（c）展示了从图 3-6（b）逻辑场景派生出来的具体场景。对于每个参数，在满足有关参数的指定条件时选择参数范围内的某个具体值。

- 按照观测的级别

此类分类方法可以用场景的鸟瞰图或场景的目录来理解。图 3-7 描述了一个场景的原理图概述。该场景由以下几个元素组成：自车的动作，动态环境（例如其他交通参与者的动作、交通信号灯的状态以及天气和光线等条件）和静态环境（例如道路布局、障碍物、交通标志）。

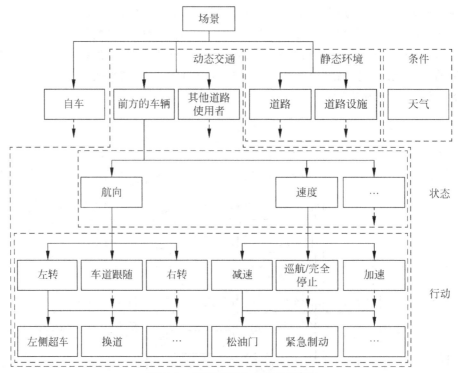

图 3-7 基于观测的场景综述图

在这种描述方法中活动被认为是场景动态部分（自我车辆和动态环境的机动）的最小构建模块。活动是状态变量（如速度和航向）随时间的变化，用于描述例如车道变换或制动停车。一个活动的结束标志着下一个活动的开始。在活动开始或结束的时刻称为事件。

图 3-8 给出了一个车辆在进入隧道时被超车的例子。可以看出，活动之间存在某种关系后可能重叠。在该例中，照明条件与进入隧道有关。同样，动态部分描述中自车和他车的

动作需要遵循隧道中的道路倾斜度和曲率。此外,采用此类方法描述也可以通过叠加获得新的场景,比如驶入隧道时被车辆超越的场景可被视为两个场景的叠加:一个是开车穿过隧道的场景,另一个是被车辆超越的场景。

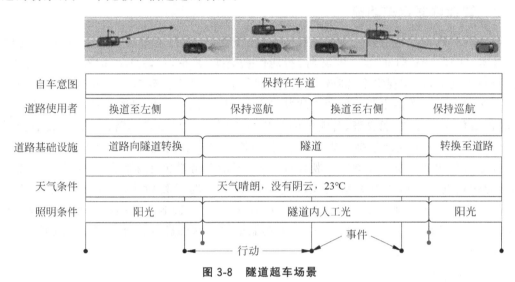

图 3-8　隧道超车场景

- 按照信息的级别

此类方法将不同的信息归类到不同层来描述一个场景,图 3-9 展示了不同层所包含的内容。第 1 层描述了几何图形和拓扑结构以及道路状况,如车道数量、车道宽度和车道标记。第 2 层包含交通基础设施,如防撞护栏和标牌等边界。第 3 层描述道路上的临时影响,如施工现场标记和护柱。移动中的物体(如汽车和卡车)在第 4 层中进行了描述。第 5 层则

道路等级(L1)
- 几何与拓宽
- 条件,边界

交通基础设施(L2)
- 结构与障碍
- 道路标志,交通引导

L1与L2层级中的临时改变(L3)
- 几何形状与拓宽改变
- 时间需求>1d

物体(L4)
- 动态的,移动的
- 交互的,穿越的

环境(L5)
- 天气条件
- 照明条件

数字信息(L6)
- V2X信息
- 数字地图

图 3-9　信息 6 层模型

为环境条件,主要是天气条件,如冰雹、雨或雾。在第6层描述所有V2X通信,即与基础设施(V2I)、与其他车辆(V2V)、与云(V2C)或与行人(V2P)的通信,以及来自数字地图的信息。

3.2.2 智能网联汽车功能

智能网联汽车是指搭载先进的车载传感器、控制器、执行器等装置,并融合现代通信与网络技术,实现车与X(车、路、人、云等)智能信息交换、共享,具备复杂环境感知、智能决策、协同控制等功能,可实现安全、高效、舒适、节能行驶,并最终实现替代人来操作的新一代汽车。智能网联汽车功能主要包括智能驾驶和智能服务等。其中,智能驾驶功能是最重要的功能,包括智能传感、智能决策、智能辅助驾驶、智能自主驾驶以及车路云一体的智能交通协同行驶等;智能服务功能包括了影音娱乐、信息服务、安全防护、用车辅助等。

智能驾驶功能主要通过智能驾驶系统实现,智能服务功能主要在智能座舱中实现。目前,智能网联汽车智能驾驶系统已实现应用的高级辅助驾驶功能,包括车辆自适应巡航(ACC)、车道居中控制(Lane Centering Control,LCC)、高速公路巡航(Highway Pilot,HWP)等系统功能,这些均是以基本的技术功能模块为基础进行组合、叠加、包装而成,这些基本的技术模块包括如下内容。

1. **巡线行驶**

巡线行驶作为智能网联汽车的基本技术功能,是指系统根据当前地图定位以及自车传感器获取的周围环境信息,生成自车在未来一段时间内预期的行驶轨迹信息,并将规划成功的路径信息传递给车辆的控制模块,而后控制模块根据所接收到的信息内容,结合车辆当前状态,进行车辆的横向及纵向控制,实现巡线行驶的基本技术功能。

2. **跟车行驶**

跟车行驶是指车辆在前方目标物判定为路径上最近的车辆(Closest In-Path Vehicle,CIPV)的场景下,且当自车设定速度高于前车速度时,自车将根据驾驶员预设的距离跟随前车行驶,实现跟车行驶的基本技术功能。

3. **主动防撞**

主动防撞是指系统对自车周围障碍物进行跟踪并对动态目标物生成一定时间内的预测轨迹线,并判断目标物的预测轨迹线与自车当前行驶的轨迹线存在交叉碰撞可能。系统会结合自车周围当前环境,在保证运行安全的前提下,通过速度及行驶方向的调整来避免可能发生的碰撞。

4. **路口通行**

路口通行是指车辆在红绿灯路口场景下,系统在确保交通信号灯为绿灯,且路口其他交通参与者与自车不存在交叉碰撞的可能的前提下,车辆根据实际限速要求,安全、高效地通过路口区域。假如在车辆通过停止线后红绿灯状态发生变化,车辆在保证安全行驶的前提下通过路口。

5. **障碍物绕行**

障碍物绕行是指有障碍物在车辆当前行驶的路径上,且系统检测到该障碍物与自车可能发生碰撞的场景。当系统判定自车左侧或右侧存在足够的可通行空间时,系统将进行实时路径规划更新以避开障碍物,实现障碍物绕行的基本技术功能。

6. 换道行驶

换道行驶是指系统在接收到外部换道指令或判断当前外部运行环境需要进行换道操作,且此时自车运行状态和外部环境条件允许变道执行,系统会以本车道以及将要换入车道的中心线为基准,根据当前车速设定换道起始点与终点位置,结合车辆自身速度以及位姿信息,进行换道路径规划与执行。

7. 库位检测跟踪

库位检测跟踪是指在泊车场景中,车辆在寻库、泊入或者重寻库等阶段,系统将根据不同的外部环境,利用超声波传感器、毫米波雷达和环视相机获取可用库位的位置信息后,在传感器探测盲区状态时,系统会结合自车航位推算的结果,对库位的位置进行实时更新、跟踪,以保证库位位置量测的准确性和稳定性。

8. 限速行驶

限速行驶是指车辆在限速路段、小曲率半径弯道、桥梁以及其他需要进行限速的场景下,系统将结合地图定位限速信息、自车摄像头获取的道路曲率信息和限速标牌信息等内容,对车辆的行驶速度进行声光提示或进行自动限速处理,达到车辆实际限速行驶的目的。

9. 编队行驶

编队行驶是指进行多车辆编队行驶的场景。头车负责车辆编队行驶的发起,其他车辆可以自主建立编队,同时建立起车间通信,并对自车控制信息进行传输发送,以实现编队行驶的基础功能。

10. 驾驶员状态监控

驾驶员状态监控,目前主要是通过方向盘反馈检测或 DMS 摄像头对驾驶员驾驶的状态进行检测,并根据驾驶员状态进行自车辅助驾驶功能是否进行降级/退出的判定。

3.3 智能网联汽车架构设计

3.3.1 智能网联汽车电子电气架构设计

汽车电子电气架构可以理解为在功能需求、法规和设计要求等的特定约束下,综合考虑功能、性能、成本和装配等方面的因素后,得到的电子电气及信息模型。EEA 包括硬件架构、通信架构、软件架构和拓扑架构。

图 3-10 所示为汽车电子电气拓扑架构演进示意图。拓扑架构的发展很大程度上取决于硬件技术的发展,而拓扑架构的发展又给通信技术带来了新的机遇和挑战。

车辆已经不再是信息孤岛,车云互联已是目前技术的重点发展领域,根据智能网联汽车的功能需求,域控制器架构可分为"云-管-端"一体化设计,顶层为云端服务平台,中间层为计算与控制层,底层为标准化执行器与传感器层。在这种架构中,根据智能网联车辆行驶过程中的数据需求,通过底层传感器层进行数据收集,在中间层进行数据处理与分析,最终反馈到云端。云端服务器根据需要处理的信息,为不同车辆设备提供灵活性的集群处理,符合未来智能网联汽车的功能需求,比如通过云计算,可以通过远程服务器来实时预估电动汽车

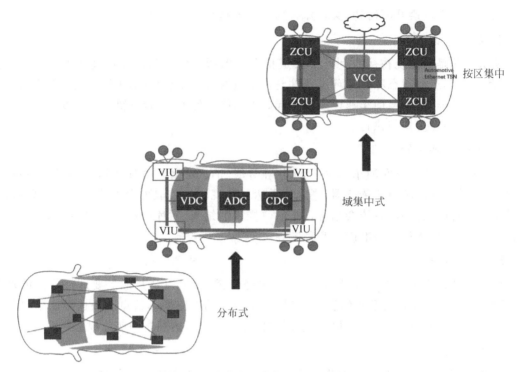

图 3-10 汽车电子电气拓扑架构演进

电池的安全状态和健康状态,从而提高整车安全性。

传统的汽车电子电气架构是分布式的,每个功能由一个 ECU 来控制。这一阶段,CAN 总线因为解决了弱耦合和分布式控制的互联问题而被广泛使用。但是,随着以智能电动汽车为代表的汽车功能定义的日趋复杂,汽车电子控制系统的需求逐渐由单一功能的发动机控制深入到功能复杂的动力、底盘、车身、信息、娱乐等。随着汽车电子传感器和控制器数量的增加,车载通信所需的带宽急剧增加。为了解决向上的信息娱乐需要高带宽和向下的控制需要强实时性的问题,汽车电子分别给出了 MOST 和 FlexRay 的解决方案(图 3-11)。但这两

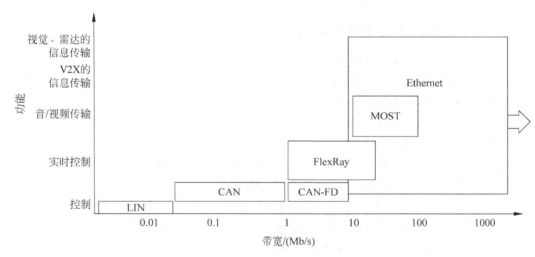

图 3-11 车载网络功能与带宽

种方案技术复杂、成本高,且开放性和兼容性不足。而以太网作为互联网中成熟的技术,具有高带宽、低成本的特性,在解决实时性和可靠性问题后,可望实现对 FlexRay 和 MOST 功能的替代。

智能网联汽车电子电气架构设计的整个流程,主要包括需求分析、逻辑功能架构设计、软件架构设计、硬件架构设计、通信设计等。

1. 需求分析

在电子电气架构开发的概念阶段,需要明确开发的目标及范围,需要收集车辆的功能需求、法规需求以及其他非功能需求。

2. 逻辑功能架构设计

逻辑功能架构设计阶段,就是根据需求阶段的定义设计功能的实现逻辑,只从功能实现的角度划分传感器、逻辑功能和执行器,在该阶段设计完成的逻辑组件会分配到硬件架构中的组件(ECU、传感器、执行器等)以及软件架构中的组件。

3. 软件架构设计

在汽车行业嵌入式软件开发主要涉及架构、方法和流程,架构经历了从嵌入式操作系统向 AUTOSAR 的转变,现在正在从 AUTOSAR CP 向 AUTOSAR AP 发展,而方法则从基于模型的开发向面向服务的开发转变,流程则从 V 模式向敏捷发放模式转变。AUTOSAR 的核心思想是"统一标准、分散实现、集成配置",即提供统一、开放的软件架构标准和平台,软件构建在不同的汽车平台上复用,应用软件整合到 ECU 中,建立独立于硬件的、分层的软件架构。

4. 硬件架构设计

硬件架构的设计分为三部分:硬件组件、网络拓扑、电气和线束。

(1) 硬件组件:设计硬件组件(包括 ECU、传感器、执行器等)之间的连接关系,设计 ECU 内部的细节等。

(2) 网络拓扑:定义各个控制器之间的通信关系,描述其拓扑及连接方式。

(3) 电气和线束:电气设计是将硬件架构层的数据进行重构,重新定义硬件组件之间的连接,并关注与线束设计相关的电气属性,例如电源供应、接地连接等。线束设计是将电气原理数据进行细化,将逻辑连接转换为导线,同时添加导线之间的焊接点、内部连接器、端子和线束端连接器等。

5. 通信设计

在完成软件组件到硬件的映射后,可进行信号的路由,并进行网络通信设计。在传统架构中,ECU 主干网络是 CAN(FD)。在当前架构中,主干网络采用 CAN(FD) 和以太网双线路。未来,汽车以太网将得到更加广泛的应用。

在"软件定义汽车"的时代,电子电气架构作为汽车智能化的基底,目前已经成为智能网联车企的研发重点。受益于硬件架构、软件架构、通信架构的发展与升级,传统汽车所采用的分布式架构将逐渐地被域集中电子电气架构、车辆集中电子电气架构等取代,未来更会以服务为导向,将更多的功能集成到更高性能的计算单元,催生真正的车载计算平台。

3.3.2 智能网联汽车软件架构设计

汽车软件可以分为基础软件和应用软件,应用软件的目标是实现一系列具体的功能,而基础软件的目标则是起到底层硬件和应用软件沟通的桥梁。伴随着车辆的发展进步，软件架构已成为汽车电子电气架构的重要组成部分，也经历了三个阶段，如图3-12所示。

图3-12　汽车软件架构演变的三个阶段

智能网联汽车的软件架构建立在第三阶段。汽车行业借鉴IT行业发展经验，提出的SOA（面向服务）软件架构是一种软件设计范式，它将应用程序的不同功能单元（称为服务）进行拆分，并通过这些服务之间良好定义的接口和协议联系起来，接口采用中立的方式进行定义，独立于实现服务的硬件平台、操作系统和编程语言，这使得构建在各种系统中的服务可以一种统一和通用的方式进行交互。

服务概念的本义是应用了面向对象服务之后的具有丰富外延的逻辑单元，通过发布服务接口的方式使其功能对外可见的软件程序。在 SOA 软件架构之下，各个服务具有标准化、相互独立和松耦合三个基本特点。从服务构成的视角，服务可以分为三类：原子服务、组合服务、流程服务。原子服务提供的是最基本的功能，组合服务是利用多个原子服务实现部分判断逻辑，流程服务是根据业务功能定义的服务。"软件定义汽车"就变成了在一个完备的原子服务集合当中，通过定义新的组合服务与流程服务去实现新的产品功能。

智能网联汽车的 SOA 是面向各种"服务"（包含各种控制算法、显示功能等应用程序）进行设计的一种架构设计理念，在架构设计工作中，重点关注汽车上的某些功能（"服务"）应该如何实现，该功能实现时与外界的各种信息交互（"服务接口"），该功能与外界交互时的基本流程（"服务序列"）。

智能网联汽车 SOA 架构设计的主要步骤如下[9-10]：

1. 服务定义

从整车层面按照功能需求定义并划分服务。

（1）系统需求分析：需求分析指的是设计和充分理解在用户具体使用场景下的真实业务过程，为后续抽象和封装服务提供充足的语境信息。

（2）系统功能分析：是第一步系统需求分析的产物——业务过程和系统用例，向服务过渡的过程，目的是得出构成候选服务的服务操作。系统功能分析具体可描述为：设计用例的实现场景步骤，对系统用例逐个进行分析细化，描述系统如何与参与者一起实现每个用例，从而得到系统与参与者、与外部系统的界限及信息交互，最终得出对系统的功能要求，这些功能要求直接作为候选服务操作。

（3）候选服务分析：候选服务分析的目的是对业务逻辑进行抽象和封装，从业务角度寻找候选服务。

2. 服务接口描述

服务接口是一种通信内容定义，其目的在于将服务从功能架构过渡到软件技术架构，且软件模块之间的关系需要被清晰地定义出来,过程中将服务内容封装成相应的接口被实际调用。这种接口定义是独立于通信协议的抽象实体,这种接口可以建立任何两个服务间的通信能力,而使用合适的工具链可以由此生成基于特定协议的接口。

有了服务及其接口的定义,接下来就可以交给软件开发人员进行开发了。通过软件集成生成软件包,包含可执行文件、执行清单和服务实例清单。

3. 配置服务映射关系

建立软硬件之间的映射关系,实现从抽象的服务定义到软件层面的推导,从而方便实现软件驱动或调用硬件实现单元,这种结果是实现服务与中间件或底层硬件 ECU 之间的映射关系。从整个 SOA 的架构模型中可以知道服务需要从通用服务平台开始进行底层驱动,然后对上层传感器执行器的控制管理进行驱动。由于 AP 直接支持服务接口,可以直接面向上层应用层,CP 仍然是对常用的底层应用服务的驱动映射,因此,两层驱动分别对应着 CP AUTOSAR 中间件调用和 AP AUTOSAR 模式。

4. 通信协议设计

智能网联汽车的 SOA 架构设计需要强大的环境感知、信息处理、实施决策、控制能力,可以把智能交通、地图、定位、通信、云、大数据等进行系统集成,因此车端与云端、车辆与车辆之间、车辆内部的各个 ECU 之间通信的速率和数据量都比传统汽车高出几个数量级,这些需要由多种复杂的硬件、软件和高速通信总线共同实现,并在很大程度上决定智能汽车的功能实现和扩展的可靠性。汽车以太网能够很好地解决大数据量的信息交互,整个通信协议的定义包括虚拟以太网 VLAN、以太网交换机 Switch、套接字 Socket、基于 IP 的可扩展面向服务的中间件 SOME/IP 等。而基于 AVB 的下一代协议 TSN 可以提供必要的实时性。

以太网通信设计过程包含对服务实例进行通信协议相关的信息配置。由于 SOA 架构中包含多个应用实体之间的多通路通信过程,且这些通信通常是网状通信,因此需要在各个实体节点之间建立中间路由、转化等。区别于传统总线(CAN/LIN),在软件架构设计过程中,开发人员需要设计具体的服务类型、服务 ID、服务数据类型、服务角色等。

SOA 架构的主要优势是可以在很大程度上实现软硬件解耦,通过软件升级 OTA 可以更加方便灵活地实现服务实体有效部署在任意的域控制器上,而且可以在售出车辆上调整部署策略。在智能化网联化及汽车电子电气架构从分布式逐步向集中式发展的背景下,面向服务的架构被认为是能够支持未来汽车软件发展的核心技术之一。使用 Simulink 设计和部署面向服务的架构介绍见二维码。

Simulink

3.3.3 智能网联汽车车路云总体架构设计

车路云一体化系统是面向未来智能交通和智能网联汽车应用,利用新一代信息与通信技术,将车、路、云的物理层、信息层、应用层紧密耦合为一体[4-5],形成"数字车＋数字路＋数字云"三层架构一体化的新型数字交通系统,通过车路云协同智能决策与控制、车路协同超视距环境感知、车路协同高精度定位等关键技术,可解决"单车智能"存在的决策控制不一致性、环境感知视野局限性、车载软硬件高复杂度且成本较高等问题,整体提高交通效率及保障交通安全。

车路云一体数字交通系统总体架构如图 3-13 所示,包含数字云、数字路、数字车、网联系统四部分。

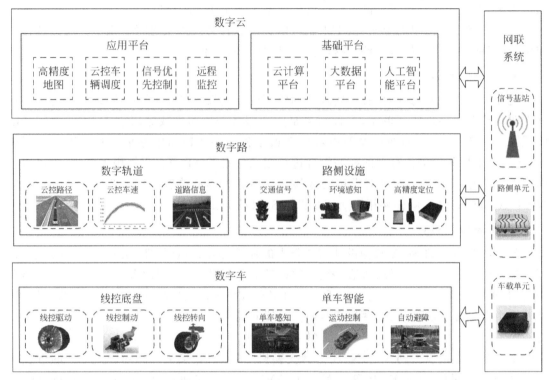

图 3-13　车路云一体数字交通系统总体架构

数字云是整个系统的"大脑",其依托于基础平台,以高精度地图为数字底座,对所控区域内智能网联汽车进行"统一指挥",即通过云控车辆调度构建每辆智能网联汽车行驶的数字轨道。对所控区域内的路侧设施进行"统一管控",包括根据实时动态交通流信息可对交通信号灯进行信号优先控制,并对路侧设施运行状态进行实时远程监控。

数字路由虚拟的数字轨道及真实的路侧设施构成。数字轨道包括云控路径、云控车速、道路信息等,可保证每辆智能网联车辆按照云控调度指令有序、高效地自动驾驶。路侧设施主要由交通信号、环境感知、高精度定位三类设备组成,其中交通信号设备既可将信号相位信息发送至云端,也可由云端对信号相位实施主动控制;环境感知设备主要布设在单车感知的盲区,可起到盲区车辆/行人检测及预警等功能;高精度定位设备主要布设在道路两侧,尤其是 GPS 信号遮挡区域,与车载组合定位系统进行融合,起到准确将车辆定位在数字轨道的作用。

数字车是指具有单车智能的智能网联汽车,主要根据数字轨道中的云控路径、云控车速及道路信息等控制车辆自动驾驶,因此要求其具备线控底盘,包括线控驱动、线控制动、线控转向等系统。此外,针对动态交通目标信息,车辆要具备一定的单车智能,由车载传感器及计算平台可快速、准确地完成环境感知、运动控制、自动避障等功能。

车路云一体化系统所涉及的软/硬件平台、云服务、通信等各模块的技术要求为:

(1) 芯片/模组是车路云一体化系统基础能力的载体和保障:AI 识别、并行计算芯片支持云控路侧基础设施的感知识别、多源融合、边缘计算等能力;服务器芯片支持云控基础平台的超高并发、实时/非实时计算等能力；4G/5G、C-V2X 等通信芯片及模组支持车、路、云之间大带宽、低时延、高可靠的通信能力。

（2）云服务为云控基础平台的运行提供网络、存储、硬件、虚拟化、容器、信息安全等基础资源，以便云控系统按需调用，满足各项应用逻辑的实现。同时，IaaS 云服务商提供弹性、可扩展、可迁移、支持灾备等特性的部署环境，确保云控基础平台的稳定可靠运行。

（3）通信网络从 NSA 向 SA 架构演进，支持 C-V2X（包括 LTE-V2X 和 NR-V2X）、URLLC、网络切片等重要功能，为公众车联网专网及增强型网联应用奠定基础。固网方面，骨干网、承载网、城域网形成覆盖全国的连接通道，可充分保障车、路、云之间的互联互通。

（4）独立软件开发商（Independent Software Vendor，ISV）和集成商（Software Integration，SI）为产业各企业提供各类基础软件、定制化云控应用和维护服务；基于云控基础平台提供的 API，接入道路、车辆等终端设备，实现与周边相关支撑平台的集成与数据流打通。

3.4 智能网联汽车智能驾驶模块设计

3.4.1 智能驾驶硬件模块

1. 感知零部件

对于不同的自动驾驶级别要求，受限于传感器的成本，因此有着不同的传感器配置，对于乘用车 L2 级别的辅助驾驶系统，通常不安装激光雷达，不过随着激光雷达的成本下降，已经有乘用车开始使用激光雷达，预计这会成为一种趋势。目前国内外 L2 及 L2.5 级典型自动驾驶车型的配置方案以 4 个环视摄像头、1~3 个前视摄像头、5 个毫米波雷达、12 个超声波雷达为主，并根据自身需求加装辅助摄像头以及更多的毫米波雷达等。

L4 级别的自动驾驶车型传感器配置方案往往高于 L2 级别的配置方案，通常要求拥有多个激光雷达、多个摄像头以及超声波雷达、毫米波雷达，达到对车身周围 360°的覆盖。L4 级别的自动驾驶车型传感器配置基本上大同小异（多个激光雷达以及非常多的摄像头、毫米波雷达），期望达到一个无死角的感知能力。下面分别介绍主要的感知零部件模块。

1）摄像头模组

摄像头模组通过摄像头对汽车周边行驶环境进行图像或视频采集，并通过图像/视频处理手段得到感知结果。相比较其他传感器，视觉传感器获取的信息量更加丰富，包含了各类目标的颜色、纹理、深度和形状等信息，可实现车线检测、车辆检测、行人检测、交通标志检测和交通信号检测多种任务。摄像头的工作原理主要是通过镜头（LENS）生成光学图像并透射到图像传感器（CCD 和 CMOS）上，当 CCD/CMOS 感光元件曝光后，其上的光电二极管会受到光线的激发而释放出电荷，感光元件的电信号便由此产生；然后，CCD/CMOS 感光元件会将一次成像产生的电信号收集起来，并统一输出到放大器中，经过放大和滤波后的电信号经过 A/D（模/数转换）后会变为数字图像信号。不过单依靠上述所得到的图像数据还不能直接生成图像，还要将其输出到数字信号处理器（DSP）中进行色彩校正、白平衡处理等操作后编码为相机所支持的图片格式并写入到存储器上。

摄像头按用途分为前后向、侧向盲区、环视三种类型。

（1）前后向摄像头特性：中长焦、HDR、高感度、高像素。

(2) 侧向盲区摄像头特性：中长焦、高感度、高像素。

(3) 环视摄像头特性：广角、鱼眼、短焦、中高像素。

摄像头模组的基本工作原理：物体反射的光线经过镜头后由图像传感器（Sensor）和图像信号传感器（ISP）处理，再经过串行化（Serializer）在同轴电缆或双绞线上进行基于 LVDS 的 GMSL 协议传输。

2）毫米波雷达

毫米波雷达是工作在毫米波频段的雷达，它通过发射与接收波长为毫米尺度的电磁波来探测目标，回波经过处理和计算可获得被探测目标的距离、速度和方位角等信息。毫米波雷达探测距离远，抗干扰能力强，在雨、雪、大雾等恶劣天气条件下仍然可以正常工作。

雷达基本工作原理类似蝙蝠的回声定位，发射经过调制具有特定波形的信号，接收并检测回波特性，从而得到目标的位置、速度等信息。想象我们依据极坐标系来划分空间，每个目标都由它的距离和方位角唯一确定。首先确定目标的距离：雷达发射机产生射频电信号，并经由雷达天线将电信号转变为电磁波辐射到空间中。电磁波在空间传播，碰到目标后反射，形成回波（电磁波）信号。该回波信号被天线接收，进入雷达接收机后，经过一系列的处理后将目标检测出来，并提取出目标距离和速度信息。其次确定目标的方位角：类似在黑暗的夜空中用探照灯的光束搜索目标，通过旋转的天线将雷达的窄波束在空间待测的角度范围内扫过，当收到的回波信号幅度最大时，雷达天线所指的方向便是目标的方位。在球坐标系中，雷达天线所指的方向便是目标的方位角和高度角。

车载毫米波雷达按用途分为前/后向毫米波雷达、角毫米波雷达。以前向 4D 毫米波雷达设计为例，能够检测车辆前方雷达 FOV 范围内的目标物体，输出其三维位置及运动属性；同时，毫米波雷达总成目标检测需具备自适应修正功能，以减小车辆在运动过程中由于抖动引起的目标检测位置跟踪误差。

3）激光雷达

激光雷达是激光探测及测距系统（Light Detection and Ranging，LiDAR）的简称，是一种利用激光来实现精确测距的传感器。激光雷达利用飞行时间法（Time of Flight，TOF）来测距，发出激光脉冲，这些脉冲遇到周围物体会被反射回来，通过测量激光到达每个物体和返回物体所需的时间，可以计算出物体的精确距离。激光雷达每秒发出成千上万个脉冲，通过收集这些距离测量值，可以构建三维环境模型，即点云，进而获得目标的位置和姿态等信息，实现对各类目标的检测、跟踪和识别。激光雷达具有探测范围广、探测分辨率高、抗干扰能力强、获取信息丰富等特点，可以实现较高精度的障碍物检测、识别、跟踪以及定位。因此，激光雷达已经逐渐成为智能驾驶车辆环境感知传感器中十分重要的组成部分。

激光雷达一般由激光发射系统、接收系统、信号处理系统与控制系统组成。激光发射系统周期性地发射激光信号，然后由激光接收系统接收从物体表面反射回来的信号，信号处理系统则通过对两个信号的处理与比较，获得物体表面点的位置信息，而控制系统则通过对运动部件的控制带动激光发射系统产生周期性运动，从而获得整个物体的表面点信息。激光雷达按照工作原理主要分为机械式激光雷达和固态激光雷达。通常针对应用场景选择合适的激光雷达。

2. 域控制器

智能驾驶域控制器是车规级高算力多核异构计算平台，典型的域控制器由具备功能安全的 MCU、具备一定算力的 CPU 以及具备复杂运算能力的 GPU 几大部分及对应的周边芯片和电路组成,具有相机、激光雷达、毫米波雷达及超声波雷达多种传感器的接口[11]。控制器的机械结构主要由三部分组成：PBA 板、外壳、线束。散热能力对于域控制器很重要,通常会考虑水冷或者风冷散热方式。

硬件资源配置：
(1) 支持感知、融合、定位、规划等软件算法运行的处理器；
(2) 具备功能安全要求的控制策略处理器；
(3) 集成卫星导航和惯性导航系统；
(4) 以太网 Switch,支持 TSN、GPTP、VLAN、MAC/IP 过滤等；
(5) CAN 收发器,支持 CAN/CAN FD。

软件资源配置：
(1) MCU 需要符合 ClASSIC AUTOSAR 架构,配置 MCAL、BSW、RTE 及 CDD 等；
(2) 集成相机驱动或可调教 ISP,以满足不同场景下最佳成像要求；
(3) 配置相关解串器及驱动,以实现视频输出功能。

此外,域控制器需要通过相关电气测试,包括运行电压范围测试、电源反接保护测试、过压保护测试、运行温度范围测试、储存温度范围测试等。

3. 执行器

智能驾驶执行器主要是通过线控方法实现车辆在纵向和横向上的运动,即加/减速、转向等。执行器主要分为三大部分：线控驱动系统、线控制动系统和线控转向系统。各执行器主要实现线控和冗余两大核心功能。

1) 线控驱动系统

以新能源电动车为例,其驱动系统执行器为电机和电机控制器,通常驱动系统要实现"故障安全"功能。在驱动系统失效的条件下,要能够确保车辆安全停车。

2) 线控制动系统

制动系统是执行器的核心组成部分之一,除基本的线控制动功能外,制动系统需要实现冗余制动功能。典型的线控制动产品如博世的 iBooster 等。

3) 线控转向系统

对于自动驾驶车辆来说,线控转向系统一定要实现冗余设计,即一个转向系统失效时,另一个系统可作为备份工作。例如,采埃孚设计的前后双冗余转向系统,具备两套独立的转向系统。此外,还有通过制动来实现转向备份的设计,例如在转向失效时,通过对不同轮胎施加不同的制动力达到转向效果。

3.4.2 智能驾驶功能应用算法模块

智能驾驶系统的算法核心可以概述为三个部分：感知融合、地图定位、规划控制。

感知是无人驾驶系统从环境中收集信息并从中提取相关知识的能力。其中,环境感知是指系统对于环境场景的理解能力。定位帮助无人车了解其所处环境的相对位置；规划是指无人驾驶系统未来达到某一目的而做出的决策和计划。规划层通常又分为任务规划、行为规划、运动规划三层。控制是指无人车精准地执行规划好的动作、路线的能力,及时地给予车辆执行机构合适的油门、方向、刹车灯,以保证无人车能按预期行驶。

就当前阶段的技术发展水平而言,面向全工况、全天候的无人驾驶车辆还有待进一步进行技术上的提升。因此,在开展无人驾驶系统设计工作时,必须对所设计的无人驾驶系统功能需求进行分析。需要明确无人驾驶车辆的运行场景,根据面向场景进一步明确所需要的功能模块。自动驾驶的需求场景,可以划分为高速道路、普通道路和封闭园区三种。其中,高速道路场景包括干线物流、高速导航辅助驾驶;普通道路场景包括城市 Robotaxi、Robobus、AVP 等;封闭园区场景包括港口、矿山等。

下面分别简要介绍主要的算法应用模块。

1. 感知算法模块

环境感知算法模块具有两个关键功能:①识别在空间上无人驾驶车当前所处的位置;②分类和定位用于驾驶任务环境的重要元素。这些元素包括其他汽车、自行车、行人、道路、道路标记和道路标志以及任何直接影响驾驶行为的物体。

2. 地图定位算法模块

定位算法模块接收多个信息流,如当前 GPS 位置、IMU 测量单元和车轮测速,然后定位模块将它们组合起来输出准确的车辆位置。为了获得更高的准确性,一些定位模块还包含 LiDAR 和相机的数据,通过 LiDAR 的原始点云和相机识别的语义特征,结合高精度地图匹配获得高精度的定位。

3. 规划控制算法模块

1) 规划算法模块

运动规划算法模块基于感知模块和地图定位模块提供的必要信息做出行为决策和运动规划。运动规划模块的主要输出是安全、高效和舒适规划路径,使车辆朝向其目标移动。无人驾驶车的运动规划是一项具有挑战性的任务,在单一的集成过程中很难解决。相反,如今大多数无人驾驶车都通过分解将问题分成若干抽象层。

- 任务规划

任务规划(Mission Planner)部分处在最高层级,负责处理长期规划,并在驾驶任务的整个范围内定义如何从当前位置通过道路网络到达最终目的地。为了找到完整的线路,任务规划部分确定最佳路线序列,用于连接起点和终点,然后将其传递到下一层。

- 行为规划

行为规划(Behavior Planner)部分为下一级,用以解决短期规划问题。行为规划部分负责在任务路径行进过程中建立一套安全行为动作去执行。行为规划部分决策的一个例子是,在给定期望速度和附近车辆的行为预测下车辆是否应该合并到相邻车道中。除了决策的操作之外,行为规划部分还提供了一组约束来执行每一个动作,例如在切换之前保持在当前通道中的时间。

- 局部规划

局部规划(Local Planner)部分执行即时规划,并负责定义要驾驶的特定路径和速度曲线。局部规划部分必须是平稳、安全和有效的,考虑环境和运动限制。为了创建这样的规划,局部规划部分结合所有信息,如行为规划部分、占据栅格图、车辆操作限制以及环境中其他动态物体的信息。局部规划器的输出是一条规划的轨迹,其是在未来的小段时间内组合的期望路径和速度分布。

2）控制算法模块

控制算法模块得到路径并确定最佳转向角、油门位置、制动踏板位置和挡位设置，以精确地遵循规划路径。典型的车辆控制算法是如何采用给定的轨迹并将其转换为一组精确的驱动命令以供车辆应用。通常将控制分为纵向控制（Velocity Controller）和横向控制（Steering Controller）。横向控制算法输出转角，用于计划轨迹；而纵向控制算法调节油门、变速器和驻车系统来获得准确速度。两种控制计算当前误差、跟踪局部规划的性能，并调节当前驱动命令从而最小化前进误差。

4. 系统监控算法模块

系统监控算法模块监控软件堆栈的所有部分以及硬件输出，以确保所有系统都能按预期工作。系统监控还负责向驾驶员通知驾驶系统中发现的任何问题。

系统监控算法模块是用以持续监控各个方面在无人驾驶车内的运行情况，并在子系统发生故障时给予适当警告。系统监控软件有两个部分：硬件管理程序（Hardware Supervisor）和软件管理程序（Software Supervisor）。硬件监控器持续监控所有硬件组件，以检查是否存在任何故障，如传感器损坏、测量丢失或信息质量下降。硬件监控器的另一个职责是连续分析任何与硬件输出不能够匹配的无人驾驶车编程范围内的输出。例如，其中一个摄像头传感器被纸袋挡住，下雪时对 LiDAR 点云数据造成破坏。软件监控器负责验证软件栈，以确保所有元素正常运行，按照正确的频率提供完整的输出。软件监控器还负责分析所有模块的输出之间的不一致性。

3.5 智能网联汽车人机交互设计

3.5.1 人机交互设计策略

智能网联汽车的人机交互设计策略是关于行为、形式与内容的普遍适用法则，其促使产品行为支持用户目标与需求，创建积极的用户体验。这些交互设计策略能够帮助解决行为、形式和内容方面的设计问题。事实上，这些交互设计策略也是设计中需要遵循的通用规则，其强调以用户为中心，秉承科技应当服务于人类智慧和想象这一核心价值理念。重要的是，科技的使用体验也应该根据人类的感知、认知、自身能力与需求来创造。

人机交互设计策略的运用贯穿于整个设计过程，它将情境中的任务和需求转化为界面的形式结构和行为。人机交互设计策略常作用于不同的层面，上至普遍的设计原则，下至交互设计的细节，不同层面之间的界限不是很分明，但大体可以分为以下几类[13]：

(1) 概念策略：用来界定产品定义，产品如何融入广泛的使用情境。

(2) 行为策略：描述产品在一般情境与特殊情境中应有的行为。

(3) 界面策略：描述行为及信息有效的视觉传达策略。

这些不同层面的策略可以有层次地组织在一起，应用于系统层面到个别界面的专用器件。

1. 概念策略

概念策略的实例之一就是体验设计公司 Adaptive Path 创办人、AJAX（Asynchronous

JavaScript and XML，交互式网页应用的网页开发技术）之父 Jesse James Garrett 从概念策略角度出发，基于产品的目标与用户需求，循序渐进地定义产品体验的各要素。产品的用户体验分为五个层次：战略层、范围层、结构层、框架层和表现层[14]，如图 3-14 所示。这些不同层次的用户体验要素主要指汽车与驾驶员在交互过程中对驾驶员的体验产生影响的关键要素，层次具体内容如下。

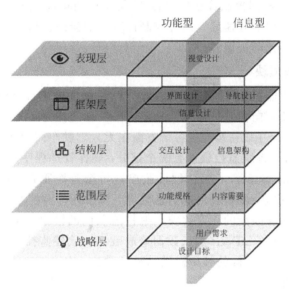

图 3-14 用户体验五要素

（1）战略层：战略层包括"设计目标"和"用户需求"。战略层要清楚地表达驾驶系统设计者想从系统中得到什么，确切地知道驾驶员想从系统中得到什么，这里尤其强调"清楚"和"确切"，清晰而准确的战略定位将指引系统的生命周期和发展方向，对于团队管理的影响也至关重要。

（2）范围层：范围层就是对功能及其内容的整合。在战略层要确定的是"为什么要开发这个系统"，而范围层则用于确定"要开发的是什么"，明确正在建设什么和不需要建设什么。范围层同时在做两件事：这是一个有价值的过程，同时能产出有价值的驾驶系统。

（3）结构层：结构层是为了建立一个清晰的概念结构。结构层适当地将抽象的决策与范围问题转移到更能影响用户体验的具体因素。结构层关心的是理解驾驶员的操作方式和思考方式，并将了解到的知识加入到系统结构中。

（4）框架层：框架层是对界面和导航进行设计。界面设计是确定系统框架，导航设计是呈现信息，两者的目的都是呈现有效的驾驶信息沟通。结构层界定了系统用什么方式运作，框架层则确定用什么样的功能和形式实现。

（5）表现层：表现层是解决"弥补网站框架层逻辑排布"的视觉呈现问题。表现层是五层结构的顶端，是把内容、功能和美学结合产生的最终设计，同时也将满足其他层面的所有目标。

2. 行为策略和界面策略

对于行为策略和界面策略来说，较为典型的实例之一是尼尔森十大原则，又称为用户体验十大原则，是由哥本哈根的人机交互学博士 Jakob Nielsen 发表的。十大原则可以用来评价用户体验的好坏,每个产品设计者都可以根据这十大原则进行设计和自查。这些原则主要聚焦于人机交互的行为策略与界面策略[15]。

1) 系统可见性原则

保持界面的状态可见、变化可见、内容可见。让用户知道发生了什么,在适当的时间内做出适当的反馈。比如用户在网页上的任何操作,不论是单击、滚动还是按下键盘,页面应即时给出反馈。

2) 贴近场景原则

使用用户的语言、用词、短语和用户熟悉的概念,而不是系统术语。功能操作符合用户的使用场景。

3) 可控性原则

用户经常错误地选择系统功能而且需要明确标识离开这个的"出口"。比如支持撤销和重做的功能。

4) 一致性和标准化原则

遵循平台的惯例,也就是同一用语、功能、操作保持一致。

5) 防错原则

更用心地设计防止这类问题发生,在用户可能犯错时进行提醒,比如删除可能造成的后果。

6) 协助记忆原则

尽量减少用户对操作目标的记忆负荷,动作和选项都应该是可见的,用户不必记住一个页面到另一个页面的信息。系统的使用说明应该是可见的或者是容易获取的。

7) 灵活高效原则

允许用户进行频繁的操作,有更加便捷灵活的代码和反馈。

8) 审美和简约设计原则

不应该包含无关紧要的信息。

9) 容错原则

当智能网联汽车系统出错时,错误信息应该用清晰的语言及可视化的图像准确地反映并呈现问题所在,并且提出相应建设性的解决方案,从而维持系统的正常运转。

10) 人性化帮助原则

有必要提供帮助和文档。任何信息应容易去搜索,专注于用户的任务,列出具体的步骤来进行。帮助性提示最好的方式是:①无须提示;②一次性提示;③常驻提示;④帮助文档。

以上人机交互设计策略主要围绕产品的概念策略、行为策略和界面策略三个层次提出。人机交互设计策略的主要目的之一就是优化用户的产品体验,对于驾驶场景下这种非娱乐导向的情境,在产品定义与设计时需要将工作负荷降至最低来优化驾驶体验。另外,在具体的产品设计中,由于大多数交互设计与视觉设计策略是跨平台的,对于智能网联汽车上的移动设备和嵌入式系统这样的产品,需要结合屏幕面积、输入方式及使用情境等因素以进行自适应性调整与运用。

3.5.2 汽车智能座舱设计

智能网联汽车人机交互设计的重点体现在汽车智能座舱的设计中。智能座舱是什么?

对于用户而言,汽车座舱就是在车内感受所及的一切,在形式上主要分为硬件和软件:硬件包括座椅、方向盘、仪表、中控屏、按键、氛围灯、传感器等所有内饰和可交互的器件;软件主要指系统软件和功能软件。硬件与软件的创新、集合与联动为汽车座舱赋予"智能",使汽车座舱成为从用户使用场景角度出发而构建的人机交互体系。汽车智能座舱的两个核心特征是智能化和网联化,即支持智能的人机交互方式和多元异构化通信网络的数据传输与管理。

基于智能化和网联化的汽车智能座舱设计是一个跨领域的复杂问题。在理论研究层面,其涉及电子电气工程、计算机工程、驾驶分心理论、人因工程学、认知心理学、设计学等。在实际产业中,智能座舱的设计研发需要主机厂和各级供应商的协同合作,整合各个企业的产品、资源、服务于一体。所以,在进行汽车智能座舱设计时需要重点考虑以下三个方面:

1. 智能座舱架构设计

智能座舱架构可以自下而上地分为三层:硬件层,包含各类传感器、处理器、内存等硬件;软件层,包含系统驱动、感知软件等软件;服务层,包含启用摄像头人脸识别、语音识别、数据服务等服务内容。其中,硬件层和软件层是座舱智能化和网联化的基础,服务层对于用户来说则是智能化的体现。

在对智能座舱架构进行设计时,可以软硬件的分域为基本思路。例如,按信息内容的类别进行整车的分域架构区分。与安全相关的是安全信息域,包括 HUD、仪表、ADAS 等内容,需要更多地定义与安全相关的内容;娱乐信息域内主要是娱乐相关内容,例如多媒体、互联网等。以多处理器、多系统作为驱动将两域分开能更多满足座舱的安全要求和娱乐要求的内容。这种使用多处理器的分域思路就叫作物理架构分域设计,如图 3-15 所示。另外,以单处理器、多系统作为驱动则叫作操作系统分域设计,如图 3-16 所示。其原理同样是把与安全相关的内容放到安全域、与娱乐相关的内容放到娱乐域去做相应的处理,但是这种设计是在操作系统中做分域,而不是在物理架构上做分域。

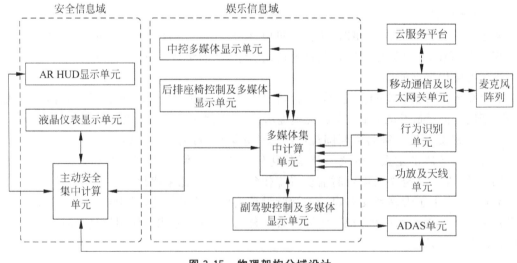

图 3-15 物理架构分域设计

此外,在设计智能座舱架构时,还需要考虑分域的维度、分域的数量以及域中包含哪些软硬件和服务模块。例如,以单处理器、多系统驱动驾驶相关域和信息娱乐相关域时,可以

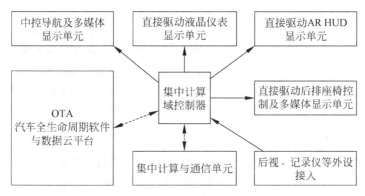

图 3-16 操作系统分域设计

同时以额外的处理器为基础增加人工智能域,用来提供多模服务和感知服务等,提升用户体验。

智能座舱架构设计中的硬件层和软件层是实现智能网联汽车人机交互的必要条件。在硬件层中直接与用户交互的除了最基本的实体按键、中控触摸屏、麦克风以外,各类传感器如摄像头、红外传感器、温度传感器等也是智能网联汽车的重要特点,实现用户与车机的交互设计要根据需求合理选择和使用交互硬件。而软件层则是赋能硬件实现汽车人机交互的关键,如何处理硬件层传递过来的数据和信息并反馈给用户完成完整的交互过程是系统软件需要考虑的重点。

智能座舱架构设计中的服务层是人机交互设计的概念策略的重点应用对象,设计师需要在这个阶段根据设计目标和用户需求确定所提供服务的范围,根据用户的交互逻辑将服务内容划分出清晰合理的结构,最终通过各个界面呈现给用户。

2. 操作系统的应用架构设计

车载操作系统是指运行于车载的专用中央处理器、基于车身总线系统和互联网服务而形成的车载综合信息处理系统,能承载 3D 导航、辅助驾驶、车身控制与设置、在线娱乐等一系列应用,为驾乘人员提供娱乐、导航、通信以及驾驶服务等各项服务,是座舱智能化和网联化的中枢。

操作系统应用架构设计应遵循以下几个设计目标:

(1) 可实现:架构被设计出来,要能够实现和可落地。

(2) 可扩展:由于软硬件的不断发展,用户量、带宽、数据量等持续增长,架构需要具备较好的扩展性。

(3) 高可用:系统架构需要考虑各种异常情况下系统可用性,如某个服务或接口故障后的降级。

(4) 可衡量:将架构设计的结果量化,在遇到系统负载过高需要扩容时,就可以参考定量的数据指标预估出所需的服务器和资源等。

在进行操作系统的应用架构设计时,还应遵循以下流程:

(1) 聚焦用户和业务的需求,梳理用户在各种场景下的操作流程和产品的期望效果;

(2) 进行数据库的概念建模,将系统、模块和功能做出清晰的划分;

(3) 分层设计架构,将整个架构分为前端接入层、服务层、数据访问层和数据存储层分别进行设计。

总的来说,智能网联汽车操作系统的设计需要遵循人机交互设计的行为策略和界面策略。系统内容需要符合真实的用户使用场景,让用户在与系统交互时容易理解和记忆,对于用户行为及时准确地反馈。虽然系统应用架构与用户不直接接触,但是好的应用架构设计能够将用户体验要素纳入考虑范围并为未来拓展留出空间,让系统与用户共同成长,间接提升汽车人机交互体验。

3. 关键部件设计

在汽车智能座舱中,有许多与用户直接交互的关键部件,例如各类按键、屏幕、传感器等,这些关键部件的设计往往直接影响到驾驶安全和座舱用户体验。由于智能网联汽车座舱内场景的特殊性和复杂性,关键部件的设计需要保证汽车 HMI 的有用性、安全性、高效性,同时还需要考虑到人因,包括用户认知习惯、场景化的功能设计、用户价值取向、主流审美趋势等。但是诸多部件在座舱中集成时往往会相互影响,设计时需要根据实际情况做出权衡。

以中控屏幕及屏内交互设计的安全性要求为例,用户使用中控屏幕交互的前提是保证驾驶安全,所以设计者需要对屏幕本身的水平转动角、屏幕中心点距驾驶员眼睛的距离、屏幕内图标的尺寸、屏内手指移动距离、操作区域最右和最上的位置做出合理的设计。

综上所述,在注重个性化交互的时代,智能座舱不再千篇一律,各企业都在依照自己定义的智能座舱规划战略打造产品差异化。但是汽车智能座舱设计的意义远高于满足使用功能,要求设计者综合考虑实际网联用车场景中的安全问题、用户体验、用户价值等关键因素。随着软硬件的不断升级,汽车智能座舱的设计内容和设计方法也将不断更新。

本章小结

主要知识点:智能网联汽车产品设计规划是结合各方面因素,以解决技术"痛点"和提升客户体验的"甜蜜点"为导向,对产品进行短期、中期和长期规划设计;并以模块化的思维(物理域车体结构系统的模块化设计、信息域智能控制系统的电子电气架构设计、社会域以用户体验为中心的人机交互设计)应用于需求分析、产品定义、功能分解、软硬件架构与车路云系统设计、算法功能开发及系统集成等方面,实现智能网联汽车 ADAS 相关各功能的开发迭代。

重点和难点:产品定义、规划及设计思想;道路场景划分、功能分解定义;系统架构及软件架构设计;域控制器架构设计;电子电气架构及软件架构;人机交互设计策略;智能座舱设计。

习题

一、基础习题

1. 有哪些经典的智能网联汽车?试从物理域、信息域、社会域角度分析它们设计思想的特点。

2. 目前智能网联汽车可现实的智能驾驶功能有哪些?

3. 智能网联汽车电子电气架构设计的整个流程是什么？
4. 单车智能真正落地应用的技术"痛点"是什么？车路云一体化系统如何解决它们？
5. 智能网联汽车智能驾驶系统的硬件模块包括哪些？功能应用算法模块又包括哪些？

二、拓展习题

1. 按照观测的级别或信息的级别方法，描述一种智能网联汽车 ADS 功能的场景。
2. 智能网联汽车智能驾驶系统中各功能算法模块间的交互信息包含什么内容？
3. 请列举目前针对高级别自动驾驶主流的系统架构方案及软件架构方案。
4. CAN 网络上是否可以实现完整的 SOA 架构？
5. 如何针对智能座舱的不同用户及不同需求进行差异化设计，并统一整合于产品设计中？
6. 试列举出尽可能多的智能座舱架构中服务层的内容，并思考在进行架构分域时可以将它们按照怎样的逻辑进行划分。

参考文献

[1] 赵福全,刘宗巍,李赞.汽车产品平台化模块化开发模式与实施策略[J].汽车技术,2017(6):1-5.
[2] ZIMMERMANN W, SCHMIDGALL R. AUTOSAR-Softwarearchitektur für Kfz-Systeme [M]. Springer,2014.
[3] NALIC D,MIHAL J T,BUMLER M,et al. Scenario based testing of automated driving systems: a literature survey[C]//FISITA Web Congress 2020.
[4] 中国智能网联汽车产业创新联盟.车路云一体化融合控制系统白皮书[R/OL].(2020-09-28)[2020-10-25]. http://www.caicv.org.cn/material?cid=38.
[5] 国家智能网联汽车创新中心.智能网联汽车信息物理系统参考架构 2.0[R/OL].(2021-05-25)[2021-06-01]. http://www.china-icv.cn/downCenter.
[6] 马特乌斯,柯尼希斯埃德.汽车以太网(原书第 2 版)[M].李魏,周轩羽,译.北京:机械工业出版社,2019.
[7] 凌永成.汽车网络技术[M].2 版.北京:清华大学出版社,2019.
[8] 刘佳熙,施思明,徐振敏,等.面向服务架构汽车软件开发方法和实践[J].中国集成电路,2021, 30(Z1):82-88.
[9] 宋杰静,马云杰,田鹏飞.基于 PREEvision 的以太网 SOA 设计方法[C]//2019 中国汽车工程学会年会论文集(4),2019:1275-1278.
[10] 魏学哲,戴海峰.汽车嵌入式系统原理、设计与实现[M].北京:电子工业出版社,2010.
[11] 叶刚.城市环境基于三维激光雷达的自动驾驶车辆多目标检测及跟踪算法研究[D].北京:北京理工大学,2016.
[12] 侯美杉.智能车辆视觉导航中障碍物的检测[D].西安:西安工业大学,2013.
[13] 库伯,等.About Face 4:交互设计精髓[M].倪卫国,等译.北京:电子工业出版社,2015.
[14] 加勒特.用户体验要素:以用户为中心的产品设计[M].范晓燕,译.北京:机械工业出版社,2011.
[15] NIELSEN J. Usability Engineering[M].Boston:Academic Press,1993.

(本章编写人员:余卓平、陈志鑫、张立军、魏学哲、张显宏)

第二篇　智能网联汽车核心技术

第 4 章 智能网联汽车环境感知

智能网联汽车环境感知技术,是指综合利用车载传感信息、网联共享信息以及地图先验信息等对驾驶环境进行认知理解的技术。本章主要介绍以车载传感器信息为主的环境感知技术。目前智能网联汽车主流的传感器包括视觉传感器、毫米波雷达、激光雷达和超声波雷达等;为了应对复杂的驾驶场景,既需要不断提升单传感器的感知能力,同时也需要融合多传感器信息、取长补短,以实现传感器信息的充分利用[1-2]。本章首先介绍自动驾驶环境感知技术的基本概念;然后重点介绍主流传感器的原理,在此基础上,对经典的传感器数据处理方法进行介绍;最后,通过实车案例整体介绍智能网联汽车环境感知系统。

4.1 环境感知技术概述

4.1.1 环境感知系统简介

智能网联汽车通过安装在车上的多种传感器获取道路、车辆、行人、交通标志等驾驶环境的信息,如图 4-1 所示。这些传感器为智能网联汽车提供了以图像、点云等形式呈现的海量原始数据。这些数据既包含了大量有价值信息,也包含了大量与驾驶活动无关的信息。如何从海量原始数据中提取出驾驶所需要的信息是环境感知系统的核心任务。只有实现了有效的信息提取才能支撑后续的智能决策规划,确保智能网联汽车的安全性。本节聚焦于车载传感器的环境感知方法,车联网系统和自动驾驶地图也是环境感知系统的重要组成部分,在后续章节中会详细介绍。

图 4-1 四种代表性环境感知传感器
(a) 视觉传感器;(b) 激光雷达;(c) 毫米波雷达;(d) 超声波雷达

视觉传感器可以对汽车周边行驶环境进行图像或视频采集,并通过图像/视频处理手段提取驾驶环境信息。相比较其他传感器,视觉传感器获取的信息量更加丰富,包含了各类目标的颜色、纹理、深度和形状等信息,可实现对车道线、车辆、行人、交通标志和交通信号等多种语义目标的检测。此外,视觉传感器还具有低成本优势,是使用最为广泛的传感器。

激光雷达是激光探测及测距系统的简称,它向目标主动发射稠密的激光束,然后将接收到的回波信号和发射信号相比较,从而获得目标的位置和姿态等信息,实现对各类目标的检测、跟踪和识别。激光雷达具有探测距离远、距离和角度分辨率高、受光照影响小等优势,逐渐成为智能网联汽车最主要的感知传感器之一。

毫米波雷达是工作在毫米波频段的雷达,它通过发射与接收波长为毫米尺度的电磁波来探测目标,回波经过处理和计算可获得被探测目标的距离、速度和方位角等信息。毫米波雷达探测距离远,抗干扰能力强,在雨、雪、大雾等恶劣天气条件下仍然可以正常工作。为了适应不同的感知需求,毫米波雷达又可分为长距毫米波雷达和短距毫米波雷达。

超声波雷达的工作原理是通过超声波发射装置向外发出超声波,当遇到障碍物时,超声波反射,再通过接收器接收到回波时的时间差来测算距离。和另外两类雷达传感器相比,超声波雷达检测距离近,通常作为近距离的补盲传感器使用。

智能网联汽车主要传感器的特性对比见表4-1。

表4-1 智能网联汽车主要传感器的特性对比

传感器种类	测量精度	工作特性	主要感知目标
激光雷达	厘米级	方向性好、无电磁干扰、精度高、测量范围广	各方向环境感知、建模
长距毫米波雷达	亚米级	测量范围远、抗干扰能力强、目标速度测量准	前向远距离障碍距离及速度检测
短距毫米波雷达	亚米级	测量角度广、抗干扰能力强、目标速度测量准	近距离障碍距离及速度检测
超声波雷达	厘米级	可测量2m以内的目标、数据处理简单	近距离障碍物检测、泊车辅助
视觉传感器	通常在几米到十米	传感器信息丰富、信息容量大,成本低;受天气影响很大并且无法直接检测对象的深度信息	目标识别跟踪、前车车距测量

智能网联汽车环境感知系统需要提取出的信息主要包括以下两种类别:

(1)动、静态障碍物:主要指车辆周边的其他车辆、行人及地面上可能影响车辆安全行驶的动态或静态物体。这一类目标的当前位置和未来位置都会直接影响驾驶安全。也正因如此,基于传感器的动、静态目标检测、跟踪、预测算法是环境感知的重要任务。

(2)道路环境与设施:主要指车辆周边的地理环境与道路交通设施,如车道线、道路边界线、路沿、交通灯、路灯杆等。道路环境信息可以为车辆的决策规划提供重要依据。对于非结构化道路,道路环境的感知可以简化为可行驶区域的检测。

4.1.2 环境感知系统构成

环境感知系统的发展经历了由以视觉传感器为主到多源信息融合的转变。早在20世纪50年代,美国已经开发出利用视觉传感器的高速公路自动驾驶示范。进入20世纪80—90年代,随着传感器的进步,包括视觉成像技术、激光感知系统、毫米波雷达等的发展,多源传感器融合理论的完善,车辆智能化进入了一个新的阶段。毫米波雷达被用于汽车纵向安全系统的构建,为车辆主动避撞提供预警,并提供了具有实用性的控制技术。2008年斯坦福大学采用5种不同的激光雷达系统以及多个雷达传感器以应对DARPA比赛中城市环境的挑战。为了实现 360°的环境感知范围，尽量消除盲区，智能网联汽车往往搭载多种传感器以实现对周边环境的准确感知，如图 4-2 所示。

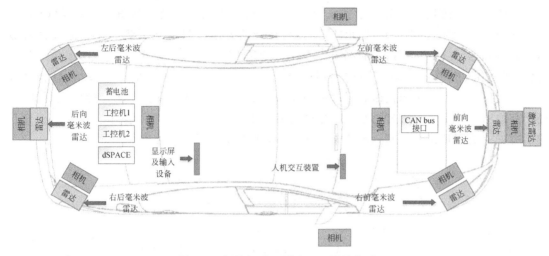

图 4-2　自动驾驶环境感知系统的构成

环境感知系统的发展不仅体现在传感器的变化上，同时也体现在感知算法的不断进步上。目前图像上的 2D 目标检测技术已经较为成熟，Faster R-CNN、YOLO 系列、SSD 等算法利用深度卷积神经网络能够在正常工作条件下获得很好的性能，同时，兼顾实时性。在 3D 目标检测技术上，PointNet++、VoxelNet 等点云数据处理的神经网络也通过不断优化取得良好效果并且得到应用。目标跟踪领域，2D 多目标跟踪算法常使用 TBD(Tracking By Detection)框架进行在线跟踪，效果也随着检测算法精度的提高日益增进[4]。同时，随着算法发展，也有许多性能较好的深度学习算法，能够联合实现目标检测、分割或感知的多感知任务，如 Mask R-CNN、Track R-CNN 等。在多源信息融合感知领域，深度融合视觉、点云等不同维度信息的算法也在不断发展。融合感知的基本思想是充分利用不同传感器的优势，提高感知精度与可靠性，同时减小感知盲区[5]。随着自动驾驶技术的发展，对于环境感知的准确性、完备性、鲁棒性提出了新的挑战，各传感器自身都在进行快速的迭代与升级，同时传感器信息处理技术也在不断进步。接下来将对传感器及其处理方法分别进行简要介绍。

4.2　智能网联汽车传感器

4.2.1　视觉传感器

车载视觉传感器是智能网联汽车技术的重要组成部分(图 4-3)。相比于其他的车载传感器，其拥有较广的垂直视场角，较高的纵向分辨率，同时还可以提供目标的颜色和纹理信息。在智能网联汽车环境感知系统中，视觉传感器可以代替人眼实现对车辆、行人、交通标志的检测和跟踪，在感知汽车周边的障碍物以及可行驶区域的同时，理解道路环境的语义信

图 4-3　Mobileye EyeQ ® Ultra 图像处理芯片

息。本节将简要阐述视觉传感器的工作及成像原理、单目摄像机标定技术。

1. 视觉传感器的工作及成像原理

车载视觉传感器主要是通过镜头(LENS)生成光学图像并透射到图像传感器(CCD或CMOS)上,当CCD/CMOS感光元件曝光后,其上的光电二极管会受到光线的激发而释放出电荷,感光元件的电信号便由此产生;然后,CCD/CMOS感光元件会将一次成像产生的电信号收集起来,并统一输出到放大器中,经过放大和滤波后的电信号经过模/数转换器(A/D)后会变为数字图像信号;不过单单依靠上述所得到的信号还不能直接生成图像,还要将其输出到数字信号处理器(DSP)中进行色彩校正、白平衡处理等操作后编码为视觉传感器所支持的图片格式并写入到存储器上,具体工作及成像原理如图4-4所示。

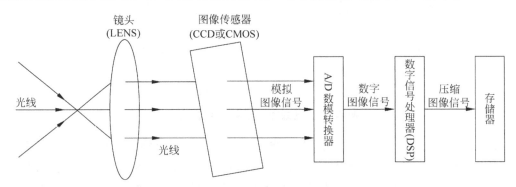

图 4-4 视觉传感器的工作及成像原理

2. 单目摄像机标定技术

当摄像机以一定的角度和位置安装在智能网联汽车上时,为了将摄像机采集到的环境数据与车辆行驶环境中的真实物体相对应,即找到真实物体在像素坐标系和场景坐标系之间点坐标的转换关系,需要对摄像机进行标定。其中,单目摄像机的标定主要包括构建摄像机成像几何模型和实现对物体点坐标的转换。在单目摄像机成像几何模型的构建上,主要是建立场景坐标系、摄像机坐标系、成像平面坐标系和像素坐标系之间的对应关系。目前,由于摄像机标定技术的理论和实验方法相对成熟,可使用计算机视觉库 OpenCV、Halcon 和 MATLAB 摄像机标定工具箱等进行标定。

4.2.2 毫米波雷达

毫米波雷达是智能驾驶传感器中非常重要的一类。由于在雨、雪等恶劣天气下优异的工作性能以及相对低的价格,使得毫米波雷达在智能驾驶领域得到了广泛的应用,现有量产毫米波雷达如图4-5所示。新型的4D雷达硬件结构(发射天线不仅在水平方向,在垂直方向也有分布)如图4-6所示。本节将简要介绍毫米波雷达工作原理和标定方法。

1. 毫米波雷达工作原理

无线电探测和测距(RAdio Detection And Ranging)技术又简称为雷达(Radar),是一种用无线电来探测和定位物体的技术。它通过将电磁波能量辐射到空间中,并探测由物体或目标反射的回波信号来工作。基于无线电磁波探测目标的毫米波雷达具备以下性质:

图 4-5 量产毫米波雷达

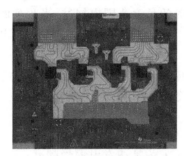

图 4-6 TI 4 颗芯片级联的 4D 雷达方案

（1）非接触式探测。由于采用电磁波来检测目标，不需要实际触碰目标，因此雷达可以进行远距离测量。在军事领域中，雷达可以探测到几千千米以外的目标，而在车载领域中，车载毫米波雷达的目标探测距离也可以达到几百米。

（2）主动式探测。雷达自己产生无线电信号并辐射到空间中，再通过接收目标反射的无线电信号来进行探测。如果和光学探测装置类比，那么雷达相当于自带光源的相机。因此雷达理论上可以不依赖外界的光照等条件，独立工作。但也正因为雷达对外的辐射能力，使得雷达失去了隐蔽性，在军事上容易被敌方有针对性地攻击；民用上雷达的发射功率和工作频段都被严格限制，以满足多种电磁兼容规范，确保用户使用的安全性。

（3）绕射和穿透能力。与光波相比，电磁波具备一定的绕过障碍物和穿透障碍物的能力。电磁波的绕射能力和电磁波的波长相关，波长越长的电磁波绕射能力越强。比如地波雷达利用波长为 10～100m 的短波，可以探测 300km 以外的目标，实现超视距探测。另外，对于塑料、织物和木板等非金属覆盖物，以及雨、雾、云，雷达具备一定的穿透能力。故而我们可以看见毫米波雷达被应用在安防领域探测衣服下的尖锐物体，探地雷达被应用于搜救探测废墟掩盖下的伤员。

以上三点决定了雷达可以在恶劣天气下全天候工作，具有非常广阔的应用。

雷达基本工作原理类似蝙蝠的回声定位，发射经过调制具有特定波形的信号，接收并检测回波特性，从而得到目标的位置、速度等信息。其具体工作流程如下：

（1）确定目标的距离。雷达发射机产生射频电信号，并经由雷达天线将电信号转变为电磁波辐射到空间中，电磁波在空间传播，碰到目标后反射，形成回波（电磁波）信号，该回波信号被天线接收进入雷达接收机，经过一系列的处理后将目标检测出来，并提取出目标距离和速度信息，如图 4-7 所示。

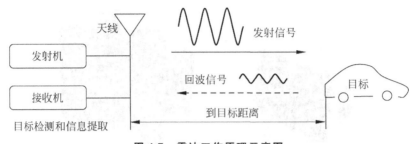

图 4-7 雷达工作原理示意图

（2）确定目标的方位角。类似在黑暗的夜空中用探照灯的光束搜索目标，通过旋转的天线将雷达的窄波束在空间待测的角度范围内扫过，当收到的回波信号幅度最大时，雷达天线所指的方向便是目标的方位。在球坐标系中，雷达天线所指的方向便是目标的方位角和高度角。

车载毫米波雷达探测周围环境的原理类似。目前，车载毫米波雷达工作频段是 24GHz 和 77～79GHz，根据频率和波长的关系：

$$\lambda = \frac{c}{f} \tag{4-1}$$

式中，λ 为雷达发射的信号波长；f 为雷达发射信号频率；$c = 3 \times 10^8 \mathrm{m/s}$ 是光速。

由式(4-1)可知，车载雷达工作的频率对应的波长在 10mm 左右，因此也称其为车载毫米波雷达。

选择毫米波作为车载雷达工作波段原因主要有两个：①由电磁波在大气中的传播损耗决定的。电磁波在大气中传播，会在特定的频率上与水和氧气发生谐振，从而导致衰减上升。相对低频的电磁波通常应用于无线电传输，以便进行远距离传输和感知；相对高频的电磁波则用于近距离的传输和通信，例如 60GHz 这个频段就被用于超近距离的毫米波雷达和短距通信。②具体采用 24GHz 和 77～79GHz 的电磁波作为车载雷达工作频段的另一个原因，是国内国际的相关规章要求。国家工业和信息化部根据《中华人民共和国无线电管理条例》《中华人民共和国无线电频率划分规定》等法规规章，以及国际电信联盟《无线电规则》指定了相关频率范围。

2. 毫米波雷达标定方法

毫米波雷达

毫米波雷达的外参标定可以通过与视觉传感器进行联合标定的形式进行，以便确保两种传感器的数据可以在同一坐标空间中进行转换。基于毫米波雷达与视觉传感器的联合标定主要有以下方法。雷达能够测量得到目标在雷达坐标系下的位置 (x_r, y_r, z_r)，摄像头能够确定目标在相机坐标系下的位置 (x_c, y_c, z_c)，对应图像上目标所在位置的像素点位置 (u, v)，如图 4-8 所示。

标定的目的是寻找从 (x_r, y_r, z_r) 到 (u, v) 的映射关系。在这个过程中，涉及对于毫米波雷达外参、摄像头的内外参标定。相关变换公式如下：

$$\omega \begin{bmatrix} u \\ v \\ 1 \end{bmatrix} = \boldsymbol{H} \begin{bmatrix} x_r \\ y_r \\ z_r \\ 1 \end{bmatrix} \tag{4-2}$$

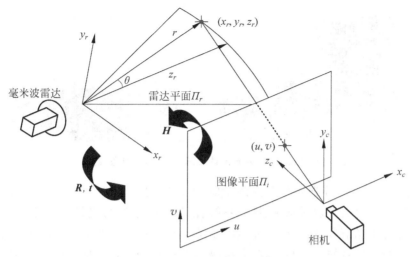

图 4-8 雷达与相机之间的几何关系

式中，H 为转换矩阵，包含视觉传感器内参以及传感器之间的旋转和平移关系；ω 是一个比例系数。

一种实用的标定方法是直接寻找毫米波雷达测量位置与图像位置之间的关系，从而确定 ω 和 H，操作简单，同时不存在累积误差。在标定过程中发现，由于毫米波雷达缺乏高度量测信息，因此选择标定杆顶部、中心和底部的不同位置进行标记，其 Z 坐标通过直接测量获取，便于在图像中寻找像素位置，如图 4-9 所示。

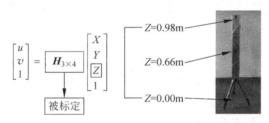

图 4-9 毫米波雷达-相机标定示意图

4.2.3 激光雷达

相较于毫米波雷达，激光雷达能够产生较为稠密的三维点云数据，在空间上具有更出色的角度分辨率，可以对周围的环境进行精确的物理建模，从而实现对周边物体的感知，因此越来越被广泛地应用在自动驾驶、地质勘探、大地测量等多个领域（图 4-10）。本节将从激光雷达的测量原理、参数含义、参数标定技术及传感器特点等几个方面介绍激光雷达在自动驾驶领域的应用。

1. 激光雷达测量原理

激光雷达（LiDAR）是一种利用激光来实现精确测距的传感器。激光雷达利用飞行时间法（TOF）来测距，即发出激光脉冲，这些脉冲遇到周围物体会被反射回来，通过测量激光发射和从物体反射回所需的时间，可以计算出物体的精确距离。激光雷达每秒发出成千上

图 4-10　Velodyne 激光雷达及禾赛 AT128 固态激光雷达

万个脉冲,通过收集每一个脉冲的距离测量值,可以构建出稠密的三维环境模型,即点云。

激光雷达一般由激光发射系统、接收系统、信号处理系统与控制系统组成。激光发射系统周期性地发射激光信号,然后由激光接收系统接收从物体表面反射而来的信号,信号处理系统则通过对两个信号的处理与比较,获得物体表面点的位置信息,而控制系统则通过对运动部件的控制带动激光发射系统产生周期性运动,从而获得整个物体的表面点信息。图 4-11 展示了激光雷达的工作原理。

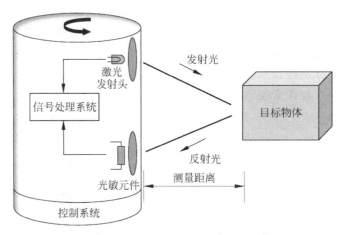

图 4-11　激光雷达工作原理

2. 激光雷达参数含义

激光雷达的参数指标较多,常见的参数指标主要有最大探测距离、测距精度、线数、视场角、分辨率、扫描帧率、点云点频、波长等。

(1) 最大探测距离。最大探测距离是指激光雷达能获取数据的最远距离。由于不同颜色物体对激光的反射率不同,白色物体反射率在 70% 左右,而黑色物体反射率则在 10% 左右,所以激光雷达的最大探测距离需要标明反射率指标,一般默认表示对 10% 反射率的物体的最大探测距离。

(2) 测距精度。测距精度是指对目标测量所得到的测量值的误差范围。

(3) 线数。线数等于激光发射系统中激光发射头的数量,激光雷达线数越高则产生的点云越密集,对周围环境的建模能力越好。

(4) 视场角。视场角又分为水平视场角与垂直视场角,是指激光雷达在水平和垂直两个方向的成像范围。

(5) 分辨率。分辨率又称为角分辨率,也可分为水平角分辨率和垂直角分辨率,是指激光雷达在水平和垂直两个方向的最小扫描角度,水平角分辨率与激光雷达的扫描模式相关,垂直角分辨率则与雷达激光发射头的数量与布置方式相关。

(6) 扫描帧率。扫描帧率是指激光雷达每秒能够输出多少帧的点云,类似于摄像头的帧率概念,一般激光雷达的扫描帧率为 5~20Hz。

(7) 点云点频。点云点频是指激光雷达每秒能够输出的点云总点数,等于扫描帧率乘以单帧的点云数目。点云点频直接反映了激光雷达生成点云的密集程度,是评价激光雷达综合性能的重要指标。

(8) 波长。波长是指激光雷达采用的激光波长,常见的有 905nm 与 1550nm 两种,其中 1550nm 波长雷达有更好的环境适应能力与人眼安全性,但因为其激光发射头造价较高,所以目前 905nm 波长使用更为普及。

3. 激光雷达标定技术

激光雷达的标定可分为内参标定和外参标定。内参标定是其内部的激光发射系统与整个雷达的坐标系转换,这部分标定工作在雷达出厂前已经完成,可以直接使用。外参标定指的是激光雷达自身坐标系与车体坐标系的转换,这部分也是使用激光雷达所需的标定。

在激光雷达与车体完成刚性连接后,两者的相对位姿与位移就固定不变,这种变换关系可以使用旋转矩阵 $\boldsymbol{R}$ 和平移矩阵 $\boldsymbol{T}$ 来进行描述。以 Velodyne VLP-16 激光雷达的外参标定为例,该雷达自身坐标系 O_L 方向如图 4-12 所示,电缆接口方向为 y 轴负方向,激光雷达上方为 z 轴正方向,通过右手系确定 x 轴方向,车体坐标系 O_V 以后轴中心为坐标系原点,车辆前方为 x 轴正方向,垂直地面向上为 z 轴正方向,驾驶员左侧为 y 轴正方向。

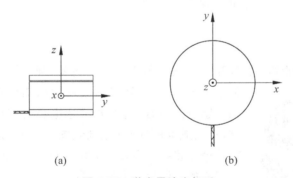

图 4-12 激光雷达坐标系
(a) 侧视图;(b) 俯视图

如图 4-13 所示,点 P 在 O_L 坐标系下的坐标为 $P_L(x_L, y_L, z_L)$,点 P 在 O_V 坐标系下的坐标为 $P_V(x_V, y_V, z_V)$,则该转换问题共有 α、β、γ 三个角度以及 Δx、Δy、Δz 三个平移量一共六个未知量,激光雷达的外参标定即是获取上述六个参数。通过试验采集同一个点在两个坐标系下的坐标,建立方程组即可求解出这六个参数。

4. 激光雷达传感器特点

在智能驾驶车辆的感知传感器中,激光雷达对比摄像头与毫米波雷达由于其工作原理的不同,其有着得天独厚的性能优势:

（1）精度高。激光雷达可以获得极高的测距精度与角分辨率，目前激光雷达的测距精度最高可达±2cm，水平角分辨率最高可达0.1°，垂直角分辨率最高可达0.125°。高测距精度与高分辨率使得激光雷达拥有极高的精度，这是激光雷达最突出的优点，其多数应用都是基于此特性。

激光雷达
实测数据

（2）可全时段工作。激光雷达作为有源传感器其不依赖于外界光线或者目标本身的辐射特性，因此在各种光线条件下都能够准确识别物体，可全时段工作。

（3）信息量丰富。激光雷达生成的点云，不仅包含物体的三维空间坐标，还可以包含物体表面的反射强度信息、时间戳信息与激光发射头的序列号信息，综合生成目标多维的图像。

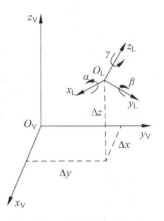

图4-13 车体坐标系与激光雷达坐标系

但是，激光雷达也有明显的缺点：

（1）雨雪、雾霾天气精度下降。由于激光雷达通过激光来进行感知，在雨雪、雾霾等恶劣天气下，激光容易产生折射，传播距离受到影响，导致激光雷达的精度会有较为明显的下降。

（2）无色彩信息。因为激光无法感知色彩信息，所以激光雷达无法感知到物体色彩信息。在实际道路条件下，无法识别红绿灯的颜色和交通标志牌的含义。

（3）易受同波长光源干扰。由于激光雷达发射的是固定波长的激光，所以其对其他波长的光源有着极强的抗干扰能力，但当出现相同波长的其他干扰光源，如包含该波长的太阳光、其他车激光雷达所发出的激光时，容易受到干扰。

（4）体积大、成本高。激光雷达由于复杂的结构，导致体积较大，成本较高，但这个缺点随着固态激光雷达的发展已经有了极大的改进。

4.2.4 超声波雷达

超声波雷达是智能驾驶汽车中常用的近距离感知传感器，超声波雷达的最大探测距离低于10m，是所有智能驾驶环境感知传感器中探测距离最近的传感器。同时，超声波雷达也是所有环境感知传感器中体型最小、成本最低的传感器（图4-14）。体型小巧的它们可以方便地布置在车身四周，在自动泊车这种低速应用中，提供车身四周的近距离障碍物信息。

1. 超声波雷达原理及构成

图4-14 法雷奥超声波雷达

超声波雷达通过产生超声波信号，接收超声波回波信号非接触式地检测目标并测量目标的距离（图4-15）。超声波雷达的有效测量范围大概为0.1~10m。

超声波雷达通过一个压电换能器将电信号转变成机械振动，换能器的机械振动推动空气产生了超声波脉冲发射出去（发射信号）。超声波脉冲碰到障碍物反射后形成回波信号，回波信号在压电换能器上再转换成电信号，经由模/数转换变成数字信号，之后通过数字信号处理，计算出目标距离和反射强度。

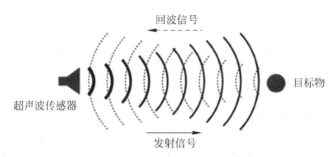

图 4-15 超声波雷达原理

超声波雷达通过捕获发射信号和回波信号的时间差来计算目标距离 $d=vt/2$,其中 t 是声波从超声波雷达发射出去,碰到目标后返回的双程时间延迟,v 是空气中的声速。以上就是飞行时间测量法。需要注意的是,空气中的声速随温度变化。在干燥的 20℃ 空气中,声速约为 343m/s。

2. 超声波雷达特性

超声波雷达可以检测多种固体或者液体材料。超声波雷达可以非接触地检测到金属、塑料、玻璃、木材、石块、沙子、石油、水等物体。上述材料可以将空气中的声波反射回来,不过特定物体难以被检测到,比如倾斜的表面会使反射波远离传感器接收装置,或者疏松的透波与吸波材料,比如海绵、泡沫和柔软的布。

3. 超声波雷达和毫米波雷达技术比较(表 4-2)

表 4-2 超声波雷达和毫米波雷达技术比较

技术参数	超声波雷达	毫米波雷达
检测距离/m	0.1～10	0.01～100
分辨率	厘米级	厘米级
电流/功耗	几毫安到几十毫安	0.5～1.5W
体积	中	大
安装要求	车身表面需要露出传感器	可以被车身塑料件覆盖
测量媒介	声波	光
系统成本	1～3 美元	18～26 美元
主要差异	可以有效检测到固体和透明玻璃表面; 可以在烟尘环境中检测物体	同时检测目标的距离、速度和角度; 可以穿透非金属材料; 可以区分物体

4.3 智能网联汽车感知技术

本节主要阐述针对不同车载传感器的环境感知技术,包括视觉感知技术、毫米波雷达感知技术、激光雷达点云感知技术。同时,为了综合利用各传感器的优势,进一步介绍基于多源信息融合的道路环境综合感知技术。

4.3.1 视觉感知技术

视觉感知技术的代表性应用场景包括车道线检测和车辆等动态目标检测。

1. 车道线检测

车道线检测作为智能网联汽车技术中感知模块的基础功能之一,是实现自动驾驶的重要前提。现阶段,车道线检测方法主要分为传统车道线检测算法和基于深度学习网络的车道线检测算法。

1) 传统的车道线检测算法

传统的车道线检测算法又分为基于特征的车道线检测算法和基于模型的车道线检测算法。其中,基于特征的车道线检测算法大多用于直道检测,其主要是通过提取车道线的颜色、纹理、边缘、方向和形状等特征,并通过曲线拟合的方式来达到对车道线的检测目的。国内外许多学者也基于上述方法对道路车道线的检测进行了相应研究,并取得了丰硕的研究成果。例如,国防科技大学团队提出利用逆透视变换方法首先将道路变换至世界坐标系,消除图像透视效果,然后有针对性地设计了边缘检测算子提取车道线边缘,最后通过建立车道线宽度统计模型完成车道线的检测。

而基于模型的车道线检测算法大多用于弯道检测,其通常是根据车道线形状的几何特征构建出车道线几何模型,然后通过随机采样一致算法(RANSAC)、最小二乘法、Hough 变换等方法求解出车道线的几何模型参数,并以此拟合出相应的车道线。

2) 基于深度学习网络的车道线检测算法

随着深度学习技术的快速兴起,大量研究人员将兴趣转移至利用深度学习来解决图像车道线检测问题,国内外涌现了一大批基于深度学习的图像车道线检测方法。这些方法按照采用的技术不同可以划分成两类,一类是基于分割模型的图像车道线检测方法,另一类是基于非分割模型的车道线检测方法。其中,基于分割模型的图像车道线检测是将图像车道线检测任务转换为对图像中的每个像素点进行分类,判断每个像素点是否属于车道线,从而把车道线上的像素点提取出来。进一步利用一些后处理方法对语义分割结果进行聚类或拟合,从而输出最终的车道线检测结果。例如,南洋理工大学团队提出了一种自注意力蒸馏分割网络 SAD,该方法使用网络中间层级具有丰富语义信息的特征生成注意力图,并自上而下逐层进行蒸馏,使得模型在不引入额外监督的前提下提高车道线识别精度,具体模型如图 4-16 所示。

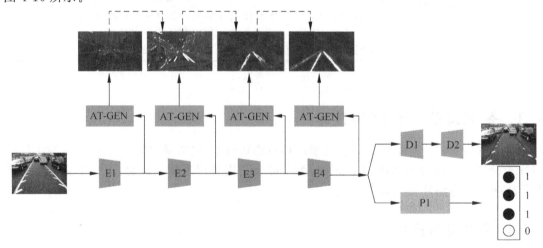

图 4-16 SAD 模型结构

而基于非分割模型的车道线检测方法繁杂多样，没有一个较为统一的解决范式。例如，鲁汶大学团队提出了一种名为 Least-Squares 的车道线检测方法。该方法的核心思想是利用加权最小二乘法直接获取车道线的多项式表示，从而实现端到端的车道线检测。该方法的网络结构如图 4-17 所示。

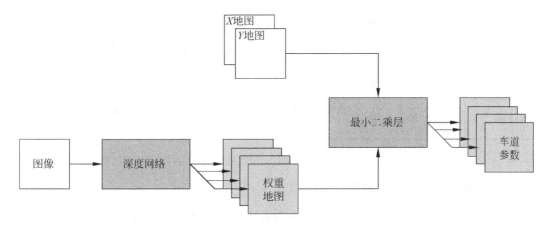

图 4-17　Least-Squares 网络结构

2．动态目标检测

视觉感知

在自动驾驶应用场景中，车辆、行人、两轮车等动态目标检测非常关键，其中车辆检测最具代表性。现阶段，车辆检测方法主要分为基于规则的车辆检测算法和基于深度学习的车辆检测算法。

1）基于规则的车辆检测算法

基于规则的车辆检测算法又可以细分为基于特征描述子的方法和基于运动推测的方法。前者主要是从单帧图像中检测车辆，后者则是使用连续帧图像进行车辆检测。考虑到单帧图像缺乏必要的深度信息，基于特征描述子的方法大多是利用车辆的对称特征、边缘特征、底部阴影及尾灯等特征来实现车辆的检测和识别。

而基于运动推测的方法是利用视频中场景或车辆的运动信息来完成对车辆的检测和识别，主要采用的是基于光流场的检测方法。虽然基于光流场的车辆检测方法能够在背景运动的场景下分析出运动车辆的相对速度和位置等信息，但是其对光线变化、阴影及噪声的敏感度较强，并且算法的计算量较大，难以满足系统的实时性要求。

2）基于深度学习的车辆检测算法

基于深度学习的车辆检测算法主要是通过卷积神经网络对交通场景下的图像或视频进行处理，检测并识别出车辆目标，同时对车辆目标的回归框与置信度进行标注。相比基于传统的车辆检测算法，其不需要人工自定义特征，且自学习特征判别性能更佳，有效解决了传统车辆检测算法可移植性差、精度低和检测耗时等问题。近几年来此方向具有代表性的方法如表 4-3 所示。

以上介绍的车辆检测算法都是在二维图像中实现目标检测。随着深度神经网络的进一步发展，目前也有一些研究尝试从图片中构建出三维环境，此处不做详细介绍。

表 4-3 基于深度学习的车辆检测算法

研究人员	方法(One-stage/Two-stage)	具体描述
史凯静等	Two-stage	利用 Faster R-CNN 与卷积神经网络 VGG-16 相结合来实现车辆检测
张富凯等	Two-stage	将 Faster R-CNN 模型与 ZF、VGG_CNN_M_1024、VGG-16 三种网络相结合,提高了车辆检测的准确性和鲁棒性
K.J.Kim 等	One-stage	使用 SSD 在监控场景下对车辆目标进行准确检测与识别
G.Cao 等	One-stage	使用 Feature-fused SSD 改善了 SSD 算法对于小目标检测精度不高的问题
J.Sang 等	One-stage	使用改进的 YOLOv4 算法对交通场景下的车辆目标进行检测识别

4.3.2 毫米波雷达感知技术

毫米波雷达可以直接输出目标的位置和速度。基于毫米波雷达的输出数据可以进一步实现目标跟踪,从而获得更准确和稳定的目标位置及速度等状态信息。基于毫米波雷达的感知技术主要包含以下关键环节:首先确定目标运动模型,然后在雷达测量结果中建立一条与运动模型最相符的航迹;之后,将每一帧雷达量测信息与历史航迹进行关联;最后,根据关联的量测信息对当前时刻的目标航迹信息进行更新。本小节对于相关过程中涉及的基础理论进行介绍。

1. 目标运动模型

目标运动模型描述了目标的动态特性,建立准确的目标运动模型可以较好地预测被跟踪目标的未来状态或运动轨迹,降低目标运动的不确定性。常用的目标运动模型有常速度模型(Constant Velocity,CV)、常加速度模型(Constant Acceleration,CA)、转弯运动模型(Coordinated Turn,CT)等。

CV 与 CA 模型将目标运动状态先验定义为匀速直线运动与匀加速直线运动,这两种模型较为简单,在目标跟踪分析中较为常用。当目标处于匀速直线运动与匀加速直线运动,或者当目标机动性较小,短时间内可看成匀速或匀加速直线运动时,采用以上两个运动模型可相对减少计算量,并可在目标跟踪中达到较高的精度。CT 模型又称为目标联动式转弯运动模型,该模型通过设定转弯速率来描述目标的转弯运动。CT 运动模型适合描述正在转弯的机动目标。

2. 毫米波雷达航迹起始

航迹起始是确认目标进入稳定跟踪并给出航迹的过程。如果航迹没有正确起始,则后续的算法将无法正确跟踪,甚至出现"组合爆炸"的情况,使整个算法的运算量急剧膨胀。

顺序处理技术和批处理技术是目前常用的航迹起始算法的两类方法。顺序处理技术比较适用于杂波相对较弱背景,即安静环境下的航迹起始,其主要包括直观法、逻辑法等;而批处理技术对于杂波较强背景,即嘈杂环境下航迹起始具有很好的效果,航迹起始的准确率高,比较经典的算法有 Hough 变换法及其改进算法等。多目标跟踪航迹起始中,首先要形成相关波门。波门用来判断量测值是否来源于实际的目标,以及确定有无需要关联的数据。通常,将被跟踪目标的预测位置作为中心点,以这个中心点四周的区域作为下一次量测值可能出现的区域,在这块区域内的回波称为候选回波。波门相当于一个决策门限,效果良好的波门可以使真实量测值尽可能落入波门内,同时使得其他无关点迹尽可能少。波门的选择要考虑目标跟踪过程中的多种因素,比如目标跟踪所处的阶段、被跟踪目标的速度及加速度、目标运动状态等。常用的起始波门有环形波门、矩形波门、椭圆波门等。

3. 毫米波雷达航迹关联

车辆道路环境中,车载雷达扫描回波可能来自真实目标,也可能来自其他非正式目标的杂波或者虚警,或者当环境中出现目标密集情况时,目标运动可能会相互交叉,一个目标的量测点可能会落入两个及以上的目标门限内,多个目标的量测点也可能会落入一个目标的门限内。为了解决雷达回波中真实目标与航迹相互匹配的问题,就需要将来自雷达传感器的 N 个观测数据与已知的 M 条航迹进行关联配对。

数据关联主要步骤如下:

(1) 使用跟踪门限将雷达观测到的数据进行过滤,对于某一航迹,可过滤掉门限外不属于该真实目标的点迹;

(2) 根据目标上一时刻的位置、速度、加速度等信息预测当前时刻位置,建立预测位置与观测点之间的关联矩阵;

(3) 确定数据关联性,形成关联对,按照点迹分配策略将观测点分配给相应的航迹。

常用于毫米波雷达数据的数据关联算法如下。

1) 最近邻数据关联算法

最邻近数据关联(Nearest Neighbor Data Association,NNDA)算法主要思想是把雷达观测数据与当前所有航迹的预测位置进行比较,建立预测位置处的关联波门,将距离航迹预测位置最近的点迹与航迹进行关联配对。实际工程中,为了追求更快的运算速度,通常选择欧氏距离代替信息加权公式进行关联判定。NNDA 算法的优势是计算量相对较小,在工程上实现相对简单,在杂波密度低、目标较少的情况下有着较快较好的关联效果。

2) 联合概率数据关联算法

联合概率数据关联(Joint Probabilistic Data Association,JPDA)算法是 Bar-Shalom 等基于概率数据关联提出的。JPDA 算法考虑了观测点来自杂波或是目标的所有可能性,构成联合事件,对所有的联合事件计算概率,最终选取概率最大的事件对航迹进行修正。因此 JPDA 算法更适用于杂波环境中对多目标的跟踪,它克服了 PDA 算法容易跟丢或跟错的缺陷,综合考虑各个量测的目标来源情况,准确地对不同目标进行跟踪处理。

3) 多假设跟踪

多假设跟踪(Multiple Hypothesis Tracking,MHT)算法是一种根据多个扫描周期的量测进行数据互联的技术,当前目标的更新不仅取决于当前时刻的量测信息,也取决于历史时刻的量测信息。NNDA、JPDA 都可以看作 MHT 算法的子集。在理想假设条件下,MHT 算法被认为是处理数据互联的最优方法。MHT 作为一种动态的递归算法,文献中将其处理过程进一步细化为 8 步,包括分支起始、预剪枝、聚簇、假设生成和剪枝、全局剪枝、航迹修正、航迹合并、航迹确认等。MHT 算法的计算复杂性主要由假设生成过程决定。

毫米波雷达感知

4.3.3 激光雷达点云感知技术

激光雷达感知技术的代表性应用场景包括地面区域提取和障碍物检测。下面将分别介绍这两类应用中具有代表性的经典方法。

1. 地面提取算法

激光雷达获得的点云通常含有大量的地面反射点,这对于后续的障碍物聚类及分类会造成严重干扰,因此需要首先提取地面点云并将其剔除。常见的地面提取算法有平均高程图法、梯度法、随机采样一致性法等。

平均高程图法:将点云投影到鸟瞰图上并划分成栅格,每个栅格内含有不定数目的点,计算每个栅格中的平均高度,若栅格的平均高度小于预设的阈值,便认为该栅格为地面。

梯度法:针对激光雷达扫描得到的测量点,由近及远依次考察相邻两对测量点之间的梯度,判断是地面点还是障碍物点。若为地面点,则相邻两对测量点的梯度将保持在一定范围之内;若为障碍物点,则相邻两对测量点的梯度将发生跳变。

随机采样一致性法(RANSAC):将一帧点云中的所有测量点作为样本,地面点作为"局内"样本,障碍物点作为"局外"样本,并且假设"局内"样本地面点符合平面模型分布。

2. 障碍物检测算法

基于激光点云的障碍物检测方法主要分为基于点云聚类算法和基于深度学习的算法。

1)点云聚类算法

在障碍物检测中,将具有同一或近似属性的不同点聚类到一起,并认为是属于同一个物体,从而得到障碍物的位置及轮廓。常见的聚类算法主要包括基于划分的方法、基于层次的方法、基于密度的方法、基于网格的方法等。

基于划分的方法中比较有代表性的方法是 K 均值聚类(K-means)算法。K-means 算法首先随机设置 K 个簇,每个簇内有 1 个点作为簇的中心,根据距离阈值,将小于阈值的点分配至簇中,分配完成后重新计算这个簇的中心,不断重复直到收敛。

基于层次的方法将每一个点都划分为一个簇,计算两两簇之间的距离值,将距离小于阈值的簇合为一簇,并重新计算簇与簇之间的距离,不断重复直到收敛。

基于密度的方法中比较有代表性的是 DBSCAN(Density-Based Spatial Clustering of Applications with Noise)算法。DBSCAN 算法是通过每个点 p 的邻域来搜索簇,如果点 p 的邻域包含的点大于预设的阈值,则创建一个以 p 为核心对象的簇,然后迭代地聚集从这些核心对象直接密度可达的点,不断重复直到没有新点找到任意一簇。

基于网格方法是将点集映射至网格单元中,计算落入每个单元格中点的密度,根据密度阈值来确定该单元格是否为高密度单元。聚类时,认为邻近的高密度单元为同一个簇。

基于划分、层次、密度的方法的处理速度均与点云的数量呈正相关,而基于网格的方法的处理速度与网格数量呈正相关。因此,基于划分、层次、密度的方法适用于低线数的激光雷达或者毫米波雷达,基于网格的方法适用于高线数的激光雷达。

2)深度学习算法

随着深度学习的飞速发展,基于卷积神经网络的三维点云目标检测算法取得了巨大的进步。三维点云与视觉图像在数据结构上有着较大差异,一些研究人员尝试将三维点云转化为二维平面数据后再进行处理。如将点云投影成前视图和俯视图下的图片,这样可以利用视觉检测中的相关网络结构。同时,也有一些研究人员针对三维点云开发相应的检测网络。按照点云特征的提取方法,当前基于点云的三维目标检测算法可以主要分为以下两类:基于原始点(Point-based)的方法和基于体素(Voxel-based)的方法。

基于原始点的方法直接将原始点云作为输入,进行逐点的特征提取,其起源于 PointNet 和 PointNet++。PointNet 用全连接层进行逐点的特征提取,然后对特征执行最大池化操作以此获得全局特征,接着将全局特征和逐点特征拼接后进行分类、分割等操作。但是 PointNet 仅仅是利用全连接层进行逐点的特征提取,没有聚合周围点的局部特征,这将导致模型在处理复杂场景时泛化能力不足。PointNet++通过采样并聚合周围点以此获得局部特征,并且在不断地下采样中实现多尺度的局部特征和全局特征的融合,然后通过特征传播层插值获得逐点的特征。

PointNet++网络结构如图 4-18 所示,PointNet++将原始点云作为输入,通过分层点集特征学习网络提取点的深层特征,完成一帧点云的分类任务及每个点的分割任务。分层点集特征学习结构由多个集抽象层组成,每个集抽象层由采样层、聚集层和 PointNet 层组成。采样层通过对点云集合 N 使用最远点采样得到一个新的点云子集 N_1。聚集层对于点云子集 N_1 中每一个点,聚合其邻域内的属于原点云集合 N 的 K 个点。PointNet 层对这 K 个点通过全连接层和最大池化层进行特征提取,得到 N_1 中每个点的特征。随后点云子集 N_1 再经过一次集抽象层,得到点云子集 N_2 及点云子集 N_2 中每个点的特征。对于分类任务,对点云子集 N_2 进行特征提取并通过全连接层进行分类预测。对于分割任务,则需得到每个原始点的特征,因此 PointNet++通过特征传播层,利用插值和特征级联的方法得到每个点的特征。

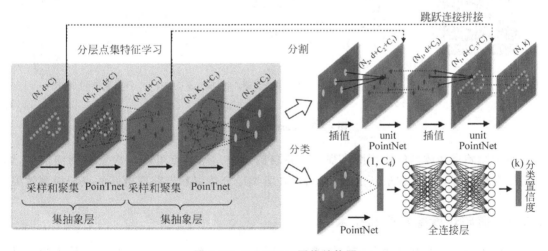

图 4-18 PointNet++网络结构图

基于体素方法首先将输入点云体素化,所谓体素是大小固定的空间单元,然后对体素进行特征提取。在 VoxelNet 中,用体素编码层来编码体素化后的非空体素特征,随后根据编码后的体素特征生成 3D 的候选框。SECOND 设计了高效的体素编码算法——稀疏卷积算法,即只对非空体素进行特征提取,该方法极大地提高了基于体素的 3D 目标检测算法的训练和推理速度。PV-RCNN 用稀疏卷积对非空体素进行特征提取并生成候选框,将多尺度的体素特征编码到关键点,二阶段聚集候选框中网格点周围关键点的特征对回归框进行精修。SA-SSD 在训练时设计了辅助网络将体素特征转化成逐点的特征进行前景点分割和中心点预测。

VoxelNet 网络结构如图 4-19 所示。VoxelNet 将原始点云作为输入,通过特征学习网络、中间卷积层、区域建议网络生成最终的检测结果。特征学习网络包括以下步骤:①将整个三维空间划分成均匀的体素;②将点云根据空间位置划分到相对应的体素中;③遍历每个体素,若该体素中的点云数量大于 T 个,则将该体素中的点降采样至 T 个;④堆叠体素特征编码,通过多个体素编码层实现每个体素内点特征的提取及每个点特征与局部特征的结合,再通过全连接层和最大池化求得每个体素特征;⑤稀疏 4D 张量表示,用 C 维的特征向量表示每一个非空体素。中间卷积层运用 3D 卷积对稀疏 4D 张量表示的体素特征进行特征提取,从而获得全局特征。区域建议网络将中间卷积层的输出通过二维卷积进行特征提取并输出预测概率及三维框。

激光雷达感知

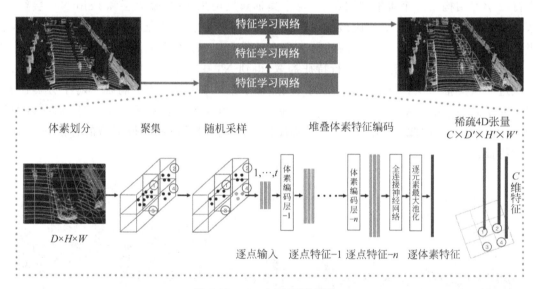

图 4-19 VoxelNet 网络结构

基于原始点和体素的检测网络都具有各自的优势。原始点可以包含更多精细信息,体素可以提高计算效率。在最新的研究中,也在尝试结合体素和点获取更好的点云检测效果。

4.3.4 道路环境综合感知技术

道路环境综合感知是融合多种传感器的感知方案,以弥补单种传感器感知能力的不足,从而满足城市道路等复杂行驶环境对高精度高实时感知系统的需求。以谷歌无人车为代表的车载感知系统将 LiDAR 作为核心传感器,而以 Mobileye、奔驰等为代表采用的感知方案则基于视觉。LiDAR 可以采集车辆周围相对稠密的点云数据,从而提供大量准确、精细的感知信息;但 LiDAR 会丢失部分颜色信息,而且采集点非连续,信息不完整,同时对雨雪、云雾及电磁波干扰较为敏感。视觉方案可获取丰富的环境信息,如 Mobileye 通过图像处理技术实现周围物体的识别、检测、定位导航等功能。尽管视觉传感器受到光照变化及天气条件的影响较大,然而伴随其近年来的不断发展,视觉传感器的成本不断降低,而精度也在逐渐提高。通过对典型智能汽车研究项目所采用的感知方案进行统计,可以发现采用多种传感器组合的道路环境综合感知方案是高级别自动驾驶的主流趋势,如表4-4所示。

表4-4 典型智能汽车研究方案与量产智能汽车所采用的感知方案

车型	单目视觉	多目视觉	GPS/惯导	超声波雷达	毫米波雷达	激光雷达	HD地图
2015 英菲尼迪 Q50S	●		●	●	●		
宝马 750i xDrive	●	●	●		●		
梅赛德斯 E系和S系	●	●	●		●	●	
Otto Semi-Trucks	●						
特斯拉 Model S	●		●	●	●		
VisLab's BRAiVE	●	●	●			●	
奥迪研发车辆	●		●		●	●	●
AutoNOMOS's MadeInGermany		●	●		●	●	
福特混合动力研发车辆	●		●		●	●	●
卡尔斯鲁厄理工学院的 AnnieWAY	●				●	●	●
沃尔沃研发车辆	●		●	●	●	●	
卡耐基梅隆大学的 Boss	●		●		●	●	●
谷歌研发车辆	●	●	●			●	●
麻省理工学院的 Talos	●		●		●	●	
斯坦福大学的 Junior			●		●	●	●

多种传感器组合的感知方案可以弥补单种传感器感知能力的不足,从而实现更广范围的感知,图4-20所示为Steven Ashley提出的典型车载传感器所覆盖的范围。

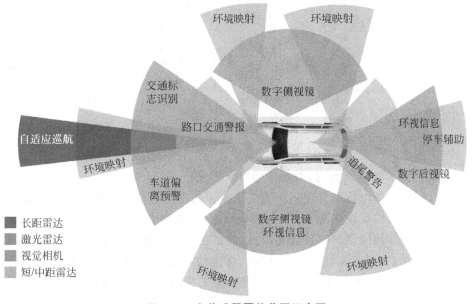

图4-20 多传感器覆盖范围示意图

多传感器信息融合最早出现在 20 世纪 70 年代末期的军事 C^3I 系统中,如今已成为与智能识别、信号处理、图像处理等学科密切相关的多学科交叉的前沿学科。多源信息融合的方法有很多,包括贝叶斯估计、Dempster-Shafer 理论(DS)、模糊理论算法、神经网络,以及卡尔曼滤波、粒子滤波等。贝叶斯估计是多传感器信息融合的主流技术,是发展最早的融合方法,也是迄今为止理论上最完整的融合方法,在目标级融合上已经有大量应用。基于神经网络的深度学习方法则在特征级融合和数据级融合上获得大量应用。

目标级融合时,各传感器都有独立检测算法,融合模块的作用在于对各传感器算法检测结果进行汇总融合。目标级感知融合框架如图 4-21 所示,其中激光雷达、相机和毫米波雷达的感知算法在前面已有介绍。

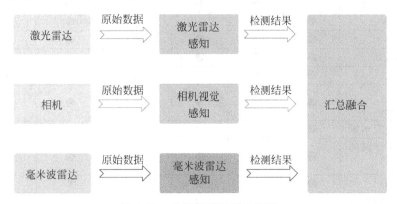

图 4-21 目标级感知融合框架

目标级融合没有充分利用原始数据的耦合关系。为了深度融合多源信息,数据级和特征级融合的相关技术是当前研究热点。下面介绍典型的激光雷达与视觉图像的数据级融合框架,如图 4-22 所示,其特点为直接对传感器的观测数据进行融合处理,然后基于融合后的结果进行特征提取和判断决策。因为只有较少数据量的损失,所以精度更高。

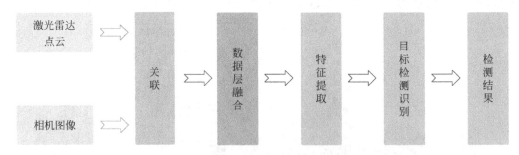

图 4-22 数据级融合结构

在设计深度融合模型结构时,需要考虑以下需求:
(1) 融合模型结构应该充分利用激光雷达点云的三维信息与图像的语义信息。
(2) 融合模型结构应该实现多目标的 3D 检测,精准地确定目标的大小和方向。
(3) 融合模型结构应该具有计算实时性,满足在车辆行驶时对多目标的检测需求。

基于上述思考,在激光雷达与摄像头联合标定的基础上,一种利用深度学习的代表性异构信息融合模型结构如图 4-23 所示。为了融合激光雷达和摄像头数据,将激光雷达三维点

第4章 智能网联汽车环境感知

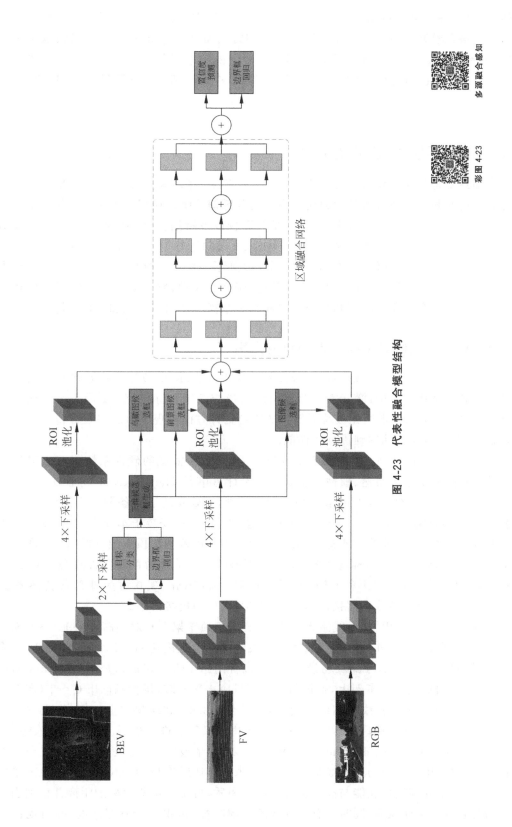

图 4-23 代表性融合模型结构

云转化为鸟瞰图(BEV)和前视图,同时与 RGB 视觉图像进行关联,共同作为深度学习网络的输入。融合模型由两部分组成:①3D 感兴趣区域提取网络,利用点云的鸟瞰图生成高精度的 3D 候选框,并将 3D 候选框投影到其他多个视图来提取感兴趣区域;②区域融合网络,以实现不同视图信息充分的交互,并最终在 3D 空间下精准地预测目标的 3D 位置、大小和方向。

4.4 典型环境感知系统介绍

感知系统是自动驾驶汽车关键系统之一。近年来,许多国内外高校、高级别自动驾驶解决方案供应商和造车新势力averagely大力研发自动驾驶感知系统。典型代表包括加州大学伯克利分校、名古屋大学、亚琛工业大学、清华大学等高校以及特斯拉、谷歌 Waymo、百度、滴滴自动驾驶 taxi、华为、蔚来、小鹏、智行者无人快递、文远知行等企业,探索出了各具特色的感知集成方案,感知系统的高效性、准确性、易用性得到不断提升。这些企业开发的感知集成方案逐渐公开或部分开源,使其得到广泛的关注、研究和应用,感知效果和系统可靠性经过充分检验。本节将介绍典型的感知系统在自动驾驶车辆上是如何集成和实现功能的。

4.4.1 自动驾驶试验车感知系统集成方案

激光雷达(LiDAR)、摄像头(Camera)和毫米波雷达(Radar)等传感器在不同条件和不同任务下各具优势。其中,激光雷达擅长空间建模与三维目标检测;摄像头对于视觉分类任务尤其擅长;毫米波雷达在极端天气下的距离估计方面表现突出。将三种传感器进行融合,就能在各种情况下都达到优良的性能。

百度 Apollo 自动驾驶样车(以林肯 MKZ 为例)上所搭载的硬件系统集成方案包括激光雷达、摄像头、毫米波雷达、惯性导航系统以及计算单元 Hardware3.0 等模块,如图 4-24 所示。林肯 MKZ 硬件设备集成安装位置分为两处,一处安装于后备厢固定铝板上,安装的硬件设备有 Hardware 3.0、Expansion Box 和蓄电池;一处安装于车顶支架上,安装的硬件设备有激光雷达、相机、毫米波雷达及 GNSS 天线,固定铝板和车顶支架可根据实际车辆及安装的设备具体设计。百度为林肯 MKZ 无人车配备的计算单元为百度自研的 Hardware 3.0。Hardware 3.0 集成有 CPU 和 GPU 模块。同时,Hardware 3.0 可为外部各传感器提供 12V 直流电源以及各种传感器接口,如激光雷达接口、相机接口等。

具体地,该方案使用了 40 线激光雷达(安装于车顶车架上),对地高度为 1.5~1.8m,水平放置,精度在 2°以内,并通过激光雷达延长线将激光雷达接到 Hardware 3.0 的 M12 接口上。同时,对于开发者学习调试场景,方案中包含两路 Fakra 相机,包括一路 6mm 相机和一路 12mm 相机(安装于车架上,朝正前方),相机应水平安装,俯仰角向下 0°~2°(向下倾斜小于 2°),通过 Fakra 延长线将相机连接到 Hardware 3.0 Fakra 接口上。Hardware 3.0 上提供多达 10 路 Fakra 相机接口,可以根据多相机应用场景需求进行扩展。此外,百度 Apollo 自动驾驶样车还安装有两路 continental ARS 408-21 毫米波雷达(安装在车辆前方和车顶支架的后方)以适用于不同的应用场景,并通过毫米波雷达线束与 Hardware 3.0 CAN 接口相连,可以较好地处理测量性能与高安全性之间的矛盾,可实时检测目标的距离并根据当前车速判断是否存在碰撞风险,同时具有自动故障检测功能,可识别传感器问题,并自动输出故

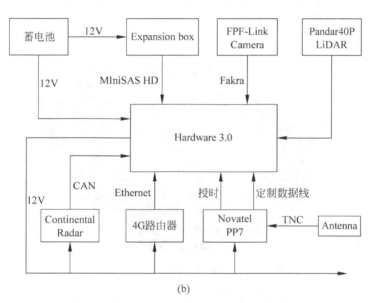

图 4-24 百度 Apollo 感知系统集成方案

(a) 车载传感器布置方案；(b) 电气框架拓扑图

障码，具有较好的鲁棒性和轻量化性能。各传感器具体安装方式如图 4-25 所示。

图 4-25 百度 Apollo 传感器布置

(a) 激光雷达安装；(b) 相机安装；(c) 毫米波雷达安装

总体来说，百度 Apollo 自动驾驶感知系统集成方案具备感知全面、容错性好等突出特点。通过在传感器组件中融合高清摄像头、毫米波雷达和激光雷达等，充分利用每种传感器的优势并弥补各自缺陷,以实现车辆感知,达到保证安全的范围。高清摄像头完成准确的物体和颜色识别,雷达则为无人车提供位置信息和障碍物的运动分析。百度 Apollo 的感知精度与召回率平衡度好,成本低,其系统框架和算法的开源极大地推动了自动驾驶技术的研发。

滴滴于 2020 年 6 月正式面向上海普通市民推出自动驾驶载人示范应用项目,成为首家获得上海三个测试区牌照的企业。与自动驾驶大量长尾场景及其复杂度相比,滴滴认为有限的自动驾驶车辆和仿真里程并不足以支撑全自动驾驶技术的实现。因此其以"DNA"为基础搭建了新一代自动驾驶集成框架。其中,"D"(Data)指的是数据,"N"(Network)是出行生态网络,"A"(AI)则是滴滴的人工智能能力。其研发的"双子星"硬件集成系统如图 4-26 所示,是目前国内自动驾驶车辆自研性能比较好的硬件平台,包含 50 个传感器,算力超过 700TOPS,每秒超千万级点云成像。

彩图 4-26

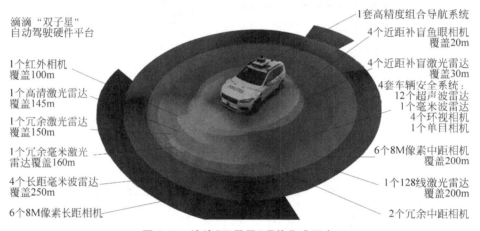

图 4-26 滴滴"双子星"硬件集成平台

滴滴自动驾驶采用试验车测试多传感器融合技术方案,使用了 64 线激光雷达(位于车顶部),通过设计的简易固定架,两侧各安装了 1 个低线激光雷达。在其他传感器方面,固定架的中间层有 7 个摄像头,覆盖车周 360°的区域,通过图像数据来做视觉感知。在顶架系统两侧还有 GPS 天线,通过卫星信息可以帮助车辆定位(图 4-27)。

图 4-27 滴滴 autotaxi 传感器布置

文远知行作为 L4 级自动驾驶出行公司,于 2019 年 12 月推出首个自动驾驶一体化集成套件 WeRide Smart Suite 3.0,其由文远知行与英伟达 NVIDIA、德昌电机 Johnson Electric

共同打造。All-in-Roof 顶罩设计将计算单元套件、传感器套件和冷却及清洁系统全部集成在车顶上，体积更小，性能更强，是自动驾驶汽车车规级研发的一次重要突破，如图 4-28 所示。

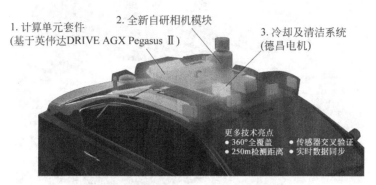

图 4-28　WeRide Smart Suite 3.0 集成套件

WeRide Smart Suite 3.0 的计算单元套件采用了英伟达 DRIVE AGX Pegasus Ⅱ，其是英伟达最新推出的面向 L4 级自动驾驶研发的车规级计算平台，能够满足防震、防水、防尘等车规要求，可实现算力、电源、构架的多重冗余。通过将计算单元套件从后备厢迁移到车顶，WeRide Smart Suite 3.0 成功将后备厢空间还给乘客。与此前的顶罩方案相比，更高的模块集成度节省了多达 50% 的空间，并减少了车内噪声。该方案让 L4 级自动驾驶汽车更接近运营级服务要求，实现更加舒适的乘坐体验。车顶一体化集成套件的另一车规级应用设计——冷却及清洁系统，由文远知行和战略合作伙伴德昌电机共同开发，清洗方案（由水泵、气泵马达等驱动）能够均匀覆盖所有光学类传感器的镜头，同时还可以针对反向电流、失速、高电流、高低电压、高温等情况进行功能性保护。

WeRide Smart Suite 3.0 的传感器套件配备了文远知行全新自研的相机模块，通过对时间、空间双维度的校准和标定方法的升级，达到像素级主动同步，探测更为实时、精准，成像精度更高，进一步提升了自动驾驶感知的准确性和运营的安全性，并且可以快速实现大规模量产。WeRide Smart Suite 3.0 的其他传感器模组还包含激光雷达、毫米波雷达、GPS 等，可实现 360° 视场的全面覆盖，最远达到前向 250m 的探测距离。在英伟达 DRIVE AGX Pegasus Ⅱ 平台的强大支撑下，海量的传感器原始数据可以实时、高效地同步，实现快速的预处理和存储，满足 Robo-Taxi 城市级运营的全场景检测需求。

目前，文远知行搭载 WeRide Smart Suite 3.0 的 Robo-Taxi 车队已经在广州市黄埔区、广州开发区正式开启试运营服务，覆盖多达 144.65km^2 的核心城市开放道路（图 4-29）。

4.4.2　自动驾驶试验车感知系统功能实现

激光雷达感知与视觉感知是自动驾驶试验车感知系统的主要组成部分。通过这两种感知方式，配备自动驾驶系统的车辆可以充分感知、理解周围环境，为后续的路径规划与决策控制提供丰富的环境信息。

激光雷达是感知环境所依赖的主要传感器。其感知模块接收到点云数据后，首先去除路边建筑物、树木等背景对象，再通过障碍物检测深度学习模型进行检测、分类和跟踪，得到障碍物的形状、位置、类别、速度等信息。这一模块包含通道特征提取、障碍物预测、障碍物

图 4-29　WeRide Smart Suite 3.0 集成套件实车应用

聚类和后处理四部分。通道特征提取指用点云数据构建 2D 投影并划分栅格，计算栅格中点的一系列参数。障碍物预测指基于栅格中点的通道特征使用全卷积神经网络预测障碍物属性。障碍物聚类则依靠有向图获取障碍物所属各类标签的概率，输出具有最大平均概率的障碍物属性。后处理过程通过筛选比较和低置信度移除输出最终障碍物分割结果。在实际操作中，启动激光雷达感知模块和对应的点云可视化模块，能够可视化原始点云信息和经过检测分割处理后的障碍物信息，如图 4-30、图 4-31 所示。

彩图 4-30

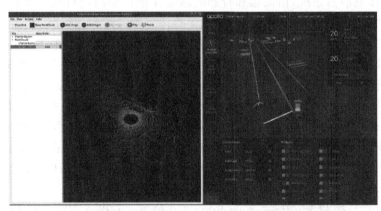

图 4-30　激光雷达原始点云信息可视化

基于摄像头的视觉感知算法在自动驾驶平台上主要有 3 个应用场景，分别是红绿灯检测、车道线检测和障碍物检测，其整体框架如图 4-32 所示。

红绿灯检测模块的主要作用是检测当前路况下摄像头视觉范围内的红绿灯的状态，一共包含 4 部分，分别是数据预处理、红绿灯位置检测、红绿灯识别和矫正。首先借助高精地图信息从相机图像中提取红绿灯大致位置，之后使用 CNN 精确检测红绿灯位置，再利用 3 个轻量 CNN 识别颜色，最后通过查询前面几帧的检测状态对当前红绿灯颜色进行矫正。车道线检测模块的主干是一个编码-解码结构的分割网络，用来输出车道线分割结果。在车道编码器的末端附加分支检测消失点，该模块在遮挡情况下和转弯时都可以对车道线进行

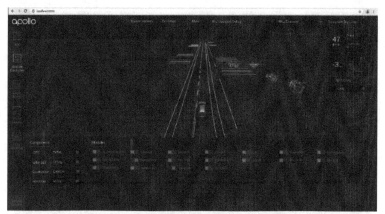

图 4-31　激光雷达目标检测跟踪可视化

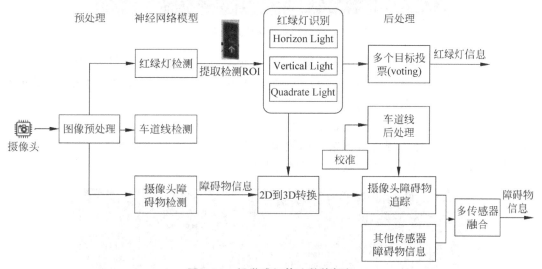

图 4-32　视觉感知算法整体框架

有效的检测。障碍物检测模块采用基于单目视觉的障碍物检测算法,根据相机获取的图像得到障碍的类别和位置信息。在 Apollo 系统中使用两套检测模型,分别是基于 YOLO 的 one-stage 检测方法和基于中心点检测的方法。模块的输出是障碍物的 3D 包围框。在实际使用时,启动视觉感知模块并使用 Dreamview 将感知结果可视化,效果如图 4-33 所示。

除了视觉和激光雷达两个感知模块外,还需搭载基于毫米波雷达等其他感知设备。不同的传感器各有优缺点,而感知融合模块可以结合各类传感器优势,在目标级别上进行融合。通过各传感器检测算法输出的障碍物分析结果,结合每个障碍物的传感器来源、位置、形状、速度、类别等信息,以及目标跟踪的历史信息,过滤掉检测不准确的障碍物。感知融合模块还可以根据各个传感器的优缺点,调整障碍物的类别、位置、形状、速度等属性,最终融合输出,得到当前帧的结果。经过迭代与改进,融合感知算法已趋于成熟稳定。目前,Apollo 使用鲁棒性较好的卡尔曼滤波和匈牙利匹配方法来实现融合多传感器的目标检测与目标跟踪算法。具体而言,Apollo 对每个时刻检测到的物体与跟踪列表中的已跟踪到物体进行匈牙利算法的二分图匹配,匹配结果分三类:①如果成功匹配,那么使用卡尔曼滤波器更新目标的重心位置、速度、加速度等信息;②如果失配,在已跟踪列表中缺乏相应目标,

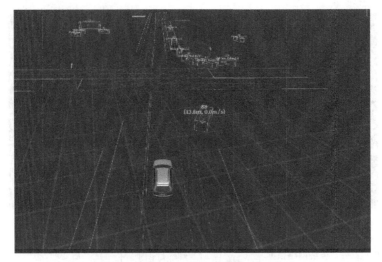

图 4-33 视觉感知模块感知效果可视化

则将该目标的信息封装后加入跟踪列表;③对于跟踪列表中当前时刻目标缺失的目标,使用上一时刻速度更新当前时刻的重心位置与加速度等信息。对于那些时间过长的丢失的跟踪目标,将它们从跟踪队列中删除。

实际使用时,配置完成感知融合模块并启动后,同样可以在 Dreamview 仿真平台上查看融合效果,包括目标检测与目标跟踪的效果,如图 4-34 所示。开发者还可以根据已有的传感器方案,选择需要使用的传感器进行融合配置。

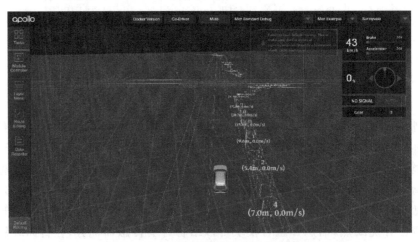

图 4-34 多传感器目标级融合效果

本章小结

主要知识点:视觉传感器能够获取丰富的色彩语义信息;毫米波雷达能够直接获取目标级速度信息;激光雷达能够获取准确的三维位置信息;为了应对复杂的驾驶场景,既需要不断提升单传感器的感知能力,同时也需要融合多传感器信息,以实现传感器信息的充分利用。

重点和难点:环境感知系统构成,车载传感器工作原理,视觉车道线检测,毫米波目标跟踪,激光雷达目标检测,多传感器融合系统。

习题

一、基础习题

1. 概述智能网联汽车环境感知技术的定义及其主要作用。
2. 列举4种常见的智能网联汽车传感器,并简述其各自的优缺点。
3. 单目视觉传感器如何获取深度信息?
4. 毫米波雷达航迹关联包含哪些主要步骤?
5. 简述机械式激光雷达成像的基本原理。
6. 列举激光雷达的关键参数(不低于5种),并简述每种参数的含义。
7. 简述超声波雷达成像原理及其主要构成。

二、拓展习题

1. 激光雷达与视觉传感器进行融合时,需要标定哪些参数?
2. 激光雷达如何实现360°的测距,其在垂向和横向的点云密度是否一致?
3. 试对比基于特征的车道线检测方法和基于模型的车道线检测方法,简述其基本原理。
4. 简述目标级融合、数据层融合和深度融合的基本原理及其主要优缺点。
5. 简述随机采样一致性方法的基本原理。
6. 简述多假设跟踪算法的基本流程。
7. 列举两种基于深度学习的激光雷达目标检测算法,并对其核心原理进行概述。

参考文献

[1] 杨殿阁,黄晋,江昆,等.汽车自动驾驶[M].北京:清华大学出版社,2022.
[2] 甄先通,黄坚,王亮,等.自动驾驶汽车环境感知[M].北京:清华大学出版社,2020.
[3] TEXAS INSTRUMENTS. Ultrasonic Sensing Basics[R]. SLAA907C-September 2019-Revised March,2020.
[4] LEE C,MOON J H. Robust lane detection and tracking for real-time applications[J]. IEEE Transactions on Intelligent Transportation Systems,2018(12):1-6.
[5] KIM H,LEE J,KIM H,et al. Lane positioning in highways based on road-sign tracking using Kalman filter[C]. IEEE International Conference on Systems,2014:2379-2384.
[6] PAN X,SHI J,LUO P,et al. Spatial as deep:spatial cnn for traffic scene understanding[Z]. arXiv preprint,2017,arXiv:1712.06080.
[7] LEE S,KIM J,YOON J S,et al. VPGNet:vanishing point guided network for lane and road marking detection and recognition[C]. ICCV,2017. DOI:10.1109/ICCV.2017.215.
[8] JIAO X,YANG D,JIANG K,et al. Real-time lane detection and tracking for autonomous vehicle applications[J]. Proceedings of the Institution of Mechanical Engineers,Part D:Journal of Automobile Engineering,2019,233(9):2301-2311.
[9] 沈彤,刘文波,王京.基于双目立体视觉的目标测距系统[J].电子测量技术,2015(4):52-54.
[10] 吴锦杰,刘肖琳.基于双目相机的图像拼接[J].计算机工程,2010,36(12):209-212.

(本章编写人员:杨殿阁、蔡英凤、王海、黄晋、黄李波)

第 5 章 自动驾驶地图与定位

自动驾驶地图可以存储位置精确、信息丰富的道路信息,从而具备为智能网联汽车提供先验知识的功能,让汽车像人类驾驶员一样具备对道路的记忆与认知的能力。自动驾驶地图也逐渐成为提升无人驾驶安全性、可靠性的关键支撑技术[1]。本章首先介绍自动驾驶地图与定位的基本概念和表达形式;然后介绍自动驾驶定位的关键技术,包括卫星定位、组合定位和 SLAM 定位等;之后介绍目前自动驾驶地图的采集与制图技术;最后介绍自动驾驶地图的更新技术。

5.1 自动驾驶地图与定位概述

5.1.1 自动驾驶地图与定位简介

从 20 世纪 90 年代开始,我国汽车行业就开始应用电子地图相关技术。目前,国内的导航电子地图数据已广泛应用于车载导航终端、智能手机、交通运输、互联网及各行业指挥调度信息系统等方面。地球空间信息技术与智能交通技术的集成应用,开创了地理信息产业的新业态,涌现出了许多诸如"互联网+"智能交通、无人系统等基于位置信息的新型服务和行业。根据中国地理信息产业协会测算,2020 年,我国地理信息产业总产值超过 6890 亿元,有超过 5 亿用户使用车载导航、移动端的定位及位置查询等产品和服务。此外,导航对物流行业的渗透,使得中国的社会物流总费用占国民生产总值的比例连续 5 年保持下降。社会对地理信息的应用需求快速增长,市场应用模式呈现多样化发展趋势,为导航地理信息产业发展开辟了巨大的市场空间。

纵观导航电子地图的近几十年发展历程,无不与汽车领域的发展息息相关。人工智能技术、"互联网+"、云计算、大数据、物联网、智能交通和智能制造等技术与地理信息技术的交叉应用,地图的服务对象不再仅仅是人类,而是慢慢向机器过渡,这对地图的精度、内容结构和计算模式等都提出了新的要求。自动驾驶是当前我国汽车产业转型升级的关键点和人工智能技术发展的热点,也是行业应用落地的焦点。全场景下的高精度、高可靠定位与导航决策是高级别自动驾驶的必备能力之一,但在复杂场景下实现这一目标仍然具有很大挑战性。高精地图与多源感知信息融合,能够为汽车提供更高精度、更可靠的定位能力,以及全方位的导航决策信息。近年来,高精地图在汽车、互联网、测绘、交通等行业引起了广泛关注和研究。高精地图不仅包括精细的地图数据,还包括车道级环境数据、动态感知数据和驾驶决策数据等,在地物定位精度、要素完整性和更新速度等指标方面要求更高,可以为自动驾驶的定位、导航决策、运动规划提供更有力支撑。

面向 SAE L3～L5 的高精度自动驾驶地图(High-Definition Autonomous Driving Map,HAD MAP),也常称为高分辨率地图(High Definition Map,HD MAP)或高精度地图、高精地图,本书统一称作自动驾驶地图。其一般包括车辆环境数据和交通运行数据元素的存储和呈现。在车辆环境数据方面,自动驾驶地图拥有精确位置信息、丰富道路元素的数据;在交通运行数据方面,自动驾驶地图包含交通规则以及实时交通状态等数据。它为智能驾驶提供先验知识,起到构建类似人脑对真实道路的整体记忆与认知的功能,为智能汽车预知环境和交通中的复杂信息,规避驾驶潜在的风险,是实现自动驾驶的核心基础。自动驾驶地图具有高分辨率、面向高级别自动驾驶、高现势性等特性,可以帮助汽车定位、预先感知路面复杂信息,结合智能路径规划,让汽车做出正确决策。目前,全球各企业组织也有类似地图信息分层模型,如 BOSCH 提出的 LDM(Local Dynamic Map)模型、日本 DMP (Dynamic Map Platform)公司提出的类似四级分层地图模式、中国智能网联汽车产业创新联盟(CAICV)自动驾驶地图与定位工作组针对中国交通环境特点和智能网联汽车对地图要求提出的三级七层架构、武汉大学提出的四层模型等。自动驾驶地图的生产主要包括数据采集、处理、制图、更新、管理等流程,自动驾驶地图厂商也都形成了一套自己的地图制作规范。

2020 年,我国"北斗 3 号"卫星系统组网完成,实现了我国卫星导航基础产品的自主可控。至此,全球导航卫星定位系统(GNSS)包括中国的北斗系统 BDS、美国的 GPS、俄罗斯的 GLONASS、欧洲的 Galileo。GNSS 是自动驾驶室外高精度导航定位的主要手段。在开阔环境中 GNSS 信号不受遮挡,观测质量良好,利用 RTK(Real-Time Kinematic)等技术可实现厘米级动态定位。然而在森林、城市和峡谷等区域内,GNSS 卫星信号受到树冠或者建筑物的遮挡和多次折返射后,造成有效数据丢失,信号强度变弱,同时会导致观测噪声扩大,利用 RTK 技术时,其载波相位模糊度很难固定,定位精度从厘米级退化到分米级,甚至制约了 GNSS/INS 组合导航系统的定位精度。为解决这一问题,自动驾驶采用多源传感器融合定位,通过 GNSS 和惯性导航系统(Inertial Navigation System,INS)等位置及姿态传感器将环境感知传感器(激光雷达、相机等)采集到的信息进行融合定位。传感器的测量值都是基于自身坐标系下的观测量,通过观测量获取的导航信息是在相应参考基准下的描述。为了融合这些传感器的观测信息,需要将各传感器的观测量统一到共同的参考基准,建立各传感器观测量与参考基准下导航状态量的函数关系,通过位置解算实现高精度的定位。为了提高自动驾驶定位的可靠性,基于高精地图进行传感器融合定位成为实现高级别自动驾驶的关键,也是国内外研究热点。

在很多应用场景中,GNSS 信号无法被接收而导致导航功能失效,因此需要一种能够替代 GNSS 的导航手段。同步定位与构图技术(SLAM)起源于机器人领域,近年来越来越多地被应用于自动驾驶领域。SLAM 也可以称为相对定位(局部定位),其地图信息和定位是同步的:①基于起始历元的位置、传感器姿态及观测点云生成初始的地图信息;②在随后的历元中将传感器观测值与该地图信息匹配,推算传感器相对于起始状态的位置和姿态,这一步为定位过程;③基于当前历元的位置、姿态和观测点云对初始地图进行更新完成制图过程。随着传感器不断地观测,不断重复定位和制图的过程。相对定位模式不依赖先验地图信息,属于航位推算的方法,主要应用于机器人在室内等无 GNSS 环境下的自主导航,所以是一种有效的 GNSS 替代导航手段。根据使用的传感器不同,SLAM 主要分为视觉

SLAM 和激光 SLAM。

5.1.2 自动驾驶地图的表达形式与应用场景

1. 自动驾驶地图的表达形式

自动驾驶地图的表达形式一般包括五种,即栅格地图、矢量地图、点云地图、特征点地图和语义地图。

1) 栅格地图

在栅格地图中,周围空间被分割为若干格点,而环境信息则作为格点的属性状态,存储在栅格中。栅格地图从 20 世纪 80 年代的机器人领域中就开始得到应用,最经典的形式为占据栅格(occupancy grid),每个格点中都存储了被占据的概率,因而可以反映周围环境的可通行状况,如图 5-1(a)所示。后续研究中,还出现了添加了地形高度、目标类别、目标运动速度属性的栅格地图,如图 5-1(b)所示。

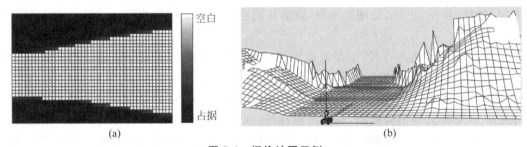

图 5-1 栅格地图示例
(a)占据栅格地图;(b)添加地形高度的栅格地图

2) 矢量地图

矢量地图不同于栅格地图,是一种利用矢量实现周围环境稀疏表达的形式。如图 5-2 所示,矢量地图描述的对象是结构化道路,矢量地图可以有效地描绘出车道线、红绿灯、道路

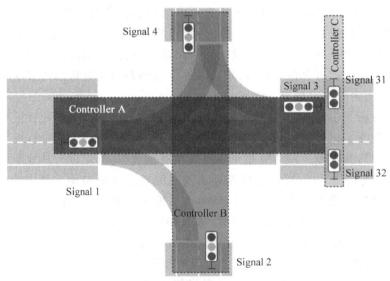

图 5-2 矢量地图示例

边界等信息,因此是目前自动驾驶地图表达形式的主流,被 OpenDRIVE、NDS 等通用标准所采用。

3) 点云地图

点云地图是将周围环境通过激光雷达点云来表达的方式。在采集过程中,随着搭载激光雷达的车辆前进,连续多帧点云拼合起来,就形成了点云地图。点云地图在地图匹配定位中起到重要作用,自动驾驶车辆可以将实时采集到的点云信息和地图中的点云进行对比,从而获取自身相对于地图的位置,提升自车的定位精度。图 5-3 展示了道路点云地图。

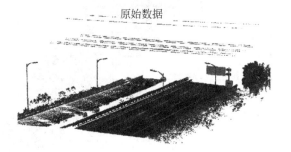

彩图 5-3

图 5-3 点云地图示例

4) 特征点地图

特征点地图将环境中的关键目标描述为特征点(Landmark),如图 5-4 所示。与点云地图类似,也在导航定位中得到应用。在同步定位与建图(SLAM)技术中,采集车需要通过特征点在相邻帧间的匹配,获知自车姿态的变化,同时周围环境的特征点也被记录下来。

图 5-4 特征点地图

5) 语义地图

语义地图描述环境中语义类别的分布,例如车行道、人行道、建筑物等。自动驾驶汽车可以根据语义地图,判断当前环境中哪些区域可供行驶。语义地图常通过语义分割来获取,也可以通过矢量地图填充获得,一般以色块的形式表达。图 5-5 为 nuScenes 数据集提供的语义地图。

2. 自动驾驶地图的应用

自动驾驶地图是智能汽车的重要支撑,也是高级别自动驾驶的重要支撑。自动驾驶地图在智能汽车中的应用包含环境感知、高精定位、路径规划、车辆控制等多个方面。

彩图 5-5

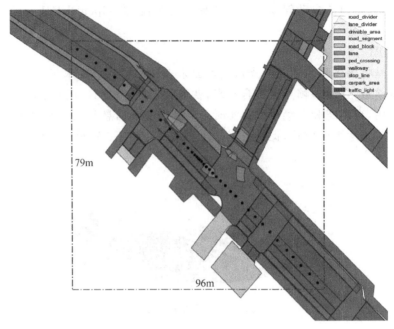

图 5-5 语义地图

1) 辅助环境感知

自动驾驶地图中包含大量动静态环境信息。首先,丰富的静态地图要素信息,例如车道线、交通标志等,是对实车环境感知的重要补充,减小车载感知系统的计算压力。同时,在车联网条件下,自动驾驶地图还是多车协同感知的重要平台,能够提供网联协同下的动态障碍物等信息。基于自动驾驶地图的车载感知系统可实现部分交通环境要素的超视距感知。

2) 辅助高精定位

GNSS 定位是自动驾驶常用的定位手段,但是在城区中由于 GNSS 信号受到较多的干扰,其定位精度大大下降。此时,利用高精度地图来辅助高精定位可以大幅提高定位系统的稳定性,实现无缝高精度定位能力。其基本原理是将地图中的静态要素(车道线、灯杆等)与感知结果相匹配,从而实现高精度定位。这对判断自车所在车道、自车与车道的相对位置关系具有重要的意义。

3) 辅助路径规划

自动驾驶地图在路径规划方面具有天然的优势,除了传统电子导航地图提供的道路级宏观路径规划功能之外,还可以提供车道级任务轨迹。地图中存储着道路坡度、曲率、车道级的交通规则等信息,在不考虑动态障碍物的条件下,已经具备了提供一条保障不碰撞道路设施的轨迹规划能力。基于自动驾驶地图,还可以在路径规划时综合考虑交通安全、效率、节能等多目标。同时,如果动态信息能够及时输入,则自动驾驶地图可以作为车辆的路径规划和驾驶决策基础,保障行车安全。

4) 辅助车辆控制

自动驾驶地图提供的道路曲率、坡度、交通规则等信息,可对汽车加速、并道和转弯等控制动作提供参考,对车辆动力学控制提供辅助。

5.2 自动驾驶定位技术

自动驾驶定位技术通过高精度卫星导航及多传感器数据融合,在统一坐标系下获得自动驾驶车辆的三维坐标、航向和姿态等信息。实时、连续、可靠的自动驾驶定位是智能汽车实现自动驾驶的基础技术,是行车安全的重要保障。精准的车辆定位信息能够帮助车辆更好地使用高精度地图,并为决策规划、运动控制模块提供有效的参数信息。GNSS 是自动驾驶车辆常用的绝对定位源之一,具有全天候、应用方便等优点,但卫星信号可能受遮挡,且位姿输出频率难以满足车辆定位实时性要求;惯性导航系统更新频率快,短时间内相对定位精度较高,与 GNSS 定位有着很好的优势互补特性。GNSS/IMU 组合导航系统在实际工程中被广泛应用,是大多数自动驾驶车辆的主要定位模块。目前常见的单频卫星定位系统的定位精度一般为 5~10m,无法直接将车辆位置匹配在自动驾驶地图路网上。因此,需要通过差分定位技术对卫星定位结果进行增强,并通过地图匹配定位技术实现高精度车辆定位。此外,SLAM 技术的发展为自动驾驶定位带来了新的机遇。本节首先介绍卫星惯导组合定位以及相关的卫星信号增强定位方法,然后介绍包括轨迹匹配、视觉特征匹配和点云匹配方法在内的地图匹配定位方法,最后介绍 SLAM 融合定位技术。

5.2.1 卫星惯导组合定位技术

1. 卫星定位基本原理

全球卫星导航系统一般由三部分组成,包括空间卫星系统、地面监测控制系统以及用户接收机,接收机通过实时接收卫星发出的信号并解析出各种观测值,再由其内部计算机解算得到导航信息。常见的 GNSS 观测值包括伪距观测值、载波相位观测值和多普勒观测值等。通过测量卫星发送信号与接收机接收到信号的时间差,可以计算出当前时刻接收机和该卫星之间的距离,由于受到接收机时钟误差、卫星时钟误差等因素的影响,该距离值并非卫星与接收机之间的真实距离,故称为伪距 ρ。

在地心地固坐标系(Earth-Centered-Earth-Fixed,ECEF)下,设 (x_i^s, y_i^s, z_i^s) 为第 i 颗卫星的坐标值,(x^u, y^u, z^u) 为用户接收机的坐标值,相应的伪距测量值为 ρ_i,暂不考虑信号传播误差、星历误差等因素,则可得式(5-1):

$$\rho_i = \sqrt{(x_i^s - x^u)^2 + (y_i^s - y^u)^2 + (z_i^s - z^u)^2} + \kappa(t^u - t^s) \tag{5-1}$$

其中,κ 为光速;t^s 为卫星时钟误差,其一般由地面监测控制系统进行测定与更新,可通过卫星发播的导航电文直接获得并用接收机进行校正;t^u 为接收机时钟误差,由于其难以估计,一般可作为待估计参数放在方程组中,与接收机位置 (x^u, y^u, z^u) 一同求解。上式中包含三个坐标参数和一个接收机钟差参数,共四个待估计参数,因而至少需要 4 颗卫星的伪距测量值进行求解。常用的求解方法是线性迭代方法,首先基于一阶泰勒公式对上式进行线性化,然后代入初始近似值,即可迭代求解最优解。

2. 卫星增强定位

由于卫星信号在传播时存在电离层和对流层传播误差、多路径效应以及卫星星历误差等,在城市环境中进行卫星定位时,可能存在较大误差。时钟偏差、星历预测误差以及大气传播误差具有较强的空间相关性,可以考虑通过差分法减小这些误差。差分法的基本原理是,在已知精密坐标的基准站上布置一台接收机,将接收机计算得到的结果和精密坐标结果进行对比,得到差分改正数,这个差分改正数可用于对其他误差具有较强空间相关性的定位结果进行改正,从而提高定位精度。具体来讲,差分定位方法包括伪距差分和载波相位差分。

伪距差分技术是差分定位方案中使用最成熟的技术,其原理是基准站接收机通过卫星信号解码得到伪距测量值,然后再利用基准站的已知坐标及卫星星历信息,计算出基准站到卫星的真实几何距离,求出该距离与伪距测量值的差值即伪距测量误差,基准站利用数据链将此差值发送给移动站接收机,移动站接收机利用此差值修正其伪距,再进行定位解算,获得其准确位置。此技术可实现亚米级定位精度。载波相位差分技术的原理是,基准站和移动站的接收机不断地对相同的卫星进行监测,并且移动站在接收观测到可视卫星信号的同时,基准站通过数据链将载波相位测量值实时发送给移动站接收机,移动站接收机将自身的载波相位测量值与所接收的载波相位测量值实时进行数据处理,解算出自身的空间坐标,完成高精度定位,载波相位差分的定位精度可达到厘米级。

获得差分改正数之后,可以通过卫星导航增强系统提高导航精度和完好性。卫星导航增强系统分为星基增强系统和地基增强系统。星基增强系统是一项提升用户导航性能的重要基础设施。星基增强系统利用多个地面监测站对导航卫星进行连续跟踪观测,获得的观测数据在主控站中进行处理,计算得到卫星的差分参数和完好性参数,这两项参数按照相关标准编排成增强电文并由注入站上注至星基增强卫星,最后由星基增强卫星向终端接收机播发。接收机进行导航定位解算时,由于同时获取了基本导航定位信号和星基增强信号,其导航定位的性能和精度会有明显提升。地基增强系统是指参考站位于地面的对于 GNSS 进行功能增强的运行系统,该增强系统主要包含基准站、数据播发系统、数据处理中心、用户终端和运营服务系统。基准站的主要功能是收集和传递卫星观测信息,将测得的信息通过数据播发系统与 CORS (Continuously Operating Reference Stations)(连续运行参考站)进行传输。用户端可通过互联网与基准站取得联系,也可对设备进行调整。数据处理中心主要是处理数据和修正数据,再通过数据播发系统传输给终端处理器。数据播发方式分为单向式和双向式,其中,单向式播发主要是从数据处理中心获得修正数据;双向式播发则既可以向终端用户播发修正数据,还可以从终端用户获取粗略位置,并将其传输至数据处理中心。最后,用户终端通过修正数据可以获取更准确的定位结果。

3. GNSS/IMU 组合定位

组合定位系统是通过某种方式将两个或多个单一定位系统进行融合的系统。一般来说,这些单一定位系统输出的信息具有互补性,将这些信息进行融合可以打破单一传感器的固有局限性,从而获得更加准确可靠的定位结果。惯性导航系统一般包括加速度计和陀螺仪,分别能够输出与之固连载体的三轴加速度和三轴角速度,通过对这些输出值进行积分,惯性导航可以估计出一段时间内载体的相对位姿。惯性测量单元不受外界影响,且输出频率高,其计算过程主要包括姿态更新、速度更新以及位置更新,计算框架如图 5-6 所示[5]。

组合导航系统接收到不同传感器输出的信息之后,首先按照融合准则对数据进行甄选,加以分析之后进行融合。具体的融合方法很多,比如加权平均法、卡尔曼滤波、贝叶斯估计、

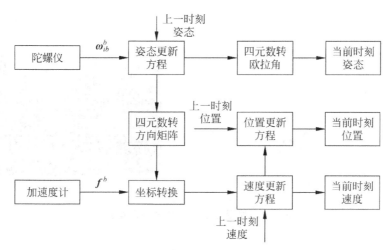

图 5-6　惯性导航位姿更新计算框架

人工神经网络、统计决策理论等,而定位导航领域中常用卡尔曼滤波法来达到数据融合的目的。目前,组合导航一般指 GNSS 和 IMU 定位信息的融合。

图 5-7 给出了 GNSS 和 IMU 组合导航的示意图。GNSS 给 IMU 提供位置信息,二者硬件上相互独立,而且可以随时断开连接,分别输出定位信息与速度信息到融合滤波器,融合滤波器进行优化处理后将结果反馈给惯性导航系统对其修正后输出。

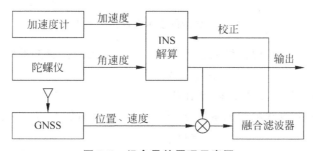

图 5-7　组合导航原理示意图

5.2.2　地图匹配定位技术

1. 视觉匹配定位

视觉匹配定位的主要思想是通过对比图像捕获到的信息以及高精地图的信息,求解一个相机观测的位姿使得二者能够在图像空间上对齐,从而能够对自车位姿进行精确估计。图 5-8 为一个视觉地图匹配定位的示意图。

一个典型的视觉匹配定位框架如图 5-9 所示。系统的输入为视觉图像的感知结果,得到地图中语义要素的位置、类别与形状特征等;同时,系统根据车辆的 GPS 位置获取车辆周围的地图矢量要素,通过将二者输入到位姿求解器中,最终可以得到相机的位姿信息。

视觉图像中的地图中语义要素的感知通常分为两步:①基于深度神经网络对图像进行语义分割;②根据不同的要素类型对要素的分割结果进行矢量特征的拟合,得到对目标在图像中位置的精确观测。常见的地图要素包括灯杆、车道线等线状特征,其他类型的定位特

彩图 5-8

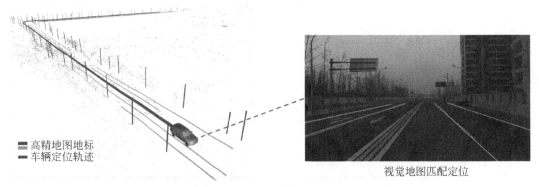

图 5-8 视觉地图匹配定位的示意图

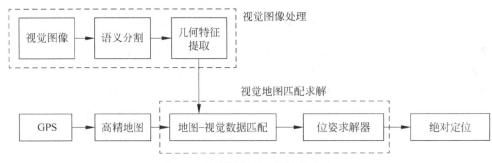

图 5-9 典型的视觉匹配定位框架

征也可以同样设置相应的几何模型来进行描述。对于图像 I_t，感知的结果为

$$S = \{S_i\}_{i=1,2,\cdots,M} \tag{5-2}$$

其中，S_i 为第 i 个图中地图要素的感知结果。

对于高精地图中的线状地图矢量要素，则可以用一系列控制点来表达，即

$$L = \{L_i\}_{i=1,2,\cdots,N} \tag{5-3}$$

其中，$L_i = \{p_{ik} = \{x_{ik}, y_{ik}, z_{ik}\}\}_{k=1,2,\cdots,K}$。位姿求解器则以感知结果 S 以及高精地图要素 L 作为输入，从而求解出相机的位姿。求解器本身可以看作对一个优化问题的求解，其中优化目标为地图要素投影到图像中，与图像中的感知结果的匹配程度。典型的优化目标用式(5-4)表示：

$$x = \underset{x}{\mathrm{argmin}} \sum_{i=1}^{N} \sum_{k=1}^{K} d(S, p_{ik}) \tag{5-4}$$

其中，$d(S, p_{ik})$ 表示地图要素的控制点 p_{ik} 与当前图像的感知结果的匹配距离。距离越小，则代表匹配程度越高。该匹配距离函数可以根据感知的类型进行设计，如点-线距离函数、Chamfer Distance 等。在计算该匹配距离函数时，首先要将高精地图中的控制点投影到图像中，如果以六自由度模型来描述相机的位姿，即 $x_t = [R, t]$，其中 R 表示相机三自由度旋转矩阵，t 表示相机三自由度位置向量，同时给定相机的投影矩阵 K，则地图控制点从世界坐标系到图像坐标系的变换可以建模为

$$\pi: \lambda u = K(Rp_{ik} + t) \tag{5-5}$$

该问题通常是非凸的，其求解可以使用常见的高斯-牛顿法、Levenberg-Marquardt 算法

进行迭代优化。在上述求解过程中会涉及两个问题：①由于基于迭代优化的求解通常依赖于较好的初值来保证收敛到合理的解，该算法通常会先依赖其他传感器，如 GNSS/IMU 来获取匹配的初值；②在 $d(S,p_{ik})$ 的计算中，同时还隐含了高精地图与感知结果之间的对应关系的求解，即控制点 p_{ik} 需要与其对应的感知结果 $S_j \in S$ 进行匹配距离的计算，而该对应关系通常存在噪声，因此如何找到正确的匹配关系，过滤掉错误的匹配，是保证求解器能够输出鲁棒的匹配定位结果的关键。常见的解决方案包括鲁棒核函数技术、EM 算法、多假设优化技术等。

综上所述，视觉匹配定位能够结合图像与高精地图信息，反推出相机的位姿信息。由于其本身仅涉及低成本的视觉传感器，因此具有大规模量产的潜力。目前，视觉匹配定位技术已在工业界进行研发与应用，如 Mobileye 和 Apollo 等，其精度可以达到 10～20cm 的误差。然而，视觉传感器本身受限于光照环境的影响，加上感知不准确，以及高精地图缺失或者有待更新等挑战，导致视觉匹配定位技术仍然难以大规模应用。

视觉地图匹配定位

2. 点云地图匹配定位

点云地图匹配定位是指利用匹配算法将激光雷达获取的当前帧点云数据与预先创建好的点云地图进行匹配，通过计算两个点云数据集在某种意义下最优的旋转和平移关系，获得车辆在地图坐标系下的位姿信息。利用激光雷达进行地图匹配定位的方法有基于几何特征和基于深度学习特征的两种方法。传统的激光雷达地图匹配定位方法一般基于点云的几何特征，常用的点云匹配算法包括迭代最近点（Iterative Closest Point，ICP）算法[7]、泛化迭代最近点（Generalized Iterative Closest Point，G-ICP）算法以及正态分布变换（Normal Distribution Transform，NDT）算法[8]。点云几何特征匹配方法充分利用激光点之间的位置信息，例如两点之间的距离信息以及点构成的平面信息等，并根据这些信息进行匹配。假设点云地图的点集为 $\{Q_i, i=1,2,\cdots,n\}$，激光雷达获取的点云为 $\{P_i, i=1,2,\cdots,m\}$，IPC 点云匹配算法基于最近点假设，找到对应点，并优化两者之间的欧氏距离，如式（5-6）：

$$\min f(\boldsymbol{R},\boldsymbol{T}) = \sum_{i=1}^{m} \| \boldsymbol{Q}_i - (\boldsymbol{R}\boldsymbol{P}_i + \boldsymbol{T}) \|^2 \tag{5-6}$$

得到最佳变化后，将点集 P 变换，再次寻找对应点，并继续进行迭代优化，直至收敛或误差小于特定阈值。ICP 的优点是算法计算量小；缺点是容易陷入局部极小值，并且对初始值要求较高。NDT 匹配算法首先将点云分割为栅格，然后通过正态分布方法对栅格内局部点的统计特征进行表征，计算栅格中点的均值和方差，通过对正态分布的匹配来匹配点集。NDT 方法对点集进行了抽象，不需要逐一寻找对应点，本质上依旧是基于最近点假设，因此仍有可能陷入局部极小值。利用 ICP 和 NDT 等点云匹配算法进行地图匹配定位，可达到 10～20cm 的定位精度。但此类方法严重依赖几何特征约束来估计车辆位姿，因此对于位姿初值较为敏感，同时在缺乏环境特征的场景中容易失效，例如高速公路或其他空旷场景。随着机器学习技术的发展，基于深度学习的地图匹配方法也得到了快速发展，其特点是匹配定位精度较高，但是仍然存在计算资源占用过高的问题。

点云地图匹配定位方法需要预先创建包含车辆周围环境信息的点云地图，由于激光点云位置精确，而且不受光线变化的干扰，因此点云地图匹配定位精度较高，如图 5-10 所示[8]。但是点云地图也存在数据量较大、对环境变化很敏感等方面的问题。因此，除了直接使用原始激光点云构建点云地图进行匹配定位之外，还有基于点云反射强度进行地图匹配定位的方法,这种方法需要预先构建包含反射强度的二维栅格地图,通过点云反射强度与地图匹配获得车辆的二维位姿(水平方向上的平移和航向角),其他自由度上的位姿通过 IMU 和地图高度信息获得,效果如图 5-11 所示。反射强度提供了环境的纹理信息,因此此类方法对于光照、天气、动态物体引起的环境变化鲁棒性更好。

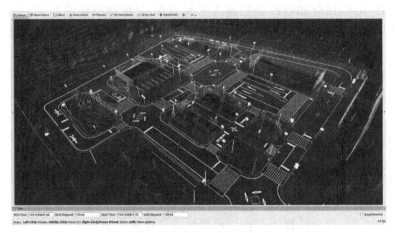

图 5-10　Autoware 点云地图匹配定位结果

点云地图
匹配定位

图 5-11　反射强度地图和地图匹配定位结果

5.2.3　SLAM 融合定位技术

　　SLAM 技术最初目的在于利用与地标物的相对位置数据增强对自车绝对定位的能力。随着技术发展,SLAM 技术不仅可以提升自车定位精度,也可以提升对地标物的测量精度,因此同时具备了定位与建图的能力。激光雷达是研究 SLAM 技术的主要传感器。为了融合多帧激光雷达数据,SLAM 问题常通过状态观测器理论进行求解,根据滤波方式的不同分为卡尔曼观测器和粒子滤波观测器等方法。自 2002 年以来,随着计算机视觉的发展,以相机为主要传感器的视觉 SLAM 逐渐成为人们研究的重点,视觉传感器的生产技术成熟,制作成本低,搭载方便,同时视觉传感器在实际应用中基于自身特殊的构造能够对环境信息进行更加充分的获取,能够更好地对环境进行呈现和重建。针对两种 SLAM 方式存在的优缺点,近年来学者提出多传感器融合的 SLAM 方法,以解决激光 SLAM 和视觉 SLAM 中存在的问题。

1. 视觉 SLAM 技术

利用视觉传感器进行自定位的技术难点在于如何提高视觉系统的可靠性,以适应变化的自然环境。具体而言,包括如何从摄像头准确恢复深度信息,以确定智能车辆自身位姿,以及如何提高算法实时性,以满足车辆自身运动的快速性和灵活性。

根据视觉传感器的数目,视觉 SLAM 分为单目视觉、双目视觉和多目视觉。单目视觉只能依靠获得的图像数据计算出移动载体相对于观测点的方向信息,无法直接获取可靠的深度信息值,所以它是一种仅有方向的运动估计方法。单目视觉定位存在的问题主要在于:需要较为严格的标定;真实世界转化为二维平面图像,丢失了深度信息,不利于重构实际的三维环境;同时,图像或视频包含的丰富信息不利于数学建模分析;需要大量的数据训练,目标分类有限。目前,较流行的方法是通过抽取少量图像线索或特征来表示复杂场景,无法完整表示整个场景。此外,自然环境中有很多不确定因素,如光照、视点、尺度的变化,以及部分遮挡等,都会对图像理解和分析带来较大的干扰。

双目视觉利用基线几何约束的原理匹配左右两个相机提取的图像关键点特征或线性特征。它能够直接提取完整的特征数据,比如特征之间的距离值以及方向角度值。因此,双目视觉的方法应用更为广泛,它直接解决了系统地图特征的初始化问题。双目视觉定位目前存在的主要问题在于:需要两个不同参数的相机有较高的同步率和采样率;由于双目视觉必须有足够的重叠区域,它的视角范围受到一定程度的限制,不像单目视觉那样具有比较宽的视野;针对复杂的道路场景,基于双目视觉的深度信息获取在计算效率和准确性上都存在一定难度。

多目视觉(全景视觉)的方法考虑到了如何全面获取运动的场景信息,针对远距离特征的检测和跟踪具有较强的适应性。多目定位目前存在的主要问题:远距离一般比较容易导致位置估计的不一致性问题,所以多目视觉对闭环检测的性能有一定的依赖性。

近年来,视觉 SLAM 算法发展迅速,广泛应用于机器人领域,实现移动机器人的自定位。众多学者纷纷提出了各类新的算法。

在此,我们对 4 种目前主流的开源算法进行介绍[10-13]。

1) ORB-SLAM

ORB-SLAM 是一种经典的视觉 SLAM 框架,它由三个流程组成,即跟踪、建图、闭环检测,如图 5-12 所示。跟踪主要是从图像中提取 ORB 特征,根据上一帧进行姿态估计,或者通过全局重定位初始化位姿,然后跟踪已经重建的局部地图,优化位姿,再根据一些规则确定新关键帧。局部地图构建包括对关键帧的插入,验证最近生成的地图点并进行筛选,然后生成新的地图点,使用局部捆集调整,最后再对插入的关键帧进行筛选,去除多余的关键帧。回环检测主要分为两个过程,即回环探测和回环校正。回环检测先使用 WOB 进行探测,然后通过 Sim3 算法计算相似变换。回环校正主要包括回环融合和 Essential Graph 的图优化。ORB-SLAM 能有效地减少对特征点位置和自身位姿的估计误差。采用 DBOW 减少了寻找特征时产生的计算量,同时回环匹配和重定位效果较好。使用了类似"适者生存"的方案来进行关键帧的筛选,提高系统追踪的鲁棒性和系统的可持续运行能力。但是其构建出的地图是稀疏点云图,只保留了图像中特征点的一部分作为关键点,固定在空间中进行定位,很难描绘地图中障碍物的存在;旋转时比较容易丢帧,特别是对于纯旋转,对噪声较为敏感,并且不具备尺度不变性。

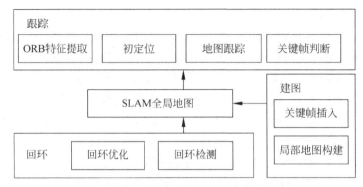

图 5-12 ORB-SLAM 框架简化示意图

2）ORB-SLAM2

ORB-SLAM2 在 ORB-SLAM 的基础上，还支持标定后的双目相机和 RGB-D 相机。双目相机对于精度和鲁棒性都会有一定的提升。ORB-SLAM2 是基于单目、双目和 RGB-D 相机的一套完整的 SLAM 方案，能够实现地图重用、回环检测和重新定位的功能。无论是在室内的小型手持设备，还是工厂环境的无人机和城市里驾驶的汽车，ORB-SLAM2 都能够在标准的 CPU 上进行实时工作。ORB-SLAM2 在后端上采用的是基于单目和双目的光束法平差优化的方法，该方法允许米制比例尺的轨迹精确度评估。此外，ORB-SLAM2 包含一个轻量级的定位模式，该模式允许在零点漂移的条件下，利用视觉里程计来追踪未建图的区域并且匹配特征点。

3）SVO-SLAM

SVO-SLAM 是一种基于稀疏直接法（半直接法）的视觉里程计。相比其他方案，其最大的优点就是速度快。由于使用稀疏的直接法，不需要处理大量稠密和半稠密信息，因此在低端计算平台上也能达到实时性，因此适用于无人机。此外，SVO 提出了深度滤波器概念，并推导了基于均匀-高斯混合分布的深度滤波器。SVO 将这种滤波器用于关键点的位置估计，并使用了逆深度作为参数化形式，使之能更好地计算特征点位置。但它在平视相机中表现不佳。同时，由于 SVO 追求速度和轻量化，舍弃了后端优化和回环检测部分，也基本没有建图功能，所以 SVO 的位姿估计存在累积误差，而且丢失后不太容易进行重定位。

4）LSD-SLAM

LSD-SLAM 能够构建大尺度的、全局一致性的环境地图。该方法除了能够基于直接图像配准得到高度准确的姿态估计外，还能够将三维环境地图实时重构为关键帧的姿态图和对应的半稠密的深度图。这些都是通过对大量像素点对之间的基线立体配准结果滤波后得到的结果。同时，该算法提出了计算尺度漂移的公式，也能够适用于图像序列的场景尺度变化较大的场景。LSD-SLAM 使用了一种概率方法，该方法在图像跟踪过程中降低噪声对深度图像信息的影响。该方法不需要提取图像的特征描述子，是由于其求取两帧图像之间的变换时是通过优化图像误差方法来求得的。LSD-SLAM 是利用高梯度点来计算匹配的，最后建图可以得到半稠密的地图。LSD-SLAM 的缺点是对相机内参和曝光非常敏感，并且在相机快速运动时容易丢失。

2．激光 SLAM 技术

国内的激光 SLAM 研究近年来发展十分迅猛，有各大高校进行的理论和实验结合的研究,如武汉大学利用 LiDAR 对车载导航系统进行辅助,国防科技大学利用惯导和超声波等辅助 LiDAR 进行测图。随着国内市场的需求越来越大,以思岚科技公司为代表的一批国内创业公司也在迅速崛起,致力于为消费者提供消费级产品领域的高性能机器人定位导航解决方案及相关核心传感器,如激光雷达、机器人自主定位导航系统、通用型商用机器等。

现阶段,几乎所有的激光 SLAM 算法都有一个共同特点:它们都基于概率估计来实现。概率估计算法的一个优势在于它能稳定地测量出环境中的噪声,并且能够表示出在测量和估计过程中的不确定性。大部分的概率模型都会用到贝叶斯法则来解决制图问题。

基于图优化的 SLAM 算法也是目前应用非常广泛的一种技术。图优化 SLAM 问题主要分为两个部分:①构建图,机器人位姿当作顶点,位姿间关系当作边,这一步常常被称为前端(Front-end),往往是传感器信息的堆积;②优化图,调整机器人位姿顶点尽量满足边的约束,这一步称为后端(Back-end)。Lu 和 Milios 首次提出了这类算法,他们在扫描匹配的过程中对机器人的位姿提供约束,但是由于该算法的限制条件,使得其不能适用于大型场所。Thrun 等提出的 GraphSLAM 算法能够在大范围的城市环境中估计出机器人的位姿。

最近几年,SLAM 算法层出不穷,本节对目前比较常用的激光 SLAM 算法进行介绍[14-15]。

1) Hector SLAM

Hector SLAM 将 LiDAR 的扫描匹配与 IMU 的三维导航融合形成一个二维 SLAM 系统,利用 LiDAR 的高更新频率和低测量噪声特点,实时获取机器人的动态信息。它通过已经获得的地图对激光束点阵进行优化,估计激光点在地图占据栅格的概率。该方法基于高斯-牛顿算法解决 LiDAR 扫描匹配问题,它的核心思想是找到激光点云集映射到已知地图的最优刚体转换。除此之外,该方法为了避免陷入局部最优高斯-牛顿算法中常见的问题,而采用多分辨率地图。最后利用扩展卡尔曼滤波将 LiDAR 扫描匹配的结果与 IMU 得到的导航信息进行融合。该方法的优点是无须使用里程计,所以使得空中无人机及地面小车在不平坦区域建图存在一定的可行性。但是该方法由于没用到回环,所以其缺点是需要机器人速度控制在比较低的情况下,建图效果才会比较理想。

2) Gmapping

Gmapping 是目前激光二维 SLAM 中运用最广泛的一种方法,采用的是 Rao-Blackwellized Particle Filter 算法。这种算法通常需要大量的粒子来获得最好的结果,但这势必会增加计算的复杂度。同时由于粒子滤波是一个逐渐更新权重与收敛的过程,重采样的过程必然会带入粒子耗散问题,大权重粒子显著,小权重粒子会消失,导致有可能正确的粒子模拟由于在中间的阶段表现权重小而消失。Grisetti 等通过自适应重采样技术有效地减少了粒子耗散的问题,同时他们在计算粒子分布时,不仅只依靠机器人的运动,也将当前观测考虑进去,减少了机器人位置在粒子滤波步骤中的不确定性。其优点是在长廊及低特征场景中建图效果好;缺点是依赖里程计,无法适用无人机及地面小车不平坦区域,也没有用到回环,不能有效地消除逐渐积累起来的误差。

3) Karto SLAM

Karto SLAM 是基于图优化的方法,它利用图的均值表示地图,每个节点表示机器人轨迹的一个位置点和传感器测量数据集,箭头指向的连接表示连续机器人位置点的运动,每当新节点加入,地图就会依据空间中节点箭头的约束进行计算更新。地标越多,内存需要就越大。在大环境下图优化方式通常比其他方法制图更有效率,尤其是 Karto SLAM,因为它的图中只包含机器人的位姿。

4) LOAM 及 LeGo-LOAM

LOAM(LIDAR Odometry and Mapping in Real-time)算法,将激光 SLAM 问题分解为高频低精度的前端激光里程计和低频高精度的后端地图构建,较好地兼顾了算法的实时性和精度。LOAM 算法通过定义点的曲率值大小将点云中的点分为边缘点和平面点两类。在帧间匹配过程中,边缘点的误差定义点到线误差,平面点的误差定义点到面误差,然后通过最小化帧间误差来获得帧间位姿估计。2018 年,在 LOAM 算法的基础上,Shan 等提出 LeGO-LOAM 算法,在前端添加了分割聚类模块,用于提取点云中的地面点,并对非地面点进行聚类,提高了处理速度和特征提取精度,同时增强了对于非结构化环境的鲁棒性。在帧间匹配过程中引入地面分割结果,提高了特征匹配的效率和准确性,采用双步列文伯格-马夸尔特算法估计 6 自由度位姿。在后端地图构建模块中采用因子图优化位姿估计结果。

3. 视觉与激光融合的 SLAM 技术

目前,无论是基于视觉,还是基于激光雷达的 SLAM 研究都取得了较好的进展,但各有问题。视觉 SLAM 已能提供比较准确的结果,但存在一些不足,如单目相机的比例因子漂移、深度估计能力差、初始化延迟、立体视觉范围窄小,对基于特征的间接方法重建地图稀疏、RGB-D 相机在室外场景中使用困难等。激光 SLAM 在测距和建图方面有很好的精度,但在环境剧烈变化时重定位能力差,稳定性欠佳,受限于点云质量,无法获得高效的结果。因此,二者的融合可以互相弥补各自的不足,这也成为当今 SLAM 研究的热点之一。

这两种 SLAM 技术融合面临的第一个问题是传感器的校准。为了使两种传感器在同一环境对同一场景进行有效描述,必须保证两种传感器间精确标定。一般采用外部标定的方法,即根据两种传感器之间的约束关系确定两者之间的相对变换关系。

视觉 SLAM 的缺点往往源于不能有效地提取到特征点的深度信息,而这正是激光雷达所擅长的。为了弥补单一视觉 SLAM 的不足,研究者尝试将激光雷达数据融合到视觉 SLAM 的方法中。Graeter 等将激光雷达用于测量场景深度,将点云投影到视频帧上,采用基于视觉关键帧的 BA(Bundle Adjustment)优化算法进行状态估计和建图。Shin 等提出了一种使用激光雷达得到稀疏深度点云进行视觉 SLAM 的方法,但由于相机的分辨率远高于激光雷达的分辨率,这种方法会导致大量像素没有深度信息。为此,De Silva 等提出了一种解决分辨率匹配问题的方法,即在计算两个传感器间的几何变换后使用高斯回归对缺失深度值进行插值。这种方法将激光雷达用于直接初始化图像中检测到的特征,其作用与使用 RGB-D 传感器的方法相同。还有一些研究通过在视觉 SLAM 中融入激光雷达,从而提升了方案的应用价值,如降低成本、提升性能、增强系统鲁棒性等。一些研究将视觉 SLAM 的位姿估计用于建图阶段的点云标注。Zhang 等提出了一种基于单维激光测距仪的单目视觉 SLAM 方法,该方法能够在低成本硬件上实现有效漂移校正,用于解决单目 SLAM 经常出现的尺度漂移问题。Scherer 等借助无人机绘制了沿河的航道和植被,采用视觉里程计与 IMU 相结合的融合框架进行状态估计,并运用激光雷达探测障碍物和绘制河流边界,但这种方法产生的点云包含遮挡点,一定程度影响了状态估计的精度。Huang 等为解决这一问题,提出了一种包括遮挡点检测和共面点检测机制的直接 SLAM 方法。

在视觉与激光融合 SLAM 技术研究中,激光雷达通过扫描匹配进行运动估计,相机进行特征检测。Liang 等使用扫描匹配和基于 ORB 特征的回环检测,改进了基于激光的 SLAM 性能偏弱的缺点。Zhu 等提出了一种使用视觉回环检测的三维激光 SLAM 方法,通过使用可视词袋的关键帧技术来执行回环检测。此外,迭代最近点法(Iterative Closest Point,ICP)也可以通过激光与视觉融合进行优化。Pande 等使用视觉信息对刚体变换进行了初步估计,进而提出了一种泛化的 ICP 框架。

上述研究方法多采用单一 SLAM 方法,并利用另一种传感器作为辅助。还有一些研究尝试将两种 SLAM 方法结合起来。Seo 等提出了一种同时使用激光 SLAM 和视觉 SLAM 的并行 SLAM 方法,特点是同时使用两种模式的测量残差进行后端优化。Zhang 等结合前人的研究设计了一种 VLOAM(Visual LiDAR Odometry And Mapping in real-time),这种融合里程计的特点是同时使用高频的视觉里程计和低频的激光雷达里程计,改善运动估计的准确性并抑制漂移。尽管通过激光数据和图像数据都可以得到机器人的位姿估计,Jiang 等同时使用激光约束与特征点约束来定义图优化的代价函数,并构建了一个 2.5D 的地图,以加快回环检测过程。

5.3 自动驾驶地图构建技术

5.3.1 自动驾驶地图采集系统

相比于传统的汽车导航,自动驾驶对高精地图的数据容量、精确程度、更新频率等提出了更高的要求,也对高精地图的制作提出了更大的挑战。现阶段,各大地图生产商的主流解决方案是通过安装有高精度采集设备的移动采集车进行数据采集。

全景移动测量系统利用 POS 系统(集成了 GNSS、惯性导航 IMU、里程计等设备)、360°全景相机模块、三维激光扫描仪等设备,通过位置信息、影像信息与点云信息的相互标定和融合,能够获取移动状态下地物的空间信息、三维激光点云信息及实景影像信息。全景移动测量系统采集的数据成果包括空间坐标、点云数据及连续的三维图像等内容。美国加州大学河滨分校使用节点方法设计了车道级的数字地图采集系统及地理数据库,通过 RTK-GPS 的采集车(Rover)沿道路中心线进行采集并使用 ArcGIS 等 GIS 管理工具开发了数据库管理查询系统。目前国内研究车载移动测量系统的有武汉大学、首都师范大学、山东科技大学等单位。此外,国内外已经有多款移动测量系统推出,与传统的测图方式相比,全景移动测量系统使用灵活、地图更新周期短、现势性高,能够实现道路的快速测制与高效更新,减少了人工的费用和作业成本,并且车载方式下的作业更加安全和舒适。但是,使用专业的测绘手段实现高精度地图生产的最大难题是制作成本高昂,例如,行业内一般用于测绘 10cm 级别的高精度地图采集车的造价高于百万元,严重制约高精度电子地图的生产。图 5-13(a)为高德公司的高精度地图采集车,图 5-13(b)为 Here 公司地图采集车。

鉴于专业化的高精度地图测绘设备投入巨大、地图制作过程复杂且较多依赖人工,有更多的学者充分利用现有智能交通中的单个或多种交通传感器探寻地图采集的新思路和新办法。例如,以半社会化的方式从大量的浮动车的或者公交车的出行数据中进行地图数据的

图 5-13 高精度地图采集车
(a) 高德公司地图采集车;(b) Here 公司地图采集车

精确估计,或者通过后装的 ADAS、智能手机等全社会用户化的方式进行地理数据采集,并与视觉等信息融合实现地图的有效提取。按照数据获取手段,学者们的研究可以分为下述 4 类。

(1) 利用激光点云作为数据提供手段。激光点云本身具有高精度的空间位置信息,非常适合于进行地图构建。其难点主要在于地图要素的提取,主要包括道路边沿的提取、道路线的提取,以及交通标识牌的提取;基于激光点云的办法优点是提取精度高;缺点是激光数据运算量很大,且语义信息较少,地图要素提取难度大。

(2) 利用航空影像或者视觉影像的办法。基于神经网络的视觉处理方法是从遥感图像中提取道路网络构建地图最常用的方法之一。Saati 等使用网络蛇模型(Network Snake Model)从合成孔径雷达图像中提取路网,该方法在数据的正确性、完整性及数据质量方面表现优越。航空影像的数据由于分辨率有限,不能提取精度很高的路网,因而对高精度地图的构建难度很大。同时,有学者提出了使用低成本传感器创建车道级地图的方法,利用 GPS/INS 紧耦合结合视觉的方法,从拼接的正射影像图中提取车道线信息。这类办法的优点是价格便宜,但是不适合非结构化路段或者是道路标线不清晰等情况。

(3) 将 OSM 地图(Open Street Map)数据同其他地图数据作为数据来源。Xu 等提出了一种基于随机森林和机器学习的方法,提取 OSM 上开源数据的多车道道路信息,该方法取得了较好的提取效果。OSM 数据因其数据源来自全球志愿者,因而在数据精度和准确性方面受到限制。

(4) 从浮动车数据或者采集 GNSS 轨迹数据中获取地图中的地理元素信息。Jia 等提出了一种分段和归组框架用于道路地图推理,该方法显示了比较高的几何精度,但是噪声和稀疏采样对方位估计的精度影响很大。

5.3.2 自动驾驶地图制作方法

自动驾驶地图的制作方法主要包括两个环节,即静态地图构建和动态地图构建。

1. 静态地图构建

在专业采集车进行了高精度的地图数据采集之后,地图数据需要经过智能化处理、人工加工确认等处理流程之后,才会进入静态地图出品的环节(图 5-14)。

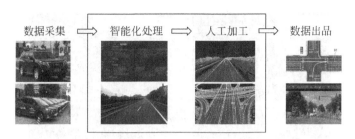

图 5-14 地图数据处理流程

1) 数据智能化处理

高精度地图生产中,对道路元素的识别要求较高,目前主流的方式为基于深度学习的图像识别算法进行车道线、地面标志线、交通标志牌的识别,例如 Faster-RCNN、Mask R-CNN、YoloV3、Deeplabv3 等;利用激光雷达可以重建道路三维环境,并进行道路要素提取与识别,以准确反映道路环境并描述道路环境特征,不仅可以得到高精点云地图,而且可以与影像融合处理,实现高精准度的道路要素识别。

基于激光雷达点云和图像多传感器数据融合可以识别车道标志、障碍物和交通标志(图 5-15)。对于误识别、漏识别的要素需要进行人工检核与验证。然而,由于自动驾驶对数据质量及精度的高要求(3σ),使得该环节对工具自动处理的召回率、准确率都尤为重要。召回率、准确率越高,需要人工参与量越低,质量越有保障。此环节是人工加工工作量的关键。

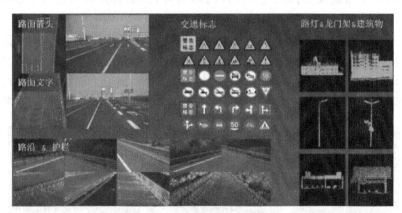

图 5-15 自动识别要素示意图

2) 人工加工环节

由于自动识别存在漏检、误差及错误,需要增加人工检核与验证环节以保证地图创建过程的正确性与完整性。通过自动提取获取的高精地图数据与对应的图像信息进行比对,寻找错误并进行改正,包括车道线识别是否正确、信号灯及标志牌的逻辑处理、路口虚拟道路逻辑线生成、涉及红绿灯与相应停止线的逻辑信息处理。此外,还需要为自动化处理的地图数据完善对应的属性信息,例如,车道线类型、车道线颜色、车道通行状态等属性信息。但是,人工工作的介入也有可能带来数据精度损失、质量损失的风险,因此,此环节是数据处理的核心,也是数据质量控制的必经之路。

经过以上各步骤就能形成达到精度要求、符合标准规范、便于使用的自动驾驶高精地图。所形成的地图样例如图 5-16 所示。

图 5-16 典型地图示例

2. 动态地图构建

动态数据包含两类来源的数据,一类是交通状况数据,包括交通流量、事故情况、交通管制信息等;另一类是通过车联网上传的高度动态的车辆、行人等障碍物信息。

交通状况数据可以通过基于车联网的大数据分析获取,作为道路的一种动态属性来进行表达。例如,交通事故信息通过交通电台和用户上报的形式,作为点要素标示于地图中;交通管制信息则由当地的交通管理部门发布,同样以线要素的形式作为道路的属性来进行表达。此外,由于城市建设、封路、重大事件的影响等,交通规则有可能发生临时性的变化,这些同样需要根据实际情况进行更新。

高度动态数据则需要利用车路协同感知技术进行实时更新,可以由自动驾驶汽车的车载传感器来获取,也可以由路侧感知设备来获取。然后,利用车联网 V2X,将车辆位置、车辆行驶(位置和速度)、车辆操作数据和行人位置以广播方式通知其他相关车辆,每辆车在车载终端的动态地图上不断更新周边车辆的位置和行人信息,实现高度动态数据的构建,如图 5-17 所示。

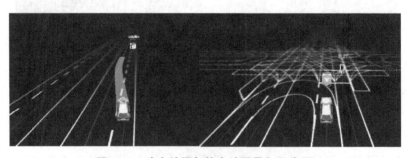

图 5-17 动态地图与静态地图叠加示意图

5.3.3 自动驾驶地图格式规范

高精地图所包含的信息,需要以合理的体系来进行分层存储,并形成统一和通用的标准。本节将对高精地图所包含的信息进行整理,并对现有的一些高精地图标准中信息的分层体系架构进行介绍。

为了给自动驾驶汽车提供丰富的交通环境信息,自动驾驶高精度地图需要涵盖大量的信息。高精度地图所含的信息广义地可以分为两大类,即静态信息和动态信息。从地图对自动驾驶感知、定位、规划、控制起到的作用来看,自动驾驶地图需要对宏观路网、道路几何信息、高精度局部静态信息、交通规则和交通状态等进行描述,在车联网的辅助下,还可以进一步包含车辆、行人等高度动态的实时信息。图 5-18 对一些常用的静态信息和动态信息进行了基本分类。可以看出,实际驾驶所遇到的交通环境是十分复杂的,自动驾驶地图需要包含丰富而庞杂的先验信息。因此,对这些信息进行合理的分层是非常必要的。在梳理这些环境信息的过程中,分层体系设计方法并不唯一,从不同的视角设计出的自动驾驶地图标准,也会有着不同的分层存储方式。

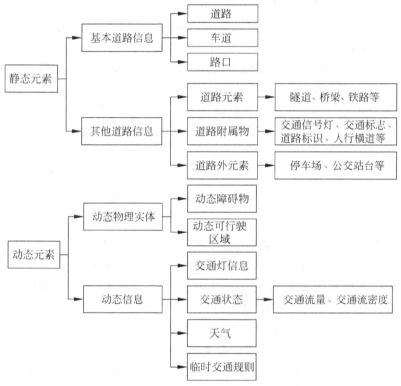

图 5-18 高精度地图交通环境信息分类

下面介绍当前主流的一些自动驾驶地图标准的分层体系的设计。

自动驾驶地图格式规范定义了如何对采集到的地图进行完整的表述。目前,自动驾驶行业影响力最大的标准有 ADASIS、OpenDRIVE、LDM、NDS。OpenDRIVE 和 NDS 侧重于精细化静态地图模型,ADASIS 侧重于提供 ADAS 应用协议规范,LDM 的特点则是分层描述动静态道路元素。

1. OpenDRIVE

OpenDRIVE 地图格式是一种开放的文件格式,用于道路网络的逻辑描述,支持三维形状信息的精细表达,面向局部静态信息设计 XML 架构实现分层存储,以道路、路口为单元,将车道及其他元素按照严格层级继承关系实现集中式存储,其特点在于层次清楚,逻辑分明,如图 5-19 所示。

OpenDRIVE 地图的结构主要包括道路(Road)以及路口(Junction)信息。其中,道路信息包括道路连接关系(Link)、道路类型(Type)、参考线(Reference line)、车道(Lane)以及车道的其他属性等。所有道路都包含参考线，一般为道路中心线，用于定义基本几何，线条有直线、螺旋线等多种类型。沿参考线可以定义道路的各种属性，例如海拔概况、车道、交通标志等。

车道是从属于道路的，一条道路下通常包括多条车道。车道的格式包含用字段存储的路网连接关系、道路类型、道路长度、限速等道路基本属性信息、三维形状信息、边界颜色及虚实等。道路

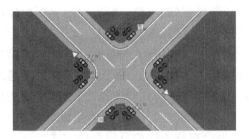

图 5-19　OpenDRIVE 地图示例

之间可以直接连接，在前后连接关系不明确时可以利用路口连接，利用序号明确进入和离开路口的道路，就能清楚地描述道路、路口之间的连接关系。

除道路、路口外，OpenDRIVE 还包含站台、铁路、停车场等静态元素，这些和道路、路口一起构成了完整的地图 XML 文件。OpenDRIVE 中除道路和车道外的其他信息，丰富程度低于 NDS，主要刻画地理环境中的固定设施。

OpenDRIVE 的主要目的是提供道路网络描述，道路数据可以通过道路网络编辑器、地图数据的转换等方式手动创建，也可以基于真实世界道路进行转换。OpenDRIVE 可以作为模拟仿真的输入接入到不同的模拟器中，以开发和验证 ADAS 和 AD 功能。作为道路描述的一种标准化格式，OpenDRIVE 能够降低行业在开发和测试过程中创建和转换路网文件的成本。

2．NDS

NDS 为存储地图数据提供了清晰明确的规范和标准。NDS 地图包含大量丰富信息，涵盖了传统地图和高精度地图两大领域。可以应用于车载导航、ADAS 以及 e-horizon（电子地平线）系统，在自动驾驶领域也具有广泛应用。全球多个地区（包括北美、EMEA、APAC、中国、韩国和日本）均采用 NDS 标准。

NDS 的基本框架是，利用四叉树将全部地表分块，区块等级（Level）越高，区块（Tile）越小，存储的地图信息就越精细。区块按照四叉树编号，便于索引，如图 5-16 所示。不同种类信息（例如道路、车道、地形）存储在不同层（Building Block）中，每层信息都根据区块划分存储，且存储在不同的等级中，等级越高则越精细。

NDS 采用 SQLite 嵌入式数据库，将高精度信息集成到传统地图上，有着成熟的分层和区块存储的信息，其基本存储逻辑如图 5-20 所示。纵向的 L0～L15 代表了区块等级，等级越高代表区块越小；横向上，各柱即为不同的层，代表不同类型的信息，包括地图显示层、交

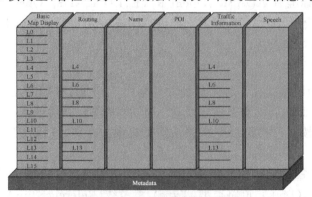

图 5-20　NDS 信息存储示意

通信息层、路径规划层、命名层等。

NDS 为不同的系统提供了通用的数据库格式和统一的更新概念。在 NDS 标准数据格式中,分层分块的嵌入式存储方式使得高精度信息独立性高、检索效率高并且结构更为简洁,因此更有利于地图的更新。NDS 标准格式确保了数据更新方式的灵活性,例如增量更新或者部分更新,同时也支持在不改变基本结构的情况下丰富数据库内容。

3. ADASIS 与 LDM

ADASIS 侧重云端与用户的交换协议,云端为用户提供 ADAS Horizon(AH),用户进行订阅。AH 提供的信息与其他自动驾驶地图类似,包括路口、道路、车道、引导线等信息,支持以地图为平台的感知融合,如图 5-21 所示。

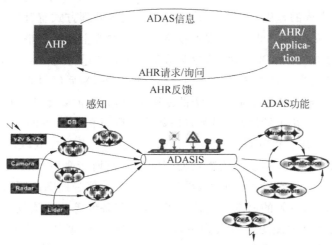

图 5-21　ADASIS 数据传输结构

LDM 如图 5-22 所示,意为局部动态地图,提供了动静态元素分层存储的架构,面向智能交通系统(ITS)而非静态地理环境设计,包括高度动态、瞬时动态、瞬时静态、永久静态四种数据。LDM 并未对永久静态(其他地图的核心)作规定,然而对动态信息,例如车辆属性、交通灯状态等,进行了细致描述。

图 5-22　LDM 地图元素分层存储结构

5.4　自动驾驶地图更新技术

自动驾驶高精度地图作为高级别自动驾驶技术实现的关键技术与数据基础,为自动驾驶汽车的安全性提供重要保障。近年来,高精度地图逐步受到了国内外研究机构和企业的高度关注。高精度地图的生产过程虽然包括采集、制作与编译、质量控制与发布等环节,但是高精地图完成绘制、交付商用,并非代表工作结束,而是地图更新环节的开始。如果高精度地图更新不及时,将直接造成无人驾驶系统的错误判断,导致重大安全隐患与交通事故。所以在高精度地图发布后,当对应的道路实际场景发生变化时,需要及时对高精度地图进行更新。如今,高精度地图的实时动态更新问题已成为制约无人驾驶技术突破与推广应用的关键技术瓶颈。高精度地图更新技术从实现方式来看,主要可以分为集中式更新和众源式更新两种。

5.4.1 集中式更新技术

高精度地图集中式的地图更新方式是通过中心式的处理方式有针对性地解决变化道路以实现地图的更新,更新频率低,而且成本较高。这种方式主要基于搭载各种高精度传感器(如 GNSS、IMU、摄像机和激光雷达)的专业移动测量系统进行统一数据采集获取道路三维场景信息,经过自动与半自动方式的处理构建高精度地图,最后经过人工核检后发布。集中式更新需要依赖高分辨率传感器和专业级的采图平台,并且需要专业人员和机构进行作业。

集中式更新的优点在于精度高,但是采用数量有限且价格昂贵的专业测量车在全国范围内对随机分布的少数变化的场景进行全覆盖式更新,使得采集获取的海量激光点云、照片、视频、位置姿态数据给高精度道路数据处理和信息提取带来巨大的工作量,部分复杂道路甚至需要大量专业技术人员手工处理,导致高精度自动驾驶地图的更新周期更长,难以满足高精度地图实时动态更新的需求。目前百度、高德和谷歌等公司均具有专业移动测量车,主要以集中式的高精度地图更新方式为主,以高德和谷歌两家公司为例:高德地图公司的采集车车顶部装配了 2 个激光雷达和 4 个摄像头,用于 10cm 级别精度高精度地图数据采集,其造价超过了 800 万元;谷歌高精度地图采集车上配置了激光雷达、毫米波雷达、POS 系统等设备,价格高达 150 万元。由此可知,采用传统集中式对地图更新,虽然精度高,但是工作量较大、成本较高,难以满足实际应用需求。

面对快速发展的人工智能技术,基于量产车所获取的海量数据也为地图更新提供了数据保障,由此采用成本更低、效率更高的众源式更新技术近年来受到了越来越多的关注。

5.4.2 众源式更新技术

众源式更新旨在解决集中式更新的成本和实时性问题,利用半社会化商用车和私家车上的车载传感器在行驶过程中完成感知数据采集,将关键感知数据推送至云端,在云端使用多源数据完成对地图数据的更新,从而极大降低地图更新成本,提高地图更新的实时性。与集中式更新相比,众源式更新是通过公众消费级的传感器进行采集,采集装备不需要太大投入,充分利用了公众现有的装备,弥补了集中式更新装备投入大的缺点。众源式更新分为以激光为主和以视觉为主两种路径。以激光为主的路径主要依靠与整车厂合作的"前装众包",通过车厂出售的量产车采集数据,特点是精度高、成本高、数量少,核心传感器是不同线数的激光雷达,众源数据包括激光点云或图像,输出成果有三维模型、车道模型和地面相关要素。以视觉为主的路径,一是与整车厂合作前装专业摄像头,二是与第三方合作后装智能后视镜、行车记录仪等,特点是精度低、成本低、数量多,众包数据源是照片、视频、轨迹数据等,输出成果是高精度的拓扑关系以及各种道路交通标识牌。

目前众源式地图更新技术在业界逐步成为关注的焦点。HERE、DeepMap、CivilMaps、Carmera 等公司提出了以激光雷达与摄像头为主的众包制图方案,其中,HERE 以摄像头、激光雷达、GNSS、IMU 多传感器融合方案进行众包制图,DeepMap 采用雷达与摄像头方案,IvI 5 以视觉方案为主,通过收集视频、GPS、加速度计等数据实现 30～40cm 精度的众包更新。目前 MobilEye 采用的是称为 REM(Road Experience Management)的众包更新方式,利用车载 ADAS 中的摄像头获取数据,进行接近实时的地图构建和更新,并针对自动驾驶情景,将重点放在路上的各种导流标志、方向标识、信号灯等,依靠这些建立的路标,从微观上在行驶过程中为车辆提供指引。目前正在形成一种"专业采集＋众包维护"的地图动态更新方式,由于视觉传感器在成本上具有较大优势,在普通量产车辆上可以实现大规模配置,利用众包更新的方式充分发挥普通量产车辆上搭载的视觉传感器实现高精度地图的动态实时更新有着广阔的发展前景,但由于视觉传感器的自身特点,其更新精度还有待进一步提高。

地图众源更新技术已成为目前研究的热点问题,但是地图众源更新仍面临诸多挑战,整体技术仍然处于探索阶段。在当前人工智能、大数据、北斗定位等相关技术的发展与支持下,有望在高精度地图支持下,将具备单目相机的量产智能汽车转变为服务于高精度地图的更新车,推动自动驾驶高精地图的快速发展,为无人驾驶技术的实现提供有力技术支撑。

本章小结

主要知识点:自动驾驶地图,是面向高级别自动驾驶的关键数据支撑,主要包含车辆环境数据以及交通运行数据,其表达形式一般包括栅格地图、矢量地图、点云地图、特征点地图和语义地图 5 种形式;自动驾驶定位技术,主要有高精度的卫星惯导组合技术,地图匹配以及多源传感器 SLAM 技术;自动驾驶地图构建与更新技术,在构建上通常使用高精度惯导、激光雷达、视觉影像数据等进行地图的绘制与加工,从而导出为相应的地图格式规范,在更新上主要采用集中式和众源式两种方案对高精度地图进行更新。

重点和难点:自动驾驶表达形式,卫星惯导定位技术,地图匹配定位技术,SLAM 技术原理。

习题

一、基础习题

1. 高精度地图的表达形式通常由哪些,各种表达形式的优缺点是什么?
2. 自动驾驶定位技术一般涉及哪些传感器,各种传感器的提供的测量分别是什么?
3. 简述 ICP 算法的原理,并讨论其优缺点。
4. 自动驾驶地图的制作流程主要分为哪几个步骤?
5. 相比于直接使用众源数据进行地图的构建的众源制图技术,"专业采集＋众源维护"有什么优势?
6. 自动驾驶地图都有哪些现有标准?

二、拓展习题

1. 在没有卫星定位的情况下,惯性导航系统能够估计哪些信息?

2. ICP 与 NDT 算法的计算复杂度都与哪些因素有关？

3. 为了避免 ICP 与 NDT 算法陷入局部最优，尝试思考如何改进这两种算法。

4. 试比较单目相机、双目相机以及激光雷达为传感器的定位精度高低，并分析其原因。

5. 众源更新技术通常涉及哪些传感器？若要使用这些传感器进行定位，主要涉及的自动驾驶定位技术有哪些？为什么？

参考文献

[1] 杨殿阁,黄晋,江昆,等.汽车自动驾驶[M].北京:清华大学出版社,2022.

[2] SICILIANO B,KHATIB O. Springer Handbook of Robotics[M]. Springer,2007.

[3] MONTEMARLO M. FastSLAM: a factored solution to the simultaneous localization and mapping problem[C]//Proc of The AAAI National Conference on Artificial Intelligence. American Association for Artificial Intelligence,2002,593-598.

[4] 陈俊平,张益泽,周建华,等.分区综合改正:服务于北斗分米级星基增强系统的差分改正模型[J].测绘学报,2018,47(9):1161-1170.

[5] 严恭敏,翁浚.捷联惯导算法与组合导航原理[M].西安:西北工业大学出版社,2019.

[6] WEN T,WIJAYA B,JIANG K,et al. Fast initialization for monocular map matching localization via multi-lane hypotheses in highway scenarios[C]//2021 IEEE Intelligent Vehicles Symposium(Ⅳ),2021:897-904.

[7] BEST P J. A method for registration of 3-D shapes[J]. IEEE Trans Pattern Anal Mach,1992,586-606.

[8] BIBER P STRASSER W. The normal distributions transform: a new approach to laser scan matching[C]//Proceedings of IROS 2003. IEEE,2003,3:2743-2748.

[9] KATO S,TAKEUCHI E,ISHIGURO Y,et al. An open approach to autonomous vehicles[J]. IEEE Micro,2015,48(12):60-68.

[10] MUR-ARTAL R,MONTIEL J M M,Tardos J D. ORB-SLAM: a versatile and accurate monocular SLAM system[J]. IEEE Transactions on Robotics,2015,31(5):1147-1163.

[11] MUR-ARTAL R,TARDOS J D. ORB-SLAM2: an open-source SLAM system for monocular, stereo, and RGB-D cameras[J]. IEEE Transactions on Robotics,2017,33(5):1255-1262.

[12] FORSTER C,ZHANG Z,GASSNER M,et al. SVO: semi-direct visual odometry for monocular and multi-camera systems[J]. IEEE Transactions on Robotics and Automation,2016,33(2):249-265.

[13] ENGEL J,SCHPS T,CREMERS D. LSD-SLAM: large-scale direct monocular SLAM[M]. Springer,2014.

[14] THRUN S B,MONTEMERLO M S. The graph slam algorithm with applications to large-scale mapping of urban structures[J]. International Journal of Robotics Research,2006,25(5-6):403-429.

[15] GRISETTI G,STACHNISS C,BURGARD W. Improved techniques for grid mapping with Rao-Blackwellized particle filters[J]. IEEE Transactions on Robotics,2007,23(1):34-46.

[16] SHAN T,ENGLOT B. Lego-loam: lightweight and ground-optimized lidar odometry and mapping on variable terrain[C]//2018 IEEE/RSJ International Conference on Intelligent Robots and Systems(IROS). IEEE,2018:4758-4765.

[17] SAATI M,AMINI J. Road network extraction from high-resolution SAR imagery based on the network snake model[J]. Photogrammetric Engineering & Remote Sensing,2017,83(3):207-215.

（本章编写人员：杨殿阁、江昆、李必军、杨蒙蒙、王亚飞）

第 6 章 智能网联汽车决策与规划

智能化和网联化的汽车决策与规划是高级别自动驾驶的重要发展趋势,其对复杂交通场景下自动驾驶行为与策略的求解方法和综合性能要求越来越高。本章首先对智能网联汽车决策与规划系统的关键概念内涵、主要方案类型、应用案例以及技术开发难点进行阐述,然后重点剖析和对比分解式决策规划技术和集中式自主决策技术采用的主要方法,并对典型的路径规划算法进行介绍。

6.1 决策规划技术概述

决策与规划系统是智能网联汽车的核心组成,其主要功能是根据当前交通驾驶环境信息和驾驶目标,在各项约束条件下自主选择驾驶行为并制定安全的驾驶策略,如图 6-1 所示。若将环境感知系统比作驾驶员的感官,决策规划系统则类似驾驶员的大脑,其所能处理场景的复杂程度是衡量和评价智能网联汽车"智能性"的关键指标。决策规划技术研发过程中,所需的驾驶环境信息通常包括行驶道路结构、周围交通参与者、交通信号灯、路侧和地面标识及网联通信信息等,驾驶目标包括行驶安全性、经济性、舒适性、合规性和通畅性等,约束条件主要包括汽车自身运动学和动力学约束以及驾驶环境中的时间和空间约束。决策规划系统求解输出的驾驶行为与策略一般包括汽车行为意图、行驶路径、行驶轨迹或汽车执行器的动作指令等。其中,行为意图包括保持当前车道、更换车道、超车等驾驶意图,决策规划出的行驶路径或轨迹可以作为汽车执行器控制算法的参考信息,汽车执行器的动作指令即为转向、加速和制动等控制参考值。

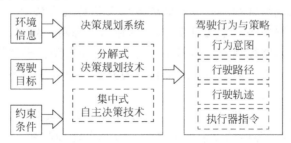

图 6-1 智能汽车决策规划系统功能示意图

汽车行驶路径是指连接行驶起点和终点的一段运动路径,包含汽车横纵向位置和朝向角等行驶空间信息。行驶路径可以通过路径规划算法产生,路径规划求解生成满足空间约束条件的几何曲线,忽略与时间相关的约束条件。汽车行驶轨迹是指包含汽车速度或时间信息的运动路径。轨迹规划则需要考虑时间信息,算法可以求解生成满足时间和空间约束条件的行驶轨迹,对智能网联汽车行驶过程的描述更为全面。在实际工程应用中,轨迹规划通常被分解为路径规划和速度规划两个阶段,即首先生成行驶的空间几何曲线,随后考虑以何种速度沿着规划的曲线进行自主驾驶。

根据决策规划求解方式的不同,现有决策规划技术主要有分解式决策规划技术和集中式自主决策技术两类。这两种方案的决策过程不同,优缺点各异,分别有各自的研究方法和智能网联汽车应用。其中,分解式决策规划技术将决策过程解耦为相互独立的子过程,一般可包含参与者运动预测、驾驶行为选择、动态轨迹规划等。其决策规划输出形式主要是汽车行为意图和行驶轨迹,作为后续底盘控制器设计的参考值。分解式方案中的各子过程采用分层解耦设计,其适用的交通驾驶场景取决于分层规则的制定方法和各子过程的优化求解方法。各子过程按分层顺序求解过程中一般不考虑其他子过程的影响。这种方式便于决策规划算法的模块化开发,可控性较好,但分层解耦求解难以保证决策规划系统的整体最优性。

集中式自主决策技术采用类似人类驾驶员的决策规划过程,以环境感知信息为输入,将决策规划过程视作行为选择、路径规划和路径跟踪等相互耦合的集成整体。其输出形式主要是汽车行驶路径以及跟踪行驶路径的执行器指令。集中式方案通常结合机器学习方法和人工智能方法进行迭代优化求解,使得智能网联汽车决策规划系统具备一定的自主学习进化能力。因此,其潜在适用的交通驾驶场景较多,场景复杂度较高。当使用深度神经网络作为自动驾驶行为与策略的承载体,其算法可解释性相对较差[1,6]。目前这两类决策规划技术都有高校和研究机构进行相关理论研究分析,并且已经有整车和零部件企业进行相关算法开发和应用,例如谷歌、百度、通用、福特、特斯拉等企业主要采用分解式决策规划技术,而英伟达、Comma.ai、Wayve等企业主要利用监督学习或强化学习方法进行集中式自主决策技术开发。

不同类型的智能网联汽车决策规划技术一般都需要基于驾驶地图(栅格地图、特征地图、概率地图、拓扑地图等)进行相应的路径规划。分解式决策规划技术中,路径规划可以作为后续动态轨迹规划的基础。集中式自主决策技术中,路径规划可以作为耦合集成决策中的一部分,便于最优驾驶策略的求解。面向智能网联汽车的路径规划方法主要包括采样搜索方法(例如 A^* 算法和快速遍历随机树(Rapidly Exploring Random Tree,RRT)算法等)、曲线插值方法(例如曲线组合和插值拟合算法等)、人工势场方法等。在路径规划算法设计时,如果不考虑驾驶地图中的动态交通参与者,则称为静态路径规划;如果考虑动态交通参与者的影响,则称为动态路径规划。静态路径规划相比动态路径规划的计算速度更快、更新频率可以更低,适用于周围交通参与者速度较慢的分解式决策规划场景,以及与路径选择跟踪相耦合的集中式自主决策场景。

此外,在智能网联汽车决策规划过程中,需要综合考虑驾驶环境的复杂性、动态性、随机性和博弈性等因素。驾驶环境的复杂性主要在于汽车可能面临的实际交通参与者,包括各年龄阶段的行人、不同类型的机动车与非机动车,甚至在特殊场景下还会有交通指挥、道路施工人员及设备等。汽车所处的道路中,仅城市道路就可划分为快速路、主干路、次干路及支路等类型,每种道路类型有各自不同道路组成元素。同时,汽车行驶过程中需要遵循各种交通规则等约束。驾驶环境的动态性主要在于汽车行驶的交通环境绝大部分不是静止的,行人、非机动车、机动车、交通信号灯等都处于变化状态。汽车面临的情境瞬息万变,因此决策规划系统也应该是相应动态变化的,特别是在智能网联汽车的高速行驶过程中。驾驶环境的随机性主要在于不同交通参与者在当前交通环境下,根据各自目标及获取的环境信息制定的决策及采取的行为难以准确预测,使得决策规划面临的交通环境具有很强的随机性。驾驶环境的博弈性主要在于智能网联汽车与其他交通参与者是相互影响、相互制约的博弈关系,博弈各方都需要将其他参与者的交通行为考虑在内,以制定各自的决策与规划方案。同时,决策规划还需考虑汽车自身的运动学和动力学特性等因素。

6.2 分解式决策规划技术

分解式决策规划技术将自动驾驶决策过程分为一系列子问题,以车载传感器感知或网联通信得到的交通驾驶环境信息为输入,主要通过周车行为预测、驾驶意图选择、动态轨迹规划子过程,求解输出行为意图和行驶轨迹,如图 6-2 所示。

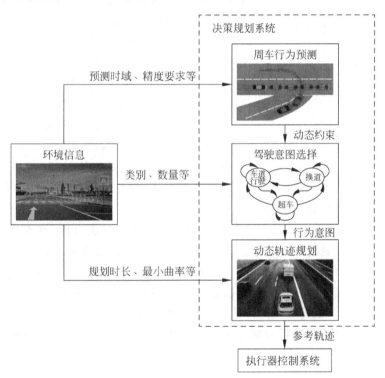

图 6-2 分解式决策规划技术

分解式决策规划方案将每个子问题单独求解,组合实现总体的决策规划功能。根据不同驾驶环境下对预测时长和精度的不同要求,周车行为预测模块对未来一段时间内周围车辆的行为意图和行驶轨迹进行预测,预测结果作为相应的时间和空间动态约束条件输出至驾驶意图选择模块。然后智能网联汽车结合当前动态约束条件和车道环境的类别、数量等信息,选择最符合驾驶目标的驾驶行为意图,并传递至动态轨迹规划模块。该模块融合多源传感器感知到的规划时长要求、车道最小曲率等信息,求解输出汽车纵向和横向参考轨迹,并下发至执行器控制系统。

6.2.1 周车行为预测

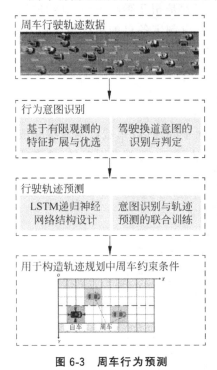

图 6-3 周车行为预测

周车行为预测功能主要包括周车行为意图识别以及周车行驶轨迹预测两部分,如图 6-3 所示。周车行为意图识别主要是根据周车行驶轨迹的历史数据推断周车下一个阶段的跟车、换道、制动、路口转向等行为意图。周车行驶轨迹预测是指基于驾驶行为意图,对周围汽车未来一段时间内的行驶轨迹进行预测。周车行为预测的结果可以用于动态轨迹规划中构造与周车相关的动态约束条件。

周车行为意图识别的主要难点在于自车观测到的周车信息是有限且不完整的,存在较大的感知误差,这将影响行为意图识别的实时性和准确性。目前常用方法是结合隐马尔可夫模型(Hidden Markov Model,HMM),将不可观测的驾驶行为意图作为隐含变量,根据驾驶数据构建观测模型和转移模型,通过比较不同行为意图模式的从属概率进行推断。为了提高推断的准确率,也可以使用深度神经网络进行推断,例如多层 LSTM(Long Short-Term Memory)[3] 的循环神经网络(Recurrent Neural Network,RNN),利用 GPS 定位、IMU 惯导和自车采集的里程计数据融合位置、航向和速度等汽车状态信息以及距路口距离等作为特征,提高预判驾驶员行为意图的能力。

周车行驶轨迹预测主要通过设计能够处理时序信息的相关方法,在周车行为意图识别的基础上,求解得到准确的预测模型。现有方法如卡尔曼滤波(Kalman Filter)等,主要利用汽车运动学或动力学模型,保证物理约束性的同时,利用之前状态进行轨迹递推。这些方法需要轨迹匹配和手动选择特征,通常准确度不高,且预测时域一般较短(1~2s)。引入深度神经网络可以相对提升轨迹预测的性能,主要思想是加入驾驶员先验知识、路网地图以及交通参与者的交互关系模型,增强对周车未来行为特性的理解。图 6-4 为一种典型的基于深

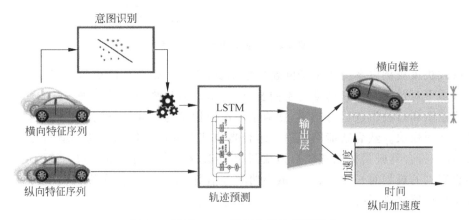

图 6-4 基于 LSTM 的周车行为预测技术

度神经网络的周车轨迹预测方法。该方法在横向特征序列数据基础上分类,实现周车的换道意图识别,继而结合纵向运动信息,采用单层或多层 LSTM 单元进行网络架构设计,输出对周车的轨迹预测信息,可以从自然驾驶数据中学习驾驶员行为的时空特征。

6.2.2 驾驶意图选择

常见的驾驶行为意图有车道保持、换道、超车、并道、抢道、进出匝道、避让行人、路口左转/右转/掉头等。驾驶行为意图选择的难点在于对行为模式的定量化分类和描述,而驾驶行为效用可通过对驾驶行为数据的分析,提取出时间序列数据中有效行为单元,从而进一步为实时交通环境的安全高效行车规划奠定基础。对于汽车驾驶意图选择算法,目前主要可分为基于规则判断的方法和基于统计推断的方法。

基于规则判断的方法是根据行驶规则、经验和交通法规等建立驾驶行为意图规则库,依据汽车在环境中所处状态,按照规则库确定驾驶决策行为。这种方式的因果逻辑清晰,实用性和稳定性较强,在自动驾驶决策规划系统中应用广泛。其中,常用的方式是基于有限状态机(Finite State Machine,FSM)的驾驶行为意图选择,车辆通过执行人为定义的在各类场景中的决策状态实现行为决策。一种典型的基于规则判断的驾驶意图选择方法如图 6-5(a)所示,包含 3 个行为意图状态(跟车、换道和超车)和 9 条状态转移规则,可以根据与前车的相对距离和相对速度以及状态转移规则条件,来选择相应的驾驶行为意图。

基于统计推断的方法是通过对汽车行驶历史数据进行分析和处理,学习总结其中的隐含信息、经验及知识,形成基于统计推断的行为选择模型。一种典型的基于统计推断示例如图 6-5(b)所示,该方法在大量历史行为数据库基础上,统计得到精细化的历史行为分布,在实际驾驶过程中,根据预测到的周车驾驶行为,结合自车运动状态、车辆动力学、交通环境和地图等因素,推断选择最优的驾驶行为意图。

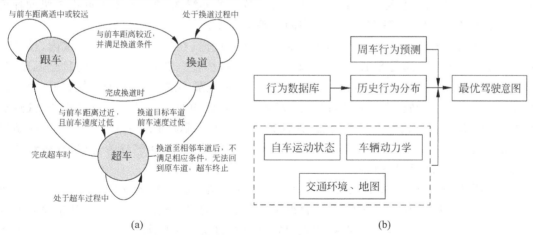

图 6-5 基于规则判断和基于统计推断的驾驶行为意图选择
(a) 基于规则推断;(b) 基于统计判断

综上所示,基于规则判断的方法比较简便,但行为选择可能过于保守,且不能应对未设定规则的场景,只适用于高速公路驾驶等简单工况,没有充分考虑环境的不确定性,难以满足复杂场景的需求。基于统计推断的方法虽然能够考虑场景中的不确定性因素,但需要大量数据作为基础,而且求解速度较慢。

6.2.3 动态轨迹规划

动态轨迹规划是在具有动态交通参与者和静态障碍物的驾驶环境中,按照适当的驾驶目标,根据汽车运动学和动力学特性、动态约束条件、静态约束条件和交通法规等因素,在线或离线地求解生成从起点到终点的安全行驶轨迹。现有的智能网联汽车轨迹规划算法大多可以分为路径规划和行驶速度规划两步。这两步的区别是:路径规划只输出运动空间信息,即汽车应该沿着某条特定路径前进,而行驶速度规划则基于行驶路径计算输出运动时间信息,即自车应该在特定时刻到达特定路径的特定位置。

常用动态轨迹规划方法主要有曲线拼接/插值法和行驶空间轨迹搜索/优化法。曲线拼接/插值算法通过事先给定一系列先验路径点(waypoint)拟合出一条满足可行性、舒适性、汽车动力学等需求的路径。通常用某种特定类型的函数表示并规划汽车的行驶轨迹。在轨迹规划中常用的函数包括三次多项式、五次多项式、梯形加速度轨迹等。基于多项式曲线、高阶贝塞尔曲线的轨迹规划方法通过确定汽车的起点信息和终点信息,能够在满足汽车运动学/动力学特性的情况下拟合出一条连续、光滑的轨迹。但是该类方法也存在一些缺点,例如高阶多项式法的计算复杂度较高,高阶贝塞尔曲线法难以考虑动态障碍物约束条件。多项式曲线路径规划通常用于参考路径点需要满足一系列约束的情况,这些约束包括航向角、位置与曲率等。在实际应用案例中,可以采用两步算法,使用四次多项式和五次多项式分别生成满足纵向约束与横向约束的曲线,将该曲线用于多种场景下的轨迹规划。第一步定义与环境相关的可行策略,旨在将碰撞风险降至最低。该步骤的输出是纵向(加速或减速)、横向(变道)以及两个方向组合的目标策略组。第二步是对这些策略中的几种可能轨迹进行更详细的评估。根据额外的性能指标进行优化,如行驶时间、交通规则、能耗和舒适度等。此模块的输出是决策框架中的行驶轨迹,表示后续一段时间的建议汽车状态(位置、航向、速度和加速度等),保证所规划路径在高阶导数上的连续性,避免汽车在转向与纵向速度的突然变化,实现智能网联汽车驾驶姿态间的平滑转换。

行驶空间内的轨迹搜索/优化算法主要基于优化理论,在汽车的可行驶区域内,按某种标准或者规则求解出满足要求的路径和轨迹。这类算法首先需要设计合适的目标函数,然后在满足约束条件的情况下,搜索/优化出使得目标函数最小或者最大的行驶轨迹。基于搜索/优化算法的智能网联汽车轨迹/路径规划方法主要法包括启发式 A^* 搜索算法、快速遍历随机树(RRT)、栅格法、人工势场法、弹性带方法、模型预测优化方法等。这类方法适用的范围比较广泛,可以较好地适应结构化道路和非结构化道路,能够较为直观、准确地描述智能汽车的轨迹/路径规划问题。

综上所述,曲线拼接/插值类算法可以快速地基于预先给定的路径点生成一条曲率连续的路径,但是所规划的路径可能不是最优路径。行驶空间轨迹搜索/优化类算法能够较好地处理汽车运动学及动力学约束问题,规划出符合汽车自身约束要求的运动轨迹。但是,该类方法较难解决因为障碍物引起的非凸约束问题,计算效率较低。

6.3 集中式自主决策技术

与分解式决策规划技术不同,集中式自主决策技术将自动驾驶决策过程视为一个耦合整体,以驾驶环境信息为输入,基于驾驶目标求解输出汽车行驶参考路径/轨迹或汽车执行器的动作指令,如图6-6所示。该方式类似于以传感器原始数据作为输入、执行器控制指令作为输出的端到端自动驾驶技术。从广义上说,集中式自主决策技术与端到端自动驾驶技术之间没有明确界限,两者都是以车载传感系统获取的驾驶环境信息为依据,直接对汽车将要采取的驾驶行为做出判断和决策,可减少人为设定规则层级带来的信息利用不充分问题。两者的主要区别在于:端到端自动驾驶通常直接利用传感器原始数据得到执行器动作指令,而集中式自主决策通常使用环境感知模块对传感系统原始数据处理得到的特征信息,且集中式自主决策的输出可以包含不同类型的自动驾驶行为与策略。

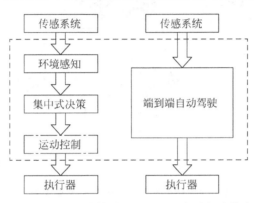

图6-6　集中式自主决策技术与端到端自动驾驶技术对比

集中式自主决策技术主要分为监督学习型和强化学习型两类。监督学习型自主决策一般需要人工标注的带标签驾驶数据,利用深度神经网络等函数拟合出驾驶环境信息输入与决策规划行为之间的映射关系,然后利用该映射关系实现接近带标签驾驶数据的驾驶决策能力。强化学习型自主决策则不需要带标签驾驶数据,通过汽车与驾驶环境的交互和探索试错学习,逐步提升自动驾驶汽车的决策智能性。

6.3.1　监督学习型自主决策

监督学习型自主决策本质上是对人类驾驶员的模仿学习。人类驾驶员在驾驶过程中会接收视觉、听觉和体感等环境信息,在大脑中做出合理的驾驶决策,并进行相应的驾驶操作。这种从环境信息到驾驶行为和策略的非线性映射关系,可以利用监督学习方法和人工神经网络的非线性拟合能力进行模拟[6]。监督学习型自主决策中,通过训练神经网络、映射表格或其他近似函数模型,逐步拟合带标签驾驶数据的环境信息与驾驶决策之间的映射关系。随着深度神经网络技术的不断发展,监督学习型自主决策也得到持续关注和应用。例如,普林斯顿大学团队通过训练卷积神经网络拟合车载摄像头和车速信息与横纵向决策信号之间的映射关系,并利用仿真平台实现了高速公路场景下的自动驾驶;英伟达公司采集实车驾驶数据,利用深度神经网络表征车载摄像头信息和横向决策信号之间的映射关系,并在实际高速公路上完成了端到端的车道保持自动驾驶任务。

典型的监督学习型自主决策框架如图6-7所示,所需要的带标签驾驶数据通常由两部分组成,分别是汽车行驶过程中的环境信息和驾驶员的决策动作。环境信息一般由车载传感系统和环境感知算法获得,包括交通信号、车道线位置、各交通参与者的位置和速度等多源数据。决策动作包括方向盘转角、加速踏板开度、制动踏板开度或其他等效横/纵向决策量。在监督学习训练前,可以将整个带标签驾驶数据集分为训练集、测试集和验证集,分别用于训练决策函数、调整训练超参数和验证决策函数的有效性。最常用的决策函数为深度神经网络,决策神经网络的输入为驾驶环境信息,输出为自动驾驶决策量。监督学习型决策神经网络的训练目标是最小化实测决策量与决策神经网络输出的学习决策量之间的误差。

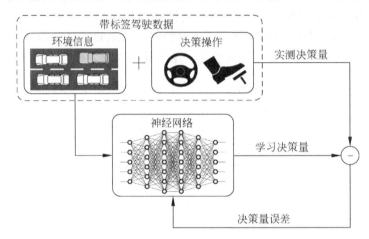

图 6-7 典型监督学习型自主决策框架

在图 6-7 所示的神经网络监督学习训练过程中,将环境信息集合记为 s,将标签决策操作映射关系记为 $D(s)$,使用 θ 为网络参数的神经网络 $\pi(s;\theta)$ 作为决策策略,并基于驾驶目标选择合理的决策误差度量 $L(\pi(s;\theta),D(s))$。监督学习型自主决策的训练目标可理解为寻找最优的网络参数 θ,使得训练集 s 内神经网络策略输出 $\pi(s;\theta)$ 与 $D(s)$ 的总损失函数 $J(\theta)$ 最小,可表示为

$$\min_{\theta} J(\theta) = \sum_{s} L(\pi(s;\theta),D(s)) \tag{6-1}$$

对于不同类型的带标签驾驶数据,通常需要选择不同种类的神经网络模型。例如,若环境信息是车载摄像头图像,可以选择卷积神经网络来更好地提取图像中的特征;若环境信息是各交通参与者的位置、速度等物理量,可以选择全连接神经网络来降低训练难度。对于决策误差度量的选择,若神经网络输出的决策量是连续的,可采用欧氏距离作为误差的度量指标;若决策量是离散的,可采用交叉熵作为误差的度量指标。在训练过程中,可以使用现有的深度学习优化器,利用反向传播算法,更新神经网络的参数 θ,直到参数收敛。

训练得到决策函数之后,一般需要对其进行测试和验证,以决策函数在验证数据集上的损失来评价其决策性能。针对智能网联驾驶任务,在评价神经网络决策模型的性能时,可以在仿真软件中部署和验证训练得到的决策网络,计算驾驶过程中的安全性、合规性、舒适性和经济性等指标,来评价决策性能的好坏。此外,神经网络策略虽然对标签数据的拟合能力较强,但其对训练数据的数量和分布要求较高。随着对神经网络性能需求的提高,所需的带标签驾驶数据量一般呈指数级增长。训练集中各类数据的比例不均衡会导致决策神经网络倾向于学习样本量较大的驾驶工况,而在样本量较少的驾驶工况上的学习效果较差。

综上所述,监督学习型自主决策框架简洁,将监督学习理论用于智能网联驾驶场景,通过数据驱动的方式学习可行的驾驶策略。但是,监督学习型决策方案对数据的依赖比较强,为了使得驾驶策略广泛应用于各类驾驶场景,需收集并标记大量的人类驾驶数据。

6.3.2 强化学习型自主决策

强化学习型自主决策不依赖于带标签的驾驶数据,可以利用强化学习方法,通过与驾驶环境的交互和探索试错优化实现驾驶性能的自我学习。将强化学习应用于自动驾驶决策中时,需要针对驾驶任务设计特定的状态输入、决策动作输出与奖励函数。强化学习型决策的状态输入和决策动作输出与监督学习型决策方案类似,状态一般为驾驶环境信息,决策动作输出为驾驶行为和策略。决策策略在与驾驶环境的交互过程中,驾驶环境会根据驾驶目标反馈出当前状态和决策量下的奖励。通过设计合理的策略迭代机制,可以在探索优化过程中训练得到性能最优的驾驶决策策略。例如,谷歌团队在仿真软件中针对车道保持任务,以仿真界面图像和汽车状态为输入,决策输出汽车的方向盘转角、加速踏板开度和制动踏板开度指令,以行驶车速和是否发生碰撞事故作为探索奖励反馈,使用DDPG(Deep Deterministic Policy Gradient)算法训练了车道保持决策神经网络。加州大学伯克利分校团队使用鸟瞰地图和激光雷达点云数据作为输入,输出为归一化的方向盘转角、加速踏板开度和制动踏板开度指令,使用SAC(Soft Actor Critic)算法在仿真软件中完成了动态交通环境下的智能驾驶任务[9-10]。

强化学习型决策的环境信息可以使用传感器的原始数据(如图像、激光雷达点云等)描述,也可以使用对传感器输出数据进行处理后得到的自车和周车位置、速度、加速度等信息组成的特征集合进行描述,如图6-8所示。决策动作可以是加速/制动踏板开度、方向盘转角等底盘执行器动作指令,也可以是左右换道、车道保持等驾驶行为意图。

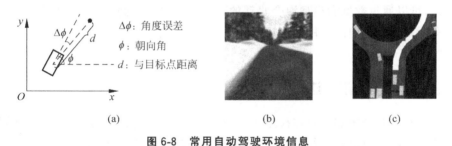

图 6-8 常用自动驾驶环境信息
(a)距离和角度等标量向量;(b)相机图像;(c)场景鸟瞰图

图6-9所示为典型的强化学习型决策框架示例。该框架包含静态路径规划与动态优选跟踪两个模块,输入为交通信号、车道线位置、各交通参与者的位置和速度等环境信息,输出为汽车行驶路径以及底盘执行器的动作指令[11]。其中,静态路径规划不考虑动态交通参与者信息,根据道路结构、限速、路面标识和交通法规等静态信息规划相应的备选路径集(图中示例的T1、T2、T3、T4)。动态优选模块使用评价函数计算备选路径集内每条路径的跟踪代价,进而选择代价最低的路径作为跟踪目标。在路径跟踪过程中,一般会融合周车行为预测信息以及汽车动力学模型信息。基于这些设定并选用合适的强化学习算法,可以实现决策策略在不同驾驶场景下的自我进化学习。常用的强化学习方法包括直接更新策略参数的直接法以及构造并求解最优策略条件(例如贝尔曼方程)的间接法。

在强化学习型决策训练过程中,为得到最优决策策略π^*,通常定义(s_t, a_t)为t时刻的汽车状态-决策动作对,$r(s_t, a_t)$为该时刻的奖励反馈函数,并设计目标函数$J(\pi)$来引导决策函数进行学习,如式(6-2)所示。典型目标函数设计为无穷时域内的期望累积折扣奖励,即 $J(\pi) = \mathbb{E}_{(s_t,a_t) \sim \rho^{\pi}} \left\{ \sum_{t=0}^{\infty} \gamma^t r(s_t, a_t) \right\}$,其中 ρ^{π} 为策略 π 下的状态-动作联合分布,$\gamma \in (0,1)$ 为折扣因子。最优决策策略 π^* 可在强化学习训练后,使得目标函数 $J(\pi)$ 最大,即

$$\begin{cases} \pi^* = \arg\max_{\pi} J(\pi) \\ J(\pi) = \mathbb{E}_{(s_t,a_t) \sim \rho^{\pi}} \left\{ \sum_{t=0}^{\infty} \gamma^t r(s_t, a_t) \right\} \end{cases} \quad (6-2)$$

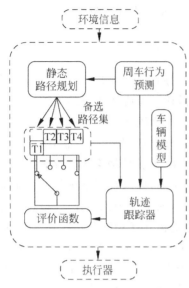

图 6-9 强化学习型自主决策框架示例

对于不同的交通场景,静态路径规划模块可按道路拓扑结构规划出相应的备选路径集合,动态优选跟踪模块可在不同交通场景中构建类似的最优化问题进行求解,具备良好的场景扩展性。为降低车载计算装置的求解负担,可以将该框架分为离线求解和在线应用两个阶段。离线求解阶段,使用强化学习方法的探索优化机制在驾驶环境中采集数据样本,并结合驾驶环境模型与强化学习算法,近似求解最优评价函数和最优决策控制策略。在线应用阶段,可以利用最优评价函数选择最优路径,并在其基础上确定汽车的最优驾驶行为与策略。

综上所述,强化学习型决策框架不依赖带标签驾驶数据,将强化学习理论应用于智能网联驾驶场景,可以通过数据和模型混合驱动的方式学习最优驾驶策略,并具备一定的可扩展性。但在实际驾驶场景中的应用方法还需要进一步探索。

6.4 典型路径规划算法

智能网联汽车路径规划是指在模型化的驾驶环境地图中按照一定的评价标准规划出一条从起点到终点的可行路径。行驶路径可以通过路径规划算法产生,路径规划通常忽略与时间相关的约束条件,生成满足空间约束条件的路径曲线。根据驾驶环境地图的大小,路径规划可以分为考虑全局地图的全局路径规划和考虑局部地图的局部路径规划。两者使用的路径规划方法类似,但局部路径规划通常需要考虑局部动态障碍物,且对求解计算频率要求较高。在路径规划算法中,城市道路路网通常用有向拓扑地图来表示,如图 6-10 所示,有向拓扑地图中边的权重表示经过该路线的成本,最终目标是找到路网中的一条最小损失路线。针对不同的路网特征、应用需求及车载软硬件环境,各类算法在时间复杂度、空间复杂度、可实现性等方面各具特色。目前,比较常见的路径规划方法主要分为基于地图采样搜索的算法、基于曲线拟合的算法、基于数值优化的算法、基于人工势场的算法以及基于特征点的算法等,每类规划算法也包含一系列改进算法。

智能网联汽车轨迹规划则考虑时间信息,算法可以生成满

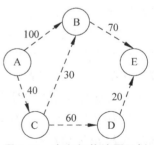

图 6-10 有向拓扑地图示例

足时间和空间约束条件的行驶轨迹,通常被分解为路径规划和速度规划两个阶段。轨迹规划以某一个或某几个评价指标表现轨迹规划的最优性,如路程最短、耗时最少、费用最低等。路径规划通常以长度作为评价指标,即最短路径为最优路径。轨迹规划算法一般以地图、障碍物及障碍物的预测轨迹、交通信号灯的状态、定位导航以及车辆状态等信息作为输入,以行驶轨迹作为输出。轨迹也可以理解为一个时间与位置的函数,就是在特定的时刻车辆在特定的位置上,计算一个以时间 t 为参数的函数 S,对于定义域内 $[0, t_{max}]$ 的时刻 t,都有满足条件的状态 s:满足目标车辆的运动学约束、碰撞约束以及车辆的物理极限,如式(6-3)所示,其中 φ 表示车辆航向角,κ 表示车辆转向曲率,v, a 分别表示车辆瞬时速度与瞬时加速度。

$$S(t): t \to s = (x, y, \varphi, \kappa, v, a), \quad \forall t \in [0, t_{max}] \tag{6-3}$$

近年来,路径规划和轨迹规划算法取得了一些成果:优化路网特征运行结构,即在同一时间复杂度的基础上尽可能地提高算法运行效率;限制路网特征,如要求路网的边是整数权值等;采用有损算法,如限制算法的搜索范围、限定轨迹搜索方向等。下面将主要介绍基于栅格地图和特征地图的两种典型采样搜索算法。

6.4.1 栅格地图搜索算法

基于栅格地图采样搜索的路径规划方法,首先将汽车的行驶空间栅格化,然后在栅格化的地图空间中寻找路径最优解。若最优解存在,则该方法能很快找到最短路径。然而,行驶空间栅格化会带来环境信息的损失,对行驶路径的平滑性带来不利影响,导致无法直接被执行机构跟踪。因此,基于栅格地图采样搜索的方法在连续的空间内不一定能够获得最优路径。此外,基于栅格地图采样搜索的方法仅考虑环境中静态障碍物和动态障碍物的当前位置信息,忽略了动态障碍物的运动趋势,当搜索空间较大时,搜索效率较低。

搜索最短路径的代表性算法主要有 Dijkstra 算法、A^* 算法等,如图 6-11 所示。Dijkstra 算法是栅格地图采样搜索中典型的广度优先搜索算法,它按照路径长度递增的次序产生最短路径。Dijkstra 算法将复杂的地理信息抽象为网络图形,路径的长度作为网络图形中带权值的边,图形中的顶点代表不同的地点,其核心思想是以起点为中心逐步向外层

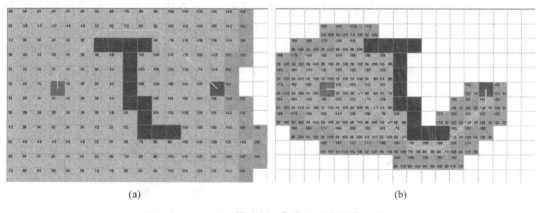

图 6-11 Dijkstra 算法与 A^* 算法路径搜索示意图
(a) Dijkstra 算法;(b) A^* 算法

扩展,求出到各个节点的最短距离,直到扩展到终点为止,以期望产生一个最优解,其本质是一种贪心算法。Dijkstra算法的优势在于,不仅能够求出起点到终点的最短路径及其长度,同时也能求出起点到图中其他各个节点的最短路径和长度。Dijkstra算法作为经典路径规划算法,在智能网联汽车导航系统数据量较小时,能得到较好的路径轨迹;在节点数目较多时,较难满足路径规划的实时性要求。A*算法是经典的启发式搜索算法,在路径规划中应用广泛。A*算法在保证得到最优路径的基础上通过给定启发函数对途中各个节点的代价进行评估,使搜索方向能够尽量与目标点方向一致,通过启发函数计算得到周围每个节点的代价值,选择最小代价节点作为下一个扩展节点,重复这一过程直到目标点,生成最终路径。相比于Dijkstra算法,A*算法避免了大范围盲目搜索,提高了搜索效率。A*算法较适用于在已知的局部地图环境中搜索最短轨迹,对于大范围场景,A*算法使栅格地图上的每个节点一直被访问和维护,从而导致算法空间过大和时间复杂度过高等缺陷。

总体而言,基于地图采样搜索的算法具有较低的算法复杂度和更高的求解稳定性,但是所规划的路径比较粗糙,对连续空间进行离散后的网格特征点会带来一定的量化误差。其中启发式搜索算法在实时性和最优性方面的表现较好。

6.4.2 特征地图搜索算法

基于特征地图的路径规划方法,首先从行驶空间中以一定概率分布随机采样得到一个状态,并将其添加到路图中;其次在起点和终点的基础上进行动态检索,尝试将采样点和路图的最近点连接,重复迭代后得到可行解。与栅格地图采样搜索方法相比,基于特征地图的规划算法是概率性算法,通过对行驶空间的特征点来评估路径连通性信息,所采用的随机特征点策略针对复杂问题可以快速找到可行解。但是,由于该策略的随机性,通常找到的解并不是最优解,而是次优解。另外,基于特征地图的算法不能保证在一定时间内针对所有问题都找到解,存在解的完备性问题。一般情况下,可以满足较弱的完备性,即在充分的时间内可以找到解,具有概率完备性特征。

RRT算法是一种最常用的基于特征地图的路径规划方法,具有广泛的研究和应用。它的优点是规划速度快,并且能在规划过程中考虑车辆的运动学约束,算法的实用性好。其基本原理是在地图空间中以节点生长的方式构建随机树,节点在地图空间随机产生特征点,如图 6-12 所示。其中,C 代表智能网联汽车所在位置;ρ 代表步长,即最小单位生长长度;C_{init} 代表初始位置;C_{new} 代表最新搜索特征点;C_{near} 代表邻近特征点;C_{rand} 代表随机生成特征点。如果新的节点是在目标区域的,则在路图上产生一条新的可行路径,同时当前的

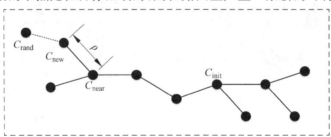

图 6-12 RRT算法扩展过程示例

最短路径也随之更新。上述过程将会迭代进行,最终生成接近最优的路径解。

RRT算法的主要优势是能够在复杂环境中快速地找到路径规划问题的可行解;其主要缺点是搜索到的可行解并不一定是最优解。RRT算法不需要事先对行驶区域进行栅格化划分,能够处理包括动态障碍物在内的危险规避问题,且方便与智能网联汽车运动学约束条件相结合,具有较好的复杂环境适应性。RRT算法的计算复杂度不会随障碍的增加而显著增加,能够满足各种特殊要求的计算约束。为提高收敛速率以及提高最终解的质量,由RRT算法衍生出多种改进算法,如约束采样区域策略、启发式采样策略等,进而对路径的平滑性和安全性进行精细化改进。

综上所述,基于特征地图的路径规划算法可以解决高维空间内的规划问题,是一种概率完备性的路径规划算法,有很强的搜索能力。相比于其他算法,该类方法的优势在于经过扩展和加入约束条件后,能直接应用到智能网联汽车动力学规划和完整性规划中,但在复杂和动态驾驶环境下的算法泛化性能仍面临挑战。

本章小结

主要知识点:智能网联汽车的决策规划主要包括两类:分解式和集中式。前者将决策规划过程分解为周车行为预测、驾驶意图选择和动态轨迹规划等子过程,再进行逐一求解。后者将决策规划过程视为一个不可分解的耦合系统,通过监督学习和强化学习等人工智能方法求解驾驶行为与策略。

重点和难点:道路场景划分,驾驶行为分类,局部路径规划,监督学习决策原理,强化学习决策原理。

习题

一、基础习题

1. 智能网联汽车决策规划技术在自动驾驶系统中的主要作用是什么?
2. 简述分解式决策规划技术和集中式自主决策技术的分类原则。
3. 分解式决策规划技术一般包含哪些子模块?
4. 监督学习型自主决策技术中,如何获得目标车辆的标签驾驶数据?简述如何利用标签驾驶数据求解得到决策策略,以及如何评价策略的最优性。
5. 强化学习型自主决策技术中,为什么不需要标签驾驶数据?简述路径规划技术在其中的作用,以及如何选择当前驾驶环境下的最优行驶路径。
6. 试列举智能网联汽车决策规划技术常用的路径规划算法和轨迹规划算法,并简述两者的区别,以及技术开发过程中应用的主要原理。

二、拓展习题

1. 分解式决策规划技术中各个子模块之间的顺序和功能是否可以进行调整?
2. 对于双向四车道带交通信号灯的十字路口场景,如果应用监督学习型自主决策技术训练神经网络进行自动驾驶,训练所用的带标签驾驶数据需要包含哪些标签信息?
3. 对于单向三车道高速公路驾驶场景,试设计监督学习型和强化学习型自主决策技术的输入和输出,并在相同的输入输出条件下对比两种方法的可解释性和可扩展性。

4. 对于某城市的 N 条公交线路 $(1,2,\cdots,N)$ 场景,如果每条线路分别对应票价 p_n,可以连通 $M(1,2,\cdots,M)$ 个地点,试分析如何获得从起点 s 乘坐公交到终点 t 的最省钱路线。

5. 若智能网联汽车最大转向角 30°,试比较在考虑这个约束条件和不考虑这个约束条件下所规划出行驶路径的不同之处。

参考文献

[1] ZYNER A,WORRALL S,WARD J,et al. Long short term memory for driver intent prediction[C]// IEEE Intelligent Vehicles Symposium,2017:1484-1489.

[2] URMSON C,ANHALT J,BAGNELL D,et al. Autonomous driving in urban environments:boss and the urban challenge[J]. Journal of Field Robotics,2008,25(8):425-466.

[3] XIN L,WANG P,CHAN C,et al. Intention-aware long horizon trajectory prediction of surrounding vehicles using dual LSTM networks[C]//2018 21st International Conference on Intelligent Transportation Systems,2018:1441-1446.

[4] AOUDE G,LUDERS B,JOSEPH J,et al. Probabilistically safe motion planning to avoid dynamic obstacles with uncertain motion patterns[J]. Autonomous Robots,2013,35(1):51-76.

[5] GLASER S,VANHOLME B,MAMMAR S,et al. Maneuver-based trajectory planning for highly autonomous vehicles on real road with traffic and driver interaction[J]. IEEE Transactions on Intelligent Transportation Systems,2010,11(3):589-606.

[6] 李升波,关阳,侯廉,等. 深度神经网络的关键技术及其在自动驾驶领域的应用[J]. 汽车安全与节能学报,2019,10(2),119-145.

[7] BOJARSKI M,DEL TESTA D,DWORAKOWSKI D,et al. End to end learning for self-driving cars [Z]. arXiv preprint,2016,arXiv:1604.07316.

[8] CHEN C,SEFF A,KORNHAUSER A,et al. Deepdriving:Learning affordance for direct perception in autonomous driving[C]//IEEE International Conference on Computer Vision,2015:2722-2730.

[9] LILLICRAP T P,HUNT J J,PRITZEL A,et al. Continuous control with deep reinforcement learning [Z]. arXiv preprint,2015,arXiv:1509.02971.

[10] CHEN J,LI S,TOMIZUKA M. Interpretable end-to-end urban autonomous driving with latent deep reinforcement learning[J]. IEEE Transactions on Intelligent Transportation Systems,2021,doi:10.1109/TITS.2020.3046646.

[11] GUAN Y,REN Y,SUN Q,et al. Integrated decision and control:towards interpretable and computationally efficient driving intelligence[Z]. arXiv preprint,2021,arXiv:2103.10290.

(本章编写成员:李升波、殷玉明、蔡英凤、李国法)

第 7 章　智能网联汽车运动控制

运动控制系统是智能网联汽车的"小脑",是掌控整车运动的中枢,其通过对车辆底盘的驱动、制动、转向、悬架等子系统的综合调控,以满足整车驾驶需求并提升车辆在不同驾驶工况下的动力学性能。本章主要内容包括智能网联汽车运动控制系统的概述,关键执行部件的建模与控制,车辆运动状态估计与动力学参数辨识方法,以及车辆自主运动控制技术。

7.1　智能网联汽车运动控制概述

智能网联汽车运动控制系统的常见架构如图 7-1 所示,其是由车载传感器、运动控制器、线控执行机构等部分组成的闭环系统。其中,控制器接收来自遍布整车的各类传感器信息,通过运动控制算法计算各执行机构的控制指令,再通过各类 I/O 与通信接口向执行机构发送指令。

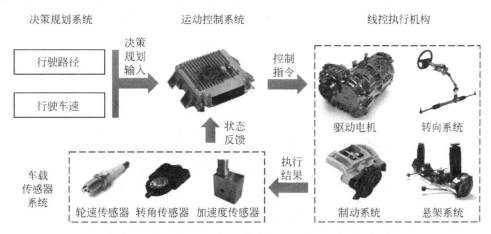

图 7-1　智能网联汽车控制系统架构

在汽车工业过去二十余年的发展过程中,电子控制始终是汽车研发的关键核心技术,直接决定了整车性能水平。对于传统汽车来说,其控制系统是由分散在汽车各处的控制单元共同构成的。而对于智能网联汽车来说,随着底盘线控化程度越来越高、智能驾驶需求不断提高,传统先"分立开发"后"协同集成"的设计范式已不再满足全新汽车平台的要求,目前控制系统正在向"域控制"方向发展。

当前绝大多数的量产汽车采用功能导向的控制单元(ECU)分散部署解决方案(图7-2),也就是说控制功能直接与 ECU 对应,即制动有防抱死制动系统与电子制动力分配系统、悬架有主动避振系统、动力总成有整车动力管理系统等。随着汽车的电动化和智能化,分散部署方案的弊端也逐渐凸显:①各个部件 ECU 由不同供应商开发,虽然能够满足单个部件的内部控制需求,但当整车制造企业进行系统集成时,底盘机构存在的复杂耦合关系会使得各个控制单元存在控制矛盾与冲突,二次调校和重复开发会因为各个供应商不能或不愿分享控制信息而变得十分困难。集成效率低、协同难度大、管理成本高成为制约底盘电控系统实现性能跨越式提升的瓶颈问题。采用集中管理的域控结构,将传统的底盘电控开发由单一部件开发转为整车系统化开发,将各个 ECU 的外部通信交互转化为内部功能逻辑的交互式映射,通过梳理各个功能组件的逻辑关系制定统一架构,能够从根本上解决底盘协调控制的问题。②电动化底盘的出现使得汽车各个执行部件的功能界限愈发模糊,例如制动行为既可以由传统的液压制动来实现,也可以由电机的回馈制动来实现,如何协调电机与机械制动器,既保证制动安全又尽可能多地回收车辆动能,是当前的一大挑战。另外,对于下一代轮毂电机分布式驱动底盘来说,车辆的转向行为既可以由转向轮来实现,也可以通过左右电机差速控制来实现,这种底盘系统赋予了汽车超强的全方位移动能力,但两种转向模式的耦合协同也成为汽车向安全高效节能的终极智能移动终端升级必须解决的痛点问题。正是因为底盘执行机构与控制功能的映射关系被打破,传统汽车底盘电控系统的分散式解决方案不再适应新系统的要求,必须采用底盘域进行集中控制和综合协调。③虽然目前一款高级轿车上的 ECU 数量已经达到上百个,控制代码超过 2 亿行,但随着智能化应用场景的逐步拓展和整车功能的不断迭代,ECU 数量还将持续增长。这将给整车电气系统设计和管理带来极大负担,采用底盘域控方案能够大幅降低底盘电控系统的节点数量、网络负载与线束重量。图7-3 为典型的域控制器架构。

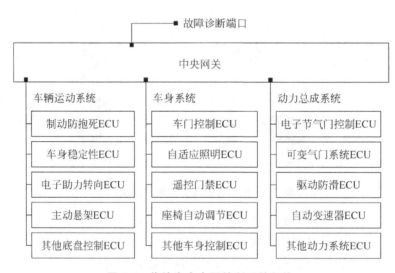

图7-2　传统汽车电子控制系统架构

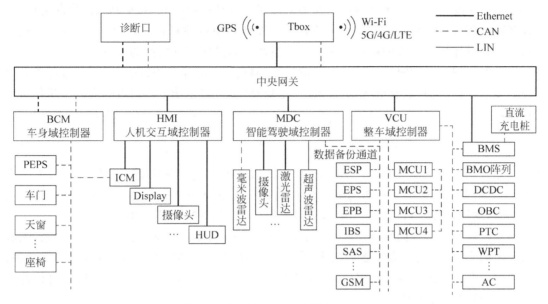

图 7-3 典型集中式域控制系统架构

7.2 关键执行部件建模与控制

驱动系统、转向系统、制动系统作为车辆运动控制的关键执行部件，是智能网联汽车实现自动驾驶的核心部分。建立合理有效的动力学模型以精确表征执行机构响应特性，并以此为基础建立高灵敏度控制策略，是保障车辆行驶平顺性、稳定性与制动性的基石。

7.2.1 驱动装置建模与控制

当前汽车的驱动方式主要包括传统内燃机驱动、混合动力驱动以及纯电力驱动三种形式。发动机作为内燃机汽车的核心动力源，准确建立发动机动力学模型以表征发动机外特性，从而精确控制空燃比和点火定时是实现发动机最大驱动功率的基础，也是影响整车动力性和经济性的关键。由于汽车发动机具有显著的非线性特性，真实模型复杂程度高、精确表征难，目前常用的建模方法主要有理论建模法和实验建模法。理论建模法基于理论分析，具有通用性好、模型精度高等优点，但模型复杂，计算要求高。实验建模法将采集到的发动机实验数据建立特征数据表，并通过查表法插值求解发动机控制指令，该建模方法简单有效，但不能反映发动机的瞬态与动态响应特性，缺乏通用性。混合动力汽车的动力系统包含发动机、电机及机电复合传动装置，其控制系统的核心是通过调节发动机与电机的功率分配以最大化发动机的工作效率。当前混合动力汽车常用的控制策略包括基于规则的控制策略、等效燃油消耗最小化方法、基于最优控制理论的控制策略等，是当前混合动力汽车研究的热点。

近年来，电动汽车技术的不断突破为智能网联汽车的发展注入了新活力，电机驱动系统作为汽车电动化的三大核心部件之一，其系统建模以及驱动控制技术已成为国内外汽车研究的重点。因此，本节将以电动汽车为例重点阐述驱动装置的建模与控制方法。电动汽车的驱动电机主要用于提供车辆行驶的驱动力或实现制动能量回收,是车辆纵向控制的核心,其控制精度和可靠性直接决定了整车的各项操控性和稳定性指标。因此,建立准确的电机驱动模型和设计快速有效的控制方法是保证电动汽车纵向控制性能的关键。

驱动电机的力矩响应是一个动态响应过程,假定:电机处于快速响应阶段,综合考虑力矩指令传输、自身控制以及机构执行存在一定的时滞,可将驱动电机力矩响应模型简化为一阶惯性环节,即

$$T_0 = \min\{T_d, T_{\max}\} \cdot \text{sgn}(T_d) \frac{1}{1+\tau s} \tag{7-1}$$

式中,T_0 表示电机输出力矩;T_d 为电机目标输出力矩;$T_{\max}$ 为电机当前转速下最大输出力矩;τ 为时间常数,可由驱动电机的力矩响应数据辨识获得;$\text{sgn}(T_d)$ 为符号函数,当 $T_d < 0$ 时,返回值为 -1,当 $T_d = 0$ 时,返回值为 0,当 $T_d > 0$ 时,返回值为 1。

驱动电机的外特性曲线如图 7-4 所示,其指出了电机转速与驱动转矩之间的关系,随着电机转速的增加,电机的功率逐渐增大,当转速增加到 n_0 时驱动电机将会达到最大功率,此区域称为恒转矩区;当转速超过 n_0 时,随着电机转速的增加,电机功率在这区间保持不变,这一区域称为恒功率区。

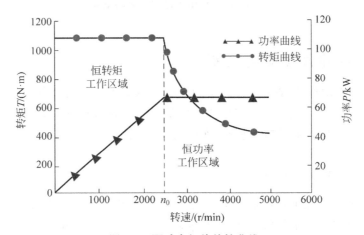

图 7-4 驱动电机外特性曲线

电机驱动系统的核心是驱动控制策略,当前电机驱动的控制方法主要包括直接转矩控制与矢量控制。直接转矩控制又称为直接自控制(Direct Self Control,DSC),实质上是以电机转矩为直接控制量,以定子磁链为定向标准的电机控制技术,具有电机参数依赖性不高、系统复杂性低等优点。但其无法形成电流闭环控制,且低速时转矩脉动明显,难以适应整车爬坡以及低速时对稳定大转矩的控制需求。当前,电压矢量调节法和占空比调节法为电机直接转矩控制的主要控制方法。通过对两种方法进行对比分析,发现电压矢量调节法能够有效地减少转矩脉动,但是控制系统比较复杂;占空比调节控制法的关键是确定电压矢量的作用时间,从而精确控制周期内的电压矢量作用时间来抑制转矩波动,同样能够削弱转矩脉动,但是计算负荷较大。

矢量控制也称磁场定向控制(Field Oriented Control,FOC),实质为经过坐标变换将驱动电机模型转换为具有直流电机调速性能的物理模型,具有调速范围广、转矩控制平稳且脉冲小,能够满足整车舒适性和动力性需求的优点。矢量控制在不同的应用领域有不同的电

流控制方法,主要有 $i_d=0$ 电流控制、最大功率因数控制($\cos\psi=1$)、最大转矩电流比控制(MTPA)和恒磁链控制等方法,通过对四种控制方法进行对比分析,发现中小功率调速系统多采用 $i_d=0$ 电流控制法以及最大转矩电流比控制方法,大功率调速系统多采用恒磁链控制和最大功率因数控制方法。

7.2.2 线控转向建模与控制

线控转向系统突破了传统机械转向系统的结构限制,具有更加灵活的控制模式与敏捷精准的转向响应特性,能够满足辅助驾驶、个性化驾驶及自动驾驶的转向控制需求。按照执行机构的不同,线控转向可分为线控电动转向系统和线控电液复合转向系统。为了满足现阶段智能网联汽车自动驾驶的控制需求,具有人机混合驾驶功能的线控电动转向系统被广泛研究,其由传统机械转向系统发展而来,主要包括方向盘和转向管柱集成部分、转向执行机构与前轮集成部分两部分,能够在满足汽车转向控制需求的同时,实现驾驶员手感模拟以及路感模拟,具有良好的驾驶体验感。

线控转向的主要原理是将驾驶员的转向意图(方向盘转角 δ 和驾驶员手力矩 τ_h)传输给主控制器,主控制器结合采集到的车速(v)、横摆角速度(ω_r)、质心侧偏角(β)等信息,通过匹配预先制定的局部路径规划策略,输出控制指令给转向执行电机与路感模拟电机,从而通过执行电机输出转向力矩(τ_e)实现转向控制,同时通过路感模拟电机输出转向阻力矩(τ_r)实现转向路感模拟。线控电动转向的动力学模型如图 7-5 所示。

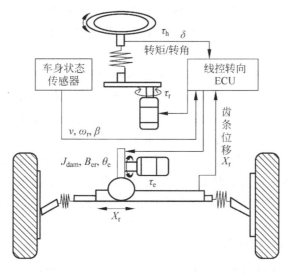

图 7-5 线控电动转向动力学模型图

考虑线控转向系统的高度集成化造成各执行部件耦合性强、控制维度高,系统特性参数难获取等问题,如何构建高效能的转向系统动力学模型,以适应纯电动汽车模块化、智能化控制需求已成为当前研究的核心。当前针对线控转向系统的建模方式主要包括键合图理论法、实验分析法、模型降阶法等。为了方便对线控转向系统进行动力学建模,本节简化了转向系统前轮和转向轴,着重研究作用力等效到转向轴上的动力学模型,将转向执行电机作为转向控制系统的唯一输入,并将转向系统所有的作用力均等效于万向节,从而得到转向系统

动力学模型为

$$\begin{cases} J_{sw}\ddot{\delta} + B_{sw}\dot{\delta} + K_{sr}\delta = \tau_h \\ J_{dam}\ddot{\theta}_e + B_{er}\dot{\theta}_e + K_e\theta_e = \tau_e \end{cases} \quad (7\text{-}2)$$

式中,δ 为方向盘转角;J_{sw} 为方向盘转动惯量;B_{sw} 为方向盘黏性阻尼系数;K_{sr} 为转向柱扭转刚度;τ_h 为驾驶员手力矩;θ_e 为转向执行电机转角;J_{dam} 为转向执行电机输出轴上的等效转动惯量;B_{er} 为转向执行电机输出轴上的黏性阻尼系数;K_e 为转向输出轴上的扭转刚度;τ_e 为转向执行电机输出力矩。

转向性能是线控转向的重要评价指标之一,它直接影响汽车的操纵稳定性,设计高效的线控转向控制系统是当前研究的热点。为此,国内外学者对线控转向控制策略进行了深度研究,形成了以方向盘路感模拟控制、转角控制、变传动比控制为主要控制方法的线控转向控制策略。同时,为实现精准的车辆横摆角速度和质心侧偏角跟踪,神经网络、卡尔曼滤波等优化算法的采用可有效提高线控转向系统的操纵性能。滑模控制、H_2、H_∞ 等鲁棒控制方法,常用于抑制线控转向系统内部时滞及外部干扰对转向系统性能的影响,有效提升了线控转向系统应对不同驾驶场景的适应能力。面对车辆智能化的控制需求,当前对于线控转向系统的基本响应需求是响应时间小于 100ms。

四轮独立转向系统作为线控转向系统的延伸,具有转向角灵活可控、控制精准、可控自由度大的优势,能够提升车辆的路径跟踪效率,减小车辆紧急转向时的质心侧偏角,有效保证车辆的行驶稳定性。针对分布式独立转向车辆,目前已开发出相应的转角分配控制算法,该算法在阿克曼转向原理的基础上额外考虑了轮胎侧偏的影响,可以改善轮胎的磨损情况,提高车辆的行驶稳定性。

主动前轮转向系统(Active Front Steering,AFS)可通过在车轮转角的基础上叠加主动转向控制转角来达到传动比可变的目的,而传动比可变的特性能够减轻驾驶员转向负担,满足车辆低速灵活转向、高速平稳转向的操纵需求。当前主流的主动转向控制策略包括变传动比控制与横摆角速度控制。变传动比控制策略设计时需综合考虑车辆的操纵稳定性、驾驶员跟踪性能等多维度性能指标,优化车辆在不同驾驶工况下的最优线控转向变传动比;横摆角速度控制策略则主要是依据横摆角速度实际值与参考值的偏差,采用模型预测控制、线性二次型调节控制、前馈控制等方法计算附加前轮转角,从而提高车辆的操纵性能。

7.2.3 线控制动建模与控制

线控制动系统避免了传统制动系统(真空助力器、机械连接件等)的结构限制,能够实现制动压力的快速建立与精准控制。目前主流的解决方案是电子液压制动系统(Electro-Hydraulic Brake,EHB),采用电子踏板取代传统的制动踏板,通过踏板行程传感器采集制动信号后将信号发送至电控单元,通常由电控单元对接收到的信号进行解析得出驾驶员的制动意图,随后向执行单元发出制动指令,也可以由电控单元直接根据场景需求主动生成制动指令。图 7-6 为典型线控制动系统的示意图。

线控制动系统具有结构紧凑、功能耦合等特点,而传统的制动系统建模方式较少涉及电磁阀等核心部件的分析,难以准确表达电子液压制动系统的动力学模型。对电子液压制动

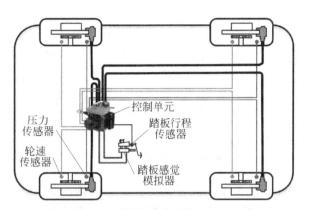

图 7-6 线控制动系统示意图

系统的工作原理分析可知,在增压过程中,蓄能器气室体积的增加近似为绝热膨胀过程,蓄能器在增压过程中关键参数的变化满足泊松方程,在制动过程中,制动液由油管处流向制动轮缸,需考虑制动液的流速对蓄能器充液进程的影响。因此,精准描述电子液压线控系统的增压过程,需要对高压蓄能器及轮缸等主要部件进行动力学建模。本节为了更好地对线控制动系统进行整体性能分析,首先建立电子液压制动系统增压过程的动力学微分方程:

$$\frac{\mathrm{d}p_\mathrm{d}}{\mathrm{d}t}=\frac{C_1 A_1}{KV_\mathrm{s}}\sqrt{\frac{2}{\rho}\left[p_2\left(\frac{V_2}{V_2+q_\mathrm{r}t}\right)^n-p_\mathrm{b}\right]} \tag{7-3}$$

式中,K 为制动液的体积弹性模量;V_s 为油管体积;p_2 为蓄能器未充液时的气室气压;q_r 为液压油流动的均值速度;V_2 为蓄能器未充液时气室体积;n 为热力学绝热系数;p_b 为制动轮缸压力;C_1 为油液流量系数;A_1 为油箱口至压力口的开口面积;ρ 为油液的密度。

在电子液压制动系统的动力学建模中,最核心的部分是电磁阀的运动分析,考虑阀芯作水平运动时受到电磁力、摩擦力、弹簧力、惯性力及液动力等多个力作用,建立电磁阀液压流体模型。电磁比例阀的流量动态特性方程如下:

$$Q_\mathrm{h}=C_1 A_1 \sqrt{\frac{2}{\rho}(p_\mathrm{g}-p_\mathrm{b})} \tag{7-4}$$

式中,Q_h 为流经电磁比例阀的油液流量;p_g 为蓄能器的实时压力。

不同于传统的流量调节阀,电磁比例阀的流量调节具有一定的离散特征,通过传统的流量调节方式无法完全匹配轮缸压力变化。为表征线控制动系统特性,本节引入"外特性"评价指标。"外特性"即系统在有负载时的输入/输出特性,研究线控制动系统输入、输出以及负载之间的关系,而系统的内部环节被视为黑箱。电子液压制动系统以 PWM 信号为输入,轮缸压力为输出,通过调节流量实现压力的间接调节。$P-\Delta P$ 特性是采用稳态压力变化值为系统的输出变量,轮缸压力为外界负载,综合考虑 PWM 调节时压力阶梯变化,从而精确表征压力-稳态压力变化特性的曲线。此外,考虑系统压力调节的输入信号是占空比,在不同的占空比时,$P-\Delta P$ 特性也不相同,故整体轮缸压力特性可概括为 $(\tau,P)-\Delta P$ 特性。为了更好地表达线控制动系统特性,着重对稳态压力变化关系进行研究。由于高速开关阀固有的离散特性,在线控液压制动系统中,轮缸压力变化呈现出一定的阶梯特征。在一个 PWM 信号作用下轮缸压力变化如图 7-7 所示,其能够清晰表达系统每作用一个周期的 PWM 信号,轮缸中的制动液体积变化一次,轮缸的压力便变化一次。

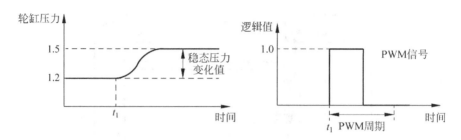

图 7-7 稳态压力变化图[6]

当前针对轮缸压力控制的常用方法有 PID 算法和模糊控制算法,它们能够较快地达到目标压力,且具有一定的鲁棒性,不依赖于精准的物理数学模型。然而,上述方法仅适用于单输入/单输出系统,而多个制动轮缸和电磁阀集成控制的电子液压线控制动系统是一种典型的多输入/多输出系统,如何保证响应速度与压力跟踪的同时协调多个分布式电磁阀无延时工作,并设计容错控制机制是当前线控制动控制的难点。为实现高效线控制动控制,模型预测控制、鲁棒控制、自适应控制等方法被应用于线控制动系统的压力控制与多电磁阀协调。模型预测控制通过建立液压系统的预测模型,实现高精度的制动压力控制;鲁棒控制保证系统在一定的参数摄动下,维持其制动性能;自适应控制可以对系统参数进行实时调整,有效提高线控制动系统的控制精度和环境适应性。随着智能控制理论的不断发展,自适应增益规划闭环控制方法被广泛应用于线控制动系统中,其主要基于控制信号占空比与平均流量之间的对应关系,采用电磁阀的前馈压力控制方法,对开环控制命令进行修正,满足多输入/多输出系统控制需求的同时,增强系统的鲁棒性,进一步提高电子液压制动控制系统对于建模不准确、环境变化等扰动的自适应能力。

7.3 车辆状态估计与参数辨识

本节将介绍车辆状态与道路参数等关键信息的动态估计方法,分别从车辆关键状态估计、车辆模型参数辨识、道路参数动态估计三个方面进行阐述。

7.3.1 车辆关键状态估计

汽车的纵/侧向车速和质心侧偏角等状态信息是进行动力学控制与主动安全控制的重要参数,精确的状态信息可以改善整车的控制效果,从而使车辆在极端恶劣工况下依然能够保持良好的稳定性与安全性。车辆状态参数的精确获取作为闭环控制系统中的关键环节起着决定性的作用,是智能网联汽车技术深入发展的基础与前提。关键的车辆状态信息有横摆角速度、质心侧偏角、轮胎力及纵、侧向速度等。由于成本和技术的限制,量产汽车上并不会配备轮胎力、车速、质心侧偏角等传感器,导致相应的汽车状态无法直接测量得到。

依赖低成本车载传感器测量得到的信息间接计算获得车辆关键状态参数,是行业公认的有效解决方案。这类间接获取的车辆状态信息通常包括两类:一类是根据车辆的纵/侧向加速度及横摆角速度测量信号,运用车辆运动学方程直接进行积分求解出车辆的纵向和侧向车速信息。但由于传感器测量信号存在大量随机噪声,信号滤波器难以完全消除这些噪声,导致这种通过对信号积分运算得到的汽车状态信息往往存在较大误差,其稳定性很难得到保证。为了解决传感器噪声大与估计精度低的问题,采用车载传感器,结合动力学理论并利用先进观测器估计车辆状态信息是另一类常用且有效的方法,其状态估计的框架如图7-8所示。

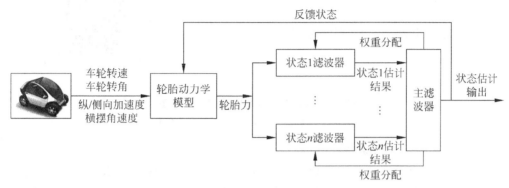

图 7-8　车辆状态估计框架

从图7-8中可以看出首先通过整车网络采集车载传感器信号,主要包括车辆的纵向加速度、侧向加速度、横摆角速度、四轮转角、四轮转速。将这些传感器信号作为车辆行驶状态估计器中滤波器和车辆模型/轮胎模型的信号输入,经过车辆模型/轮胎模型的解算输出轮胎纵向与侧向力,将所得到的轮胎力又作为车辆行驶状态估计器中两个子滤波器和主滤波器的另一个输入。主滤波器接收到这些信号后进行初始化,信息分配系数默认值为0,将行驶状态量、协方差矩阵和过程噪声矩阵同时分配给各子滤波器。每一个子滤波器对接收到的传感器信号和分配的信号进行整合,首先完成时间更新得到先验状态估计值,然后根据各自的测量值进行测量更新得到后验局部估计值,再将这些数据一同传递给主滤波器进行全局最优估计。将最优估计值作为输出的同时,又按照特定的分配原则再次对各子滤波器进行信息分配,从而完成一次迭代,随着时间不断迭代,在车辆行驶状态估计器中形成闭环,同时全局最优估计值又反馈给轮胎模型,对其参数进行不断修正也形成闭环系统,完成对车辆行驶状态的准确估计。

滤波器中包含车身动力学模型与估计算法这两个模块,其中车身动力学模型是状态估计的前提。对于车身动力学模型而言,既要准确反映车辆动力学特性,又要兼顾计算复杂度。目前常见的车身动力学模型包括自行车模型、七自由度模型、八自由度模型,甚至十五自由度模型。高维车辆模型虽然可以更加准确地反映车辆动力学特性,但由于算法的迭代可能导致计算量呈指数增长,因此自行车模型与七自由度模型是更为常用的模型。除此之外,由于轮胎是车身和地面之间的桥梁,选择合适的轮胎模型对于车辆状态估计而言也尤为重要。常见的轮胎模型有Pacejka模型、郭孔辉院士建立的经验与半经验轮胎模型、Fiala与Gim等建立的理论轮胎模型,以及魔术公式轮胎模型等。其中,自行车模型和轮胎模型示意分别如图7-9(a)和(b)所示。

图7-9(a)中,v_x和v_y分别为车体坐标系下质心的纵向速度和侧向速度;a和b分别为车辆质心距离前、后轴的距离;γ为横摆角速度;β为质心侧偏角;δ为车辆前轮转角;a_1和a_2分别为前轮侧偏角和后轮侧偏角;v_{x1}和v_{x2}分别为前轮纵向速度和后轮纵向速度;F_{y1}和F_{y2}分别为前轮侧向力和后轮侧向力。图7-9(b)中,V_x为轮胎纵向速度方向;F_x,

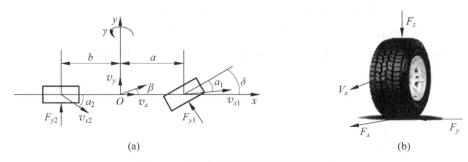

(a)　　　　　　　　　　　　　　(b)

图 7-9　自行车模型和轮胎模型示意图
（a）自行车模型示意图；（b）轮胎模型示意图

F_y, F_z 分别为轮胎受到的纵向力、侧向力和垂向力。

　　估计算法的选择通常需要根据模型的复杂度、估计变量的维度、算法复杂度与适用条件等确定。常用的估计算法包括卡尔曼滤波算法、状态观测器以及神经网络等，其中卡尔曼滤波算法是应用最为广泛的估计算法。扩展卡尔曼滤波通过将非线性函数进行线性化，将非线性部分进行泰勒展开，然后去除高阶部分进行近似估计。利用扩展卡尔曼滤波的优势，有关学者提出了模糊自适应扩展卡尔曼滤波方法，实现了纵向车速和横摆角速度的精确估计。不同于扩展卡尔曼滤波，无迹卡尔曼滤波算法使用一系列后验概率密度来确定样本的近似状态，省略了系统求解微分方程的步骤，在处理非线性系统时比扩展卡尔曼滤波算法精度更高。有关学者基于 Dugoff 轮胎模型与非线性七自由度车辆模型，采用无迹卡尔曼滤波理论，来实现对车辆纵向和侧向速度的估计。此外，容积卡尔曼滤波也不需要计算复杂的雅可比矩阵，在计算多维函数积分时具有高效特性，并且计算精度高、实时性好，因此在非线性滤波方面具有更大的优势。利用容积卡尔曼滤波估计车辆质心侧偏角的相关研究工作已经陆续被报道。

卡尔曼滤波拓展知识

　　随着人工智能技术的发展，深度神经网络等人工智能算法也被应用到车辆状态估计的研究中，数据与模型联合驱动的估计方法已经成为当前状态估计研究的热点之一，同时极限工况下车辆状态估计问题也有待解决。

7.3.2　车辆模型参数辨识

　　车辆模型参数的辨识是车辆动力学控制的基础。车辆模型参数一般是指整车整备质量、横摆转动惯量、轮胎侧偏刚度等车辆固有参数，不准确的车辆模型参数会导致状态估计性能下降，大幅降低车辆动力学控制效果，甚至导致因控制系统不匹配而引发的车辆失稳等现象。

　　上述车辆模型参数中，轮胎侧偏刚度由于易受载荷、路面附着系数、轮胎滑移率等因素影响发生变化，其参数辨识是车辆模型参数辨识的一个难点。图 7-10 为典型轮胎侧偏刚度辨识的流程图。首先，方向盘转角、车速、侧向加速度、横摆角速度等车辆状态信息通过传感器测量得到并输入到车辆动力学模型和参数辨识模块中。参数辨识模块会对原始信息做滤波估计处理得到初步结果，同时侧向加速度、轮胎侧偏角等状态信息输入到轮胎模型中进行简单变换，而变换后的诸如轮胎侧偏力的参数信息通过循环迭代之后输入到轮胎侧偏刚度模型中进一步分析得到优化区间；然后结合参数辨识模块输出的初步结果作进一步参数优化，从而得到最终结果。

　　常用的参数辨识方法主要包括最小二乘法、状态估计器法和基于滤波技术的参数辨识

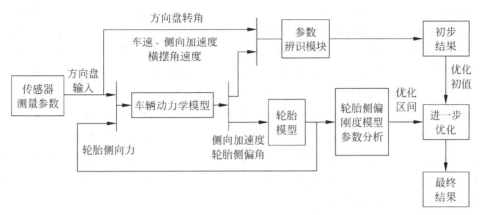

图 7-10 轮胎侧偏刚度模型参数辨识

法。基于最小二乘法的车辆模型参数辨识可分为离线辨识和在线辨识,离线辨识一般通过采集车辆固定工况下的传感器测量数据进行最小二乘分析,从而得到相应的参数辨识结果;而在线辨识是通过可变遗传因子的最小二乘估计法对整车装备质量、横摆转动惯量、质心前轴距等参数进行在线参数估计。基于状态估计器的车辆模型参数辨识方法,一般是将传感器的测量值作为系统的输入值,将需要辨识或者估计的参数作为状态估计器的输出值,通过状态估计器计算得到状态的估计值。该方法可实现实时辨识,辨识结果可直接用于车辆动力学控制,一般用于对车辆重量等参数的识别。基于滤波技术的参数辨识法应用较为广泛,其主要原理是依据卡尔曼滤波技术或者粒子滤波技术对需要辨识的参数进行状态估计,其中基于卡尔曼滤波的方法是目前估计算法的主流。

由于车辆系统的非线性特性,其内部各参数之间存在高度耦合,在实际估计应用中单一的纵向或横向模型、运动学或动力学模型很难准确估计出所需的车辆动态参数。一方面,可以从车辆模型角度出发,利用交互多模型对车辆状态参数进行估计。部分学者提出融合动力学模型与运动学模型的混合观测器,利用多模型耦合观测器信息迭代与误差补偿的方式,对传感器信息和伪测量信息进行融合,从而提高参数估计系统的精度与抗干扰能力。另一方面,从参数辨识算法的角度出发,随着人工智能技术的发展,人工神经网络、遗传优化算法、蚁群算法等智能优化算法也被应用于车辆动态参数的辨识中,在未来具有广阔的应用前景。

7.3.3 道路参数动态估计

道路参数主要包括路面附着系数及道路坡度两个对车辆控制有重要影响的参数。路面附着系数是轮胎力与其垂向载荷的比值,精确地获取路面附着系数可以有效利用附着潜能,提升车辆的安全性和稳定性。例如,车辆在冰雪路面行驶时易发生侧滑、漂移、甩尾等现象,这是因为在该类路面上,路面附着系数相对较小,车辆行驶时轮胎力容易达到饱和。为此,如何精确获取路面附着系数已经成为车辆动力学控制领域专家学者研究的重点。利用高精度的光学或声学传感器虽然可以对路面附着系数直接进行测量,但由于高昂的传感器价格,且抗干扰性差使其不适用于大规模应用。而基于现有车载传感信息与滤波算法的路面附着系数估计方法,由于成本低、可靠性高,已成为路面附着系数估计的主流方法。

常用的路面附着系数估计方法包括 Cause-Based 和 Effect-Based 估计方法,具体分类如图 7-11 所示。Cause-Based 估计方法基于光学或声学传感器,通过测量路面粗糙度或路面湿滑状况,依据经验估计当前道路的附着系数;而 Effect-Based 估计方法则主要是通过观测变化的路面附着系数对于车辆运动的影响来估计路面附着系数的。Effect-Based 的一个典型方法是利用高价但抗干扰性较差的传感器获得轮胎响应,同样依据经验估计当前路面的附着系数。而基于车辆动力学响应估计路面附着系数的方法是 Effect-Based 的另一种常用估计方法。基于纵向动力学的估计方法是利用 1/4 车辆模型获取轮胎纵向力,并依据非线性观测器估计路面附着系数;基于横向动力学的估计方法是利用线性二自由度车辆模型获得的车辆状态,与归一化的轮胎力代入汽车横向运动方程和横摆运动方程中来求解路面附着系数。同时,考虑到车辆系统的非线性特性,还可通过联合纵向动力学与横向动力学实现路面附着系数的更精准估计。

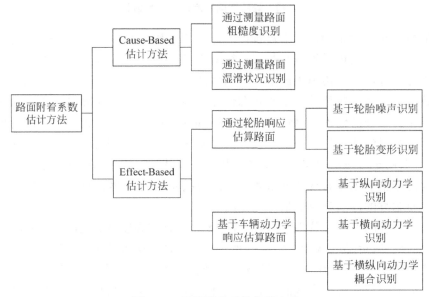

图 7-11 路面附着系数估计方法

基于上述的方法统筹还需要利用滤波算法提高估计精度。路面附着系数动态估计的方法主要采用卡尔曼滤波算法。典型的路面附着系数估计框架如图 7-12 所示。相比于扩展

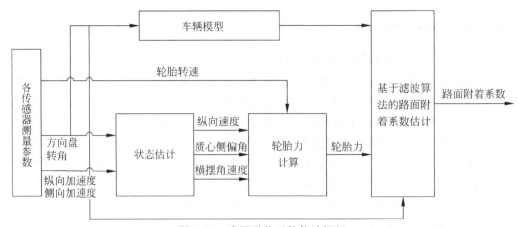

图 7-12 路面附着系数估计框架

卡尔曼滤波算法,无迹卡尔曼滤波算法摒弃了对非线性函数进行线性化的传统做法,采用经典卡尔曼滤波框架,对一步预测方程采用无迹变换处理其均值和协方差的非线性传递问题。

道路坡度是另一个对于车辆控制有重要影响的参数,它是坡道竖直方向高度与水平方向长度的比值,或表示为坡道与水平面夹角的正切值。道路坡度的估计方法与路面附着系数类似,可分为基于运动学的估计和基于动力学的估计。采用运动学方法对道路坡度进行估计需额外安装加速度传感器;相比之下,利用动力学的估计方法对传感器依赖性更小,普适性更强。其基本原理是利用常规车载加速度传感器和轮速传感器获得的车辆加速度差值,基于车辆纵向动力学模型,采用卡尔曼滤波算法计算道路坡度值。

7.4 智能网联汽车自主控制技术

本节将分别从纵向控制、横向控制、底盘域协同控制、极限工况车辆控制与队列网联控制五个方面介绍智能网联汽车的自主控制技术。

7.4.1 汽车纵向控制

纵向控制是智能网联汽车运动控制的重要组成部分,具体是指通过控制车辆驱动系统(发动机节气门开度、电机调制脉宽、变速器挡位等)和制动系统(制动主缸压力、电机制动力矩等),实现安全、节能、高效的车辆纵向速度调控。

典型的智能网联汽车纵向控制应用是巡航控制系统,该系统由 Ralph Teetor 于 1948 年发明,其根据驾驶员预设的巡航速度,结合变速箱信号和当前车速,通过调整节气门开度和变速箱挡位对车速进行控制,实现稳定的车辆巡航行驶。为应对周围车辆对于本车巡航控制的影响,自适应巡航控制(ACC)应运而生(图 7-13),其基本原理是通过毫米波雷达、激光雷达等车载传感器,探测前向车辆速度与距离信息,通过自适应车速与距离调节算法实现稳定的跟车行驶。当前方目标车辆在安全距离以内且目标车辆车速小于自车巡航车速时,

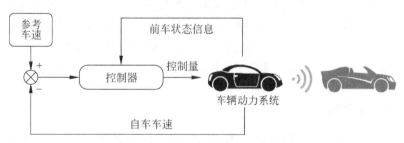

图 7-13　自适应巡航控制系统原理图

自适应巡航系统利用自车状态与车间距确定自车巡航的控制逻辑(速度控制或距离控制),并向各执行部件发送控制指令,电子节气门、主动制动系统与自动变速器等执行机构按照自适应巡航主控系统的要求完成相应的控制动作,以实现自车对前车的安全、平稳跟车。

实现稳定、安全、可靠的自适应巡航控制的关键是车间距保持策略与车速控制方法。常用的巡航系统间距保持策略包括恒定时间距离策略与恒定空间距离策略。恒定时间距离策略是最接近人类驾驶员的车间距保持策略,即自车与前车的车间距与自车的速度成正比,自车速度的增加会使车间距随之增加,从而满足安全、稳定的车辆行驶状态。同时,恒定时间

距离策略还包括静态车距补偿,其主要目标是避免车辆低车速行驶时理想车间距过小的问题。恒定时间距离策略表达式为

$$d(t) = x_p(t) - x(t) = \tau \cdot v(t) + d_0 \tag{7-5}$$

式中,$d(t)$为自车与前车间的距离,$x_p(t)$为前车位置,$x(t)$为自车位置,$v(t)$为自车车速,τ为时间常数,d_0为静态车距补偿。

恒定空间距离策略,顾名思义,即保持车间距离为固定值,而不考虑车间速度等其他状态量的影响。其表达式如下:

$$d(t) = x_p(t) - x(t) = d_{con} \tag{7-6}$$

式中,d_{con}为恒定距离值。该策略相比恒定时间距离策略较难实现,需要在网联通信环境下借助实时信息对车速进行精准控制,但该策略可以降低车车间距,有效提高交通流量,并减少跟车行驶空气阻力,具有极大的节能潜力。

智能网联汽车巡航系统车速控制的主要目标是保证车辆在复杂动态交通场景中实现预期控制间距,并确保被控汽车以节能和高效的车速行驶。目前在工程上应用最广的是 PID 控制器,该控制器常将自车与目标前车的车间距离、相对车速与期望值之间的误差作为控制输入,以保持期望的巡航间距或车速。此外,定速巡航控制问题可简化为一个以车速跟踪误差最小化为目标的最优控制问题,利用最优控制方法(如线性二次型控制方法)实现车速的精准跟踪。同时,可以在车辆纵向车速最优控制问题中引入安全车距保持、节能行驶与高效通行等多个优化目标,通过动态规划求解高维非线性最优控制问题,得到车辆最优纵向控制律。为了实现多约束情况下多巡航控制目标的同步优化控制,可采用基于模型预测控制的车辆纵向车速控制方法,该方法可以综合考虑车辆与交通方面的多维目标,具有应对参数不确定与外界扰动的能力,通过稳态递阶优化实现安全、节能、舒适的车辆纵向控制。

随着智能网联汽车技术的发展,车辆纵向控制的研究趋势包括以下两个方面:①随着人工智能技术的发展,智能汽车纵向控制将引入数据驱动的控制方法,通过预测周围车辆的运行轨迹实现纵向轨迹的提前规划,该方法一方面不会因模型精度的问题影响控制性能,另一方面能通过自学习提高对于复杂多变交通场景的适应性;②随着车辆网联化进程的加快与车云融合控制系统的发展,智能汽车的控制可实现由单车到群体的"由点及面"型拓展,纵向车速的控制与优化作为车辆运动控制的基础,可以深度融入车辆队列、车辆-信号灯协同等群体智能控制方法中,可扫描二维码了解网联电动汽车经济性车速优化。

车速优化
拓展知识

7.4.2 汽车横向控制

智能网联汽车的横向控制是指以跟踪理想运动轨迹为目标,通过车辆方向盘或前轮转角的控制,实现稳定、舒适的车辆轨迹跟踪控制,如图 7-14 所示,其主要目标是在车辆上选取一个控制点来跟踪一条与时间参数无关的几何曲线,即在给定速度下让控制点 P_c 跟踪期望路径上的目标点 P_d,最终使得控制点与期望路径之间的横向位移误差和航向角误差收敛到零。

最早的汽车横向控制系统由通用汽车和美国无线电公司在 20 世纪 50 年代末合作开发,主要目的是实现高速公路自动驾驶。典型的智能网联汽车横向控制应用是车道保持辅助(LKA),其基本原理是通过实时监测车辆与车道边线的相对位置来控制车辆横向运动,对转向系统进行控制从而辅助车辆保持在原车道内行驶。车道保持系统主要由摄像头、电

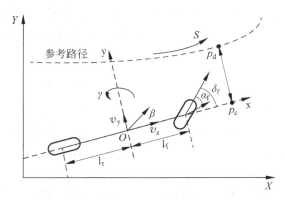

图 7-14 智能网联汽车的横向控制目标

动助力转向系统等组成。摄像头用于识别标记线并判断车辆是否偏离轨迹,控制器将信息反馈至方向盘控制模块,电动助力转向系统通过横向控制算法来输出转向助力,转动方向盘修正行驶方向,从而使得车辆在道路内行驶。

智能网联汽车横向控制的核心是横向轨迹跟踪算法,包括 PID 控制、纯跟踪算法、最优控制、鲁棒控制、滑模控制、模型预测控制、模糊控制等。其中,应用最为广泛的是 PID 控制器。PID 算法利用车辆当前的横向跟踪偏差作为输入量,通过对跟踪偏差进行比例积分微分控制从而得到前轮转角,其时域微分方程表达式为

$$u(t)=K_p\left[e(t)+\frac{1}{T_i}\int_0^t e(t)\mathrm{d}t+T_d\frac{\mathrm{d}e(t)}{\mathrm{d}t}\right] \quad (7\text{-}7)$$

式中,$e(t)$ 为横向跟踪偏差,K_p 为比例系数,T_i 为积分时间常数,T_d 为微分时间常数。比例系数 K_p 主要用来减小横向跟踪的误差,当横向跟踪误差出现时,控制器会产生与当前误差成比例的前轮转角信号,K_p 过大会导致前轮转角的超调量较大,使得车辆较大程度偏离期望行驶轨迹;积分时间常数 T_i 主要是为了消除横向跟踪的稳态误差,实现对期望路径的无误差跟踪,但是积分作用容易导致前轮转角响应速度变慢;积分时间常数 T_d 反映了横向跟踪误差的变化率,具有超前调节作用,提高车辆横向控制系统的响应速度。

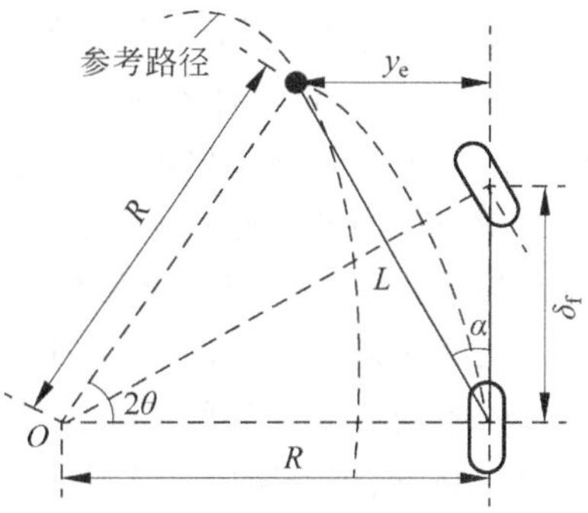

纯跟踪算法则主要基于车辆几何学模型进行理想前轮转角的计算,如图 7-15 所示,其原理是通过前视距离 L 计算能够达到目标跟踪点的转弯半径 R,并通过车辆几何运动学模型实现前轮转角的计算,最终实现目标轨迹的跟踪。

在已知航向偏差 θ 和前视距离 L 的情况下,利用正弦定理求得期望转弯半径如下:

图 7-15 纯跟踪算法模型

$$\frac{L}{\sin(2\theta)}=\frac{R}{\sin(\pi/2-\theta)} \quad (7\text{-}8)$$

则在已知车辆轴距 L_{axis} 的情况下,期望前轮转角表达式如下:

$$\delta=\arctan\frac{2L_{\mathrm{axis}}\sin\theta}{L} \quad (7\text{-}9)$$

车辆的横向控制除要求较小的横向跟踪误差之外,通常还要求较小的前轮转角变化率以实现稳定的车辆控制。因此,还可以将车辆的横向控制问题建模为多目标优化最优控制问题,即

$$J = \int_{t_0}^{\infty} [\boldsymbol{x}^{\mathrm{T}}(t)\boldsymbol{Q}(t)\boldsymbol{x}(t) + \boldsymbol{u}^{\mathrm{T}}(t)\boldsymbol{R}(t)\boldsymbol{u}(t)]\mathrm{d}t \tag{7-10}$$

式中,$\boldsymbol{x}(t)$ 为横向跟踪误差;$\boldsymbol{u}(t)$ 为前轮转角变化率;$\boldsymbol{Q}(t)$ 为半正定加权矩阵;$\boldsymbol{R}(t)$ 为正定加权矩阵。通过求解目标函数获得最小值时的前轮转角,以最小的前轮转角变化率保持横向跟踪误差的控制效果,从而实现前轮转角变化率和横向跟踪误差综合最优的目的。此外,为了实现更稳定的智能网联汽车横向控制,可以设计基于未来轨迹预测的模型预测控制器,该控制器不仅考虑当前的横向路径误差,还将未来的横向路径误差考虑在内。该控制器由预测模型、滚动优化和反馈矫正组成,通过对预测时域内车辆的横向位移进行预测,结合目标函数和车辆稳定性等约束条件进行最优化求解,从而获得最优前轮转角,然后输入前轮偏角对车辆进行控制,再次进行最优化求解,如此反复,从而获得优异的车辆横向控制效果。

目前,智能车辆横向运动控制的研究未对不同行驶速度下车辆面临的道路曲率干扰范围进行界定,当干扰较大、行驶速度较快时,车道保持控制的稳定性较差,此时系统横向误差与横摆角速度误差过大;当干扰较小、行驶速度较慢时,控制器的响应速度较慢。实际自动驾驶过程中,轨迹跟踪导航也存在一定误差。因此,研发能适应复杂环境的控制器对智能网联车辆横向运动控制性能的提升具有重要意义。

7.4.3 底盘域协同控制

智能网联汽车的纵向与横向控制系统虽然实现了基本的车辆速度与轨迹跟踪控制,但想实现更安全、节能与舒适的自主运动,还需底盘各子系统的密切配合,因此底盘域协同控制近年来得到了极大关注。例如,高速巡航急转弯时,单靠主动转向系统往往会产生很大的侧向加速度,使驾乘人员感到不适,而单靠主动悬架虽然可以调节车身的位姿,但其难以对汽车的横向位移起到精确的调节作用;只有转向和悬架系统密切配合,才能保证过弯的舒适性和平顺性,保证汽车在复杂多元驾驶场景下综合性能的满足。因此,实现汽车底盘域子系统的协同控制是智能网联汽车发展的必然需求。

底盘域协同控制是指两个或两个以上底盘子系统控制目标与控制动作的协调,使整车获得比各子系统单纯组合叠加更好的动力性、经济性、安全性、稳定性与平顺性,典型的车辆底盘子系统协调架构如图7-16所示。各子系统都有各自的主要控制功能和目标,但最终都是通过轮胎与路面之间的接触力使车辆产生运动,因而导致各子系统间控制功能不可避免地会相互联系、相互影响。多个底盘控制子系统的存在使得底盘控制存在以下问题:①子系统因控制目标的不同产生功能冲突;②多个子系统完成相同控制目标,会造成系统间功能重叠及"执行器冗余";③传感器及执行器数量多、子系统间信息共享差、控制目标缺乏全局性。因此,底盘域协同控制的目标,广义上说,就是使各子系统之间优势互补,同时降低或消除各个子系统间可能产生的功能上的冲突与干扰,充分挖掘各控制模块的功能潜力,实现底盘一体化全局控制,提高车辆综合使用性能。

随着智能网联汽车技术的发展,底盘各子系统的控制目标向多元化方向发展,各控制目

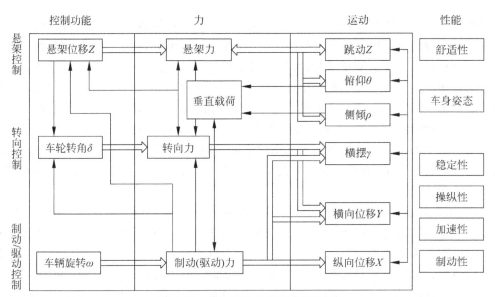

图 7-16 车辆底盘子系统协调架构

标往往相互矛盾。因此，必须从整体性、相关性上解决车辆底盘的协同控制问题，从而充分发挥各子系统的功能优势，从根本上解决不同控制子系统间的相互干扰。简单来说，当面临两个及以上子系统控制目标相互影响甚至冲突时，首先应从整体性角度分清其主要的控制目标。例如，对装有防抱死系统和半主动悬架系统的综合控制系统，其主要控制目标是提高车辆行驶的主动安全性。运用滑模控制器对其进行协调控制的结构如图 7-17 所示。通常半主动悬架系统是以乘坐舒适性为主要控制目标，但在车辆紧急制动工况时，其控制目标应以车辆主动安全性为主，使车轮滑移率保持在最佳滑移率附近，以获得最大地面制动力，从而缩短汽车制动距离。此时，协调控制器发出控制指令给半主动悬架控制器，通过悬架控制器来改变减振器阻尼力，即改变轮胎法向反力，使其与轮胎制动力矩变化相一致，即当制动力矩增加或者减小时，轮胎法向反力也随之增加或减小。

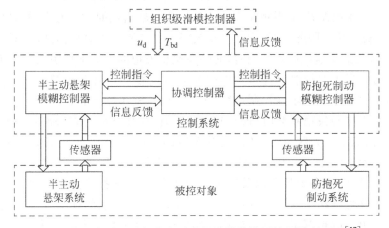

图 7-17 防抱死制动与半主动悬架系统的典型协调控制原理[17]

随着四轮独立驱动及线控技术的发展，在智能网联汽车领域内，主动转向控制、直接横摆力矩控制、主动悬架控制已经得到了广泛的应用，然而在不同工况下这些子系统的控制目标可能出现冲突,因此需要对这些子系统的耦合与矛盾进行协调。常见的方法有滑模控制、自适应控制、模糊控制、线性二次最优控制、鲁棒控制等。例如,对于横向控制系统中的转向系统和纵向控制系统中的制动系统,可以利用滑模控制、线性二次最优控制等控制算法保证车辆跟踪理想的横摆角速度,从而协调两个系统达到提高车辆稳定性这一控制目标;对于纵向控制系统中的制动系统和垂向控制系统中的悬架系统,协调两者能够产生横摆力矩和侧倾力矩,采用线性二次最优控制可以降低车辆侧翻的可能性,提高汽车的极限车速;对于垂向控制系统中的悬架系统和横向控制系统中的转向系统,使用最优控制结合线性补偿器,利用模糊规则设定权重,能够限制车辆侧倾并自适应补偿驾驶员的转向力矩,从而能够更合理利用轮胎的横向力。

当前,国内外众多机构也对汽车子系统之间的控制方案进行了研究。目前常见的控制方案以分层集成控制为主,这种方式可以将复杂的全局多系统底盘集成问题分解为相对较为简单的局部子系统集成,然后设计上层控制器进行不同局部子系统之间的协同控制,其在子系统数目较少时相对容易实现;此外,基于多智能体理论的综合控制架构,可确定车辆各控制子系统的功能,进而优化各个子系统的控制目标,以此建立总体的协调决策机构,从而满足车辆在不同情况下多目标在线优化调节的需求。具体内容可扫描二维码学习。

底盘控制
拓展知识

综上所述,作为智能网联汽车的基础,底盘域协同控制技术是关乎智能网联汽车稳定可靠运行的前提。智能网联汽车信息物理架构的迅速发展、5G通信技术逐步落地使得底盘控制的信息粒度大幅增加,也给底盘域的协同控制研究带来了更大挑战,从而需要进一步研究和探索。

7.4.4 极限工况车辆控制

汽车的极限工况主要是指车辆高速运动或在条件较差的路面(低附或坑洼)行驶时,急加减速或高速转向,车辆无法按照既定轨迹行驶并出现失稳或失控的现象,包括紧急制动时的车轮抱死、起步加速时的车轮打滑、高速转向时的车身侧滑等极限行驶工况。极限工况下车辆失稳的根本原因是汽车行驶所需的轮胎力超出了轮胎的附着极限,从而引发轮胎与地面之间的相对滑动。尤其对于较为湿滑的路面状况,轮胎的附着能力急剧下降,当车辆进行急转向或者急加减速操作时,轮胎的侧向力无法克服车辆转向时的离心力,极易导致车辆产生甩尾或侧滑等失稳现象。因此,智能网联汽车极限工况控制的主要目标是,车辆高速运动或在低附着路面行驶,急加减速或高速转向时,能够在避免失稳的前提下按照期望轨迹稳定行驶。

传统汽车的极限工况控制已经得到国内外科研院校与产业界的广泛研究,比较典型的极限工况车辆控制是电子稳定性控制系统(Electronic Stability Control/Program,ESP),其基本原理是当车辆出现失稳趋势时,通过施加主动轮胎力控制的方法纠正驾驶员的不当操作,将车辆控制在稳定行驶区域内,从而提升车辆的操纵稳定性与主动安全性能。近年来,随着线控转向、轮毂电机驱动等技术的发展,横向稳定性控制的开发潜力得到了巨大的提升,涌现出包括直接横摆力矩控制以及转矩分配控制等多种技术路径和解决方案。前轮主动转向的介入能够主动纠正驾驶员的错误转向操作,提升车辆的横向稳定性与轨迹跟踪能力。直接横摆力矩控制拓宽了前轮转向单独作用时车辆的稳定裕度。转矩分配控制可以在极限行驶时最大限度地利用每个轮胎的附着能力,最大程度上保证车辆的横向稳定性。

传统汽车 ESC 系统的主要组成包括:用于向各个车轮施加制动的执行机构,轮速、横摆角速度、转向角等传感器以及负责制动力计算的车载控制单元 ECU。ESC 系统根据驾驶员开车时的方向盘角度、加速踏板位置与制动系油压,判断驾驶员的行车意图;又根据汽车横摆角速度、侧向加速度,判断汽车的真实行驶状况,调节发动机功率、由左右侧制动力差构成的横摆力矩及总制动力,使汽车行驶状况尽可能地接近驾驶员的行车意图。在极限工况下,对每一个车轮都进行主动的制动力控制,一方面可以利用左、右侧车轮制动力之差产生直接横摆力偶矩。另一方面还可以利用制动力之和控制汽车纵向减速度。例如,当后轴要侧滑发生激转时,应对汽车施加向外侧的横摆力偶矩以防止失稳;当前轴要侧滑而使汽车驶离弯道时,应对汽车施加适当大小向内侧的横摆力偶矩,同时对汽车施加纵向减速力,其基本原理如图 7-18 所示。

为保证汽车的行驶稳定性与路径跟踪能力,除施加横摆力偶矩或纵向减速力外,还需选择合适的车轮施加制动力。对于一个车轮而言,由制动力构成的横摆力偶矩大小取决于以下几个因素:制动器制动力的大小、车轮垂直载荷的大小、附着椭圆规定的纵向力与侧向力的关系以及车轮相对于汽车质心的位置等。通常,当后轴要侧滑时,可在前外轮上施加制动力,产生一向外侧的横摆力偶矩。若发生前轴侧滑,应施加适度向内侧

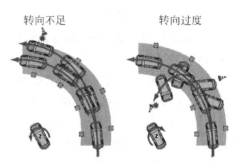

图 7-18 ESC 控制原理示意图

的横摆力偶矩和制动力。事实上,制动前内轮、后内轮或后外轮均能产生向内侧的横摆力偶矩,但是当作用较大的制动力时,很难利用其中的一个车轮来进行控制,只能合理地将制动力分配到每个车轮,以求获得恰当的横摆力偶矩和总制动力,从而提高路径跟踪性能。

随着智能网联技术的发展和应用,车辆能够获得全方位与长距离的环境感知信息,这为车辆极限工况控制提供了多种可能性。一方面,车辆可以通过感知获取前方道路或交通条件,在进入湿滑路面前提前施加控制指令以防止车辆行驶状态超出稳定边界,同时避免 ESC 突然介入时的顿挫感,提升控制系统的平顺性和舒适性。另一方面,极限工况的车辆控制不仅局限于将车辆控制在稳定区域内部,而是可以将车辆控制在临界稳定边界,从而实现高难度的车辆极限运动控制。例如,当车辆急转弯的时候后轴失去抓地力,在惯性下车尾产生横向的滑移,此时驾驶员可以根据滑动的幅度,反向打方向盘,让前轮保持指向期望的路线,从而使车辆横向移动,也就所谓的漂移控制。斯坦福大学科研团队于 2017 年研发了可实现自动漂移的车辆运动控制系统,成功实现了在多种驾驶工况下的车辆漂移控制。由于现阶段的自动驾驶测试主要在相对安全的驾驶环境下展开,若智能汽车遇到雨、雪、烟雾等极端天气条件,可能会失去对于车辆的安全稳定控制,而通过漂移控制的研究可以挖掘车辆在极限工况下的控制潜力,从而间接提升车辆极限工况的自主控制能力,为高级别自动驾驶的安全落地提供可行的技术路线。

7.4.5 队列网联控制

智能网联汽车队列控制是指根据网联化技术获取的交通与车辆信息,将单一车道内的相邻车辆进行编队,动态调整编队内所有车辆的纵向运动状态,最终达到一致的行驶速度和期望的队列构型。车辆队列在增强驾驶安全性与舒适性、缓解交通拥堵、提高能耗经济性等方面具有巨大的潜力,是现代汽车技术研究领域的前沿热点。

智能网联汽车队列的研究始于20世纪80年代美国加州的PATH项目,该项目旨在研究如何使车辆以紧密排列的车队形式自动行驶,通过解决车辆队列控制目标、协同架构、信息感知等队列控制的基本问题,提高高速道路系统的通行效率。20世纪90年代后,车辆队列控制中的很多主题都得到了研究,如跟车距离优化、队列稳定控制、异质车辆编组等。此外,更为先进的控制算法也应用到了车辆队列中,以实现更好的队列控制性能,如H_∞理论、机器学习、模型预测控制等。除了理论研究以外,不少国家的实验室和机构也开展了一些试验项目来展示和验证车辆队列系统的性能,如欧洲SARTRE项目、日本Energy ITS项目、荷兰的GCDC项目等。

从控制角度考虑,车辆队列可视为由多个单一车辆节点,通过节点间的信息交互与控制,进而相互耦合组成编队的一种动态系统。车辆队列系统主要包括以下内容:节点动力学、通信拓扑结构、几何构型和分布式控制器。下文将简要介绍车辆队列系统各部分组主要研究内容。

节点动力学主要描述单个车辆的纵向运动行为,是车辆队列控制的基础。车辆纵向动力学包括发动机或电机、变速器、主减速器、空气阻力、轮胎摩擦力等非线性环节,具有典型的强非线性特性。为了兼顾建模复杂性和精确性,常对车辆纵向动力学做如下简化:①忽略轮胎的滑移;②忽略前后轴的载荷转移;③采用一阶惯性环节描述车辆纵向运动动态特性。基于以上简化,非线性车辆节点动力学模型为

$$\begin{cases} \dot{s}_i(t) = v_i(t) \\ \dfrac{T_i(t)\eta_{\mathrm{T},i}(t)}{r_{\mathrm{w},i}} = m_i g f_i + \dfrac{1}{2}C_{\mathrm{D},i}A_i \rho v_i^2(t) + m_i \delta_i \dot{v}_i(t) \\ \tau_i \dot{T}_i(t) + T_i(t) = T_{\mathrm{des},i}(t) \end{cases} \quad (7\text{-}11)$$

式中,$i \in \mathbf{N}$表示车辆序号;$\mathbf{N}$表示正整数集合,$\mathbf{N}=1,2,\cdots$;$s_i(t)$和$v_i(t)$分别为车辆的位移和速度;$\eta_{\mathrm{T},i}(t)$为传动系统的工作效率;$r_{\mathrm{w},i}$为车轮半径;m_i为车辆的质量;g为重力加速度常数;f_i为滚动阻力系数;$C_{\mathrm{D},i}$为空气阻力系数;A_i为车辆的迎风面积;ρ为空气密度;δ_i为车辆的转动惯量换算系数;τ_i为车辆纵向动力系统的时滞常数;$T_i(t)$为车辆实际的驱动或制动力矩;$T_{\mathrm{des},i}(t)$为车辆期望的驱动或制动力矩。

通信拓扑结构用于描述单个车辆节点间信息传递的拓扑关系。一个车辆队列包括一辆领航车以及N辆跟随车,通信拓扑结构与获取周围车辆信息的方式密切相关。根据跟随车之间、领航车与跟随车之间信息传递的不同情况,常见通信拓扑结构的形式主要有前后跟随式(Predecessor Following, PF)、双向跟随式(Bi-directional, BD)、前车-领航者跟随式(Predecessor Leader Following, PLF)、双前车跟随式(Two Predecessor Following, TPF)、双前车-领航者跟随式(Two Predecessor Leader Following, TPLF)、无向拓扑式(Undirected)、有限距离通信式(Limited Range)等。图7-19展示了几种典型的车辆队列系统通信拓扑结构。

图7-19中的车辆系统通信拓扑构型各有特点。PF结构中车辆只能获取其前面一辆车的状态信息,PLF结构中每个跟随车辆可以获取前面一辆车、领航车辆的信息,BD结构中车辆能获取其前车与后车的信息,BDL结构中每个跟随车辆能获取其前车与后车、领航车辆的信息,TPF结构中车辆能获取其前面两辆车的状态信息,TPLF结构中每个跟随车辆能获取其前面两辆车、领航车辆的信息。

队列几何构型用于描述相邻两个车辆节点之间的运动车距。车辆队列控制的目标是要

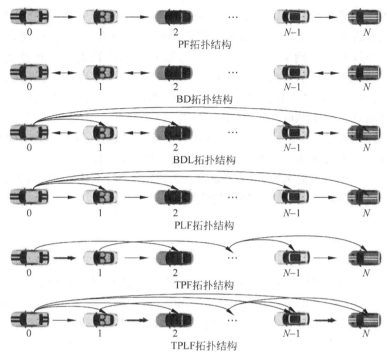

图 7-19 车辆队列系统通信拓扑构型

求跟随车与领航车保持一致的行驶速度,且相邻车辆之间保持期望的车距,即

$$\begin{cases} \lim_{t\to\infty} \| v_i(t) - v_0(t) \| = 0 \\ \lim_{t\to\infty} \| s_{i-1}(t) - s_i(t) - d_{i-1,i}(t) \| = 0 \end{cases} \quad (7\text{-}12)$$

式中,$v_0(t)$ 为领航车速度;$d_{i-1,i}(t) > 0$ 为第 $i-1$ 与 i 辆车之间的期望距离,满足如下关系:

$$d_{i,i}(t) = 0, d_{i,i-1}(t) = -d_{i-1,i}(t), d_{i,j}(t) = \sum_{k=i}^{j-1} d_{k,k+1}(t) \quad (7\text{-}13)$$

期望距离 $d_{i-1,i}(t)$ 的具体选择决定了队列几何构型。常见队列控制采用恒定长度的 $d_{i-1,i}(t)$,即恒定距离队列构型;也可以采用依据行驶安全性、交通效率、节能效果等目标优化变长度的 $d_{i-1,i}(t)$,即变距离队列构型。

分布式控制器主要利用交通及车辆信息计算队列中车辆节点的控制律,决定着队列相关性能的极限。考虑理论分析难度及硬件条件,常见的分布式控制器为线性形式,例如,基于代数图论和矩阵分析的线性队列控制器。因为线性控制器中队列系统的闭环稳定性依赖于通信拓扑结构的形式,所以队列的线性控制器设计时需要解析得到一类通信拓扑结构下线性控制器的稳定参数区域,或采用数值及解析优化方法来优化线性控制器增益。同时,还有一部分研究设计了采用滑模控制理论的队列稳定控制器,其中队列稳定性需要通过控制器参数调校实现。上述控制器存在两个缺陷,即无法显式地处理队列稳定性,无法处理队列系统状态或控制约束。所以,部分学者提出了基于 H_∞ 理论的队列稳定控制器设计方法,该方法中将队列稳定性的要求显式地作为控制器设计的一部分进行处理。此外,模型预测控制技术也应用到了队列控制系统,该技术可以预测车辆纵向动力学变化,同时也可以显式地处理执行器或状态的约束问题。

目前,车辆队列系统的节点动力学、通信拓扑结构、几何构型和分布式控制器等得到了深入研究,但现有研究多从车辆队列系统稳定控制的角度出发,未能充分考虑自动驾驶、车路协同、车联网等技术给车辆队列系统的发展与革新带来的新机遇和新挑战。所以,融合车-路-云一体化框架及人工智能算法,实现异质车辆队列系统稳定成型、管控调度、协同控制是未来的车辆队列的主要研究方向。具体可以分为以下 4 点:①如何建立包含电动汽车与燃油汽车、网联汽车与非网联汽车、自动驾驶与人类驾驶汽车等组成的异质车辆队列动力系统模型,设计鲁棒性强、控制效率高的车辆队列稳定控制器;②如何基于车联网、云计算、大数据等先进技术,实现车辆队列的综合调度与合并决策控制;③如何利用先进通信技术、人工智能算法等,实现车辆队列与路侧设备的高效协同控制;④如何保证网络通信时效弱、可靠性差、安全性低等情况下的队列控制的稳定性。

本章小结

主要知识点:智能网联汽车运动控制系统的架构与组成,线控驱动、线控、制动系统的动力学建模方法与控制目标,影响智能网联汽车运动控制的车辆状态、动力学模型参数与道路参数,智能网联汽车的纵向控制、横向控制、底盘域协同控制、极限工况控制及队列网联控制的主要内涵和常见控制方法。

重点和难点:线控执行部件建模、车辆状态估计、动力学参数辨识、底盘域协同控制、极限工况汽车控制。

习题

一、基础习题

1. 比较电动汽车与内燃机驱动汽车的动力性(说明其相同之处及其区别,并简单分析其原因)。

2. 对于线控液压制动系统轮缸压力控制算法设计,如果采用动态矩阵预测控制算法,如何通过模型滚动优化提升模型预测输出与实际输出的跟随特性?

3. 在车辆状态估计、参数辨识或道路参数估计中,卡尔曼估计算法与其他方法比,主要优势是什么?以扩展卡尔曼滤波算法为例,它是如何处理车辆动力学模型这种强非线性模型的?

4. 智能网联汽车运动控制系统和现有的底盘控制系统有什么区别和联系?

5. 智能网联汽车在编队行驶过程当中,其运动控制算法需要考虑哪些因素?

二、拓展习题

1. 纯电动汽车制动能量回馈的具体过程分为哪几个阶段?对制动能量回收原理进行简要分析,并分析制动能量回收对于车辆制动性能的影响,阐明其与线控制动如何耦合。

2. 根据现有知识,查找相关文献,分析线控转向动力学特性与传动比的影响因素是什么?

3. 卡尔曼滤波算法尽管是目前车辆状态估计、参数辨识或道路参数估计中应用广泛的方法,但它有什么优缺点?是否适用于不同车辆驾驶工况?

4. 除了传统基于动力学模型的车辆状态估计与参数辨识方法,基于数据驱动的方法是否可以替代传统估计方法?

5. 智能网联汽车加入了大量的智能传感器和 V2X 通信设备,这些全新信息的加入能够给汽车运动控制系统带来哪些新的发展空间？

6. 智能网联汽车底盘多执行器之间存在耦合，试举例说明底盘多执行器如何产生耦合，如何协调多执行器耦合关系。

参考文献

[1] 安东尼·索左曼罗夫斯基. 混合电动车辆基础[M]. 陈清泉,孙逢春,编译. 北京:北京理工大学出版社,2001.

[2] LAN Y H, HE J L, LI P, et al. Optimal preview repetitive control with application to permanent magnet synchronous motor drive system [J]. Journal of the Franklin Institute, 2020, DOI: 10.1016/j.jfranklin.2020.04.026.

[3] 赵万忠,张寒,邹松春,等. 线控转向系统控制技术综述[J]. 汽车安全与节能学报,2021,12(1):18-34.

[4] 宗长富,孙浩,陈国迎. 分布式独立转向车辆的转角分配方法[J]. 华南理工大学学报(自然科学版),2017,45(2):16-22.

[5] 李宇柔,金智林,王晓露,等. 重型车线控液压制动系统动力学分析与控制[J]. 动力学与控制学报,2021,19(3):15-21.

[6] 徐哲. 汽车线控液压制动系统特性及控制研究[D]. 南京:南京航空航天大学,2014.

[7] 袁野. 车用能量回馈式线控制动系统及其容错控制研究[D]. 北京:清华大学,2019.

[8] 樊东升,李刚,王野. 分布式电动汽车行驶状态与路面附着系数估计[J]. 重庆理工大学学报(自然科学版),2020,34(6):69-76.

[9] WANG Y, GENG K, XU L, et al. Estimation of sideslip angle and tire cornering stiffness using fuzzy adaptive robust cubature Kalman filter [J]. IEEE Transactions on Systems, Man, and Cybernetics: Systems, 2020, DOI: 10.1109/TSMC.2020.3020562.

[10] 邱香,吴晓建,周兵. 融合状态观测及优化方法的纯侧偏轮胎模型辨识[J]. 振动与冲击,2020,39(13):84-90.

[11] LIU X Y, ALFI S, BRUNI S. An efficient recursive least square-based condition monitoring approach for a rail vehicle suspension system[J]. Vehicle System Dynamics, 2016, 54(6): 814-830.

[12] WIELITZKA M, BUSCH A, DAGEN M, et al. Unscented Kalman filter for state and parameter estimation in vehicle dynamics [M]. IntechOpen, 2018.

[13] 刘志强,刘逸群. 路面附着系数的自适应衰减卡尔曼滤波估计[J]. 中国公路学报,2020,33(7):176-185.

[14] SWAROOP D, HEDRICK J K, CHIEN C C, et al. A comparision of spacing and headway control laws for automatically controlled vehicles [J]. Vehicle System Dynamics, 1994, 23(1): 597-625.

[15] 采国顺,刘昊吉,冯吉伟,等. 智能汽车的运动规划与控制研究综述[J]. 汽车安全与节能学报,2021,12(3):279-297.

[16] 陈慧岩,陈舒平,龚建伟. 智能汽车横向控制方法研究综述[J]. 兵工学报,2017,38(6):1203-1214.

[17] 赵树恩. 基于多模型智能递阶控制的车辆底盘集成控制研究[D]. 重庆:重庆大学,2010.

[18] 殷国栋,朱侗,任祖平,等. 基于多Agent的电动汽车底盘智能控制系统框架[J]. 中国机械工程,2018,29(15):1796-1801,1817.

[19] 余志生. 汽车理论[M]. 6版. 北京:机械工业出版社,2019.

[20] ZHUANG W, XU L, YIN G. Robust cooperative control of multiple autonomous vehicles for platoon formation considering parameter uncertainties [J]. Automotive Innovation, 2020, 3: 88-100.

[21] XU L, ZHUANG W, YIN G, et al. Modeling and robust control of heterogeneous vehicle platoon on curved road subject to disturbances and delays [J]. IEEE Transactions on Vehicular Technology, 2019, 68(99): 11551-11564.

[22] LI S, ZHENG Y, LI K, et al. Platoon control of connected vehicles from a networked control perspective: Literature review, component modeling, and controller synthesis [J]. IEEE Transactions on Vehicular Technology, 2017: 1-15.

(本章编写人员:殷国栋、庄伟超)

第 8 章 智能网联汽车网联通信

网联通信作为智能网联汽车的重要组成部分,是实现车辆内部系统连接及车辆与车辆、路侧基础设施、行人、云端平台等外部元素连接的前提,也是车辆智能化发展的基础,正推动着崭新的汽车生态环境的建立。本章首先对智能网联汽车的网联通信系统组成和发展趋势进行阐述,然后重点针对网联通信系统的车内网技术和车联网技术进行详细分析。

8.1 智能网联汽车网联通信概述

随着信息通信技术的不断进步,网联化已成为当前汽车产业的重要发展方向。智能网联汽车的网联通信不仅涉及汽车本身,还涉及交通、通信等系统的多种基础设施与技术元素,是汽车、交通、通信、电子信息等行业融合汇聚的重点领域。利用网联通信技术,智能网联汽车能够建立车内系统互联及本车与其他车辆、路侧基础设施、行人、云端平台等关键元素的动态连接,实现交通系统内各类信息的实时传输交互,有助于提高车辆智能化水平、降低车辆安全风险、提升交通系统整体运行效率。

8.1.1 汽车网联通信系统简介

汽车的网联通信系统可分为车内网系统和车联网系统。车内网系统主要连接车内的各种电子控制系统,实现车内各传感器与控制单元的数据交互;车联网系统主要连接本车与周边其他车辆、路侧设施、行人及云端平台,实现整个交通系统的数据交互与信息流动。本节将分别介绍这两类汽车网联通信系统。

1. 车内网系统

汽车技术的快速发展与电子技术在汽车内的广泛应用,使得车内的电子控制系统越来越复杂,为保证车内电子系统的协作运行,各个电控单元间需要频繁交换数据。如果采用传统点对点线束连接车内的各个电控单元,整个车内将形成电控单元间的全连接网络,使导线数量与网络复杂程度成倍增加,大量侵占了车内空间并降低了系统可靠性,不利于车辆的故障排除与维修。为了简化车内布线、提升车内信息传输的可靠性、降低成本与故障频率,汽车车内网络即车内总线系统应运而生。

车内网系统将车内的各种电子装置通过总线连接形成一个网络,各电控单元仅需接入总线即可实现与车内其他电控单元的数据传输。车内系统的网络化设计降低了线束的数量与装配难度,在简化了线束部署的同时也大大提升了车内数据传输的可靠性。利用车内网络的信息共享,可以有效减少车内传感器信号的冗余;同时,通过车内网络的通用诊断接口可以高效诊断车内电子控制系统的故障,便于车辆维护与检修。

由于汽车的各个电子控制系统对于通信的实时性要求不同,因此通常的车内网络结构采用多条不同速率的总线连接不同类型的节点,并使用网关来实现整车的信息共享和网络管理。汽车内多种类型车内网部署的拓扑示例如图 8-1 所示。

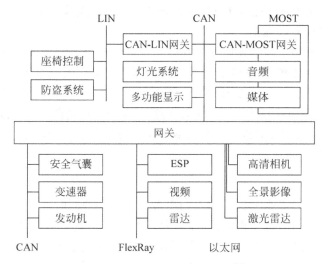

图 8-1 车内网系统拓扑示例[3]

本书中,我们按照网络速率与应用范围将汽车车内网络分为六类,其速率和适用场合总结如表 8-1 所示。

表 8-1 车内网络类型

类　　型	传 输 速 率	适 用 场 合
低速网络	小于 10kb/s	实时性要求不高的低速场合,如车身低速控制
中速网络	10～125kb/s	独立模块间数据共享的中低速网络,如仪表显示、电子舒适性模块
高速网络	125kb/s～1Mb/s	对实时性要求较高、与汽车安全相关的场合,如动力控制系统、电子制动系统、制动防抱死系统等系统
多媒体网络	250kb/s～100Mb/s	主要面向信息、多媒体系统
超高速网络	100Mb/s～10Gb/s	面向自动驾驶系统,主要用于激光雷达、高清摄像头等传感器的高带宽数据传输
安全网络	10Mb/s	面向被动安全,主要用于安全气囊系统

低速网络:主要包括 LIN、UART、TTP/A 等多种协议类型,具有低速传输速率的特点。其数据传输速率一般小于 10kb/s,适用于对实时性要求不高的面向传感器执行器控制的低速场合。主要应用于车身控制,如电动门窗、座椅调节、雨刷器、后视镜调节、灯光照明及空调等。

中速网络:主要包括低速 CAN(ISO 11898-3)、J2248、VAN、J1850(OBD-Ⅱ)等网络协议,具有中速传输速率的特点。其传输速率一般为 10～125kb/s,主要应用于电子车辆信息中心、车身电子舒适性模块、仪表显示等系统,是面向独立模块间数据共享的中速网络。

高速网络:主要包括高速 CAN(ISO 11898-2)、TTP/C、FlexRay 等,主要用于对实时性要求较高、与汽车安全相关的场合,如动力控制系统、电子制动系统、制动防抱死系统(ABS)等系统。面向高速、实时闭环控制的多路传输,其传输速率为125kb/s～1Mb/s。

多媒体网络:主要面向信息、多媒体系统等,又可以分为高速(IDB-M)、低速(IDB-C)和无线(IDB-W)三类,其网络协议的数据传输速率为250kb/s～100Mb/s。高速主要用于实时音频和视频的通信,协议有D2B、MOST光纤传输、以太网等;低速用于远程通信、诊断及通用信息的传达,其协议是基于CAN总线的IDB-C;无线采用基于短距离射频技术的蓝牙、ZigBee等技术实现数据通信。

超高速网络:主要用于高级辅助驾驶及自动驾驶系统,传输速率为100Mb/s～10Gb/s,能够实现车内高分辨率视频及图像数据的有效传输。该类网络主要采用汽车以太网的100BASE-T1、1000BASE-T1、1000BASE-RH、2.5G/5G/10GBASE-T1等技术。

安全网络:用于车辆被动安全,典型的网络如BMW开发的Byteflight,该网络基于灵活的时分多路TDMA协议,网络数据传输速率可达到10Mb/s,它采用星型拓扑结构保证主控单元和多副控单元通信的抗干扰性。

2. 车联网系统

近年来,汽车数量的快速增长在为人们出行提供便利的同时也带来了如交通事故、交通拥堵、能源浪费等一系列问题。据统计,全球每年有超过120万人死于交通事故,数百万人受伤或致残,经济损失高达数千亿美元,全球超过10%的温室气体排放来自交通运输业的燃油消耗。为解决交通安全与效率的复杂系统性问题,除了在传统汽车自身技术上进行创新外,还要人、车、路、环境间协同发展,从而改善并缓和城市交通问题。

随着新型信息和通信技术的逐步应用,汽车及交通系统的智能化水平在不断提高,车联网系统作为车与人、车、基础设施及云平台间智能交互与协同的重要方式,是交通、汽车、通信等多个行业融合汇聚的焦点,也被认为是解决交通出行安全问题、提升城市运行效率的重要技术手段,因此其自出现以来便受到国内外学者和相关行业管理部门的重视。

车联网系统的主要技术起源于欧美在20世纪80年代开始的以车与车、车与路之间通信为主要内容的学术研究和示范项目,当时称为车载自组织网络(Vehicular Ad-hoc Network,VANET)或车载网络(Vehicular Network)。经过几十年的发展,VANET的概念延伸为车联网系统,并由于其对智能交通、自动驾驶等产业的支撑作用而得到各国政府的持续关注。在美国,美国交通部于2015年发布了《智能交通系统战略规划2015—2019》来推动智能交通系统的发展。并且从2016年到2020年,美国交通部连续发布了4项自动驾驶相关的政策来明确联邦政府在自动驾驶中的主导地位。欧盟于2013年推出的"地平线2020"计划提出推动合作式智能交通、汽车自动化、网联化及产业应用,又在2019年更新了网联自动驾驶路线图并强调了基础设施支持自动驾驶的不同水平。近年来,我国也高度重视车联网与车路协同系统的发展,2019年,我国发布了《交通强国建设纲要》,提出"加强智能网联汽车(智能汽车、自动驾驶、车路协同)研发,形成自主可控完整的产业链"。2020年,我国11个部委联合发布《智能汽车创新发展战略》,提出"重点突破新型电子电气架构、多源传感信息融合感知、新型智能终端、智能计算平台、车用无线通信网络、高精度时空基准服务和智能汽车基础地图、云控基础平台等共性交叉技术"。另外,我国在2021年发布的"十四五"规划也提出要发展车联网并建设新型基础设施。伴随着全球各国对智能交通与智能汽车技术的持续支持与推进,车联网系统也正在交通、汽车、通信等多个行业的共同推动下走向成熟应用。

车联网系统采用车用无线通信(V2X)方式连接交通系统中人、车、路、云等各个元素,实现人车路云之间的实时高效信息交互,催生了一系列用于提升交通安全水平、提高交通运行效率、提高车辆信息服务能力的应用场景。在具体通信技术上,V2X 主要包含由 IEEE 标准化的专用短程通信(DSRC)和由第三代合作伙伴计划(3rd Generation Partnership Project,3GPP)标准化的蜂窝车联网(Cellular V2X,C-V2X)两大类技术。在通信方式上,V2X 通信可以细分为车与车(Vehicle to Vehicle,V2V)、车与路(Vehicle to Infrastructure,V2I)、车与人(Vehicle to Pedestrian,V2P)以及车与云平台(Vehicle to Cloud/Network,V2C/N)的通信。车联网系统示意图如图 8-2 所示。

图 8-2　车联网系统[10]

具体地,在车的方面,车联网系统中包含了不同网联化和自动化程度的车辆,各车辆可以利用通信模块与其他部分交互来实现驾驶安全预警与交通信息提醒功能,进而支撑自动驾驶的实现。在路侧基础设施方面,各类传感器可实时感知交通运行状况,结合边缘计算的强大计算能力,车联网系统能够实现红绿灯的自适应优化与协同控制。在行人的层面上,车联网主要关注出行行为与弱势交通参与者的安全,从而避免严重交通事故的发生。在云平台方面,车联网系统通过连接道路上的网联车辆与路侧智能基础设施,实现全局数据的汇集、计算、分析,从而完成大规模交通场景的智能管理与控制。

为了实现人车路云间高效稳定的交互与协同,保障智能网联汽车安全运行,提升交通系统整体效能,车联网需要满足低时延、高可靠性等严苛要求,且与传统无线网络相比,其具有如下特点。

高移动性:车辆的高速运动导致车联网拓扑的快速变化,也大幅缩短了车联网通信的连接时间,使得车与车、车与路之间的无线通信链路频繁变化。

高频度通信:车联网应用具有明显的高频度周期性通信特征,道路安全类应用通常采用 10Hz 的发送频度,未来车辆编队行驶、高级驾驶等应用的通信频度将达到几十赫兹甚至 100Hz。

不稳定性:车辆的行驶环境复杂多变,车联网通信的信道环境也因此容易受到周边障碍物带来的多径效应影响及其他信号的干扰,导致产生数据中断、丢失等问题。

可预测性:由于车辆的行驶轨迹一般沿着道路给定方向行驶,其位置、速度、运动方向呈一定规律变化,以及邻近车辆在移动行为的时间、空间依赖性,使得车辆的行驶轨迹具有一定的可预测性。

可自定位:路网中的车辆一般具有基于卫星的导航定位能力,可提供车辆自身的地理位置信息和精确定时,为车联网通信和交互提供了很好的支持。

8.1.2 汽车网联通信发展趋势

1. 车内网技术发展趋势

1) 数据传输速率提升

汽车智能网联应用的快速发展推进了车内网传输速率需求的爆发式增长,针对未来更高性能需求,10BASE-T1S、100BASE-T1、1000BASE-T1、1000BASE-RH、2.5G/5G/10GBASE-T1等汽车以太网技术及上下行非对称的车载有线万兆传输技术将得到更加广泛的应用,车内网的数据传输速率将得到极大提升。

2) 时间敏感网络

相比于车内人员的信息娱乐需求,汽车更需要保障行驶相关功能的安全有效应用,使得这类应用需要具备更高的通信优先级,因此车内网需要区分出时间敏感的控制流量和其他流量。为此,由音视频桥(Audio Video Bridging,AVB)扩展而来的 TSN 系列标准(包括 IEEE 1722、802.1AS、802.1Qat、802.1Qca、802.3br 等)将能够支持更多应用场景和数据类型,提供更低延时数据传输,保障重要数据的无缝冗余传输并可通过配置降低管理流量。

3) 面向服务和软件定义的中间件

随着汽车内部功能和系统的分布式扩展,车内软件数目不断增加。这种系统复杂度的增加使得系统需要使用中间件来正确控制这些分布式功能。未来,面向服务的可扩展中间件(Scalable service Oriented MiddlewarE over IP,SOME/IP)、数据分发服务(Data Distribution Service,DDS)等中间件的进一步应用将实现车内组件间实时、高效、灵活的数据传输。

4) 车内网络安全

汽车的智能化和网联化发展使得车内网络安全问题变得更加重要,因此加强车内网的信息安全能力也是车内网技术的重要发展方向。在安全防护方面,系统可利用安全机制拦截外部信息系统对车内网的直接控制,并采用高效的加密算法保障数据的安全传输。随着汽车以太网的广泛应用,传输层安全(Transport Layer Security,TLS)协议、IPSec 协议等以太网安全机制也将被引入到车内网中,多层级地保障车内网络安全。

2. 车联网技术发展趋势

1) 人车路云高性能网联通信

车联网系统通过网联通信建立人车路云间的信息交互链路,因此网联通信的性能与效率是整个车联网系统能力的基础。提到车联网中的网联通信,必然涉及专用短程通信(DSRC)与蜂窝车联网(C-V2X)技术。DSRC 已有十多年的研究,相关研究与测试表明,其在车辆密集时通信时延大、可靠性低。中国信科(原大唐)陈山枝团队在2013年提出LTE-V2X,奠定了C-V2X系统架构和技术路线。2015年,大唐联合LG和华为等企业在3GPP开始制定国际标准。由于C-V2X通信时延低可靠性强,网络基础设施部署有优势,我国采用C-V2X技术作为车联网系统的主要网联通信技术,并且在我国相关行业的大力推动下,该项技术的认可度与应用水平都得到了很大提高。而且,最早提出并支持DSRC技术的美国也在2020年取消原本分配给DSRC专用的75MHz频谱,重新分配,并将其中一部分(30MHz)划分给C-V2X技术使用。在标准层面,3GPP在2018年完成了基于4G技术的LTE-V2X标准,并在R16、R17标准中定义了基于5G的NR-V2X标准。但由于NR-V2X技术与产业化尚未成熟,当前的车联网系统中广泛应用的仍是LTE-V2X技术,主要用于道路安全类基本业务和中低速无人驾驶场景的实现,NR-V2X将用于支撑更高级别的协同控制(如车联网编队行驶)乃至自动驾驶应用的实现。

随着C-V2X网联通信技术的不断演进,未来基于NR-V2X的通信芯片、模组与车联网终端设备将逐渐实现商用落地。新型网联通信技术的应用将极大地提高车联网系统的通信性能,构建人车路云间的大带宽、高可靠和低延迟连接,加强车路间的数据协同与共享能力。依托于这种高性能的网联通信技术,车联网将不再只局限于基础的辅助预警提醒类应用场景,还将进一步支持实现远程驾驶、传感器共享、车辆编队行驶、高级驾驶等一系列高等级协同与控制场景,推动基于车联网的智能交通服务走向新高度。

2) 从信息交互到协同感知与决策

在全行业的不断推动下,智能化与网联化已成为包括车辆终端、路侧设施在内等多种设备的能力提升方向。随着车联网通信技术的不断进步,车端、路侧之间已能够实现基础的信息交互。在这种信息交互的基础上,目前车联网系统已能够稳定实现一系列的道路安全类与效率提升类的预警提醒应用,各类碰撞预警、红绿灯提醒、车内标牌以及绿波车速引导应用已成为车联网技术初步落地的典型场景。但这同时也说明,目前车联网系统中车与路的协同化水平仍然较低,车联网系统的作用更多是体现在各种车路终端设备对信息的接收和发布中,并未实现较高的智能化与协同化能力,导致车联网系统的整体能力难以得到提升。

随着车联网通信的低时延、高可靠性能提升及各种感知、计算技术的进一步发展,车路智能终端将不再只局限于信息的接收与发布功能上,还将进一步协同完成复杂交通环境下的感知、决策与控制工作,实现车联网系统的高度协同化运行。一方面,除了智能网联车辆的车载感知设备外,路侧基础设施也将进一步部署摄像头、激光雷达、毫米波雷达等多种传感设备,提升车路终端的智能化感知水平,并利用多种传感器进行优势互补,实现复杂环境条件下的融合感知。利用系统的协同能力,各个智能终端的感知结果将进一步同步共享,有效解决网联低渗透率以及障碍物遮挡造成的单车感知失效问题。另一方面,依托车联网系统多层级、全方位部署的计算处理能力,这种车路协同感知水平还将进一步提升层级,形成区域性、全局范围内的车路云一体化协同感知,并利用区域性、全局数据中挖掘出的知识实现协同决策,提升整个交通系统的智能化水平。

8.2 车内网通信技术

现代汽车更多地利用电子系统对车辆进行控制,如发动机的定时喷油、加速和刹车控制以及复杂的制动防抱死系统(ABS)和电动助力转向系统(Electric Power Steering,EPS)等。这些系统需要交换大量数据,如果采用传统点对点线束连接的方法显得烦琐且发生故障不易诊断,因此催生了各类汽车总线系统来解决这些问题。这些数据总线是电控单元之间传递数据的通道,可以实现在一条数据线上传递的信息能被多个系统(电控单元)共享的目的,形成车内通信网络,从而最大限度地提高系统整体效率,充分利用有限的资源。目前汽车上普遍采用的汽车总线有控制器局域网络(CAN)、局部互联网络(LIN)、用于汽车多媒体和导航的多媒体定向系统传输(MOST)、汽车以太网等网络技术[2]。

8.2.1 CAN

1. CAN 概述

CAN 是德国博世(BOSCH)公司在 20 世纪 80 年代初为解决现代汽车中众多的控制与测试仪器之间的数据交换设计的一种串行数据通信协议,它是一种多主总线,通信介质可以是双绞线、同轴电缆或光导纤维。通信速率最高可达 1Mb/s。

CAN 协议经国际标准化组织标准化后有 ISO 11898-2 标准(高速 CAN)和 ISO 11898-3(低速 CAN)标准两种,高速 CAN 总线的数据传输速率可以达到 1Mb/s,而低速 CAN 总线的传输速率在 125kb/s 以下。CAN 的拓扑结构如图 8-3 所示。

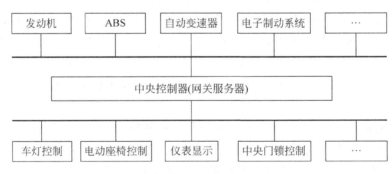

图 8-3 CAN 拓扑图

2. CAN 报文

CAN 标准定义了四种消息类型,包括数据帧、远程帧、错误帧和过载帧。

数据帧:将数据从发送器传输到接收器。数据帧的帧结构如图 8-4 所示。

远程帧:总线单元发出远程帧,请求发送具有同一标识符的数据帧。与数据帧相比,远程帧的帧结构中没有数据段,其结构如图 8-5 所示。

错误帧:任何单元检测到总线错误就发出错误帧。当总线的某一个节点检测到错误后,错误帧会引起所有节点检测到同一个错误,所以当有任何一个节点检测到错误,总线上

第8章 智能网联汽车网联通信

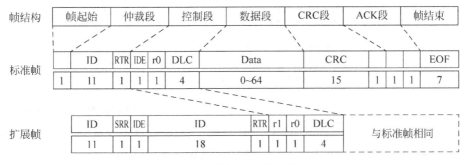

图 8-4 数据帧的帧结构

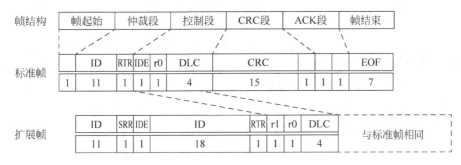

图 8-5 远程帧的帧结构

的其他节点也会发出错误帧。错误帧的帧结构如图 8-6 所示。

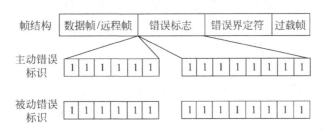

图 8-6 错误帧的帧结构

错误标志有两种形式：主动错误标志和被动错误标志。主动错误标志由 6 个连续的显性位 0 组成，它是节点主动发送的错误标志；被动错误标志由 6 个连续的隐性位 1 组成，除非被其他节点的显性位覆盖。

过载帧：接收节点用来向发送节点告知自身接收能力的帧。过载帧与错误帧结构类似，包括过载标志和过载定界符，一般有三种情况会引起过载：接收器内部的原因，它需要延迟下一个数据帧或是远程帧；在间歇字段的第一位和第二位检测到一个显性位（间歇字段都是隐性位的）；如果 CAN 节点在错误界定符或是过载界定符的第八位（最后一位）采样到一个显性位逻辑 0，节点会发送一个过载帧，错误计数器不会增加。过载帧的帧结构如图 8-7 所示。

3．位数值表示与仲裁机制

CAN 分为 CAN 高位（CAN_H）和 CAN 低位（CAN_L）数据线，如图 8-8 所示。

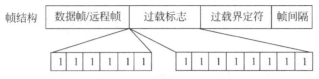

图 8-7 过载帧的帧结构

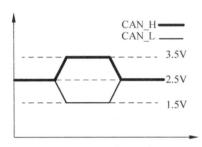

图 8-8 总线电压 CAN_H 和 CAN_L

CAN 分别用"显性"和"隐性"两种状态来表示逻辑上的 0 和 1。CAN_H 和 CAN_L 电平很接近甚至相等时，总线表现是隐性的，而两线点位差较大时表现为显性的。按照定义，CAN_H-CAN_L<0.5V 时为隐性，逻辑信号表现为"逻辑 1"，即高电平；CAN_H-CAN_L>0.9V 时为显性，逻辑信号表现为"逻辑 0"，即低电平。具体来讲，CAN 总线采用"线与"的规则进行总线冲裁，即 1&0=0，所以 0 为显性。总线上只要有一个节点将总线拉到低电平（逻辑 0），即显性状态，总线就为低电平（逻辑 0），即显性状态而不管总线上有多少节点处于传输隐性状态（高电平或是逻辑 1），只有所有节点都为高（隐性），总线才为高，即隐性。

这个特点决定了 CAN 仲裁发送的特性。只要总线空闲，总线上任何节点都可以发送报文，如果有两个或两个以上的节点开始传送报文，那么就会存在总线访问冲突的可能。但是 CAN 使用了标识符的逐位仲裁方法解决这个问题。

在仲裁期间，每一个发送器都对发送的电平与被监控的总线电平进行比较。如果电平相同，则这个单元可以继续发送。如果发送的是一个"隐性"电平而监视到的是一个"显性"电平，那么这个节点失去了仲裁，必须退出发送状态。在仲裁中，帧 ID 越小，优先级越高。由于数据帧的远程发送请求（Remote Send Request，RTR）位为显性电平，远程帧为隐性电平，所以帧格式和帧 ID 相同的情况下，数据帧优先于远程帧；由于标准帧的标识符（Identifier Extension，IDE）位为显性电平，扩展帧的 IDE 位为隐性电平，对于前 11 位 ID 相同的标准帧和扩展帧，标准帧优先级比扩展帧高。

4．CAN 特点及应用

CAN 中，在网络空闲时，所有单元都可以对外发送报文信息。最先访问到网络的那个单元将会获得发送权。而当多个单元同时发送报文时，根据标识符 ID 进行仲裁，优先级高者获得发送权。

CAN 是一个相对封闭的网络环境，节点发送的报文是按照一定的格式标准来进行发送的，每个单元发送的报文均带有一个标识符，该标识符用来判断单元的优先级，当两个或多个单元同时发送报文时，拥有高优先级标识符的单元优先发送报文信息。通过该仲裁过程获胜的单元发送报文，仲裁失败的单元则停止发送转而进行接收报文。

CAN 中连接的单元没有"地址"这一概念，因此，在总线上增加或减少单元与否与其他单元没有关系，不需要修改其他单元的软硬件及应用层等信息，系统灵活性强。

目前车内主要部署高速 CAN 和低速 CAN 两条 CAN 总线网络，不同速度的 CAN 之间通过网关连接。高速 CAN 主要连接发动机、自动变速器、ABS/ASR、ESP 等对通信实时性有较高要求的系统。低速 CAN 主要连接灯光、电动车窗、自动空调及信息显示系统等,多为对实时性要求低而数量众多的电动机和开关量器件。

8.2.2 LIN

1. LIN 概述

LIN 是基于通用异步收发器/串行接口(Universal Asynchronous Receiver & Transmitter/ Serial Communication Interface,UART/SCI)的低成本串行通信协议。1998 年,由奥迪、宝马、克莱斯勒、摩托罗拉、博世、大众和沃尔沃等联合建立的 LIN 联盟成立,并于 1999 年发布了最初版本的 LIN 标准。LIN 为已有车内网络(如 CAN)提供辅助功能,其目标定位于车身网络模块节点间的低端通信,主要用于智能传感器和执行器的串行通信,从而降低车内网络成本。

2. LIN 结构

实际应用中,LIN 在汽车中一般不独立存在,通常会与上层 CAN 相连,形成 CAN-LIN 网关节点。LIN 由一个主机节点与若干个从机节点构成,采用单线传输形式,LIN 的结构如图 8-9 所示。网络中主机节点可以执行主机任务与从机任务,从机节点只能执行从机任务,网络中的信息传输由主机控制。

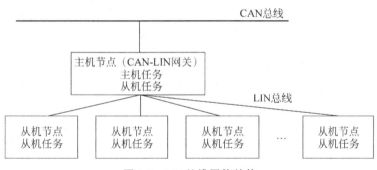

图 8-9 LIN 总线网络结构

在单个主机的控制下,网络中每个报文都用一个分隔符起始,主机任务是接着发送一个同步段和一个标识符段,从机任务则是发回数据段和校验段。利用主机节点中的从机任务,数据可以被主机节点发送到任何从机节点。相应的主机报文 ID 可以触发从机的通信,进而发送对应的数据传输命令。

3. LIN 报文

LIN 的传输规则可以用图 8-10 来进行简单描述。LIN 报文帧包括帧头(Header)与应答(Response)两部分。主机负责发送帧头,从机负责接收帧头并做出解析,然后决定是发送应答或接收应答。

如图 8-11 所示,LIN 报文的主机帧头结构包括同步间隔段、同步段、受保护 ID(PID)段,应答部分包括数据段与校验和段。其中值"0"为显性电平,"1"为隐性电平。在总线上实行"线与",即当总线有至少一个节点发送显性电平时,总线呈现显性电平;所有节点均发送隐性电平或者不发送信息时,总线呈隐性电平,即显性电平起着主导作用。

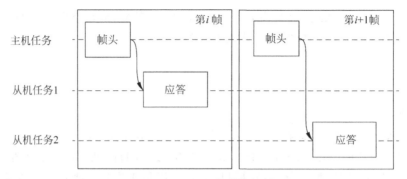

图 8-10 LIN 总线传输规则

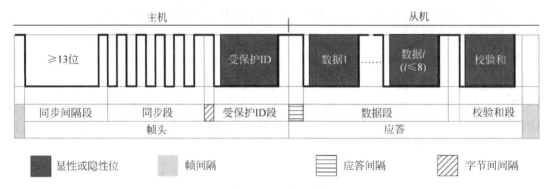

图 8-11 LIN 帧结构

同步间隔段：由同步间隔和同步间隔段间隔符组成，同步间隔段表示一帧的开始，不遵循字节域格式，至少具有 13 个显性位以及 1 个隐性位（图 8-12），从节点开始连续监测到至少 11 个显性位才认为是间隔信号。

图 8-12 同步间隔段结构

同步段：LIN 同步以下降沿为判断标志，采用字节 0x55（01010101b）进行同步（图 8-13）。在从机节点上可以不采用高精度的时钟，由此带来的偏差需要通过同步段来进行调整。

PID 段：受保护的 ID 的前 6 位为帧 ID，加上两个奇偶校验码后称作受保护的 ID（图 8-14）。帧 ID 的取值范围为 0x00～0x3f，总共 64 个，帧 ID 标识了帧的类别和目的地。从机任务会根据帧头 ID 做出反应（接收/发送/忽略应答）。其中 P0 与 P1 校验如下：

$$P0 = ID0 \oplus ID1 \oplus ID2 \oplus ID4$$
$$P1 = \neg\,(ID1 \oplus ID3 \oplus ID4 \oplus ID5)$$

从上述校验式可以发现，PID 不会出现全 0 或全 1 的情况，因此，如果从机节点收到"0xFF"或"0x00"，可判断为传输错误。

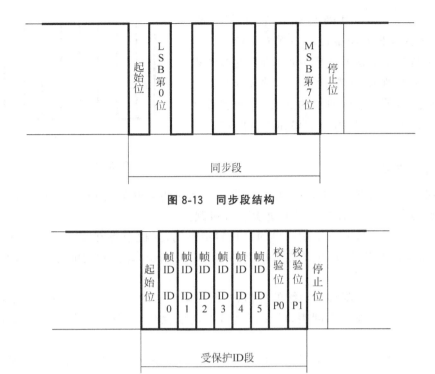

图 8-13 同步段结构

图 8-14 受保护 ID 段结构

数据段：数据段可以包含 1～8 个字节（图 8-15），其中包含两种数据类型，即信号（Signal）和诊断消息（Diagnostic Messages）。信号由信号携带帧传递，诊断消息由诊断帧传递。LIN 协议中，并没有规定哪一部分显示数据长度码的信息，数据的内容与长度均是由系统设计者根据帧 ID 事先约定好的。LIN 总线上的数据是以广播形式发出的，任何节点均可以收到，但并非对每个节点有用。具体到发布与接听是由哪个节点完成取决于应用层的软件配置，一般情况下，对于一个帧的应答，总线上只存在一个发布节点，否则就会出现错误，但事件触发帧例外，可能出现 0 个、1 个或多个发布节点。

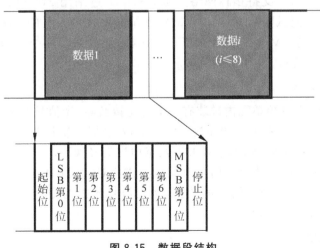

图 8-15 数据段结构

校验和段是为了对帧传输内容进行校验（图 8-16）。校验分为标准型校验与增强型校验。采用标准型还是增强型是由主机节点管理，发布节点和收听节点根据帧 ID 来判断采用哪种校验和。校验和场是数据场所有字节的和的反码，即所有数据字节的和的补码，与校验和字节相加所得的和必须是 0xFF。

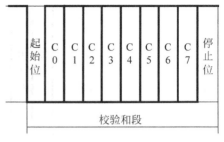

图 8-16 校验和段结构

4. LIN 特点及应用

在总线拓扑结构下的 LIN 中，由主机节点控制对传输介质的访问，从机节点只需要应答主机节点的命令，而不需要仲裁和冲突管理机制。

LIN 通信中的从机节点采用简单的自我同步机制，主机节点在报文帧的头部发送同步间隙，标记报文帧的开始，从机节点根据此间隙与总线同步，无需专门的时钟同步装置，降低硬件成本。

网络中主机节点控制整个网络的通信，控制不同节点的传输时间，且每个报文帧的长度是已知的。在通信中采用调度表，可保证信号的周期性传输，保证网络不会出现超负荷的现象。

LIN 在车内主要应用于车门、座椅、空调系统、防盗系统等。LIN 将车内的模拟信号用数字信号代替，实现对汽车低速网络的需求，结构简单，维修方便。

8.2.3 MOST 网络

1. MOST 网络概述

MOST 网络是一种专门针对车内应用而开发的、服务于多媒体应用的数据总线技术。MOST 网络最初以光纤为主要传输介质，实现声音、视频等数据的实时传输，目前的 MOST 标准最高可支持 147.5Mb/s 的数据传输速率。

MOST 网络支持声音和压缩图像的实时处理，支持数据的同步和异步传输，发送/接收器嵌有虚拟网络管理系统，支持多种网络连接方式。通过采用 MOST，不仅可以减轻连接各部件的线束的质量、降低噪声，而且可以减轻系统开发技术人员的负担，最终在用户处实现各种设备的集中控制。MOST 总线基于环形拓扑，允许共享多个发送和接收器的数据，其逻辑结构如图 8-17 所示。

2. MOST 传输系统

MOST 网络的每个电控单元内都装有一个电光转换器、光信号发射器以及一个光电转换器和光信号接收器，电控单元之间通过光纤连接，发射器和接收器具有光电发射器和光信号接收器的低休眠电流特征，能通过 MOST 网络由光信号唤醒。

光信号发射器中装有驱动装置向 LED 供电，进而通过 LED 向 MOST 网络发送光信号。光信号接收器接收 MOST 网络的数据，将光信号转换为电信号，并将信号放大后在 MOST 网络接口上进一步处理。

3. MOST 数据帧

MOST 网络的数据类型包括同步数据、异步数据和控制数据。其中，同步数据又叫时

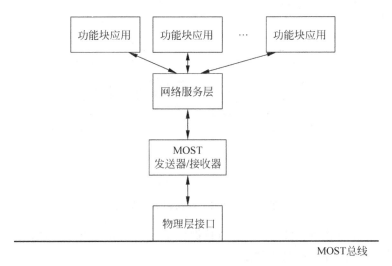

图 8-17 MOST 网络逻辑结构

基数据,包括实时传送音频信号、视频信号等流动型数据;异步数据又叫非时基数据,包括传送访问网络及访问数据库等的数据包;控制数据包括传送控制报文及控制整个网络的数据。图 8-18 给出了 MOST 网络的帧结构。

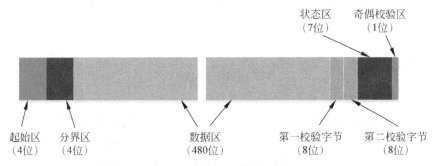

彩图 8-18

图 8-18 MOST 网络帧结构

起始区:标志着帧的开始,每一段帧都有一个单独的起始区。

分界区:用于区分起始区和之后的数据区。

数据区:MOST 网络利用数据区最多可以将 60 字节的有效数据发送到控制单元。数据区的分配是可变的,其同步数据的大小在 24~60 字节(图 8-19),同步数据的传输具有优先权。根据发送机和接收机地址(即标识符)以及可利用的异步数据量,异步消息被输入并且以长度为 4 字节的数据包形式发送到接收机。

校验字节:两个校验字节可以用来传送消息,包括发送机和接收机地址(即标识符)以及到接收机的控制命令。一个信息组的校验字节在控制单元中组成一个信息校验帧。

状态区:帧的状态区包含用于接收机发送帧的消息。

奇偶校验区:奇偶校验区用来检验最终数据的完整性,该区的内容决定是否需要重复发送内容。

4. MOST 网络特点及应用

MOST 网络利用光纤等介质,能够在保证低成本的前提下,连接视听设备、通信设备及

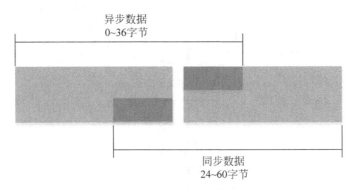

图 8-19 MOST 网络帧的数据区

信息服务设备,最高可达到 147.5Mb/s 的数据传输速率。网络支持"即插即用"方式,在网络上可随时添加和去除设备,易于扩展。

MOST 网络不需要额外的主控单元,结构灵活、性能可靠,支持数据的同步和异步传输。MOST 网络支持多种网络连接方式,提供 MOST 设备标准,具有方便、简洁的应用系统界面。

MOST 网络在车内可以实现声音和视频的实时传输,能够满足各类车辆娱乐装置的需求,主要用于车载电视、音响、电话、导航定位等系统的控制,也可以用于车载摄像头等行车系统。

8.2.4 汽车以太网

1. 汽车以太网概述

随着汽车的智能化与网联化发展,一系列高级驾驶辅助功能得到广泛应用,越来越多的电子控制单元(ECU)被部署在车辆内,使车内的电子电气系统更加复杂。同时,各类部件间频繁、高通量的信息交互以及不断涌现的新型场景也对车内网络的传输带宽、稳定性与可扩展性提出了更高的要求。以太网作为一种成熟的网络通信技术,已在电信、工业自动化、航空等领域得到了广泛应用,其能够为数据传输提供足够的速率并支持多种网络介质。

将以太网引入汽车的研究始于 2004 年宝马汽车考虑采用以太网技术加速汽车软件刷写过程的工作。我们现在广泛研究的汽车以太网源于博通公司(Broadcom)的 BroadR-Reach 这一专有解决方案,随后该技术在恩智浦(NXP)、博通和宝马牵头成立的单线对以太网(One Pair EtherNet,OPEN)联盟的推动下成为一个开放的技术,并被 IEEE 标准化为 IEEE 802.3bw(即 100BASE-T1)标准。该技术使用单对非屏蔽双绞线(Unshielded Twisted Single Pair,UTSP)实现 100Mb/s 的传输速率,并能够满足车内的电磁兼容要求。随后在 2016 年 IEEE 又相继发布了千兆速率的汽车以太网规范 IEEE 802.3bp(即 1000BASE-T1)和利用汽车以太网线供电的 PoDL(Power over Data Lines)标准 IEEE 802.3bu,后续 IEEE 又发布了在塑料光纤上承载千兆汽车以太网的 IEEE 802.3bv 标准以及更高速率的 IEEE 802.3ch 标准。汽车以太网能够高效连接车内的各类电子设备并简化布线,更好地迎合了汽车的智能化、网联化、电动化需求,已成为智能网联汽车的关键车内通信技术。

2. 汽车以太网总体架构

汽车以太网作为以太网技术在车内的改进应用,同样采用了符合开放系统互连(Open System Interconnection,OSI)模型的分层架构,并复用了以太网的诸多协议。汽车以太网对传统以太网的改进主要体现在物理层,同时也包含一些高层协议的改进,汽车以太网的整体架构如图 8-20 所示。

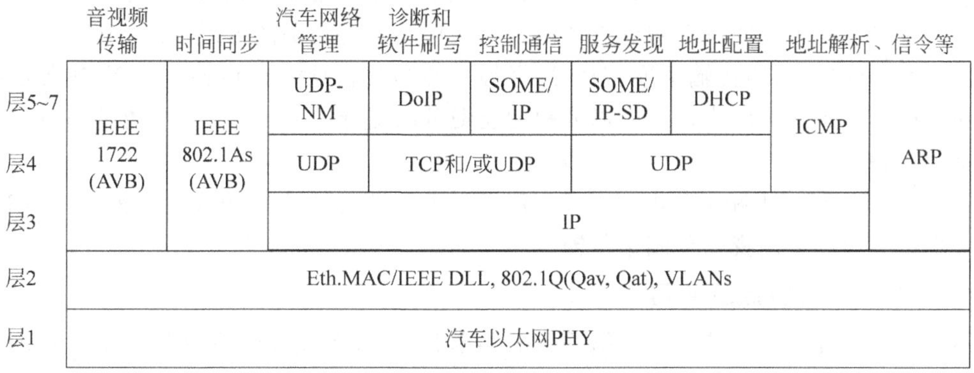

	音视频传输	时间同步	汽车网络管理	诊断和软件刷写	控制通信	服务发现	地址配置	地址解析、信令等
层5~7	IEEE 1722 (AVB)	IEEE 802.1As (AVB)	UDP-NM	DoIP	SOME/IP	SOME/IP-SD	DHCP	ICMP
层4			UDP	TCP和/或UDP		UDP		ARP
层3	IP						
层2	Eth.MAC/IEEE DLL, 802.1Q(Qav, Qat), VLANs						
层1	汽车以太网PHY						

图 8-20 汽车以太网整体架构[13]

在汽车以太网的协议架构中,汽车以太网专用的协议规范主要包括物理层、UDP-NM、DOIP、SOME/IP、SD 这几个部分,受篇幅所限,本节接下来将主要介绍汽车以太网的物理层技术。

3. 汽车以太网物理层技术

1) 100BASE-T1

在以太网的物理层中,有物理编码子层(Physical Coding Sublayer,PCS)和物理介质连接(Physical Medium Access,PMA)两个主要子层,PCS 子层通过介质独立接口与上层的数据链路层连接,一方面将接收到的上层数据编码为符号供 PMA 子层处理,另一方面将 PMA 层的信号解码为数据传递给上层。PMA 子层主要负责物理信号的发送与接收,并于 PCS 进行信号上的交互。

100BASE-T1 物理层由 PCS、PMA 和管理模块这三个主要模块组成。PCS 模块进一步可分为 PCS 发送使能、PCS 发送和 PCS 接收三个模块,具体包括 PCS 发送使能、调整器、比特整形器、线性反馈移位寄存器、数据和符号扰码生成器、扰码生成器、数据扰码、比特与三级码元间映射、可选的极性转换器、移位、解码、码元排序、数据恢复与对齐等发送和接收功能块来实现数据的编解码过程。

PMA 模块由 PHY 控制、链路监控、发送和接收功能以及时钟恢复模块组成。PMA 发送模块接收 PCS 发送器提供的信号并对其进行数/模转换与滤波后通过介质发送。PMA 接收模块检测到达的信息并将其正确地转换为 PAM3 码元并传送到 PCS 接收器。为了正确接收数据,PMA 利用时钟恢复模块保证时钟以正确的频率和相位运行,从而在正确时刻对输入波形进行采样。PHY 控制模块控制设备交换数据的过程,并控制发送模式的更改。链路监视模块则主要通过确定底层通道的状态并通过将其与链路状态参数进行通信来支持 PHY 控制模块的工作。

2) 1000BSAE-T1

为了满足自动驾驶时代车内不断提高的网络带宽要求,需采用千兆级的以太网物理层技术来扩展汽车以太网。不同于100BASE-T1,1000BASE-T1的PCS层提供单独的发送使能模块,还包含了一个用于操作维护管理的独立模块,并在PMA子层包含了PHY控制、链路监视、PMA发送和接收、时钟恢复及附加的链路同步模块。

1000BASE-T1除了与100BASE-T1技术在信号的处理方式上有所不同外,其还具备了操作维护管理和可选的自动协商与节能以太网功能。自动协商可以与链接伙伴协商和调整所使用的功能(如链路传输速度、技术选择等),并为链接伙伴提供初次握手,确保状态在链接获取过程开始之前同步。节能以太网功能则可以降低链路建立后没有数据发送状态时物理层的功耗。

除了100BASE-T1和1000BASE-T1,汽车以太网还能够支持更高速率的万兆级带宽,从而实现更高效的车内视频与图像传输。

4. 汽车以太网特点及应用

不同于前面提到的传统车内网络采用的共享总线,汽车以太网使用点对点的交换网络,从而允许任意拓扑的每个链路上具有最大数据速率,并能够按需进行重量、位置或空间优化,减轻线束制造的设计和限制。

汽车以太网采用OSI分层网络模型,提升了网络的灵活性和复用能力,使得汽车可以重用模块化的以太网生态系统,让各种物理层技术都可以通过交换机被应用层所用。

作为一种新的汽车网络技术,汽车以太网在汽车内的普及应用并非一蹴而就,它不会在短时间内完全代替现有车载网络技术,而是逐渐融合推进车内网络架构的演进。首先,汽车以太网被用于面向汽车诊断与软件刷写应用,随后推广到智能座舱和智能辅助驾驶应用(如环视泊车系统);最后,汽车以太网将作为汽车的主干网络,集成动力总成、底盘控制、车身控制、数字座舱等,形成一个跨域汽车以太网网络。

8.3 车联网通信技术

车联网系统利用无线通信技术建立起车辆与车辆、路侧设施、行人及云端平台的实时连接,并基于信息交互形成了一系列道路安全、交通效率与信息娱乐类应用。在这些应用中,传统的信息娱乐服务主要通过蜂窝移动通信连接车辆终端与云端平台实现数据交互,而道路安全与交通效率类应用则利用DSRC或C-V2X等V2X通信技术来实现车与车、车与路、车与人乃至车与云的通信。

8.3.1 移动通信技术

蜂窝移动通信(Cellular Mobile Communication)技术即通常的陆地移动通信技术,是指采用蜂窝组网方式实现频率复用,在移动终端和基站设备之间通过无线通道连接,实现用户在移动过程中的语音、数据、视频图像等通信业务。其主要特征是用户终端的移动性,并具有越区切换和跨网全球漫游功能。移动通信技术的发展始于20世纪80年代,大致已经历了五个发展阶段。

第一代(1G)移动通信系统主要采用的是模拟技术和频分多址(Frequency Division Multiple Access,FDMA)技术。第一代移动通信模拟蜂窝网虽然取得了很大成功,但也存在语音质量不高、不能提供数据业务、不能提供自动漫游、频谱利用率低、移动设备复杂等诸多问题等,且其容量不能满足日益增长的移动用户需求。

第二代(2G)移动通信系统主要特征是蜂窝数字移动通信,以支持数字语音和短信(Short Message Service,SMS)业务。2G 主要采用的是数字的时分多址(Time Division Multiple Access,TDMA)技术和码分多址(Code Division Multiple Access,CDMA)技术,与之对应的是 GSM(Global System for Mobile communications)和 CDMA 两种标准体制。

2.5G 是从 2G 迈向 3G 的演进技术。HSCSD(High Speed Circuit Switched Data)、WAP(Wireless Application Protocol)、EDGE(Enhanced Data Rate for GSM Evolution)等技术都是 2.5G 技术。2.5G 功能通常与 GPRS(General Packet Radio Service)技术有关,GPRS 技术是在 GSM 基础上的一种升级技术。相较于 2G 服务,2.5G 技术可以提供更高的速率和更多的功能。

第三代(3G)移动通信系统采用 CDMA 技术,支持高速数据传输通信。与 1G、2G 相比,3G 带宽可达 5MHz 以上,其用户传输速率最低为 384kb/s,最高为 2Mb/s。3G 不仅能传输语音,还能实现高速数据传输和宽带多媒体服务,无线接入互联网。3G 技术主要有美国的 CDMA2000、欧洲的 WCDMA(Wideband CDMA)和中国的 TD-SCDMA(Time Division-Synchronous CDMA)三大国际标准。第三代移动通信网络能将高速移动接入和基于互联网协议的服务结合起来,从而为用户提供更经济、内容更丰富的无线通信服务。

第四代(4G)移动通信系统采用 OFDM 和多无线传输技术,4G 的传输速率与 3G 相比快 4～10 倍,能够以 100Mb/s 的速度下载,上传速率也能达到 20Mb/s。4G 通信技术具备向下相容、全球漫游、与网络互联、多元终端应用等特点。4G 时代,移动互联网发展迅速,支持移动社交、移动支付、手机游戏、短视频等新型业务。

移动互联网和物联网作为未来移动通信发展的两大主要驱动力,为第五代(5G)移动通信系统提供了广阔的应用前景。5G 时代,国际电信联盟(International Telecommunication Union,ITU)确定了增强型移动宽带(eMBB)、高可靠与低时延通信(uRLLC)以及海量机器类通信(mMTC)三大应用场景,其无线覆盖性能、传输时延、系统安全和用户体验得到显著的提高。除了传统手机用户,5G 还支持海量物联网设备的广泛连接,形成万物互联的网络,并进一步降低网络通信的时间延迟与提高可靠性,以满足工业控制、自动驾驶、远程医疗、虚拟现实和增强现实等垂直行业通信需求。

目前全球开始 6G 的关键技术研究,6G 标准计划在 2030 年完成,开始商用。6G 时代的应用场景将在 5G 三大应用场景的基础上得到极大增强和扩展。6G 将在 5G 的基础上进一步增大带宽、拓展连接和全球无缝覆盖,支撑智慧城市、高清传输、自动驾驶、无人机、空间通信、触觉互联网、智能交互等新应用的部署。

8.3.2　DSRC 技术

1. DSRC 技术概述

随着无线通信网络的迅速发展,车联网通信技术也逐渐成为重要的研究领域,交通智能化通过推进专用短程通信(DSRC)为车与车和车与路侧设施之间提供通信连接。作为一种车载通信手段,DSRC 技术具有传输速率高、延迟短等特点,支持点对点、点对多点的通信,相比于 Wi-Fi 等技术通信距离更长,更加适用于车载网络中高速移动的环境。

DSRC 车联网通信标准主要以 5.9GHz 的频段为中心,目前该技术发展比较成熟,国外多个标准化组织针对 DSRC 相关标准进行了制定工作。在欧洲,相关标准主要由欧洲电信标准化协会(European Telecommunications Standards Institute,ETSI)的 TCITS 小组负责,形成了适合车车、车路通信的标准体系;在美国,由 IEEE 中的 802.11p、1609 小组以及 SAE 联合制定相应标准,形成 DSRC 的协议栈;同时国际标准化组织 TC204 WG16 小组也制定了相应的通信标准,统称为 CALM(Communications Access for Land Mobiles)体系。为了避免工作内容的重复,三家组织在制定标准时,侧重点互不相同且内容相互补充。ETSI 主要关注车车之间的多跳通信模式,IEEE 主要强调物理层使用 5.9GHz 频率的 802.11p 协议,ISO 则侧重对物理层多种接入媒介的管理。

目前,美国和欧洲都针对基于无线局域网的车联网通信技术完成了相关的系列标准。图 8-21 对这些系列标准给出了高度的概述,其中包括美国的 IEEE WAVE 系列标准及欧洲的 ETSI ITS 系列标准。

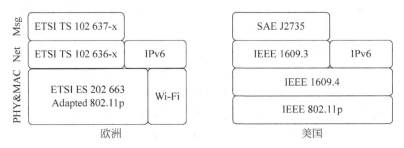

图 8-21 欧洲和美国的车联网协议栈

2. 美国 DSRC 协议栈

在美国,为了促进 DSRC 的标准化和产业化,IEEE 于 2004 年成立了车辆环境无线接入(Wireless Access in Vehicle Environment,WAVE)工作组,负责研究美国的 5.9GHz 频段 DSRC 标准,并对其进行升级完善,设计制定统一的、全球通用的车联网通信标准。2010 年 7 月,WAVE 工作组正式发布了 IEEE 802.11p 车联网通信标准,实现了 DSRC 标准向 802.11p 协议和 IEEE 1069、WAVE 系列标准的融合发展。

IEEE 802.11p 是一个由 IEEE 802.11 标准扩充的通信协议,能够支持相邻车辆之间行车安全数据的相互通信和数据交换,符合智能交通系统的相关应用。从技术上来看,IEEE 802.11p 标准对 IEEE 802.11 进行了多项针对车辆特殊环境的改进,例如增强了热点间切换、更好地支持移动环境、增强了安全性、加强了身份认证等。

IEEE 1609 协议族由 IEEE 1609 工作组制定,是 WAVE 的高层协议,包括 1609.1、1609.2、1609.3 和 1609.4 等。1609.1 是关于 WAVE 应用层资源管理的标准,1609.2 定义了安全消息格式及其处理过程,1609.3 定义了路由和传输服务,1609.4 主要提供了多信道通信标准的详细说明。

IEEE 1609.2 为 WAVE 协议栈定义了处理安全问题的中心服务。这些服务提供了证书管理功能,并为数字签名、加密、解密或验证数据提供了必要的服务基础,避免了车辆间通信信息被窃取、破坏或伪造。

IEEE 1609.3 中具体定义了车载通信在网络层和传输层上的相关协议,提供了 IPv6 与 WSMP(WAVE Short Message Protocol)两种数据传输方式。在管理机制上,主要是由 IEEE 1609.3 中的管理层来完成的,当应用程序要使用 WAVE 来进行传输时,必须先向 WAVE 的管理层进行注册。IEEE 1609.3 另外定义了用于控制的封包格式,称为 WSA(WAVE Service Advertisement),当一个 WAVE 设备想要提供服务时,就会周期性地发送 WSA 广播包。而收到 WSA 包的设备,就会根据上层应用程序的需要,通知是否有可用的服务。

在 IEEE 1609.4 规范中定义了两种同步机制,即使用 GPS 设备取得标准 UTC(Universal Time Coordinated)时间,或是通过发送 Timing Advertisement 的信息来进行同步。以 GPS 设备进行同步相对后者而言较为简单,但需要安装 GPS 设备才能进行同步。而第二种方式通过一个装置持续发送 Timing Advertisement 的信号来让接收者进行时间同步。

在技术演进方面,2018 年 12 月,IEEE 802.11p 的演进版本 IEEE 802.11bd 开始标准化工作。其中,物理层关键技术尽可能重用 IEEE 802.11ac 的物理层技术,并支持后向兼容 IEEE 802.11p;MAC(Media Access Control)层关键技术包括支持新的物理层设计、支持后向兼容、与 IEEE 802.11p 共存等内容。

3. 欧洲 DSRC 协议栈

欧洲电信标准化协会(ETSI)为车联网通信制定了不同的高层协议标准。不同于 WAVE 的利用多信道来处理单个收发系统,ETSI ITS 系列标准要求想要交换安全信息的车辆必须配备一个 ETSI ITS G5(即 IEEE 802.11p)收发器,并且该收发器始终调频在控制信道(G5CC)。额外的服务信道(G5SC)可以通过附加的收发器来自由使用。另外,车辆还可以使用通过常规 Wi-Fi 或蜂窝技术提供额外的服务。并且,该协议栈将各收发器的 MAC 层和物理层进行了抽象提炼,引入了接入层的概念。

在该协议体系中,紧邻应用层之下的是设备层,它为各级 ETSI ITS 协议栈提供公共的支持功能(包括应用支持、信息支持和通信支持)。这些功能涉及发送和接收协同感知信息(Cooperative Awareness Message,CAM)和分布式环境通知信息(Decentralized Environmental Notification Message,DENM)的通用消息,或应用中使用得更加具体的消息,如信号灯计时(Signal Phase And Timing,SPAT)和道路拓扑(TOPO)消息。设备层还负责服务公告消息(Service Advertisement Message,SAM)的交换,并提供一个存储有关局部邻域信息的本地动态地图(LDM)。

网络和传输层位于接入层和设备层之间,它不仅支持传统的 TCP/IP 协议,还通过 Geo Networking 服务提供 ITS G5 的基本传输协议(Basic Transfer Protocol,BTP)。Geo Networking 服务依赖于通过周期性信标消息来维护的邻域表,其中存储了周围单元的地址、类型以及所需的位置、速度和加速度等信息,从而可以利用接入层把多跳数据分发到那些根据地理位置而确定的节点。

8.3.3 C-V2X 技术

1. C-V2X 技术概述

DSRC 技术虽然起步较早,并在美国、欧洲等地进行了十余年的研究和测试评估,但因其在通信性能、部署成本等方面的限制,一直难以实现大规模商用。而蜂窝网络具有覆盖广、容量大、可靠性高等优点,相较于 DSRC 技术具有产业规模优势。但传统的移动通信技术虽然能够支持车载信息服务等应用,却仍难以满足车辆高速移动、拓扑频繁变化等环境下人、车、路之间的数据高效、稳定传输的严苛性能要求。为此,在大唐、LG、华为等企业推动下,3GPP 于 2015 年开始制定能够满足车联网低时延、高可靠通信要求的 C-V2X 技术标准。

在 4G 基础上研发的 LTE-V2X 是首个 C-V2X 无线通信技术,其定义了将蜂窝移动通信方式和直连通信方式有机结合的 C-V2X 基本架构和技术原理。C-V2X 主要包括蜂窝移动通信(采用 Uu 接口)和直连通信(采用 PC5 接口)两种通信方式,如图 8-22 所示。

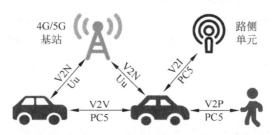

图 8-22 C-V2X 的两种通信方式

3GPP 对 C-V2X 技术的标准化可以分为 LTE-V2X 与 NR-V2X 两个阶段,二者相互补充,在设计中充分考虑了前向与后向兼容性。LTE-V2X 的标准化最初完成于 3GPP 的 Release 14 中,其主要应用场景是面向智能驾驶辅助的安全类业务,并支持中低速自动驾驶功能。Release 15 中对 LTE-V2X 技术进行了增强,支持部分车联网增强应用需求。未来支持高级 V2X 业务需求,3GPP Release 16 开展了 NR-V2X 的研究,基于 5G NR 对 PC5 接口和 Uu 接口进行增强,相关标准已于 2020 年 6 月冻结,Release 17 中 NR-V2X 的标准化工作将于 2022 年 6 月冻结。

2. LTE-V2X 技术

LTE-V2X 以 LTE 技术为基础,同时考虑车联网的直连通信需求,扩展了基于 PC5 接口的 V2V、V2I 和 V2P 通信能力,也支持基于 Uu 接口的网络转发式 V2X 通信。基于 PC5 的直连通信能够满足 V2X 业务低时延的传输需求,是 V2X 安全类应用的主要通信方式。

针对 V2X 通信中车辆高速移动、无线信道快时变、低时延高可靠传输需求等问题与挑战,LTE-V2X 关键技术主要涉及无线物理层技术、同步机制、资源分配方法等。

在无线物理层技术上,为了在高频段下支持高达 500km/h 的相对移动速度,解决高多普勒频偏以及信道快速时变的问题,LTE-V2X 将每个子帧中用作信道估计的解调参考信号(Demodulation Reference Signal,DMRS)增加到了 4 个,接收设备利用 DMRS 可以得到更加准确的信道估计,从而能够有效处理高速场景下高频段的信道检测、估计与补偿。

在同步机制方面,LTE-V2X 可支持包括全球导航卫星系统(GNSS)、基站和车辆在内多种同步源类型,通信终端可通过网络控制或调取预配置信息等方式获得最优同步源,以尽可能实现全网同步。C-V2X 还支持最优同源的动态维护,使得终端可及时选取到优先级更高的同步源进行时钟同步。

在无线资源分配方法上,PC5 接口采用集中式调度(Mode 3)和分布式调度(Mode 4)。其中,Mode 3 由基站集中分配 PC5 接口的资源,车辆需要通过蜂窝网络选择和管理无线资源来建立车车之间的直接通信;Mode 4 由各设备在资源池中分布式选择 PC5 接口资源,并引入了感知预约的半持续调度(Semi-Persistent Scheduling,SPS),即车辆无须通过蜂窝网络设施的支持建立链路或管理资源。Mode3 只在有蜂窝网覆盖时使用,其允许基站通过动态调度或半静态调度的方式为终端配置传输资源。由于传输资源由基站集中分配,此方式可以保证 V2X 业务的高可靠传输。而 Mode4 在无蜂窝网覆盖和有蜂窝网络覆盖场景下均可以使用,终端基于监听和资源预留机制自主选择资源:终端通过持续侦听资源池内传输资源的占用情况,在有效资源集合内选择传输资源并执行对该资源的预留。这种半持续的传输模式充分利用了 V2X 业务的周期性特性,极大降低了传输资源碰撞的风险。当终端被配置了地理区域与传输资源池的映射关系时,其还支持基于当前的地理位置的资源池选择。

为了满足增强的 V2X 业务需求,Release 15 的 LTE-V2X 标准引入了高阶调制和载波聚合技术来提升 PC5 接口传输速率,并引入发送分集的多天线技术来增强可靠性,同时支持 Mode 3 和 Mode 4 的资源池共享。

3. NR-V2X

以 5G 通信技术为基础的 NR-V2X 是 LTE-V2X 的演进版本,其基本沿用了 LTE-V2X 中定义的 Uu 接口与 PC5 接口有机结合的基本系统架构和关键技术原理,同时为了支持面向未来车辆编队、传感器扩展、远程驾驶等一系列增强型车联网业务,NR-V2X 在 PC5 接口上利用 5G NR 新技术进行了增强,能够提供更加高速率、低时延、高可靠的通信服务。在关键技术上,NR-V2X 除了支持广播,还支持单播和组播通信模式,并对资源分配方法及同步机制等进行了适应性改进。

在无线资源分配上,类似 LTE-V2X,NR-V2X 采用集中式调度和分布式调度,分别命名为 Mode 1 和 Mode 2 两种资源分配模式。其中,Mode 1 模式由基站通过 Uu 口配置并调度直连链路资源给终端设备进行传输;Mode 2 模式由终端自主确定由基站或者网络(预)配置的直连链路资源。同时,引入资源重评估和抢占机制,以满足不同优先级业务的混合传输要求。

基于 5G NR 灵活的无线技术,NR-V2X 进行了多种参数集、不同速度下的参考信号设计,并在直连链路控制信道设计中支持 2-Stage 控制信道设计,提供了更好的灵活性和前向兼容性。

在同步机制上,NR-V2X 类似 LTE-V2X,支持多种同步源类型及优先级选择机制,同时还支持自同步机制,通过直连链路同步信号块(Sidelink Synchronization Signal Block,S-SSB)实现同步信息的传递,辅助终端实现直连链路同步的搜索。

在功耗控制上,Release 17 标准中,NR-V2X 将研究 V2X 终端的省电机制,以及节省功耗的资源选择方法,以支持弱势交通参与者相关场景。同时将研究 Mode 2 的资源分配方法的增强机制以及终端之间协调的资源分配方法,更好支持低时延、高可靠车联网需求。

4. LTE-V2X 与 NR-V2X 的互补与共存

LTE-V2X 和 NR-V2X 是蜂窝车联网(C-V2X)技术的不同演进阶段,但二者并非替代关系,而是互补与共存的关系。

LTE-V2X 和 NR-V2X 在应用的支持能力上是互补的。LTE-V2X 主要面向道路安全类应用和提供中低速自动驾驶中的协同交互能力,NR-V2X 主要面向增强型车联网应用和高级驾驶的协同交互能力。

另外,在 C-V2X 系统设计之初,就考虑了 LTE-V2X 和 NR-V2X 的双模工作(即设备内共存),在同一个设备内同时支持 LTE-V2X 和 NR-V2X 两种直连链路的技术,根据两种直连链路部署的无线频段和带宽,设计了相应的共存方式。

同时,考虑蜂窝网络的演进及渐进的部署过程,核心网与接入网可能处于不同的演进阶段,因此在部署场景上支持 4G/5G 核心网双连接场景,同时支持跨无线接入技术(Radio Access Technology,RAT)控制,包括 LTE Uu 控制 NR-V2X 直连链路,以及 NR Uu 控制 LTE-V2X 直连链路。

8.3.4 DSRC 与 C-V2X 的技术比较

针对两种主流的车联网无线通信技术——DSRC(IEEE 802.11p)和蜂窝车联网(C-V2X),相关产业联盟和公司从技术特性、仿真实验、实际道路性能测试等方面对二者进行了对比[2]。

5GAA、NGMN 及 5G Americas 对 IEEE 802.11p 和 C-V2X 进行了技术对比,表明 C-V2X 在低时延和高可靠性能、资源利用率、传输范围、传输速率等方面具有技术优势,具体如表 8-2 所示。

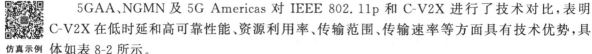
仿真示例程序

表 8-2 C-V2X 与 IEEE 802.11p 技术对比[10]

C-V2X 技术优势	具体技术或性能	IEEE 802.11p	LTE-V2X (3GPP R14/R15)	NR-V2X (3GPP R16)
低时延	时延	不确定时延	R14:20ms R15:10ms	3ms
低时延/高可靠	资源分配机制	CSMA/CA	支持感知+半持续调度和动态调度	支持感知+半持续调度和动态调度
高可靠	可靠性	不保证可靠性	R14:>90% R15:>95%	支持 99.999%
高可靠	信道编码	卷积码	Turbo	LDPC
高可靠	重传机制	不支持	支持 HARQ,固定 2 次传输	支持 HARQ,传输次数灵活,最大支持 32 次传输
更高资源利用率	资源复用	只支持 TDM	支持 TDM 和 FDM	支持 TDM 和 FDM
更高资源利用率	多天线机制	取决于 UE 实现	R14:不支持 R15:发送分集(2Tx/2Rx)	R16:支持 1 个传输块(Transport Block,TB)2 层传输,未确定具体多天线机制

续表

C-V2X 技术优势	具体技术或性能	IEEE 802.11p	LTE-V2X (3GPP R14/R15)	NR-V2X (3GPP R16)
同步	同步	不支持	支持	支持
更远传输范围	通信范围	100m	R14：320m R15：500m	1000m
	波形	OFDM	单载波频分复用（Single-Carrier Frequency-Division Multiplexing, SC-FDM）	循环前缀（Cyclic Prefix, CP）-OFDM
更高传输速率	数据传输速率	典型 6Mb/s	R14：约 30Mb/s R15：约 300Mb/s	与带宽有关，40MHz 时 R16 单载波 2 层数据传输支持约 400Mb/s，多载波聚合情况下更高
	调制方式	64QAM	64QAM	256QAM
更灵活的与网络融合的工作模式	支持网络覆盖内通信	有限，通过接入点连接网络	支持	支持
	支持网络覆盖外操作	支持	支持	支持

8.3.5 全球频谱政策及分配

1. 移动通信频谱

无线电频率作为资源，有着鲜明的资源有限属性。因此，国际上以及各个国家都设有管理机构来加强无线电频谱资源的管理，使有限的资源得到充分有效的利用。国际电信联盟(ITU)作为全球无线电频谱分配与管理的专门机构，一般以三或四年为周期召开世界无线电通信大会(World Radiocommunication Conferences, WRC)研究进行相关无线电业务的频率划分并颁布《无线电规则》，确定全球的无线电频谱规划。

1）2G～4G 阶段的通信频谱分配

在移动通信方面，我国已规划给 2G 通信系统的频段为 825～835MHz/870～880MHz、885～915MHz/930～960MHz 和 1710～1755MHz/1805～1850MHz 频段，共计 170MHz，其中 130MHz 分配给中国移动和中国联通使用，40MHz 为预留频率。

2002 年 10 月，当时的信息产业部依据 ITU 有关第三代公众移动通信系统(IMT-2000) 频率划分和技术标准，按照中国无线电频率划分规定，结合中国无线电频谱使用的实际情况，发布了 1920～1980MHz/2110～2170MHz 和 1755～1785MHz/1850～1880MHz 的频分双工(Frequency Division Duplexing, FDD)频段以及 1880～1920MHz/2010～2025MHz 和 2300～2400MHz 的时分双工(Time Division Duplexing, TDD)频段。

在 4G 网络方面，我国先后分配了 1880～1900MHz、2300～2390MHz、2555～2655MHz 的 TDD 频率和 1755～1780MHz、1850～1875MHz 的 FDD 频率。其中，中国移动获得 1880～1900MHz、2320～2370MHz、2575～2635MHz 三个 TDD 频段，中国联通获得 2300～2320MHz、2555～2575MHz 两个 TDD 频段和 1955～1980MHz/2145～2170MHz 的 FDD 频

段,中国电信获得2370~2390MHz、2635~2655MHz两个TDD频段和1755~1785MHZ/1850~1880MHz的FDD频段。

美国在用的无线通信频段资源主要包括700MHz、800MHz、1900MHz和2GHz频段。美国是全球最早重规划出700MHz的特高频(Ultra High Frequency,UHF)频段来用于无线通信的国家。2007年11月,美国联邦通信委员会(Federal Communications Commission,FCC)为公共安全频谱责任公司分配了一个在700MHz频段的国家级公共安全宽带执照(763~775MHz/793~805MHz)。2008年美国进行第二次对700MHz的拍卖,此次释放了700MHz频谱中的A、B、C、D、E五个频段,美国的Verizon和AT&T两大运营商是此次竞标的最大赢家。800MHz频段有70MHz的频率资源用于移动通信系统。此外,1900MHz和2GHz频段也是美国无线宽带的重要资源。

日本目前在用的2G—4G无线通信频率资源共385.9MHz。800MHz、1900MHz和2GHz为主要应用频段。和其他国家不相同的是,日本在1.5GHz频段上部署有LTE系统的应用。

2)5G阶段的频谱分配

在5G方面,2015年的WRC-15会议将1427~1518MHz、3400~3600MHz、3300~3400MHz、4800~4990MHz频段确定为5G使用频段;在不对邻国广播业务产生任何影响的前提下,把470~698MHz、694~790MHz或其中的部分频段用于5G系统。2019年10月,WRC-19大会把24.25~27.5GHz、37~43.5GHz、66~71GHz确定为未来5G/B5G毫米波新频段。

2017年11月9日,我国工信部将3300~3600MHz和4800~5000MHz频段作为5G系统的频谱划分频段。2018年12月10日,工信部向中国三大运营商正式公布5G系统实验频率使用许可。2019年6月6日工信部正式向三大运营商和中国广电发放5G商用牌照,加速推进我国5G商用。至此中国电信获得3400~3500MHz频段,中国移动获得2515~2675MHz和4800~4900MHz频段,中国联通获得3500~3600MHz频段,中国广电获得698~806MHz黄金频段和4.9GHz频段。

欧盟无线频谱政策工作组(Radio Spectrum Policy Group,RSPG)在2016年11月和2018年1月两次发布欧洲5G频谱分配报告,明确将分配的频段限制在WRC-15的候选频段内,1GHz以下700MHz频段用于5G广域覆盖,3400~3800MHz频段作为2020年前欧盟B5G部署的主要频段,24.25~27.5GHz、31.8~33.4GHz、40.5~43.5GHz作为高频毫米波段频谱规划。

美国6GHz以下中低段频谱资源特别稀缺,尤其是最宝贵的3.4~4.8GHz早已被军事占用,最合适做5G网络建设的频段无法用于5G系统,这也是当前美国5G建设落伍的原因之一,因此不得不直接部署毫米波频段。2016年7月美国FCC发布毫米波频率计划,规划27.5~28.35GHz、37~38.6GHz、38.6~40GHz、64~71GHz频段共10.85GHz带宽用于5G/B5G系统。2017年11月16日,美国FCC又批准将24.25~24.45GHz、24.75~25.25GHz和47.2~48.2GHz频段共1700MHz带宽用于5G/B5G系统。美国FCC在2019年6月完成了28GHz和24GHz频谱拍卖,2020年3月完成了37GHz、39GHz、47GHz频段的频谱拍卖,分别由Verizon和AT&T公司获得。

日本在部署前几代移动通信网络方面享有领先优势,但在5G网络发展日本开始处于相对落后地位。日本 5G 主要布局在 3600~3800MHz 和 4400~4900MHz 频段,三大电信营运商 NTT DoCoMo、KDDI 和 SoftBank 及新踏入此行业的 Rakuten Mobile 取得 5G 频谱资源。NTT DoCoMo 和 KDDI 在 3.7GHz 及 4.5GHz 频段取得较多带宽,有利于主导 5G 技术竞争。日本毫米波频段规划在 27.5~29.5GHz。

2. 智能交通与车联网频谱

目前,全球主要国家和地区已针对智能交通及车联网应用分配了相应的工作频段,这里我们给出美国、欧洲、日本、中国的频谱分配情况,其概况如图 8-23 所示。

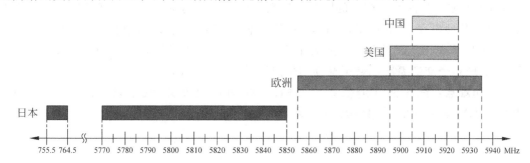

图 8-23　中国、美国、欧洲、日本的 ITS 专用频谱分配情况

在美国,FCC 于 1999 年 10 月将 5850~5925MHz 频段分配给基于 DSRC 的智能交通业务。该 75MHz 被划分为七个 10MHz 的信道,频率最低的 5MHz 作为安全空白。中间的信道是控制信道,该信道传输的所有有关安全的信息都是广播消息。其余信道是保留用于服务的信道,相邻的两个信道通过协商后可以当作一个 20MHz 的信道使用,但其通信的优先级别要低于控制信道。但是,2019 年 12 月美国 FCC 对该专用频段进行了重新分配,并将其中 5905~5925MHz 的 20MHz 频率作为 C-V2X 技术的专用频谱。2020 年 11 月,美国 FCC 又在此前的方案上增加 10MHz,正式分配 30MHz 频谱给 C-V2X 技术,正式放弃 DSRC 技术。

在欧洲,欧盟 2002 年将 5795~5805MHz(可能扩展至 5.815GHz)用于初始的车路通信系统,特别是用于公路缴费系统。另外在一些国家可以将 5805~5815MHz 频段作为附加的子频段。2019 年,欧盟新发布的频谱规划显示,5855~5875MHz 频谱用于非安全类 Road ITS 应用,5875~5925MHz 频谱用于安全类相关 ITS 应用,其中 5875~5915MHz 优先用于 Road ITS,5915~5925MHz 优先用于 Rail ITS,另外 5925~5935MHz 扩展用于 Rail ITS。

日本总务省在 20 世纪 90 年代末将 5770~5850MHz 分配为 DSRC 信道,主要用于车辆信息通信系统和 ETC 应用。另外,由于日本的数字电视业务在 2012 年空出 700MHz 的部分频段,因此 2012 年日本正式将 755.5~764.5MHz 频谱规划给 ITS 的道路安全应用业务,带宽为 9MHz,中心频率为 760MHz。

我国工信部在《关于使用 5.8GHz 频段频率事宜的通知》中将 5725~5850MHz 用于作为点对点或点对多点扩频通信系统、高速无线局域网、宽带无线接入系统、蓝牙技术设备及车辆无线自动识别系统等无线电台站的共用频段,并在 2013 年 9 月发布的《关于调整 5725~5850 兆赫兹频段频率使用事宜的公示》中发布规划将 5725~5850MHz 频段作为宽带无线接入系统、智能交通专用无线通信系统(包括电子收费等)、点对点或点对多点扩频通信系统及通用微功率(短距离)无线电发射设备等无线电台站的使用频段。

2018年11月,我国工信部无线电管理局发布《车联网(智能网联汽车)直连通信使用5905～5925MHz频段管理规定(暂行)》,正式规划5905～5925MHz共20MHz频段用于基于LTE-V2X技术的车联网直连通信应用,我国也因此成为全球第一个为C-V2X技术规划专用频段的国家。

本章小结

主要知识点:智能网联汽车的网联通信系统包括车内网系统和车联网系统。前者主要连接车内的各种电子控制系统,实现车内各传感器与控制单元的数据交互,涉及CAN、LIN、MOST、汽车以太网等技术。后者主要连接本车与周边其他车辆、路侧设施、行人及云端平台,实现整个交通系统的数据交互与信息流动,涉及DSRC、C-V2X等技术。

重点和难点:汽车网联通信系统架构、车联网发展趋势、汽车以太网架构与应用、C-V2X技术特点、C-V2X与DSRC的技术比较。

习题

一、基础习题

1. 智能网联汽车的网联通信主要涉及了哪些行业?其在不同应用场景下连接了哪些关键元素?
2. 简述车内网络的结构与分类,并从协议类型、传输速率等角度分析其应用范围与未来发展趋势。
3. 车联网系统包含哪些通信技术与通信方式?与传统无线网络相比,车联网系统具有哪些特点?这些特点对车联网通信的性能提出了哪些需求?
4. CAN协议具有哪些特点与应用?其消息发送的仲裁机制是怎样实现的?
5. 简述C-V2X技术的标准化过程,并从物理层技术、同步机制、资源分配等方面概述NR-V2X技术的增强内容。
6. 未来NR-V2X会替代LTE-V2X吗?请简要分析其原因。

二、拓展习题

1. 为什么车内网络可以取代传统车辆的线束?车内网络的出现有什么必要性?
2. 汽车以太网与传统以太网有哪些区别与联系?其与传统车内网络又有哪些不同?
3. 除了本章中提到的,还有哪些蜂窝网络在车辆中的应用?请举例说明。
4. 查找资料并从不同角度简述DSRC和C-V2X技术的优缺点与典型推动企业。
5. 美国FCC为何放弃DSRC,并将其部分专用频谱转而分配给C-V2X?请结合两种技术的优缺点进行分析。

参考文献

[1] 付百学.汽车车载网络技术[M].2版.北京:机械工业出版社,2019.
[2] 田大新,段续庭,周建山.车载网络技术[M].北京:清华大学出版社,2020.

[3] 佐默,德雷斯勒.车辆网联技术[M].胡红星,郭建华,严如强,译.北京:机械工业出版社,2017.
[4] Glossary of vehicle networks for multiplexing and data communications:SAE J1213/1:1997[S/OL].[2021-12-26]. https://www.sae.org/standards/content/j1213/1_199709/.
[5] 孙利民,杨卫东,胡淼,等.车联网技术[M].北京:清华大学出版社,2021.
[6] 陈山枝,时岩,胡金玲.蜂窝车联网(C-V2X)综述[J].中国科学基金,2020,34(2):179-185.
[7] CHEN S Z, HU J L, SHI Y, et al. LTE-V: A TD-LTE-based V2X solution for future vehicular network [J]. IEEE Internet Things Journal, 2016, 3(6): 997-1005.
[8] CHEN S Z, HU J L, SHI Y, et al. A vision of C-V2X: technologies, field testing, and challenges with Chinese development [J]. IEEE Internet of Things Journal, 2020, 7(5): 3872-3881.
[9] 田大新.智能车联网系统未来展望[J].信息通信技术与政策,2020(8):1-4.
[10] 陈山枝,胡金玲,等.蜂窝车联网(C-V2X)[M].北京:人民邮电出版社,2021.
[11] IMT-2020(5G)推进组. C-V2X 白皮书[R/OL]. (2018-06-22)[2020-07-09]. http://www.imt2020.org.cn/zh/documents/download/82.
[12] 吴东升.5G 与车联网技术[M].北京:化学工业出版社,2020.
[13] 马特乌斯,柯尼希斯埃德.汽车以太网(原书第 2 版)[M].李巍,周轩羽,译.北京:机械工业出版社,2018.
[14] 3GPP. Service requirements for enhanced V2X scenarios: 3GPP TS 22.186, V16.2.0: 2019[S/OL].[2021-10-09]. https://www.3gpp.org/ftp//Specs/archive/22_series/22.186/22186-g20.zip.
[15] 涂孝军,张莹,李晓平.汽车以太网技术发展现状与趋势探究[J].汽车实用技术,2021,46(5):35-38.
[16] 郎平,田大新.面向 6G 的车联网关键技术[J].中兴通讯技术,2021,27(2):13-16.
[17] 李俨,等.5G 与车联网:基于移动通信的车联网技术与智能网联汽车[M].北京:电子工业出版社,2019.
[18] 吴迎笑,朱凯男,刘云涛,等. NR-V2X Sidelink 关键技术研究[J].无线电通信技术,2021,47(2):154-162.
[19] 任晓涛,马腾,刘天心,等.5G NR Rel-16 V2X 车联网标准[J].移动通信,2020,44(11):33-41.
[20] 肖征荣,张智江.IMT-Advanced 频率分析[J].中兴通讯技术,2007,13(3):37-39.
[21] 王丽,郎保真,刘琪.我国宽带移动通信未来频率需求及 IMT 频段分析[J].现代电信科技,2012(Z1):1-6.
[22] 曹倩,王海玲.5G/B5G 移动通信网络频谱资源分配研究[J].通信技术,2020,53(8):1918-1922.

(本章编写人员:田大新、郎平、时岩、周建山、段续庭)

第 9 章　智能网联汽车安全

随着汽车智能化、网联化的发展,驾驶员行为特性逐渐多元化,交通参与者之间的耦合关系进一步增强,在多变的交通环境与出行工况中保障智能网联汽车的安全性至关重要。本章首先对智能网联汽车各方面安全性的概念及相关问题进行了阐述,然后重点针对保障功能安全、预期功能安全、信息安全和人员防护安全等技术的设计应用进行了详细分析。

9.1　智能网联汽车安全概述

智能网联汽车是一个由软硬件共同构成的综合系统,自动驾驶技术的蓬勃发展使得 ADAS 不断承担越来越多的车辆驾驶任务,对传感器等硬件的要求不断提高,也进一步增加了整体系统的复杂性,随之而来对功能安全、预期功能安全、信息安全等系统安全技术和人员防护安全等智能防护技术提出了更高的要求。

智能网联汽车安全依据作用对象、碰撞阶段、开发周期等因素可以划分为系统安全、运行安全、智能防护和安全测评四个方面,如图 9-1 所示。其中,系统安全包括功能安全、预期

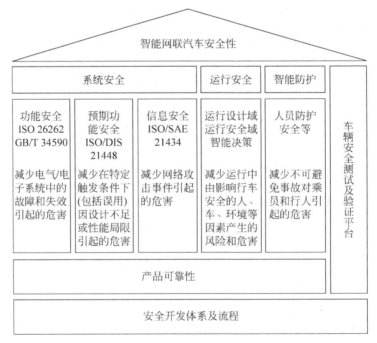

图 9-1　智能网联汽车安全性概览

功能安全和信息安全等内容,旨在解决安全系统的开发和设计方面的难题;运行安全涉及运行设计域(Operational Design Domain,ODD)、运行安全域(Operational Safety Domain,OSD)等概念,旨在解决车辆运行过程中的风险辨识和安全行驶方面的难题;智能防护包括乘员碰撞保护、车辆关键系统防护等技术,旨在解决事故无法避免时对车内外人员和车辆的安全防护方面的难题;安全测试及验证包括模型在环、软件在环、硬件在环、车辆在环等方法,贯穿安全开发流程的始终,旨在解决智能网联汽车安全系统的测试与评价方面的难题;各部分安全性彼此紧密结合,共同保障智能网联汽车系统的整体安全与可靠性。本章主要介绍其中的四个方面,即功能安全、预期功能安全和信息安全等系统安全技术和人员防护安全等智能防护技术。

9.1.1 智能网联汽车安全简介

智能网联汽车安全系统要求通过智能化技术综合利用车载传感、车载定位、电子地图、人-车-路交互等多源融合信息,在确保各电气电子系统正常运行的情况下,对场景中的潜在触发条件进行识别评估与准确响应,对网络攻击进行迅速检测与纵深防御,对可能出现的碰撞进行精准辨识和主动预防,并且在不可避免的碰撞事故发生后尽可能地降低对驾乘人员、行人和车辆本身的危害程度。

智能网联汽车是一个复杂且庞大的系统,难以进行统一的系统描述,而基于模型的系统工程方法(Model-Based Systems Engineering,MBSE)是应对这个挑战的非常有潜力的解决方案。国际系统工程协会(International Council on Systems Engineering,INCOSE)在《系统工程2020年愿景》中将MBSE定义为对系统需求、概念定义、系统设计、系统分析、系统验证与确认、实际运行与报废的产品全生命周期活动的建模行为的形式化与标准化的应用[1]。该方法使用面向对象的系统建模语言描述系统的底层元素,进而逐层向上组成集成化、具体化、可视化的系统架构模型,从而能够使零部件供应商、原始设备制造商、经销商等利益相关方进行全面、准确、一致的系统描述。智能网联汽车安全系统工程如图9-2所示,

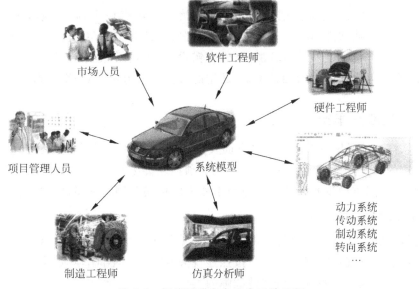

图9-2 智能网联汽车安全系统工程

通过系统模型的建立、基于模型的安全分析、安全需求的导出、安全措施的开发及验证等安全活动形成安全论证。

(1) 进行系统模型的建立。利用基于模型开发的方法,根据行业最佳实践构建智能网联汽车的综合系统架构模型,是贯穿后续所有工作的基础。基于系统架构模型可以建立起"用户需求→安全需求→功能架构→测试用例"等一系列安全活动之间的追溯关系,即从用户需求中提取出安全需求,并将其映射到智能网联汽车系统功能架构中,最终被测试用例所验证。

(2) 进行基于模型的安全分析。根据建立的系统模型,可以从各方面分析智能网联汽车的表现与安全性,例如操纵稳定性、燃油经济性等性能,以及自适应巡航、车道保持等功能。由于智能网联汽车面临着多个层面的挑战,其安全分析也涉及多种角度,需要综合利用多种安全分析方法才能得到系统且完备的安全需求。典型的安全分析方法包括系统理论过程分析(Systems-Theoretic Process Analysis,STPA)、责任敏感安全分析(Responsibility Sensitive Safety,RSS)、威胁分析及风险评估(Threat Analysis and Risk Assessment,TARA)等。

(3) 进行安全需求的导出。综合使用上述各类安全分析方法,可以从安全系统工程中导出智能网联汽车在各个层面的安全需求,如信息安全需求、预期功能安全需求、功能安全需求和人员防护安全需求等。安全需求还有其他分类形式,如美国交通运输部在AV2.0中建议所有汽车开发商在设计自动驾驶汽车时需要优先考虑12个安全设计要素,这些要素更为细致具体,一定程度上成为自动驾驶安全开发的最顶层安全需求。

(4) 进行安全措施的开发及验证。根据上述安全需求建立与功能架构的映射关系,推动安全措施的开发与验证,对相应安全需求进行覆盖,最终形成智能网联汽车系统安全架构。在完成功能开发后,需要开展大量的软硬件乃至系统级的测试以验证这些安全措施,确保其能够符合安全需求。该过程将在系统设计中循环往复,新的用户需求生成新的安全需求,各种安全措施将会不断得到落实和验证,智能网联汽车系统安全架构也将不断得到完善。

(5) 进行安全论证。智能网联汽车安全论证流程的难点在于,需要横跨多个功能层次的多学科方法,需要从软件、硬件、人机交互、安全测试、法律监管和社会接受等多个角度进行系统研究和合作,包括机器学习算法、硬件容错设计、不同等级自动驾驶车辆混行时的和谐交互、高度非结构化环境中的测试验证、适用的法律监管方法与道德伦理准则等。

9.1.2 智能网联汽车安全问题

智能网联汽车涉及图9-1所示的多方面安全问题,其中系统安全问题主要分为三类,即系统故障导致的功能安全问题、功能不足导致的预期功能安全问题以及网络攻击导致的信息安全问题,而智能防护主要涉及不可避免事故下的损伤预测与人员防护安全问题。

1. 系统故障与功能安全

故障是指能够引起部分元器件功能失效而导致整个系统功能恶化的异常情况,此时系统一般处于不能执行规定功能的状态。按照显现失效方式的不同,电气、电子和可编程系统中的故障可分为系统性故障和随机硬件故障两类。

系统性故障是由于设计或生产流程、操作规程、文档以及其他相关因素的规范不足导致的,以确定方式显现失效,如软件错误、硬件设计期间引入的故障、开发工具引入的故障等。由于系统性故障是以确定的方式产生的,所以如果存在系统性故障,则系统性失效一定会发生。例如,如果存在软件漏洞,那么程序每次运行到漏洞处必定会产生错误;如果选错电阻阻值,那么做出的硬件电路设计必然不符合预期。但也正因如此,系统性失效是容易复现的,只需要通过更新优化设计或生产流程、操作规程、文档或其他相关因素就可以避免。

随机硬件故障是由于部分材料缺陷、制造、老化等造成的部件故障所导致的,起因于物理过程,如疲劳、物理退化或环境应力,在硬件要素的生命周期中非预期发生并服从客观的概率分布。然而,不是所有的随机硬件故障都会导致危害事件,我们应该关注对于整车来说安全关键的随机硬件故障或故障的组合,如图 9-3 所示。例如,一块 ECU 由数以万计的元器件组成,虽然每个元器件都可能随机发生故障,但只有部分元器件的故障会直接影响安全性,而另一些元器件只有在与其他元器件同时发生故障时才会影响安全性。降低硬件故障导致的风险可以通过提升残余故障/单点故障以及潜在的多点故障的安全机制覆盖率来实现。

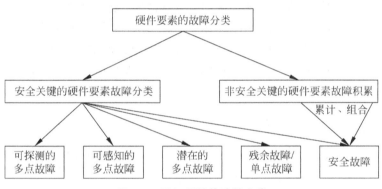

图 9-3 随机硬件故障的分类

功能安全(Functional Safety,FuSa)在相关标准 ISO 26262 中被定义为避免由于电气或电子(Electrical/Electronic,E/E)系统的功能异常表现引发危害所产生的不合理风险,其中功能异常表现为系统性失效和随机硬件失效。该标准旨在应用于一个或多个安装在除轻型摩托车以外的道路车辆上的 E/E 系统,消除安全相关系统故障可能造成的危害。例如,当车辆处于自适应巡航模式时,自动制动系统、防抱死制动系统、车身电子稳定系统、乘员约束辅助系统等都可能面临系统层、硬件层和软件层的功能安全挑战,在运行过程中可能发生制动失效、转向失效、安全气囊弹出失效等非预期表现,进而引起严重的安全危害。

2. 功能不足与预期功能安全

随着自动驾驶技术不断发展,智能算法逐渐替代人类完成感知与决策等关键任务,仅考虑系统故障造成的功能安全问题已无法满足智能网联汽车系统的安全性要求,在系统不发生故障时,由于功能不足或性能局限引发的安全风险越来越受到重视。

感知算法的功能不足可以分为传感器感知与算法认知两方面。传感器感知性能局限主要来自两个方面,一是在雨、雪、雾、强光等不利环境条件下,能见度范围降低和目标物被遮挡等因素造成感知能力变弱;二是传感器自身原理限制了对某些特定目标物的检测,如激光雷达扫描到镜面、毫米波雷达探测到特定材质时会出现漏检或误检。算法认知性能局限主要来自深度学习算法的不确定性,其学习过程基于大量标注数据,内部运行过程往往被当作"黑盒",可解释性、可追溯性较弱,实际应用过程中遇到训练数据分布以外的情况时表现往往很差,从而引发安全风险。

决策算法主要分为基于规则和基于学习两种。基于规则的方法通常因考虑不够全面而无法覆盖真实驾驶环境中的所有潜在危害场景,如 2018 年 Uber 因未考虑行人横穿马路造成严重交通事故。其功能不足还包括状态切割划分条件不灵活、行为规则库触发条件易重叠、场景深度遍历不足等问题。基于学习的方法依赖大数据训练,其功能不足包括训练过程不合理导致的算法过拟合或欠拟合,以及样本数量不足、数据质量交叉、网络架构不合理等问题。

控制算法的功能不足主要来源于车辆动力学层面,例如在大曲率弯道、高侧向风速及低路面摩擦系数等非线性极限工况下,现有的线性车辆动力学模型能力边界有限,不足以表征车辆的动态特性,会产生较大的偏差。

预期功能安全(Safety Of The Intended Functionality,SOTIF)在 ISO 21448 中被定义为避免由于以下两类问题引发危害所产生的不合理风险:①在车辆级别上预期功能的规范不足;②在 E/E 系统要素实现过程中的性能局限。该标准指出恶劣天气、不良道路条件、其他交通参与者的极端行为、驾乘人员对车辆系统合理可预见的误操作等都是场景中的潜在触发条件[2],而系统的功能不足会被这些特定条件触发从而造成危险,如图 9-4 所示。

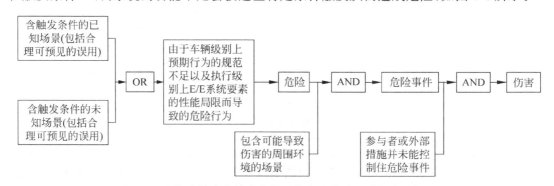

图 9-4 预期功能安全触发条件引发危险事件导致伤害的流程

3. 网络攻击与信息安全

智能网联汽车接入网络的同时,车辆与车主的信息将随时随地暴露在车联网中,一旦遭遇网络攻击,不仅可能造成财物或车辆丢失,还可能危害驾乘人员的生命安全,甚至被犯罪分子控制引发社会安全问题。依据攻击目标,可以将车联网中的网络攻击分为以下三类。

(1)针对智能网联汽车本身的网络攻击。软件系统、电子电气硬件、车内数据、车内通信等系统薄弱环节中都有潜在的信息安全威胁,车载网关、传感器、ECU、车载智能互联终端 T-BOX 等功能部件都是潜在的入侵接口。例如,网关、ECU 和 CAN 总线受到的网络攻击威胁多以干扰软件系统、篡改通信数据包为主。

(2)针对车联网中的人、车、路、云多方通信的网络攻击。例如,V2X 通信域的 V2V、V2I 等通信容易受到窃听、干扰、伪造身份等威胁,而信号灯、基站等交通基础设施与通信基础设施则容易受到拒绝服务、数据窃取等威胁。

(3) 针对提供导航、娱乐、管控等功能的汽车远程服务商平台的网络攻击。由于车联网服务平台的开放性，攻击者和用户拥有相同的权限，可以共享平台提供的各种资源和数据，因此这种攻击成本低、接触少、危害大。例如，在使用移动端 App 时，攻击者可以介入移动端与车辆的蓝牙或 Wi-Fi 通信，实现界面劫持、越权控制等。

常见的网络攻击方式如表 9-1 所示，例如，嗅探（Sniffing）在车辆与终端或云端之间通信时发起攻击，能够轻易获得各种网络应用程序的账号和密码等；拒绝服务攻击目标为云端，使其失去为车辆服务的能力；社会工程攻击目标为车端，欺骗用户提供隐私信息。

表 9-1 常见网络攻击方式的归类

网络攻击方式	具体攻击手段
网络应用程序攻击	嗅探、代码注入、跨站点脚本、中间人攻击、Wi-Fi 渗透等
高级持续性威胁攻击	僵尸网络、工业蠕虫病毒、恶意网络、rootkits 技术等
恶意软件攻击	广告软件、攻击软件、犯罪软件、间谍软件等
拒绝服务攻击	分布式拒绝服务攻击（Distributed Denial of Service 或 DDoS）、基于 DDoS 的勒索攻击（Ramsom DDoS 或 RDDoS）等
社会工程攻击	网络钓鱼、鱼叉式网络钓鱼、社交媒体诱骗、伪造网站等
黑客攻击	访问控制漏洞、云侧信道攻击、域名服务器重定向、密码攻击等

信息安全（Cyber Security）在 ISO/SAE 21434 中被定义为汽车及其功能被保护以使其电子电气组件不受网络威胁的状态。该标准为确保车辆不会成为黑客攻击的受害者，并在概念、开发、验证、生产、运行、维护以及报废的全生命周期中都可获得有效的保护，要求相关企业开发全面的信息安全保障策略，对网络攻击做出敏捷的反应。

4. 损伤预测与人员防护安全

智能网联汽车系统的高安全要求推动着更加完善的安全保障系统的研发。然而，安全水平的提高并不意味着零事故，仍会有不可避免的碰撞发生，在这种情况下需要分析事故诱因与特征，注重预测人体损伤的严重性，从而设计针对乘员与行人的协同防护装置。传统的被动安全设计是以碰撞发生时刻作为时间零点的，但随着智能网联汽车拥有预知的能力，更完善的防护技术需要提前主动采取措施来降低事故损伤，相关研究包括针对乘员的可逆预紧式安全带、可旋转座椅以及针对行人的弹起式发动机舱盖、行人安全气囊等。

9.2 智能网联汽车功能安全

功能安全是智能网联汽车开发和量产的关键问题之一，随着智能网联汽车相关技术日益复杂、软件和机电一体化应用不断增加，来自系统性失效和随机硬件失效的风险逐渐增加，这些都在功能安全的考虑范畴之内。ISO 26262 适用于道路车辆上由电子、电气安全相关系统在安全生命周期内的所有活动，通过提供适当的安全技术要求和流程管理来降低风险。功能安全的实现受开发过程（包括需求规范、设计、实现、集成、验证、确认和配置等）、生产过程、服务过程和管理过程的影响，下面将针对其中的重点部分进行阐述。

9.2.1 功能安全概念阶段

功能安全概念阶段始于开发对象和开发范围的定义,即相关项定义;接着,开展危害分析和风险评估,从相关项故障行为可能导致的后果出发,定义相关场景中危害事件的暴露概率、严重度和可控性,确定汽车安全完整性等级和安全目标;最终,开发功能安全概念,定义主要的功能安全要求,用于指导后续开发。

1. 相关项定义

相关项是指实现整车层面功能或部分功能的一个系统或一组系统。在相关项的概念中,整车层面功能指满足车辆特定使用需求的行为表现,一般能被驾驶员或车辆乘员所感知。后续以智能网联汽车关键执行器"电动助力转向系统"(EPS)为例进行介绍,EPS包含转向助力单元(含控制器和助力电机)、外部传感器(如方向盘扭矩和转角传感器),还可包含与功能相关的其他机械组件(如方向盘、转向管柱、转向机等)。

在定义相关项时,需基于整车架构对包括相关项的功能、接口、环境条件、标准法规要求和危害等进行逐一识别和定义。图 9-5 给出了 EPS 相关的整车布置及电气架构环境。

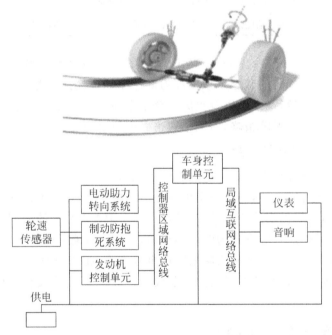

图 9-5 EPS 系统整车环境示意图

相关项的功能概念涉及功能目的和功能描述。例如,EPS 系统功能描述如表 9-2 所示。

表 9-2 EPS 系统功能列表(示例)

功能目的	功能描述
转向助力	EPS系统根据方向盘输入扭矩及车速输出一定幅度的转向助力,以帮助驾驶员实现低速轻便、高速稳定的转向目标

在完成相关项功能概念、边界接口、运行条件和环境约束的定义后，可以得到相关项的初步架构。例如，EPS 系统的初步架构如图 9-6 所示。

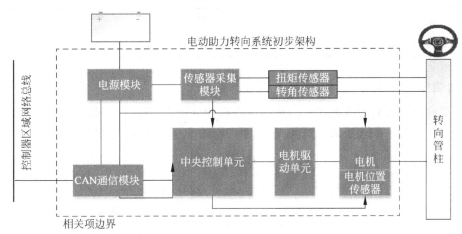

图 9-6　EPS 系统初步架构图

2．危害分析和风险评估

基于相关项定义，使用引导词识别功能行为异常可能导致的整车危害，常用分析方法是危害和可操作性分析（HAZard and Operability Analysis，HAZOP），其引导词包含不能激活、错误激活、意外激活及锁定激活（卡滞）等。然后，识别功能的运行场景，如正常驾驶场景（含不同的天气、道路、交通等因素的组合）、可合理预见的人员误用场景、售后维修场景、车辆报废拆解场景等。整车危害与运行场景相结合即可生成危害事件（表 9-3）。

表 9-3　危害事件导出示例

功能	HAZOP 分析	运行场景	危害事件
转向助力	丢失转向助力	转弯	转向沉重
	转向助力过大	转弯	非预期的侧向运动
	转向助力过小、反向	转弯	转向沉重
	非预期的激活转向助力	直行	非预期的侧向运动
	转向锁止	转弯	非预期的失去侧向运动控制

得到上述危害事件后，需要基于标准定义对其风险评估严重度、暴露概率和可控性，进而得出汽车安全完整性等级（Automotive Safety Integrity Level，ASIL）。上述转向系统危害事件风险评级示例如表 9-4 所示。

表 9-4　EPS 危害事件风险评估示例

危害事件	严重度评级	暴露概率评级	可控性评级	ASIL 评级
车辆直行过程中非预期的侧向运动	S3：可能与其他交通参与者发生碰撞，造成致命伤害	E4：直行工况具有高概率	C3：驾驶员或其他交通参与者对于车辆突然转向的可控性差	D

在危害分析和风险评估的最后，为识别出的危害事件定义最高层面的安全要求，即安全目标，其可以描述为避免该危害的发生或缓解该危害发生后造成的后果。安全目标将继承

SEC 评估

危害事件的 ASIL 等级。例如，上述危害事件的安全目标如表 9-5 所示。

表 9-5 EPS 安全目标示例

危害事件	安全目标	ASIL 等级
车辆直行过程中非预期的侧向运动	应避免车辆发生加速度超过 Xg 的侧向运动	D

3. 功能安全概念

功能安全概念的目的有两个：①从安全目标中导出功能安全要求；②将功能安全要求分配给相关项的初步架构要素或外部措施，图 9-7 给出了 EPS 功能安全概念的导出示例。

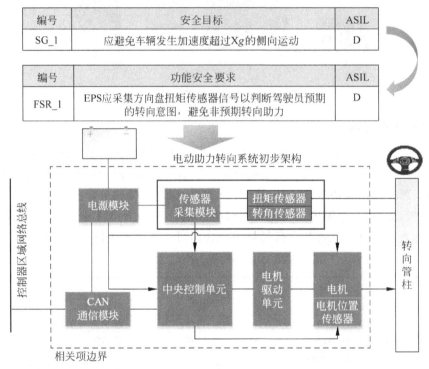

图 9-7 EPS 功能安全概念导出示例

功能安全需求的定义应考虑相关项的各种运行模式，包含故障模式发生后，为避免风险使相关项进入的安全状态。例如，EPS 系统发生非预期助力故障后，关断助力同时提醒驾驶员注意，此时系统进入无助力状态；功能安全概念还包括为达到或保持安全状态所采用的技术解决方案，即安全机制；以及若不能及时进入安全状态，所采用的紧急运行。相关概念如图 9-8 所示。

9.2.2 功能安全设计开发

功能安全设计开发的过程就是在产品中实现 9.2.1 节得到的功能安全要求的过程。安全要求与其他要求一样，都是对产品设计的约束，都需要通过层层分解细化，分配落实到具体的软、硬件或其他技术要素才能得以实现，最终成为产品的特性。为了确保产品的安全要求实现的完整性、正确性和一致性，标准明确提出了在设计开发过程中避免系统性失效的方

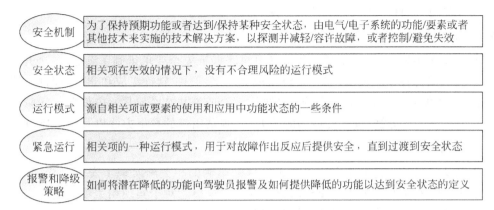

图 9-8 功能安全概念的组成

法和要求,以及集成和测试的要求。ISO 26262:2018 基于 V 模型为产品开发的不同阶段提供了参考过程模型,如图 9-9 所示。

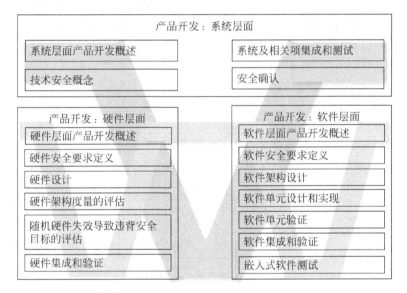

图 9-9 功能安全设计开发过程

1. 安全要求开发和实现

在系统层面进行功能安全开发的主要工作是技术安全概念,即技术安全要求及其对应的系统架构设计的集合,提供系统架构设计适合于满足 9.2.1 节产生的功能安全要求和设计约束的依据,同时把安全要求细化分配到系统架构要素。

在产品开发的硬件层面和软件层面,把分配给硬件或软件的技术安全要求细化分解、分配给硬件或软件架构中的硬件或软件要素,产生硬件安全要求规范、软件安全要求规范、软硬件接口规范等,进而用于规范和指导具体的设计实现。

在硬件层面,需要完成硬件架构度量评估和随机硬件失效导致违背安全目标的评估,证明实现安全设计后的硬件随机失效风险可接受;由于产品的智能网联汽车相关软件复杂度越来越高,在软件层面往往需要再次使用合理的安全分析方法来支撑从软件安全要求到软件架构设计规范、软件单元设计规范的分配、分解和细化。

2. 系统集成和测试

在安全要求实现之后，需要通过集成和测试来验证安全要求得到了满足，各个开发层面的集成和测试包含整车集成和测试、系统集成和测试、硬件-软件集成和测试、硬件集成和验证、嵌入式软件测试、软件集成和验证、软件单元验证等共 7 个阶段；应根据不同阶段的测试验证对象的 ASIL 等级，选择合适的测试方法、测试用例的导出方法以及测试环境等。

3. 安全确认

安全确认的目的：提供证据证明集成到目标车辆的相关项实现了安全目标，且满足安全接受准则；提供证据证明功能安全概念和技术安全概念对于实现相关项的功能安全是合适的。安全确认基于检查和测试，从技术和流程两个维度为安全目标的实现提供了保证。

9.2.3 功能安全管理

关键的安全管理任务是计划、协调和追踪与功能安全相关的活动，这些管理任务适用于安全生命周期的所有阶段，如图 9-10 所示，功能安全管理包括：整体安全管理；在概念阶段及在系统、硬件和软件层面产品开发阶段的项目相关的安全管理；生产、运行、服务和报废的安全管理。

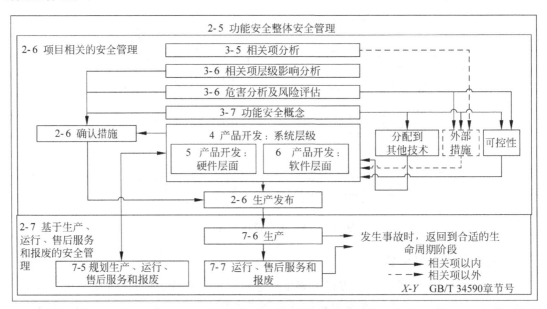

图 9-10　与安全生命周期相关的管理活动

9.3 智能网联汽车预期功能安全

9.3.1 预期功能安全概念

不同于功能安全，预期功能安全研究建立在不发生硬件随机失效和系统故障的情况下，即避免由于功能不足引发危害所产生的不合理风险。近年来频发的自动驾驶事故揭示了预期功能安全问题的严峻性。2018年3月,美国发生了全世界第一起路测无人驾驶汽车撞死行人的事故,如图9-11所示为事故原因分析,说明自动驾驶系统正面临来自感知、决策、控制、误操作等多方面的SOTIF问题,因此需要引起足够重视。

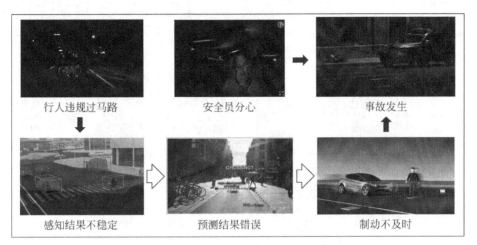

彩图 9-11

图 9-11 Uber 自动驾驶事故原因分析

根据是否已知和是否会导致危险,可将场景分为四类:已知安全场景、已知危险场景、未知安全场景、未知危险场景。其中,未知场景如触发条件未知或潜在触发条件已定义但系统行为未知等。图9-12表示了SOTIF活动的目标:通过最小化区域2和3以最大化区域1。

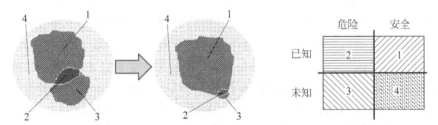

图 9-12 四类场景可视化以及预期功能安全活动目标(区域大小代表场景数量)

9.3.2 预期功能安全设计开发

预期功能安全标准(ISO/DIS 21448)制定了SOTIF设计开发的基本活动:规范和设计、危险识别与评估、潜在功能不足和触发条件识别与评估、功能改进、验证和确认策略定义、已知危险场景评估、未知危险场景评估、SOTIF释放标准、运行阶段活动。各部分活动逻辑关系如图9-13所示。

首先是规范和设计活动,通过该活动定义启动后续SOTIF活动的信息,并作为反馈循环的一部分在SOTIF相关活动每次迭代后进行必要更新。在此阶段可包含对车辆、系统、组件等不同层级的功能描述和规范,如预期功能、子功能及其实现所需的系统、子系统和元素、组件等,所安装传感器、控制器、执行器或其他输入和部件的性能目标,预期功能和驾乘人员、道路使用者、环境等的依赖、交互关系,合理可预见误操作以及潜在性能局限等。本阶

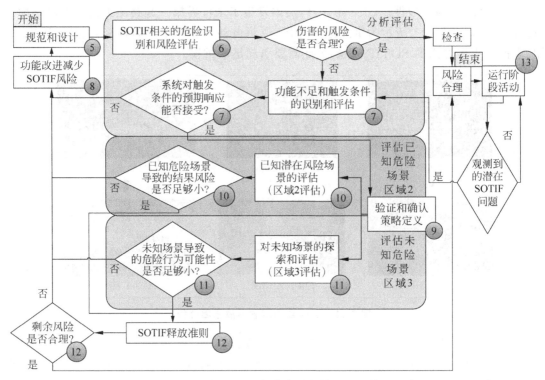

图 9-13　ISO/DIS 21448 版草案制定的 SOTIF 基本活动

段需要提供对系统、子系统及其功能和性能目标的充分理解以便执行后续阶段活动。

危险识别与评估阶段主要包含三类活动：危险识别、风险评估和可接受标准制定。危险识别指系统识别可能由功能不足引起的车辆级别危险，其主要基于对功能以及可能因功能不足而产生偏差的认知，属于知识驱动的分析，可适当借鉴 ISO 26262-3：2018 中的分析方法，结合图 9-14 所示 SOTIF 相关危险事件模型推导。风险评估目的是评估给定场景下危险行为所产生的风险，有助于后续制定 SOTIF 相关风险的接受标准。如果风险不能通过功能改进充分降低，则需要制定与危险场景相关的风险可接受标准，该标准后续可用于推导评价剩余风险的确认目标，在制定标准时应考虑政府和行业法规、功能相对市场的新颖性以及风险是否可能被利益相关人群接受等因素，具体可结合目标市场相关的交通数据、当前类似功能的已有标准等，同时参考一些基本原则，如 GAMAB、GAME、ALARP、MEM 等。

潜在功能不足和触发条件识别与评估活动目的为识别潜在的功能不足（包括规范不足和性能局限）和触发条件，并评估系统对所识别潜在触发条件的响应的 SOTIF 可接受性。对潜在功能不足和触发条件的分析需要建立由相似项目、专家经验等知识驱动的系统方法，分析过程可以并行化，如一方面从已知潜在规范不足和性能局限推导可能导致已识别危险行为的场景（包含触发条件），另一方面可从已识别的环境条件和合理可预见误操作推导潜在功能不足，在分析过程中可采用归纳/演绎、定性/定量的分析方法，结合需求分析、ODD 分析、事故数据分析、边界值分析、等价类分析、功能依赖性分析等思路进行系统有效的潜在功能不足与触发条件分析；此外，对于给定的功能不足可能存在多个触发条件，而已知的场景和合理可预见误操作也可能暴露多个功能不足问题，因此应建立并维护危险行为、触发条件和系统/组件级性能局限或规范不足之间的可追溯性。在对不同组件分析时可结合其特点进行,如针对与决策算法相关的潜在功能不足和触发条件分析,可考虑环境和地点、基础设施、驾驶员或用户行为、其他驾驶员或道路使用者可能行为、决策算法限制以及机器学习的规范不足等;针对与传感器、执行器相关的潜在功能不足和触发条件分析,可考虑天气条件、机械干扰、传感器上的脏点、电磁干扰、来自其他车辆或传感器的干扰、范围和响应时间限制等;此外,合理可预见误操作包括直接和间接类型,可能源于相关人员对系统缺乏了解、系统提供信息不正确、分心等原因,在分析过程中可考虑来自该领域的经验教训、对测试人员的研究、用例和场景分析、用户和系统交互分析等方法。在评估系统对触发条件响应可接受性的过程中,结合验证确认活动生成的证据,满足如下条件则被视为可接受:系统导致危险事件的剩余风险低于上述可接受标准、尚无已知场景会导致对特定道路使用者的不合理风险;如果系统对触发条件的响应被认为不可接受,则需要进行功能改进(图 9-14)。

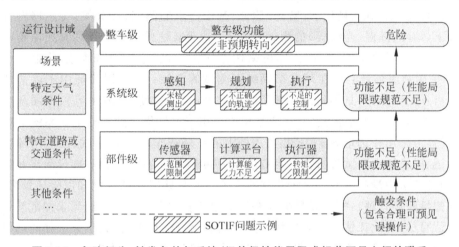

图 9-14 危险行为、触发条件与系统/组件级性能局限或规范不足之间的联系

功能改进活动目标为识别和应用可处理 SOTIF 相关风险的方法,并更新到规范和设计活动的输入信息。具体的改进措施主要分为系统改进、功能限制、权限移交、处理误操作等。在系统改进方面,可通过改进传感器识别算法和传感器技术、识别运行设计域等方法提高传感器性能,通过改进执行器技术提高执行器的性能,通过改进算法或增强计算能力等提高感知和决策等算法的性能;在功能限制方面,可限制特定用例的预期功能、限制特定用例的预期功能权限、移除特定用例预期功能的权限;在权限移交方面,主要通过将权限从系统转移给驾驶员以提高低级别自动驾驶的可控性,典型方法如改进人机交互(Human Machine Interface,HMI)以有效传达接管请求等信息、修改用户通知和动态驾驶任务回退策略等;在处理误操作方面,可通过用户手册或培训、进行驾驶员监控和预警等方法有效缓解合理可预见误操作的影响;此外,可通过在设计系统时应考虑 SOTIF 相关风险的可测试性、诊断能力和数据监控能力以确保在实时功能改进后对措施有效性保持检测和诊断。一旦确定具体功能改进措施,则需要进行规范和设计的对应更新。

验证和确认策略定义指明确包含确认目标的 SOTIF 验证确认策略,并提供所选方法适用性的基本原理。验证确认策略被用于论证目标得以实现和确认目标如何得到满足,在具体策略定义时可考虑针对各项需求的综合测试活动,如:传感器获取环境信息和传感器处理算法建模环境的能力、决策算法安全处理功能不足和根据环境模型和系统架构做出适当决策的能力、系统或功能的鲁棒性以及 HMI 防止合理可预见误操作的能力等,基于场景的测试是一种典型和关键的测试方法,其中预期功能安全场景库的建设是场景测试的前提,中国智能网联汽车产业创新联盟智能网联汽车预期功能安全工作组发布了《智能网联汽车预期功能安全场景库建设报告》。在推导验证确认活动或场景时可采用需求分析、内外部接口分析、等价类生成和分析、基于知识或经验的错误分析、系统架构分析等多种方法。基于定义的验证确认策略可进行已知和未知危险场景的评估。

场景库建设报告

对已知危险场景的评估主要为证明系统及其组件的功能在已知危险场景和合理可预见误操作下的行为符合规范,同时通过测试或分析证明已知场景得到充分覆盖,最终验证结果应证明来自已知危险场景的剩余风险足够低。对于系统及其不同组件可采用不同的验证策略:传感器验证用于评估其在预期应用中的正确性能、时序、准确度和鲁棒性,具体可采用独立传感器特性(如范围、精度、带宽等)验证、基于需求的测试(如分类、传感器融合)、不同环境条件下(如冷、潮湿、光线等)的测试等方法;决策算法验证用于评估其在需要时做出反应及其避免不需要动作的能力,具体可采用基于需求的测试(如态势分析能力)、在选定 SOTIF 相关用例或场景上的在环或车辆级别测试等方法;执行器验证用于评估其预期用途和合理可预见误操作,具体可采用基于需求的测试(如精度、分辨率等)、不同环境条件或预载条件下的执行器测试等方法;集成系统验证用于评估集成到车辆中的系统的鲁棒性和可控性,具体可采用在选定 SOTIF 相关用例上的在环或车辆级别测试、在不同环境条件下的系统测试、随机输入测试等方法。当危险行为的概率符合确认目标(即风险满足制定的可接受标准)且车队中没有任何一个子集暴露于不合理风险时则认为已知危险场景可接受。

对未知危险场景评估的主要目的为提供证据证明在实际运行中遇到未知危险场景的情况满足确认目标,因此评估由于未知场景产生的剩余风险是关键,典型方法如对随机测试用例的在环测试、随机输入测试、长期车辆测试、车队测试、与现有系统比较、真实世界中的场景探索、功能分解和概率建模等;进而需评估由于未知危险场景导致剩余风险的可接受性,如对于每种方法定义适当的开发工作量(如累计测试长度、分析深度等),具体可包括场景数量或分布、实验数量或仿真时间等,并提供所定义工作量的基本原理。

基于 SOTIF 活动及对其工作成果完整性和正确性的评审,可进行 SOTIF 释放过程,从而给出明确的批准或拒绝 SOTIF 释放建议。图 9-15 显示了 SOTIF 释放过程的流程,根据提供的证据,可以确定接受、有条件接受或拒绝的建议;在有条件接受情况下,条件将被记录并在最终释放前对其履行情况进行验证。

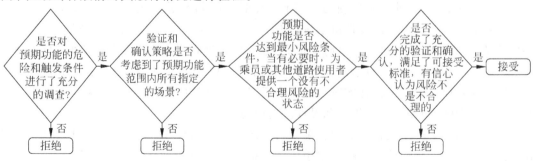

图 9-15　SOTIF 释放过程

虽然 SOTIF 释放过程已尽量将风险控制在可接受水平,但应对由于以下原因导致的 SOTIF 风险进行动态更新:①功能运行过程中可能会发现之前未识别的功能不足或触发条件;②相比于功能开发阶段的定义,环境条件或交通规则等假设可能发生变化。因此,在 SOTIF 释放之后的运行期间,应定义和启动监控过程以持续保证 SOTIF,其中监控对象可以包括但不限于:①功能已造成或可能造成损害的事件,或功能已超出定义值进而可能导致在不同情况下损害的事件;②行业相关公开信息,如道路交通发展、法规修改、基础设置改造、驾乘人员或其他道路使用者特性的改变等。对于运行监控识别的风险,可主要采取两种风险缓解策略:①即时反应以降低风险;②反馈至 SOTIF 开发环节进行功能改进以及其他 SOTIF 活动的迭代,从而实现系统更新或新产品研发。

9.3.3 预期功能安全保障技术

9.3.2 节介绍了预期功能安全设计开发的基本活动流程,在实际设计过程中需结合智能网联汽车各功能子系统特点研究针对性的 SOTIF 保障技术,图 9-16 所示为四类典型技术。

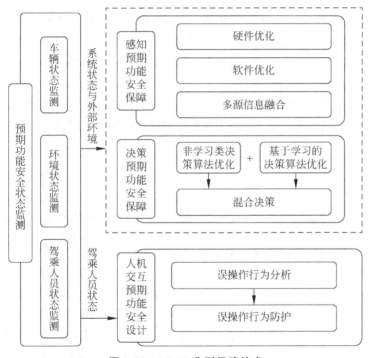

图 9-16 SOTIF 典型保障技术

首先,实时、动态和有效的预期功能安全状态监测是实现 SOTIF 问题有效预防和处理(如功能限制或降级)的前提。具体而言,系统状态监测可主要考虑三方面:①车辆状态监测,即通过监测传感器、执行器等硬件和感知、决策、控制等算法的运行状态以判断感知、决策、控制等功能是否存在问题,典型方法如多源信息互检、不确定性估计等;②环境状态监测,即通过监测可能触发系统 SOTIF 危险行为的环境条件(如道路、天气等)以提前预警,典型方法如基于天气传感器、高清地图或特定环境条件识别算法的环境监测等;③驾乘人员状态监测，指通过检测驾驶员或乘客状态以识别潜在误操作，典型方法如通过方向盘上的传感器、车内摄像头以及疲劳检测等算法实现人员状态检测。

感知系统获取车辆自身状态和周围环境信息，以作为后续决策控制输入，感知功能不足主要包括传感器感知范围有限、计算性能不足和感知算法性能局限等，针对此类问题可采取的保障技术包括硬件优化（如传感器改进、标定和布局、提升计算性能）、软件优化（如数据前处理、算法优化）、多源信息融合（如车载多传感器感知融合或结合路侧传感器的使能赋能感知融合）等。

决策系统获取感知结果输入并执行行为决策、轨迹规划与紧急避障等操作，但场景的复杂多变性和算法自身的局限性导致了决策的预期功能安全问题。通常的决策方法可分为两大类：非学习类决策与基于学习的决策，前者主要存在潜在功能不足问题如规则不完备、处理动态复杂场景能力不足、泛化性不足、模型求解困难等，涉及训练数据、训练过程、可解释性、模型和计算复杂度等方面，因此需要各自采取针对性的风险缓解措施。此外，可采用混合决策方法，以利用优势互补缓解单一类型决策方法的功能不足问题，以融合规则的自学习混合决策为例，其包含通过知识或规则调整奖励函数、调整探索过程、调整输出动作、调整策略训练迭代过程等类型。

此外，为有效避免或处理误操作带来的 SOTIF 风险，首先需对潜在的误操作形式和原因等进行充分认知，如结合专家知识与记录数据等，通过系统分析推导潜在误操作的可能原因及形式，进而采用多种改进思路，如优化用户手册或培训、设计驾乘人员监测和预警系统、改进交互形式与内容、针对误操作动作的安全设计等。

前沿技术研究报告

中国智能网联汽车产业创新联盟智能网联汽车预期功能安全工作组发布的《智能网联汽车预期功能安全前沿技术研究报告》中介绍了 SOTIF 相关领域的各项技术及研究现状。

9.4 信息安全

依托快速发展的信息网联技术，汽车与外界的连接也愈加紧密，带来更加多样化功能的同时也引入了信息安全风险。近几年发生的汽车信息安全攻击事件表明，汽车信息安全漏洞可能引发个人/企业信息泄露、汽车失窃甚至汽车失控等严重后果[7-8]。

9.4.1 信息安全概念

智能网联汽车信息安全的概念由传统互联网行业引申而来，其安全技术被细分为以下子领域：①计算机安全（Computer Security，又称 IT Security 或 Cyber Security），研究如何保护信息系统的硬件、软件以及系统的数据（不管是传输的还是存储的）不被窃取、损坏，保护系统所提供的服务不被滥用，保护系统不被通过网络、数据或代码注入、运行维护人员（有意、无意或者被他人所欺骗）进行攻击；②网络安全（Network Security），由一系列的控制策略组成，这些策略用于防止或者监控非授权情况下对网络或者网络上的数据的访问、滥用或者修改，还包括防止拒绝服务攻击（Denial of Service，DoS，正常用户无法正常使用网络提供的服务）；③数据安全（Data Security），指数据在收集、存储、使用、加工、传输、公开等过程中保护数据不被损坏（不管是人为还是由于自然灾害），不被篡改、滥用、非授权访问等；

④信息安全(Information Security 或 InfoSec),指保护信息不被非授权访问、篡改、公布、损坏等,不管信息以什么样的方式存在,比如纸质或电子档案;⑤应用安全(Application Security),包括为了保护应用正常运行提供服务而采取的一切保护措施,应用安全包括很多方面,比如会话劫持、中间人攻击、拒绝服务攻击等。

不同于传统互联网行业在安全领域的攻防两端技术均已得到十分充分的发展,其安全相关概念也较为清晰,汽车领域目前尚未对安全领域相关概念进行细致划分,而是统一称之为"汽车信息安全",也有人称之为"汽车网络安全"。"汽车信息安全"的概念实际上涵盖了上述计算机安全、网络安全、数据安全、信息安全及应用安全等多个方面,是一个整体性的概念。其中,计算机安全对应嵌入式系统安全;应用安全对应 RTOS ECU 的固件安全或车机及车控的 App 安全;网络安全、数据安全及信息安全的概念与互联网行业一致。

9.4.2 信息安全体系设计

1. 信息安全威胁分析与风险评估

威胁分析与风险评估是汽车信息安全体系设计的基础,只有在明确威胁来源、完成风险量化评级的基础上,才能制定完善且具有针对性的信息安全防护体系。

威胁分析与风险评估通常简称为 TARA(Threat Analysis and Risk Assessment),目的是在车辆产品开发早期识别潜在的威胁和安全漏洞,再综合考虑攻击可行性、影响等级等因素,确定系统可能存在的风险及其风险等级,从而得出相应的信息安全目标,为后续形成信息安全需求,输入给设计开发提供基础。目前国际上主流的 TARA 方法有 EVITA(E-safety Vehicle Intrusion protected Applications)、HEAVENS(Healing Vulnerabilities to Enhance Software Security and Safety)及 OCTAVE(Operationally Critical Threat, Asset, and Vulnerability Evaluation),这些方法在 SAE J3061 和 ISO/SAE 21434 两份国际标准中均有介绍,这里仅结合图 9-17,对 TARA 的 7 个主要步骤进行说明:①资产识别:对汽车电子系统需要保护的资产进行识别;②威胁识别:对识别出的资产进行威胁识别,明确资产面临的具体威胁,并对威胁与安全属性进行映射;③脆弱性识别:以资产为核心,针对每一项需要保护的资产,识别可能被威胁利用的脆弱点,并对脆弱点的严重程度进行评估;④确定威胁等级:通过对威胁产生负面影响的可能性的分析与评估,明确威胁的等级;⑤确定影响等级:针对威胁产生负面影响的严重程度进行分析和评估,明确威胁的影响等级;⑥确定安全等级:综合威胁等级和影响等级的分析结果,确定针对每个"资产-威胁"对的安全

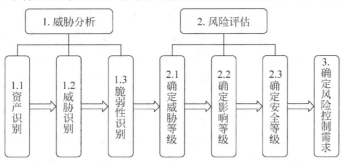

图 9-17 威胁分析与风险评估过程

等级,以反映风险水平的情况;⑦确定风险控制需求:基于风险评估的结果,明确对汽车电子系统有关资产的安全需求,即需要采取的风险控制措施。

2. 信息安全纵深防御体系设计

智能网联汽车涉及的电子系统及功能由内至外可以分为不同的层次,各个层次对于安全的定义和需求也不尽相同,因此可以建立如图 9-18 所示的智能网联汽车信息安全参考架构,以定义合理规范的系统架构,将不同的功能区域进行合理的隔离,不同层次之间的信息流转加以严格的控制,并应用不同强度的安全方案,最终构建分层次的智能网联汽车信息安全纵深防御体系。

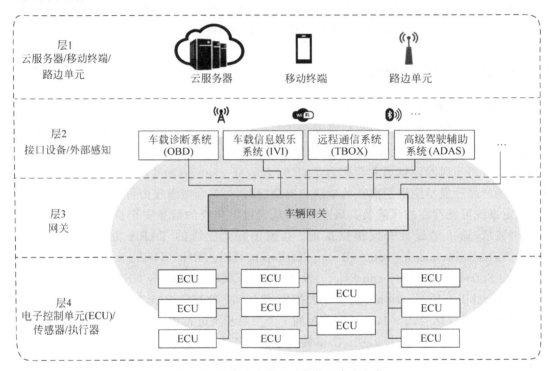

图 9-18 信息安全纵深防御体系参考架构

该参考架构从网络分段的角度,将信息安全防御分为 4 个层次:①Level 1:涵盖车辆外部的所有元素,包括云端服务平台、移动终端、路边单元;②Level 2:连接车辆与其外部环境的各种车载接入设备(包括 IVI、T-BOX、OBD 等),以及有关的外部感知部件;③Level 3:车载网关,实现车辆内部各个总线网络的连接,以及与接入设备的连接;④Level 4:包含车辆内部控制网络中所有的 ECU、传感器和执行器。ECU 与传感器之间、ECU 与执行器之间通过相应的内部通信总线连接,而车内通信总线也可以分为多个不同的网段(或域)。

在上述四个分层中,Level 2 至 Level 4 层级均属于智能网联汽车内部,当前主要在 Level2 层级部署最为丰富、完整的安全防护措施,这主要是源于纵深防御的思想,即在最为接近外部环境的车载接入设备层部署丰富的防护措施,有利于尽早地降低安全威胁。另外,也是考虑到相对软硬件资源较为匮乏的 ECU/传感器/执行器等车控领域的设备,车载接入设备具有更为丰富的软硬件资源、性能更为优越。图 9-19 所示为基于上述纵深防御架构设计的车辆端信息安全防护机制,包括密码模块、启动安全、通信安全、应用安全、访问点安全、系统安全、数据安全、CAN 总线访问控制、安全监控等。

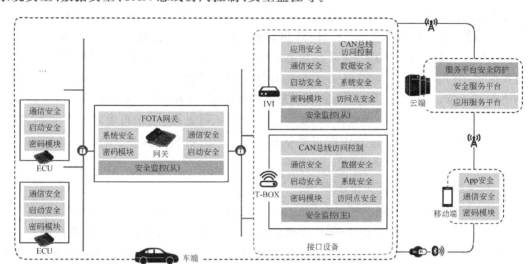

图 9-19 基于参考架构的车辆端信息安全防护机制

9.4.3 信息安全保障技术应用

1. 车云网络通信安全 PKI 技术应用

公钥基础设施（Public Key Infrastructure，PKI）[10]是目前网络安全建设的基础与核心。PKI 主要通过对密钥及数字证书的管理，为车载终端与车企 TSP 平台建立安全可信的运行环境，有效保障车载终端到 TSP 间通信连接、数据交互的安全可信，其体系结构如图 9-20 所示。

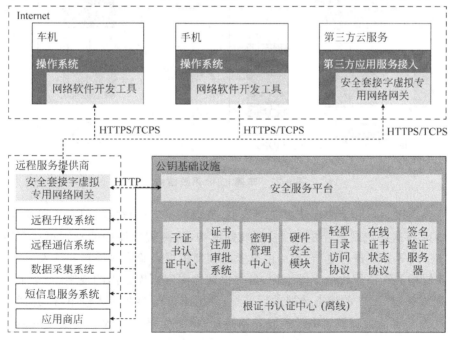

图 9-20 PKI 体系结构

PKI 采用一套软硬件系统和安全策略的集合,利用公钥技术和 X.509 证书为车企建立一整套安全信任机制,其后台服务系统包括 CA 数字证书认证系统、RA 证书注册系统、KM 密钥管理系统、安全管理服务平台、HSM 密码机、SVS 签名验签服务器、SSL 安全认证网关、LDAP 目录服务器以及 OCSP 证书状态在线查询系统。车载终端 T-BOX、IHU 及手机等设备可以通过集成 Cyber SDK 方式与后台建立安全连接,实现包括证书生命周期管理、密钥协商及运算、数字签名与验签、证书状态查询等功能。PKI 身份认证体系解决了数据在不可信的网络环境中传输的机密性、完整性、真实性、不可抵赖性、不可重复性等问题,其在车联网中典型的应用场景包括终端设备认证、App 应用签名与验签、FOTA、虚拟钥匙等业务。

2. 入侵检测与主动防御技术应用

车辆入侵检测与防御系统(Intrusion Detection & Prevention System,IDPS)是密码学信息安全防御机制的一种重要补充,可以很好地弥补密码学防御机制的不足,进行针对性的安全策略更新,实现动态安全防护。完整的车辆 IDPS 是端云结合的动态防御系统,其典型结构如图 9-21 所示,对其执行流程及各模块的说明如下:

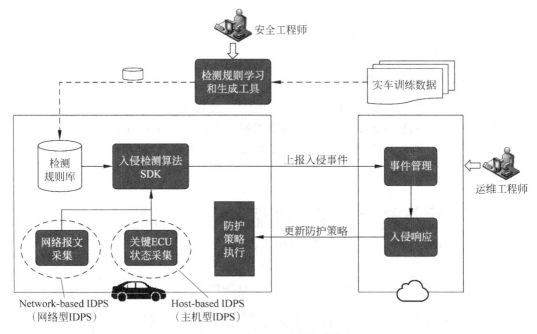

图 9-21 车辆 IDPS 系统结构

(1) 检测规则学习和生成模块由云端维护,负责根据实车数据学习和生成检测规则,并在车辆下线时将这些规则预置在车端检测规则库中,检测规则库中的规则可在车辆下线运行后通过 OTA 等方式进行更新,也可由安全工程师根据经验直接编辑和导入。

(2) 入侵检测算法模块由车端维护,负责根据检测规则库给出的规则,对车辆内部网络的报文数据或关键 ECU 的状态数据进行采集,分析出可能存在的入侵事件,并通过车辆的网联功能报检。事件管理模块由云端服务器维护,负责管理和呈现车端上报的入侵事件和状态。

（3）入侵响应模块由云端服务器维护，负责根据车端上报的入侵事件和状态给出相应的防护策略，并通过 OTA 等方式更新车端的安全防护策略，比如增加针对某远程端口的控制规则等。

（4）防护策略执行模块由车端维护，负责执行云端下发的安全防护策略。

3．车联业务仿真与接入技术应用

车联业务仿真技术模拟部署于车辆端的、用于连接车辆与其外部环境的各种设备（包括 IVI、T-BOX、OBD 等），以及有关的外部感知部件。这些设备或部件实现了车辆与外界环境（包括后台服务器、移动终端设备、路边单元等）的互联通信。车联业务仿真接入技术负责根据配置将实物设备和网络接入目标网络中，包括异域的实物设备和网络；负责将 IPS 等透明设备接入到虚拟网络中，并且不改变设备的透明属性；负责支持多种方式将目标网络接入互联网中进行测试和访问。

智能汽车信息安全仿真平台以车联业务仿真技术为核心，其总体结构如图 9-22 所示，由智能汽车云-管-端-环境仿真、典型业务场景仿真、安全测试用例库工具集、仿真平台应用、仿真平台管理等部分组成。智能汽车网络安全仿真可与其他网络安全仿真平台应用、显示和管理系统对接，支持对相关数据的采集、安全分析、评价与呈现，配合其资源管理、试验任务管理等功能的实现。

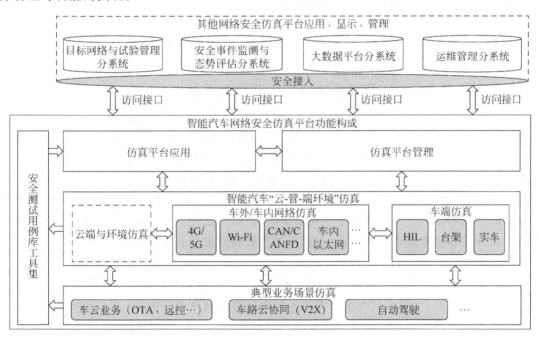

图 9-22　智能汽车信息安全仿真平台结构

9.5　人员安全防护

在道路交通出现危险状况时，借助智能网联汽车的感知、决策和干预能力，建立融合人员损伤机理的安全风险预测与乘员防护策略，是实现汽车智能安全的重要路径。未来智能交通环境下的汽车安全问题与传统车辆不同,不仅面临着更加复杂的交通环境和系统,更对乘员保护提出了新的挑战。同时,车辆智能化与网联化也可以为乘员保护提供新的思路。如图 9-23 所示,在智能交通环境下,能够实时监测车辆状态和乘员状态,并基于乘员损伤风险预测确定合适的保护决策,实施最适合当前乘员状态和碰撞形态的自适应碰撞保护措施。车辆的智能化和网联化会大幅改变现有的交通形态,未来将出现新的事故类型,且由于乘员不再承担驾驶任务,乘员姿态将更加多样,导致未来智能网联汽车的人员安全防护具有不确定性,使得确定未来的事故形态对人员防护至关重要。

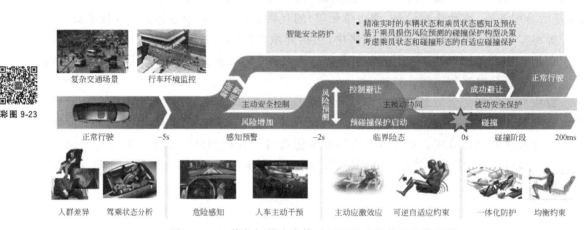

图 9-23 一体化智能安全体系下不同阶段的预防和保护

9.5.1 智能网联汽车不可避免碰撞事故诱因与特征

智能网联汽车有可能因为传感器失灵、决策错误、通信延迟、机械损坏等原因发生交通事故,有些诱因在现有的交通事故中不存在,因此不易通过现有的事故形态推断未来事故的特征。有研究者提出,当不考虑未来的智能网联汽车自身的错误后,可以从物理极限去推演未来不可避免的碰撞事故。不可避免事故定义为,当危险源出现时,即便车辆具备无缺陷的智能水平,但受到真实物理条件的制约,事故不可避免。该类事故属于极端情形,也是未来碰撞事故的类型之一。为得到不可避免事故的形态,可从现有的事故数据进行推演,利用视频分析的方法准确重建事故,在假设交通参与者具备理想的自动驾驶性能后,重新仿真计算事故的可避免性。

不可避免事故包含时间限制和空间限制两类。时间限制类事故为智能网联汽车没有足够的时间规避碰撞,一般表现为危险源突然出现在智能网联汽车周围,比如交通流中某车突然失控等。空间限制类事故为智能网联汽车没有足够的空间规避碰撞,多发生于交通系统堵塞时,如停止车辆被失控车辆追尾,即使被追尾的车辆准确感知到危险来临,其也没有空间规避事故。虽然不能避免事故,但针对智能网络汽车,一般都会获得一定的碰撞预警时间,可利用该时间调配和启动碰撞保护措施,对乘员实施有针对性的保护以减少碰撞损伤,使智能乘员保护系统成为智能网联汽车的最后一道防线。

9.5.2 危险状态下人体损伤严重性预测

道路交通系统中的"人-车-路"三要素动态交互,构成了高动态、强耦合、非线性的系统。

因此,在危险工况下实现对乘员损伤严重性的准确预测仍存在诸多难点,具体体现在:乘员在危险状态下的生理体征信息及其动态响应(如姿态变化等)会影响其在碰撞中的被动损伤行为;同时,车辆作为向乘员传递载荷的主要媒介,车身结构刚度、约束系统(如座椅、安全带、气囊等)状态将显著影响车内人员受到的冲击载荷;另外,天气、道路、障碍物等行车环境对人、车危险工况和碰撞形态也具有直接和间接影响。

危险工况下的乘员损伤预测指基于智能网联汽车的车载感知系统,捕捉与碰撞事故形态及严重性相关的事故信息,实现对于事故中车内人员损伤严重性的评估。对人员损伤情况具有显著影响的关键变量包括乘员的生理学特征与乘坐姿态、车辆物理参数与乘员约束系统信息、道路和行车环境信息以及碰撞工况等。上述关键事故信息的获取是实现乘员损伤准确预测的基础和关键,诸如障碍物种类、碰撞速度等车外因素可由车载摄像头、雷达、激光雷达等捕捉和识别,诸如乘员生理学特征、姿态等参数可由车内摄像头、压力传感器、倾角传感器等车内传感设备识别。

损伤严重性预测具体可分为两类,即事故前损伤预测和事故后损伤估计,如图9-24所示。事故前损伤预测主要服务于智能网联汽车的轨迹规划和自适应约束系统(Adaptive Restraint Systems,ARS),需要算法在保证准确率的同时兼顾实时性。在不可避免碰撞事故来临时,实时更新车辆人员损伤严重性的预测结果,并优化约束系统配置,同时辅助轨迹规划从车辆可能的碰撞形式中选择最小化车内乘员损伤的轨迹操作。事故后损伤估计主要服务于事故自动报警系统(Advanced Automatic Collision Notification)。在道路交通事故发生之后,根据车载事故数据记录系统记录的碰撞信息(如碰撞速度、车辆碰撞波形等),估计车内乘员损伤严重性,并将乘员的损伤信息及时传递给急救中心,提高救援工作的效率和伤员救治的存活率。根据事故前、事故后损伤预测的特点,实现事故前后全时段的乘员损伤预测,能够优化车辆控制策略,提高乘员约束系统的安全保护水平。

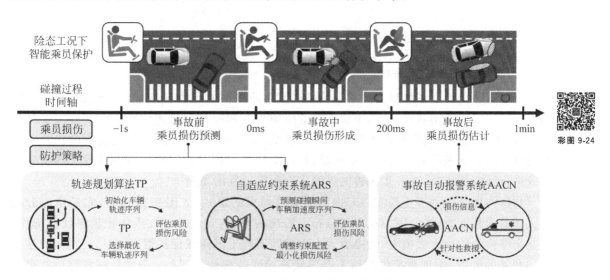

图9-24 危险工况下的损伤预测及乘员防护策略

根据预测方法和预测结果类型划分,可将现有乘员损伤预测技术大致分为两类:依据数值仿真模型的确定性方法(Deterministic Approach)和依据数据驱动的概率性方法

(Probabilistic Approach)。后者通过建立碰撞工况和乘员损伤之间的映射关系,实现对乘员损伤情况的实时评估;前者可用于评估快速损伤预测模型的结果。

确定性乘员损伤预测方法通过在数值仿真环境中重建真实物理世界中的道路交通事故,包括车辆碰撞变形、人员承载损伤,获得对于乘员损伤情况的确定性评估结果,一般可基于有限元分析(Finite Element Analysis)实现。在智能交通环境下,利用感知系统捕捉所需的交通、车辆和人员信息,通过有限元建模可以按照信息进行事故重建,建立包含上述参数的损伤预测函数。主要包括以下几个步骤:事故场景及影响参数选择,建立仿真矩阵,模型参数化,仿真,结果分析及拟合。

随着大数据分析方法的发展,概率性乘员损伤预测算法大致经历了三个发展阶段,即传统统计分析算法、机器学习算法、深度学习算法。在技术的发展初期,Stitzel 等[12]以提高事故救援的分诊率为目的,通过建立 Logistic 回归模型(Logistic Regression)预测乘员损伤严重性。但由于模型结构过于简单,无法有效描述由初始碰撞工况输入到乘员损伤信息的非线性关系,导致其预测精度十分有限。随着具有更强数据挖掘能力的机器学习算法的出现,通过向乘员损伤预测算法引入更多的输入变量,建立从初始碰撞工况到乘员损伤行为的更复杂的映射关系,使得对于乘员损伤的精确预测成为可能。同时,结合敏感性分析,不同交通因素对于事故损伤的影响程度也逐渐被明晰。近些年,以循环神经网络(RNN)和卷积神经网络(CNN)为代表的深度学习算法,凭借其非线性结构和强自学习能力,在预测效果上取得了进一步的提升。Wang 等[13]利用多种仿真方法,建立了针对前碰撞事故的大规模数值数据库,通过综合对比 RNN 和 CNN 的预测表现,建立了序列到序列深度学习预测模型,如图 9-25 所示。在针对乘员头部损伤的多分类问题上,预测准确率达到 85.4%,计算时间仅为 69ms,实现了对乘员损伤的实时准确评估,为即将发生碰撞情况下的车辆安全决策算法提供了策略参考。

9.5.3 人员智能安全保护

1. 自适应乘员约束系统

自适应乘员约束系统是指约束系统可以实时地根据乘员状态和碰撞工况提供有针对性的保护。未来智能网联汽车中,更加智能的感知与控制技术为自适应约束系统提供了可行性,将能更准确地识别乘员的生理特征与精神状态(疲劳、分神)等信息,也能不断提升对碰撞信息的判断准确度和预警时间提前量,从而实现在碰撞发生前通过机电装置对约束系统形式进行针对性调节,进一步改善对于舒适性和保护性的平衡。

均衡约束是一种理想的实现车内乘员有效约束的形式,如图 9-26 所示,它是指充分利用人体的承载能力,将约束力在空间分布上实现均衡,均匀地施加在人体比较强壮的部位;在某个部位的约束力幅值上,约束力大小在时间历程上可调或保持恒定,在给定空间内使得人体减速的同时,保证载荷的幅值不会导致直接受载部位的损伤;合理分配各部位约束力和相对幅值,控制整体减速运动的同时控制各部位之间相对运动,防止非直接受载部位由于相邻部位之间运动不协调而发生损伤。在均衡约束下,胸腔在对称、均布约束力下的变形呈对称的楔形模式,相比于传统的三点式安全带约束,均衡约束可以更充分地利用胸腔承载能力,使得针对较高碰撞强度、较强壮人体设计的约束系统参数配置,在低速碰撞下及对弱

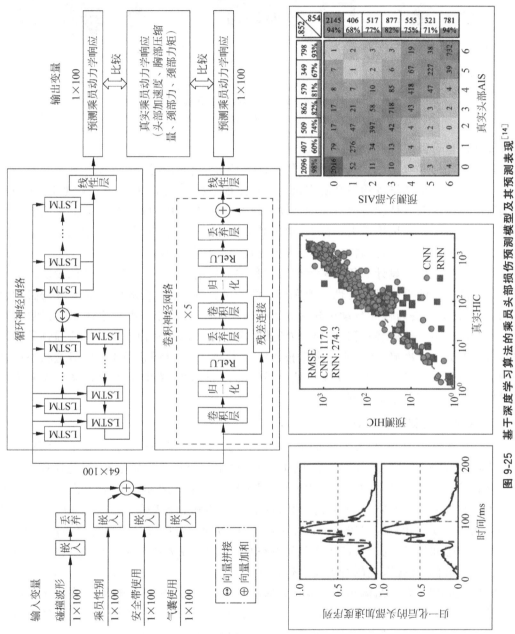

图 9-25 基于深度学习算法的乘员头部损伤预测模型及其预测表现[14]

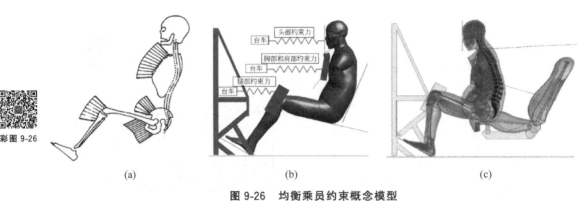

图 9-26 均衡乘员约束概念模型

(a) 承载能力较强部位；(b) 均衡约束模型；(c) 均衡约束下人体运动

势群体乘员也可以实现有效保护[14]。

未来智能网联汽车中，乘员被解除驾驶任务后，后倾的情况会增多，后倾乘员的碰撞保护也是面向未来交通场景的一个研究热点。在正面碰撞工况下，相比于正常坐姿，后倾坐姿下乘员的躯干沿着脊柱朝椅垫方向的运动分量会导致脊柱压力增大，同时腹带从髋部滑入腹部导致下潜损伤的风险增大。例如，通过膝部挡板来约束后倾乘员，膝部挡板约束可以有效控制乘员的下潜运动，同时取消腹带约束还可以降低腰椎损伤风险。

新型约束系统的设计必须要考虑驾乘过程中的舒适性，而相关软、硬件的发展为兼顾舒适性和碰撞安全性提供了可行性。即在行车的大部分时间里，乘员可以处于被"宽松约束"的状态，只在必要的时候才自动调配约束系统对乘员实施充分约束。这种兼顾正常驾乘舒适性的可调式乘员约束装置需要其构型调整是可逆的。因为碰撞发生前的碰撞预警和预判很难做到百分之百准确，在发生少量误报的情形下，要求可以调整回正常的舒适状态。这种构型和参数可调并且状态可逆的乘员约束系统的控制算法、机电系统设计也是未来乘员碰撞保护研究中必不可少的一环。

2. 车外人员智能安全保护

在交通安全中，现有行人安全研究包括两大部分，即主动安全和被动安全。以碰撞发生时刻为界，主动安全通过感知即将发生的危险事件提前对车辆实施干预，避免碰撞发生；碰撞安全通过对车辆前端结构进行优化设计，尽可能降低行人在碰撞中的损伤风险。先进感知技术将在未来赋予车辆对于潜在危险事件的提前感知和预警能力。当反应时间充裕时，车辆可通过主动避让行为规避碰撞；当反应时间不足时，可以设计可执行的碰撞保护机构，利用传感器感知信息，通过智能决策预先调整机构构型，在无法避免的事故场景下将行人碰撞损伤降至最低，加强车辆的行人安全保护性能。

"数字孪生"理念可赋能车辆智能行人保护技术的发展，利用感知信息，在数字空间构建车辆及环境的镜像模型，基于物理规律推演行人碰撞响应，通过迭代优化，寻找最优防护机构构型、最小化行人碰撞损伤。基于事故场景大数据，通过计算机视觉和统计学习方法，识别行人三维位姿动态信息，建立基于历史状态序列的行人状态概率模型，预测特定场景下行人应激响应行为[15]。利用计算机仿真方法补全事故场景下的行人碰撞响应。基于动态规划和强化学习等方法，通过在"场景-构型-损伤"数据库上进行训练，构建基于当前观测场景信息、考虑行人不确定应激行为的自适应保护机构全局控制策略[16]，抵御行人突发应激反应与机构执行决策间的系统性冲突风险,提升控制策略的鲁棒性。基于以上方法,主被动一体化的自适应行人碰撞保护研究可基于现有事故图像、以离线方式起步,不考虑算力限制,以开发、完善功能为首要目标。随着技术不断进步,逐步将离线研究成果向在线模式迁移,当感知能力和硬件算力能够支撑实时模型构建与推演时,可实现行人安全保护的智能化。

本章小结

主要知识点:系统安全包括功能安全、预期功能安全和信息安全等内容,旨在解决安全系统的开发和设计方面的难题;人员安全防护旨在解决事故无法避免时对车内人员安全防护方面的难题。功能安全的实现受开发过程、生产过程、服务过程和管理过程的影响;预期功能安全活动的目标为通过最小化已知危险区域和未知危险区域以最大化已知安全区域;智能网联汽车涉及到的电子系统及功能由内至外可以分为不同的层次,可以构建分层次的智能网联汽车信息安全纵深防御体系;人员安全防护具有不确定性,使得确定未来的事故形态对人员防护至关重要。

重点和难点:功能安全的设计开发,预期功能安全的保障,信息安全的入侵检测与主动防御,人员安全防护的危险状态下人体损伤严重性预测。

习题

一、基础习题

1. 功能安全开发主要包括哪些阶段?它们之间的关系是怎样的?
2. 功能安全概念的主要工作产物有哪些?安全目标 ASIL 等级是如何确定的?
3. 功能安全设计开发阶段主要会用到哪些安全分析方法?
4. 针对一个在高速公路上运行的车道保持辅助系统,请尽可能多地列举出车载摄像头的潜在功能不足及其相关的 SOTIF 问题潜在触发条件,并结合 SOTIF 相关危险事件模型进行描述 2~3 个 SOTIF 危险事件形成过程?
5. 纵深防御架构分为几层?为何在车辆端最外层布置最为丰富的防御机制?

二、拓展习题

1. 以 L1 级自适应巡航系统 ACC 的纵向控制功能为例,进行危害分析及风险评估。
2. 以 L4 级自主代客泊车系统 AVP 的安全目标"避免在高速公路行驶时非预期启用 AVP"为例,开发其功能安全概念。
3. 自行查阅文献,了解 EVITA,HEAVENS,OCTAVE 等风险量化方法的基本概念和应用案例,它们之间的主要区别是什么?
4. 自行查阅文献,给出车辆入侵检测基于的规则具体有哪些种类,其各自的特点又是什么?

参考文献

[1] ISO. Road vehicles—functional safety: ISO 26262: 2018[S]. Geneva: ISO, 2018.
[2] ISO. Road vehicles—safety of the intended functionality: ISO/DIS 21448: 2021[S]. Geneva:

[3] ISO. Road vehicles—cybersecurity engineering: ISO/SAE 21434 [S]. Geneva: ISO, 2021.
[4] 全国汽车标准化技术委员会(SAC/TC114). 道路车辆 功能安全 第1部分: 术语: GB/T 34590.1—2017[S]. 北京: 中国标准出版社, 2017.
[5] WOOD M, ROBBEL P, MAASS M, et al. Safety first for automated driving[R/OL]. https://www.daimler.com/documents/innovation/other/safety-first-for-automated-driving.pdf.
[6] WALKER A. SOTIF the Human Factor[M]. Springer, 2019.
[7] Upstream Security and Global Automotive. upstream security's 2019 global automotive cybersecurity report [EB/OL]. https://upstream.auto/upstream-security-global-automotive-cybersecurity-report-2019/.
[8] Upstream Security and Global automotive. upstream security's 2020 Global Automotive Cybersecurity Report[EB/OL]. https://upstream.auto/upstream-security-global-automotive-cybersecurity-report-2020/.
[9] Vehicle Cybersecurity Systems Engineering Committee. SAE J3061: 2016 Cybersecurity Guidebook for Cyber-Physical Vehicle Systems[R]. SAE International, 2016.
[10] FLORIAN D. PKI For Automotive Applications[D]. Universitat zu Luebeck, 2018.
[11] YOUNG C, ZAMBRENO J, OLUFOWOBI H, et al. Survey of automotive controller area network intrusion detection systems[J]. IEEE Design & Test, 2019, 36(6): 48-55.
[12] STITZEL J D, WEAVER A A, TALTON J W, et al. An injury severity-, time sensitivity-, and predictability-based advanced automatic crash notification algorithm improves motor vehicle crash occupant triage[J]. Journal of the American College of Surgeons, 2016, 222(e6): 1211-1219.
[13] WANG Q, GAN S, CHEN W, et al. A data-driven, kinematic feature-based, near real-time algorithm for injury severity prediction of vehicle occupants[J]. Accident Analysis & Prevention, 2021, 156: 106149.
[14] JI P, HUANG Y, ZHOU Q. Mechanisms of using knee bolster to control kinematical motion of occupant in reclined posture for lowering injury risk[J]. International Journal of Crashworthiness, 2017, 22(4): 415-424.
[15] TANG J, ZHOU Q. A computer graphics-based framework for 3D pose estimation of Pedestrians [J]. Automotive Innovation, 2021: 1-12.
[16] NIE B, LI Q, GAN S, et al. Safety envelope of pedestrians upon motor vehicle conflicts identified via active avoidance behavior[J]. Scientific Reports, 2021, 11(1): 1-10.

(本章由王红、张晓飞统稿，编写分工如下：9.1 王红、彭亮、张晓飞；9.2 张玉新、尚世亮、刘辉；9.3 王红、邵文博、赵树廉；9.4 杨世春、曹耀光、邹博松；9.5 周青、聂冰冰、王情帆)

第 10 章 智能网联汽车测试评价

随着智能网联汽车自动化等级的提升,汽车系统复杂性进一步增加,复杂的交通环境、多样的驾驶任务等都为智能网联汽车测试评价提出了新的挑战。特别是智能网联汽车的测评对象已从传统的人、车二元独立系统,变为人-车-环境-任务强耦合系统,针对传统汽车的测试评价方法已不能满足智能网联汽车的测试评价需求[1]。

10.1 智能网联汽车测试评价概述

智能网联汽车技术的进步与测试评价体系的发展相辅相成。一套科学完善的测试方法和评价体系,可以支撑智能网联汽车在设计、研发与认证等各阶段的测试和评估,有力推动智能网联汽车的量产和应用。

从测试角度来讲,系统、高效的测试方法是智能网联技术进步的重要保障,是验证系统功能有效性、可靠性的重要手段,是系统迭代优化不可或缺的基础条件。首先,就系统内部而言,智能网联汽车是一个多软硬件系统耦合、高度集成、网联互通的复杂信息物理系统,其是否能够正常运行并达到预期功能和性能,需要经过系统性测试。其次,就系统外部而言,车辆运行的环境条件复杂多样,交通场景动态变化,具有很强的不确定性,智能网联汽车是否能够正确感知环境、理解场景并安全高效地完成动态行驶任务是需要测试验证的。此外,智能网联汽车是典型的安全攸关系统,不充分的测试将会导致其对风险的错误估计和控制,从而对车内外人员造成危害,危及整个交通体系。因此,建立系统的智能网联汽车测试方法非常重要且必要。

从评价角度,科学的评价体系可以正确引导产品的设计方向,促进其良性发展。评价主体可以依据评价体系对评价目标的达成度进行量化评估。一方面,企业和行业监管部门等可设计运用评价体系对智能网联汽车产品在安全性、舒适性、经济性、友好性等方面的性能表现进行评估。另一方面,第三方测评机构可设计运用评价体系对同类智能网联汽车产品的性能差异进行对比。总体而言,针对不同目标的、有效的评价体系均对智能网联汽车的发展有着积极的促进和推动作用。

10.1.1 测试方法

测试是智能网联汽车开发过程中的基本手段,它通过实验得到车辆的软硬件在预设条件下的表现,用于对车辆的功能和性能的验证与评价。对低等级(L2 及以下)智能网联汽车的测试,目前已形成了较为完善的测试方法和标准;然而,高等级(L3 及以上)的智能网联汽车在其 ODD 范围内，需要具备自主应对高动态、不确定行驶环境的能力，因而对测试方法提出了更高的要求。

根据测试基准，测试方法可以分为基于功能的测试、基于场景的测试、基于里程的测试。其中，基于功能的测试方法主要服务于低等级智能网联汽车；基于场景和基于里程的测试方法则主要面向高等级智能网联汽车的测试。

基于功能的测试方法利用预先设定好的测试用例，在相同的执行条件下，通过应用不同的测试初始条件，对被测对象进行一系列的测试。这种测试方法条件单一，并且有明确的适用范围及预期结果。由于测试输入、测试条件及预期结果均已知且可控，留给被测车辆自主决策的空间很小，一般用于自动化等级较低的 ADAS 功能测试，以及在开发阶段的高等级智能网联汽车系统单项功能的测试。

基于场景的测试方法不预设测试结果，只给定任务或目标，通过观察被测对象在预设测试场景下执行任务或目标时的表现来达到测试目的。其中，测试场景可以理解为在一定时间、交通空间内智能网联汽车与其所属的环境之间相互作用的动态描述。

基于里程的测试方法是指将智能网联汽车置于真实或仿真的环境中，通过连续的行驶过程对车辆的各项性能进行测试。这种方法主要依赖于智能网联汽车行驶的距离，累计里程越多，对车辆的测试就越充分，其测试结果就越具有说服力。

正常行驶过程中事故发生的概率不高，因此基于里程的测试方法存在着测试成本高、测试时间长、测试效率低的缺点。与之相对的，基于场景的测试方法则具有可重复性、针对性强、测试效率高、测试成本较低等优势。然而，由于测试场景高度复杂、难以预测、不可穷尽，因此要想充分发挥该方法的优势，正确地设计测试场景、使用场景是其中的关键。

10.1.2 测试场景

由于基于场景的测试方法对于高等级的智能网联汽车测试具有显著的优势，目前受到了研究人员和汽车开发商的广泛关注。根据场景描述内容的详细程度，可以将测试场景分为功能场景、逻辑场景和具体场景三个层级，如图 10-1 所示。功能场景指的是通过语义描述进行定义的场景；逻辑场景指的是通过参数取值范围进行定义的场景；具体场景指的是采用确定参数值定义的场景。三层场景在描述的抽象程度上逐渐降低，同时场景数量也逐渐增加。

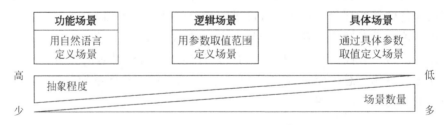

图 10-1 三层场景定义[5-6]

对于场景的组成要素，典型的六层场景模型如图 10-2 所示。该模型的第一层描述道路的几何形状、拓扑结构及车道线等基本信息；第二层描述护栏、信号灯等静态交通基础设施；第三层描述上述两个层级内元素的临时变化，如信号灯损坏、车道线模糊等；第四层描述场景中的静态与动态物体,以及它们之间的交互与采取的策略;第五层描述天气、光照等环境因素;最后一层描述数字信息,如 V2X、数字地图等。

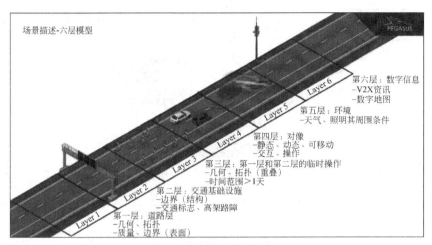

图 10-2 典型六层场景模型

基于场景的测试方法通常会在仿真测试环境进行,为了在仿真环境下对场景进行标准化定义,自动化及测量系统标准协会(Association for Standardisation of Automation and Measuring Systems,ASAM)对于场景的不同部分提出了 OpenX 系列标准,包括 OpenDRIVE、OpenSCENARIO 和 OpenCRG 等。其中,OpenDRIVE 是对道路地图进行定义和描述的文件格式;OpenSCENARIO 是对场景的动态部分,即对交通参与者动作进行定义和描述的文件格式;OpenCRG 是对道路的表面细节进行定义和描述的文件格式。

场景的生成方式根据来源主要可以分为基于知识的和数据驱动的。其中,基于知识生成场景通常具有较高的语义上的场景覆盖率,能够对被测系统和车辆进行系统性的测试;通过数据驱动的方式生成场景通常以事故数据作为基础,生成的场景测试性较强,具有更高的测试效率,但通常存在覆盖不够全面的问题。

10.1.3 测试工具链

为了满足不同阶段的测试需求,同时兼顾测试的效率与成本,近年来已发展并形成了较为完善的智能网联汽车测试工具链。根据测试方法及其适用阶段的不同,测试工具链一般包含模型在环测试、软件在环测试、硬件在环测试、车辆在环测试、封闭场地测试与开放道路测试,具体流程如图 10-3 所示。

其中,模型在环测试是将智能网联汽车的某一部分及测试环境使用仿真模型进行替代,组成纯数字仿真测试工具,被测部分可以为车辆动力学模型、传感器模型、决策规划模型等。模型在环测试的特征是每个部分都由仿真模型实现功能,没有涉及真实的系统软硬件,因此这种测试的真实性最差。但模型在环可以对智能网联汽车的架构和工作模式、控制算法的模型和基本逻辑进行测试与验证,适用于开发的初期阶段。

软件在环测试是将智能网联汽车中的一个或多个子系统由模型替换为经过开发的软件代码,用于对软件的功能及合理性进行测试验证。由于这种测试方法中软件代码是真实的,相比模型在环提升了一定的真实性,也通常用于智能网联汽车开发的早期阶段。

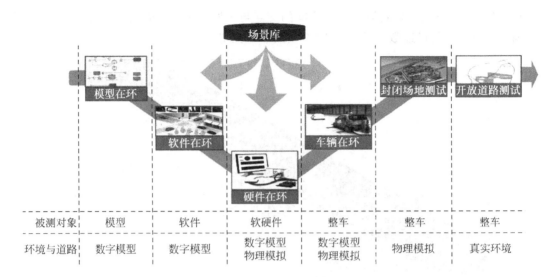

图 10-3 测试工具链

硬件在环测试是指将智能网联汽车中的一个或多个子系统替换为具有真实算法和硬件载体的实体的测试方法,它可对智能网联汽车的各种传感器及感知系统、决策规划系统、控制执行系统等进行测试。由于被测对象都是真实的,因此结果的真实性和可信性又进一步提高。

车辆在环测试是在硬件在环测试的基础之上,将被测对象由子系统变为了智能网联汽车整车。由于测试对象是整个汽车,因此可以综合地对智能网联汽车各个系统联合起来的工作效果进行测试,验证各子系统之间的通信与协调表现,降低模型偏差的影响。

封闭场地测试是指将被测车辆置于专门的试车场地进行测试,从测试环境到被测对象全部都是物理的。但由于测试环境需根据测试目的仿照行驶道路进行设定,其准确性高度依赖于封闭场地的建设情况。

最后一个阶段是开放道路测试,将真实的车辆放入真实的交通环境中进行测试。由于被测系统和环境都是真实的,其测试结果的真实度和可靠性均是最高的,但测试成本也相应最高、测试时间相应最长。这种测试一般用于被测车辆在发布前的最后阶段,通过了开放道路测试,智能网联汽车就具有了在公共道路上自主行驶的能力。

10.1.4 评价体系与方法

多维综合评价体系是指基于不同评价方法,从多个维度进行评价,并将评价结果通过一定的数学方法融合成为一个或多个综合评价指标值,量化评估被评价对象的相关属性,进而使多个评价对象之间具有可比性。对于整车来说,评价的维度既应涵盖传统车辆的基础性能,如安全性、经济性、动力性、操控性和平顺性等,也应覆盖智能网联汽车在驾驶能力方面的表现,如行驶智能性、驾乘舒适性,以及融入既有交通系统的能力等维度。

低等级智能网联汽车(L2 及以下,主要为 ADAS 功能)的评价体系已经相对成熟。国内外主要第三方评价机构均已推出了相关的测试评价规程,且以国际标准化组织为代表的标准制定机构也陆续开展了标准制定工作。相关内容在 10.5 节中详细介绍。

对于高等级智能网联汽车(L3及以上)的评价体系,目前仍处于研究阶段。各国研究机构采用不同的评价维度构建了评价体系。美国国家标准技术研究所提出了无人系统自主等级框架(Autonomy Levels for Unmanned System,ALFUS),从人工干预度、环境复杂度和任务复杂度三个维度对自主无人系统进行了评价和分级。欧洲的智能车辆自动驾驶技术及应用项目(Automated Driving Applications & Technologies for Intelligent Vehicles,ADAPTIVe)将评价体系分为技术评价、用户相关评价、交通评价、安全及环境影响评价四个部分。国内学者提出了基于行驶自治性、交通协调性和学习进化性的智能网联汽车智能性评价体系,能够从本体、空间、时间三个维度系统性地对智能性进行度量。其中,行驶自治性指车辆在安全行驶的前提下,尽可能高效舒适地自主完成驾驶任务;交通协调性指车辆与其他交通参与者合作与博弈的能力;学习进化性指车辆通过学习或积累行驶经验,迭代演进感知、决策、规划等能力,其框架如图10-4所示。

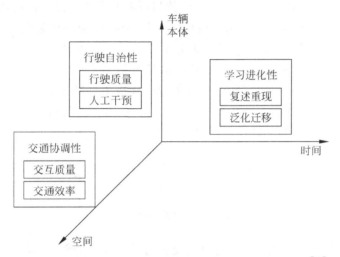

图 10-4　行驶自治性、交通协调性和学习进化性评价框架[11]

针对不同的评价维度,需要进一步选取评价指标。如对智能网联汽车的行驶自治性来说,可以由安全性、舒适性和高效性等几类指标构成对行驶质量的评价。根据量化程度,评价指标可分为计量指标和非计量指标(定性指标),其中计量指标的数值一般通过测试结果计算与分析得到,非计量指标的数据主要来源于专家主观评价。非计量指标的结果直接反映了人类知识与经验,可信度更高,但量化程度低。

评价方法是指通过集结模型对评价指标进行计算,得出综合评价结果。集结模型可以通过主观、客观或组合的方法得到,从而体现各指标对最终评价结果的影响大小或评价主体对不同指标的重视程度。常用的评价方法包括加权平均值法、灰色关联度法、逼近理想解排序法、模糊综合评价法,及神经网络模型等。

综上所述,对智能网联汽车的测试结果须根据评价目标和价值取向,设计评价框架和维度,选取评价指标和评价方法,建立有效的智能网联汽车评价体系。

10.2　虚拟仿真测试关键技术

虚拟仿真测试是智能网联汽车测试的重要方法之一[12,14]。虚拟仿真测试具有计算效率高、场景可重复性高、场景布置灵活、场景覆盖度高、测试成本低等优点,在智能网联汽车测试中得到了广泛的应用。虚拟仿真测试的关键为仿真建模技术,相比传统汽车,智能网联汽车的感知传感系统作为全新的被测子系统,需建立对应的高精度模型以保证仿真测试的顺利进行,相关模型包括行驶场景模型和感知传感器模型。

10.2.1 行驶场景模型

行驶场景是汽车行驶环境的抽象且有限映射,是反映汽车智能驾驶外部影响因素与信息的集合;它包含一定时间和空间范围内影响车辆运行状态和轨迹的周边环境要素,包括道路、气象、静止与动态交通参与物等诸多因素。

1. 行驶场景要素

汽车行驶环境建模的本质是反映汽车行驶与环境的交互特性与影响,包括随机特征、边界条件、失效特例;此外,还包括道路的结构化与非结构化、交通复杂性与混杂性、气象条件的不可预测性等特征,以及地域驾驶特征的差异性等。行驶场景模型构建的关键在于对汽车行驶环境进行抽象且有限的映射,通过建立数量有限但能反映汽车行驶环境关键要素和特征的行驶场景(图10-5),以尽可能消除汽车行驶环境天然的不确定性、不可预测性、不可重复性和不可穷举性,实现智能网联汽车高效、高逼真、可重复且可自动化的研发、测试与评价等。汽车行驶环境建模的关键技术可简单归纳为:

图10-5 场景构建流程

(1)场景要素特征:对无限丰富与极其复杂行驶环境的理解、抽象与映射。

(2)场景构建方法:基于数字虚拟化和实验室模拟技术构建场景,可反映其特征化、逼真度和完整性。

场景要素是行驶场景的基本组成单元。如图10-6所示,场景要素主要包括交通环境要素和测试车辆基础信息两大类。

每一个场景要素都包含了影响智能网联汽车感知结果和决策行为的多种特定属性信息。通过多层级树形网络架构对行驶场景进行抽象映射,可实现对行驶场景的高效、高精确度表征。

2. 行驶场景关键特征

汽车行驶环境丰富多样且变化迅速,行驶场景模型具有复杂度、危险度、随机性三个主要的关键特征[15]。

复杂度是对驾驶员驾驶过程中周围环境多样性状况的描述和评估,它与道路交通环境密切相关。行驶场景复杂度的影响因素中仅考虑场景关键要素及其属性而不考虑风向、温度湿度等对驾驶性能影响小的场景要素。复杂度是一个相对的概念,不会离开所研究的车辆对象而单独存在,在道路交通环境中会随着行驶路线的选择、速度变化等因素的变化而变化。简单地说,交通越顺畅、路面越宽阔干燥平坦、周边车辆和行人越少,这样的因素产生的

第10章 智能网联汽车测试评价

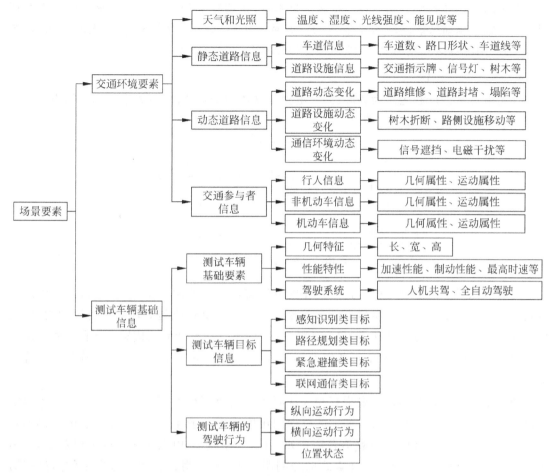

图 10-6 场景要素多层级架构

场景复杂度就越低。

危险度是对任何可能给车辆和驾驶员造成伤害的周边环境场景突发情况、情境或组合状况的描述和评估。交通场景中的危险源分为显性危险源和潜在危险源两类。显性危险场景是道路交通环境中存在着明显的危险，如车辆前方突然有行人横穿马路；潜在危险场景是指交通环境中存在着驾驶员或智能驾驶系统不能立刻发现、还未暴露出来的危险，如恶劣气象导致的能见度低、路面湿滑、路况复杂等场景。

随机性体现了实际的道路环境和交通路况条件下的瞬时变化。尤其是城市场景，由于交通流变化快且人车混合交通随机性大，随机性分析有助于智能驾驶系统做出不同的判断和决策的备案，从而迅速采取应对措施。

10.2.2 感知传感器模型

感知传感系统在智能网联汽车环境感知—决策规划—控制执行的架构中处于首要位置。环境感知系统要精确识别、收集车辆周围的行驶环境信息，对环境感知传感器的输出信息进行数据融合和抽象提取，环境感知系统输出数据的质量直接影响后续决策规划和控制执行系统的性能和效果。因此在虚拟测试过程中,搭建精确的环境感知传感器模型是虚拟测试的基础。当前智能网联汽车搭载的主要感知传感器包括激光雷达、毫米波雷达、相机等,本书以两种雷达模型为例,介绍典型感知传感器的建模过程。

1. 激光雷达建模

激光雷达是指以激光作为载波、以光电探测器作为接收器件、以光学望远镜作为天线的光雷达,其模型框架如图 10-7 所示。

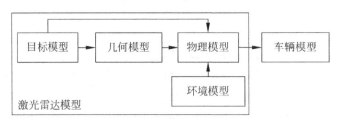

图 10-7 激光雷达模型框图

对车载激光雷达进行建模的目的是在虚拟驾驶环境中使用虚拟的激光雷达,可以用于构建汽车控制的虚拟驾驶环境信息。车载激光雷达的主要功能是对环境和目标的检测,因此其建模主要包括自身特性建模、目标建模、介质建模。自身特性建模即激光雷达的探测机理建模,目标建模描述了目标的形状以及其反射特性,介质建模描述环境中激光传输的介质对探测的影响[16]。

激光雷达自身特性建模主要指其光线探测的几何范围模型,例如视锥模型。由于真实的激光雷达在水平方向和垂直方向上的可探测角度范围一般不同,因此使用椭圆锥模型作为激光雷达的视锥。椭圆锥的数学表达式如式(10-1)所示。由数学表达式可以看出,锥体可以由三个属性确定,分别是激光雷达的探测距离 R,激光雷达在水平方向上的角度视野(水平视场角)α 和激光雷达在垂直方向上的视野(垂直视场角)β。视锥形状的示意如图 10-8 所示。

$$\begin{cases} \dfrac{y^2}{x^2\tan^2\left(\dfrac{\alpha}{2}\right)} + \dfrac{z^2}{x^2\tan^2\left(\dfrac{\beta}{2}\right)} \leqslant 1 \\ x^2 + y^2 + z^2 \leqslant R^2 \end{cases} \tag{10-1}$$

在智能网联汽车行驶时,常见的检测目标类别包括车辆、建筑物、行人等,包围盒形式(图10-9)能涵盖目标在三个方向上的轮廓尺寸信息,且计算简便,常被用于目标建模。除了轮廓尺寸信息,目标物的反射特性也会影响激光雷达对其的检测。当激光照亮目标的光斑为圆形时,目标的散射截面可以简化为

$$\sigma = \pi \varphi^2 L^2 \rho_T \tag{10-2}$$

式中,ρ_T 是目标平面反光系数;φ 是光束发散角;L 是目标被照射部位相对于雷达中心距离。

介质建模也是激光雷达建模过程中的重要内容。在雾、霾等恶劣天气下,激光雷达的探测范围会受到显著影响。介质模型主要针对不同天气所带来的激光传输衰减过程,主要和激光波长和天气情况相关。根据 ITUR 建议的结果,当波长大于 $0.8\mu m$ 时,大气分子的瑞利散射对信号的损耗可以忽略不计。

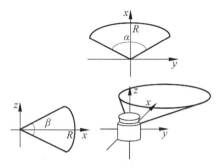
图 10-8 激光雷达视锥模型示意图[17]

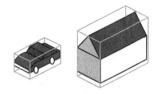
图 10-9 检测目标包围盒示意图

2. 毫米波雷达建模

毫米波雷达是一种采用工作频率为 30~300GHz 的电磁波信号探测目标位置及其他信息的传感器装置,其建模过程可以分成两部分:模拟理想雷达功能的几何模型和考虑真实雷达工作过程的物理模型。几何模型不考虑实际雷达探测目标的具体机理,将其发射的电磁波束抽象成椭圆椎体,与搜索空域内的目标物体特征点集求交并输出。物理模型在几何模型的基础上,通过模拟实际雷达信号的处理流程和物理特性,使毫米波雷达模型更接近真实情况。

几何模型将雷达发射电磁波波束抽象成空间椎体,将场景中感兴趣的目标离散成一系列预先定义的能充分表达出物体形状特征的特征点集(Points of Shape Characteristics,PSC),从而将雷达的探测过程转化为寻找视锥范围内的 PSC 问题。PSC 应该满足以下条件:①位于雷达视锥内;②没有被遮挡,没有任何物体或 PSC 位于雷达视锥顶点至该 PSC 的连线上。雷达对周围场景探测的过程就是不断剔除场景中的目标物体特征点,最终留下被雷达"照射"到的点集的过程。快速筛选符合条件的 PSC 的流程如图 10-10 所示,主要包含四部分:判断是否在最小可见区域,判断包围盒与视锥的位置关系,判断 PSC 是否在视锥内,判断 PSC 是否被遮挡。

最小可见区域判断用于判断哪些物体在雷达的波束范围之内;视锥可见判断利用包围盒快速判断目标物体是否与视锥有交集,将完全位于视锥之外的目标物体特征点予以剔除;视锥裁剪判断对部分位于视锥之外的包围盒进一步细化判断,将位于视锥之外的目标物体特征点剔除;遮挡判断经上述处理后将被遮挡的特征点剔除。

基于毫米波雷达的信号处理过程,汽车毫米波雷达物理模型建模流程如图 10-11 所示。首先由几何模型输出的相对距离 R_i、相对速度 V_i 和相位角 θ_i 参数定义物理模型的输入;根据毫米波雷达发射功率 P_t、载波频率 f_c、带宽 B、发射天线方向增益 G_t、接收天线有效面积 A_{eff} 等硬件参数结合目标 RCS 估计值构造时域上的差拍信号,每一个目标物体都会产生一个对应的时域差拍信号,将时域信号求和,构建目标物理理想时域信号;叠加高斯白噪声用以模拟信号数字化过程中产生的量化噪声,同时融入由于非理想频率合成器和混频器等产生的信号相位噪声以及系统内部热噪声;根据采样扫频周期数 M 和每周期采样点数 N 将数据进行离散采样,并通过 2D-FFT 变换到频域进行频谱分析,进行恒虚警率(Constant False Alarm Rate,CFAR)检测,当信号幅值大于所设定的阈值时,认为其为目标物体产生的回波信号,当信号幅值小于所设定的阈值时,认为其为地面等杂波或噪声信号;找到所有

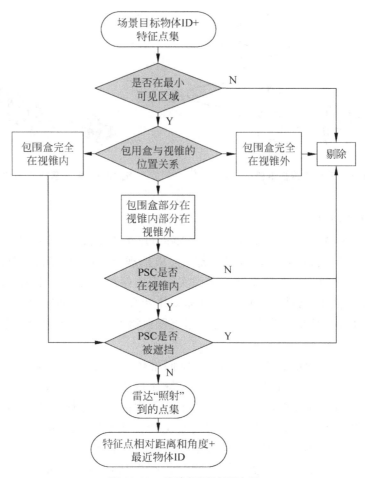

图 10-10 雷达探测过程流程

信号峰值,计算目标的相对距离 R_i' 和相对速度 V_i'。最后,存储经过毫米波雷达物理模型处理后的目标 ID 及目标相对距离 R_i'、相对速度 V_i'、相位角 θ_i' 等位置信息。

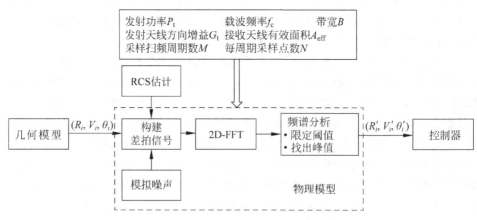

图 10-11 毫米波雷达物理模型建模流程

10.3 硬件在环与车辆在环测试关键技术

虚拟仿真测试可重复性高、效率高、成本低,但是其中的零部件模型难以模拟实际零部件工作过程中遇到的各种噪声和干扰,且难以评价建立的零部件模型与真实零部件的差异度,测试结果可信度较低。硬件在环测试(Hardware-in-loop,HIL)和车辆在环测试(Vehicle-in-loop,VIL)采用真实的硬件,通过实时处理器运行仿真模型模拟环境信息,具有较高的真实性和可信度,并且可重复性好、测试效率高、安全性好,是智能网联汽车测试的重要一环。

10.3.1 硬件在环测试技术

智能网联汽车硬件在环测试主要包括环境感知系统在环测试、决策规划系统在环测试和控制执行系统在环测试。硬件在环测试实验室实景展示详见二维码。

实验室实景

1. 感知系统在环测试

环境感知系统在环测试主要包括相机在环测试和雷达在环测试等。

相机系统在环测试将车载摄像头采集到的图像信号通过信号处理单元及预留的控制策略算法处理器接口,导入至待测算法中进行车辆自动控制及相关集成功能的测试研究。常见的相机系统在环测试有三个方案,如图10-12所示。方案一中,系统提供的车载摄像头识别环视显示屏后,会输出必要信号并预留接口给系统,以实现自动驾驶功能。为避免由于显示器屏幕反光对于读取图像的影响,方案二中的图像不是通过相机的镜头读取,而是将电脑模拟的虚拟数据通过专门的处理单元给到相机的图像处理单元,跳过镜头和成像单元。方案三是利用真实数据实现实验室相机在环测试的方式,真实相机采集的数据会通过数据处理单元输入到相机的图像处理单元。

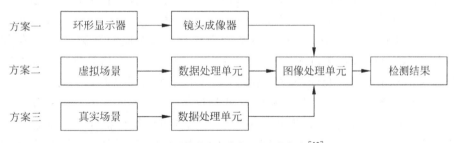

图10-12 相机系统在环测试方案[18]

毫米波雷达在环试验能够实现雷达传感器参数(如功率、噪声、波束宽度和频率等)和雷达目标检测性能(如目标识别准确度、检测概率、距离精度、角度精度和速度精度等)的测试验证,由于目标可模拟,可以重复进行雷达测试。常见的毫米波雷达在环测试方案如图10-13所示。方案一中,雷达目标模拟与车辆动力学模拟联合仿真,基于车辆动力学软件产生虚拟场景环境,雷达目标模拟器利用虚拟场景信息产生雷达回波,回波中包含目标的速度、距离和角度信息,雷达接收模拟回波信号经过数据识别处理得到目标结果,再通过CAN总线发送给虚拟车辆模型用于决策控制;方案二中,用人工真实场景代替了虚拟场景,真实车辆代替虚拟车辆模型来完成雷达的闭环验证。两种方案中均可预先设置好目标的距离、速度和角度等信息,将其与雷达识别结果对比分析可测试雷达的识别准确度、检测概率、距离精度、角度精度和速度精度等性能。

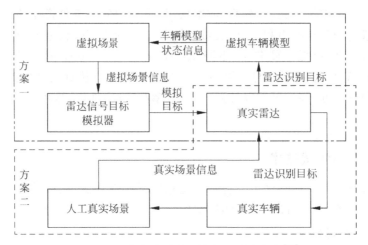

图 10-13 毫米波雷达硬件在环测试方案[19]

2. 决策规划系统在环测试

随着车辆智能化等级的逐渐提高,决策规划系统的复杂性日益提高,其不仅需要处理复杂的外界环境信息,还会直接影响控制执行系统的表现,在智能网联汽车系统级测试阶段占有重要地位。由于决策规划系统需要根据周围环境变化做出实时判断和决策,因此实车试验成本高、安全隐患大并且对试验工况有很高的要求,在环测试是验证决策规划系统的必要手段。决策规划系统在环测试可以有效地缩短开发周期、提升开发效率,并且排除了很多传统开发技术的缺点和纰漏。

在进行决策规划系统在环测试时,主要包括两部分关键技术:通信方式选择及系统架构设计。测试系统的通信主要为关键模块的信息交换,相应的接口由物理接口及逻辑接口组成:物理接口指的是仿真平台中信息流的物理承载方式对应的设备或模块,例如电信号物理接口(串口 COM、USB 接口、CAN 总线、RJ-45 网口等)和光信号物理接口(光纤);逻辑接口指的是仿真平台中信息流的逻辑承载方式对应的软件设备和通信协议。由于决策规划系统测试需要具备高频率、高数据吞吐量、低延迟等特性,传统的工业控制互联网接口如 CAN、USB 等无法满足带宽需求,因此在决策规划系统测试平台搭建时一般选择以太网作为主要通信方式。以太网的通信协议和通信中间件资源丰富,可以适配不同方案的测试架构设计。以太网通信通常使用两种上层协议:TCP/IP 和 UDP/IP 协议。TCP 协议是基于连接的协议,以点对点的方式工作,传输可靠性高,但存在一定的性能和速度损耗;UDP 协议面向无连接,不保证传输可靠性,但很大程度上保留了传输性能。由于在进行测试平台搭建时各设备大多集成在同一区域且大多具有抗电磁干扰的设计,因此信号传递过程中干扰较小,丢包率较小,UDP 协议传输作为逻辑接口较为合适,且 UDP 协议定义了单播、组播和广播多种传输方式,较为契合硬件在环系统中信息在系统内多个组件之内的传播方式。

决策规划系统测试系统架构一般包括仿真服务器和仿真客户端两部分。仿真服务器负责动静态仿真环境构建、传感器仿真和动力学仿真;仿真客户端负责仿真消息提取和生成,以及被测决策规划系统与仿真服务器之间的实时消息交互。一个典型的决策规划在环测试平台架构如图 10-14 所示,仿真客户端获得仿真服务器中的车辆状态、传感器信息、定位和导航信息,通过 UDP 组播的方式发送给被测决策规划系统。决策规划系统得到期望转向和期望速度并返还给仿真客户端。仿真客户端计算出最终应用的油门、制动和方向盘转角信号,通过本地端口发送给仿真服务器,仿真服务器将控制信号和车辆在虚拟世界中的位置和姿态转发给车辆动力学模型进行计算,并接收车辆动力学模型的计算结果更新下一个仿真步中的车辆状态,最终完成信息闭环。

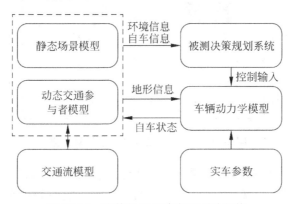

图 10-14 决策规划系统在环测试架构

3. 控制执行系统在环测试

随着智能网联汽车功能的不断丰富,EEA、AUTOSAR 和域控制器等针对执行系统的电子电气架构相继出现,执行系统电子控制单元(ECU)的功能不断发生变化,算法复杂性不断增加。同时,执行系统构型不断发展,其测试需求不断提高,控制执行系统在环测试的重要性愈发凸显[21]。

根据系统测试的不同需求,控制执行系统在环测试可分为 3 个层级:信号级测试、功率级测试和机械级测试。信号级测试所使用的信号均为小电流信号,信号仅具有控制功能,不具备大功率驱动能力;功率级测试使用的信号为大电流功率信号,采用完整的控制器,其他部分为仿真模型,并配备合适的电子负载板卡用于消耗电流,最终完成测试;机械级测试主要以搭建真实的物理硬件在环试验台为主,通过嵌入被测系统物理硬件,并连接真实的传感器,使用模型仿真车辆真实运行时的各类信号,最终完成闭环测试环境。

一套典型的制动系统硬件在环测试方案如图 10-15 所示。自动化测试平台将场景库中的测试场景导入集成测试环境,并完成建模和初始化,当自动驾驶功能需要主动制动时,其通过 CAN 将主动制动信号发送至主动制动控制器;随后,该控制器控制主动制动机构动作,经过真实的液压回路在轮缸建立制动压力,通过模拟量采集接口实时传递至车辆模型,实现制动减速。

10.3.2 车辆在环测试技术

车辆在环测试技术是将虚拟交通环境产生的测试场景实时地传输给真实物理世界中待

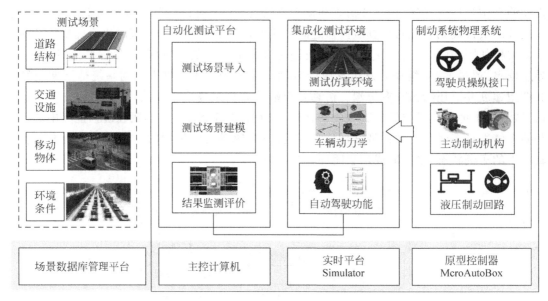

图 10-15　制动系统在环系统设计方案

测智能网联汽车控制器,控制真实车辆产生运动行为,并通过实时的信息交互同步仿真环境中的仿真车辆以及更新虚拟场景,实现仿真车辆与待测智能网联汽车平行执行以动态更新虚拟场景,以虚实结合的方式完成智能网联汽车的性能测试的技术。

相比于单纯的虚拟测试关键技术,车辆在环测试技术用真实车辆代替了仿真软件建立的车辆动力学模型,进一步提高了测试的精确度,使得测试结果更加可靠。智能网联汽车开发后期,将所有的部件系统集成到原型车辆上进行测试,不仅可以验证决策控制算法的安全性,同时可以测试智能网联汽车中自动驾驶系统与车辆底层执行系统,例如动力系统、传动系统、制动系统、转向系统等之间的交互功能。

相较于实车道路测试,车辆在环测试系统使用仿真软件建立丰富的测试场景,待测实车并不是真实地存在于复杂且危险的交通环境中,一方面减少了对交通环境和目标测试设备的需求;另一方面也避免了真实的碰撞等危险的发生,大大降低了测试风险,保护测试人员的安全,也可以节约不必要的设备损失,同时还能保证测试人员真实的驾驶体验感。

根据进行测试的场地的不同,可以将车辆在环测试分为封闭场地车辆在环测试技术和转鼓平台车辆在环测试技术。

封闭场地车辆在环测试的技术方案可以概括为:通过场景仿真软件生成虚拟场景,由传感器模型和传感器信号模拟软件生成基于虚拟场景的传感器信号,并发送给车辆电子控制单元,电子控制单元根据环境感知数据进行决策规划并将控制信号传递给底层车辆执行系统。真实车辆行驶在封闭的场地中,通过车载的 GPS 精确定位,获取车辆位置信息;通过惯性测量单元计算出车辆的速度、加速度、偏航角信息。同时,场景仿真软件读取车辆位置与轨迹信息用于更新虚拟环境中本车的运动状态,并根据新的位置信息给出传感器模拟信号,从而构成了完整的车辆在环闭环测试系统。

转鼓平台车辆在环测试技术是将车辆安装在室内的转鼓平台上进行测试的车辆在环测试技术,其主要特点是测试车辆的绝对位置不需要变化,通过接收虚拟环境变化,根据给定的道路模型,利用平台与轮胎之间的接触,通过施加扭矩的方式模拟道路变化,传输道路几何信息(如坡度、摩擦系数等)。同时,通过搭载在平台或者车辆本身的传感器,获得被测车辆自身的运动信息。典型的转鼓平台车辆在环测试方案如图10-16所示。

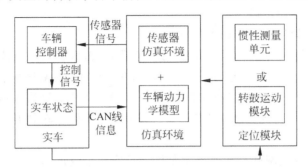

图 10-16　典型的转鼓平台车辆在环测试方案

10.4　试验场及开放道路测试关键技术

试验场测试及开放道路测试使用真实的研发车辆在真实行驶环境中进行测试,测试真实性高,可同时测试被测车辆算法的正确性、各硬件子系统之间的协调情况、系统与驾驶员的交互情况,是企业最常采用的测试手段,也是汽车量产上路必须经历的检测阶段[24]。

10.4.1　试验场测试

试验场测试是指在封闭运营管理的汽车试验场内开展的智能网联汽车实车测试,是获准执行开放公共道路测试前的必经环节。在试验场测试中,真实的驾驶员或安全员驾驶或管控真实的被测车辆,但道路交通环境是人为搭建的测试环境。试验场测试按测试内容划分,主要包括人机交互测试、功能逻辑测试、系统性能测试等。一方面,成功地执行试验场测试所需的前提条件很高,被测系统功能必须集成在合适的试验车上,交通环境需通过合适方式复现,要有足够空间的汽车试验道以保证试验过程有效性、所有测试相关人员/车辆/设备设施的安全性;另一方面,试验场测试有助于快速、准确、可重复地评价智能网联汽车系统的性能,且无须完全掌握其内部构成和控制策略,因此智能网联汽车实车测试标准法规也主要采用试验场测试(如 ISO、UN ECE、EU、Euro NCAP、NHTSA、IIHS、JNCAP、GB/T、JT/T、i-VISTA、C-IASI、C-NCAP 等)。

针对智能网联汽车测试的封闭试验场一般包括高速路段、环岛、交叉路口、坡道、多用途测试路段、特殊测试路段、V2X 测试路段、噪声或电磁波干扰路段、控制中心[25]。

国外很多机构都已经开始了封闭试验场测试,例如美国密歇根大学的 M-city、日本的 J-town、瑞典的 AstaZero、英国的 Mira city、韩国的 K-city 等。M-city 位于密歇根州安娜堡市密歇根大学校园内,占地约 200 亩,车道线总长约 8km,设置多种道路和路侧设施模拟实际道路环境,主要包括两个测试区域:用于模拟高速公路环境的高速试验区域和用于模拟市区和近郊的低速试验区域。其中,模拟市区的低速试验区完全模仿普通城镇建造,包含两车道、三车道和四车道公路,以及交叉路口、交通信号灯和指示牌等,提供了真实的路面、标志标线、斜坡、自行车道、树木、消防栓、周边建筑物等真实道路场景元素。

在国内,随着智能网联汽车自主研发体系及生产配套体系的逐步完善,国内多个地区纷纷启动了智能网联汽车封闭测试场地的项目,旨在建立一套未来交通道路的模拟环境,为智能网联汽车提供各种交通路况和驾驶场景,用于测试和验证智能网联汽车的安全性和可靠性我国汽车试验场实景展示详见二维码。

试验场实景

我国具有代表性的封闭试验场主要有:

(1) 北京的国家智能网联汽车与智慧交通(京冀)示范区。根据京冀城市交通及道路特点,集中模拟构建典型的实际交通场景,为智能网联汽车的研发测试、试验验证、检测评估提供环境。该示范区推出了国内首条车联网专用车道,对于联网的测试车辆,可以进行盲区提醒、紧急车辆接近、行人闯入、绿灯通过速度提示、优先级车辆让行等10多种预警和提醒。

(2) 上海的国家智能网联汽车试点示范区。已完成了隧道、林荫道、加油/充电站、地下停车场、十字路口、丁字路口、圆形环岛等模拟交通场景,已具备完善的测试设施和设备,可为智能网联汽车提供多种场景的测试验证,同时支持避撞能力、行为能力及实效应对能力等各方面的综合性测试评价,并通过"昆仑"计划形成了配套软件支撑。封闭测试区已初步完成了商用车测试平台和专用车测试平台的建设,支持不同传感器和算法的开发、测试和验证工作。

(3) 重庆的 I-VISTA 示范区。作为一个城市模拟道路测试评价试验区,拥有全长约 4km 测试路段,包含 11 个交通路口,覆盖十字路口、丁字路口、直道、弯道、隧道、桥梁、淋雨道、低附路面等 10 多种典型道路交通场景,如图 10-17 所示。在搭建多种测试场景的基础上,提出智能网联汽车评价体系框架,从安全、体验、能耗、效率四个维度分别评价智能驾驶产品在避免或减轻交通事故方面的效果、智能驾驶产品甚至整个智能网联汽车用户体验的好坏、智能网联汽车相比人工驾驶在油耗、电耗方面的优劣,以及智能网联汽车在整个智能交通系统中的互联共享以及效率。

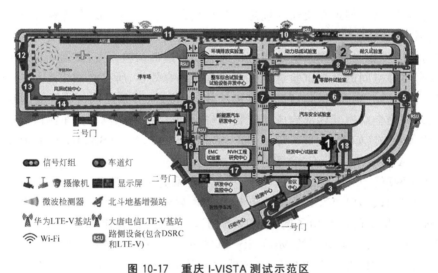

彩图 10-17

图 10-17 重庆 I-VISTA 测试示范区

10.4.2 试验场测试装备关键技术

场地测试装备主要用于智能网联汽车产品研发及标准法规测试,为制造商及企业提供智能网联汽车的安全设计、开发和部署提供测试判断依据,同时也为智能网联汽车自动驾驶功能相关标准制定提供实现基础。场地测试装备的评测对象是"人-车-云-环境-任务"的强耦合系统,测试智能网联汽车在设计运行域内持续完成指定动态驾驶任务(Dynamic Driving Task,DDT)的能力。其从环境到车辆系统均为实物,强调环境和场景的还原和模拟能力,采用柔性化设计,保证车辆能够在有限的场地条件下,尽可能多地经历不同环境和场景,通过专业的测试设备和定量化的评估实现驾驶自动化系统功能和性能的全面测试。

场地测试装备主要分为三类:信息采集类测试装备、车辆控制类测试装备、移动目标测试装备。信息采集类测试装备主要采集车辆总线信息、车辆/目标物运动特征信息、环境重构信息、V2X通信信息、平台检测控制信息等一系列与智能网联汽车评测相关的全量信息;车辆控制类测试装备主要完成车辆的精准控制工作,包括方向盘、油门、刹车等控制;移动目标测试装备负责实现测试环境中移动目标物的精确模拟仿真,既要对移动目标物的形状、光线反射、温度等特性进行仿真,同时要对其目标移动场景进行高度还原。

信息采集类测试装备中,高精度惯导系统实时监控记录车辆的运动特征(如速度、加速度、车辆姿态、方位角等);车辆CAN总线检测设备主要用于车内部件通信信息检测;声音图像信号采集系统主要用于记录试验车辆行驶过程中发出的各种声音和图像报警信号,记录的这些信号可用于系统功能性的判定。

车辆控制类测试装备的主要功能是控制测试车辆或目标物按照既定的路线,以设定的速度运动。其组合使用的油门、制动、离合驾驶机器人系统,借助驾驶机器人可以完成驾驶员的所有常规驾驶动作,如加速、制动、转向、换挡等。驾驶机器人相互配合,并结合相关参数设置,可以使测试车辆按照既定路线,以设定的速度行驶,并完成一系列指定动作的操作。

移动目标测试装备主要分为两种,即目标物及移动设备。目标物是搭建测试场景重要的测试设备,用于代表场景中各种交通参与者。又可细分为成人目标物、儿童目标物、自行车目标物、摩托车目标物、汽车目标物以及动物目标物等。目标物的雷达反射特性、吸波或反射材料、红外特性、生理运动特点、外观结构等均要与相对应的真实人或物达到一定程度的接近,以满足传感器的识别需求。此外,还要考虑试验过程安全性、可重复操作性等因素对目标物的结构强度提出相应的要求,碰撞后不能对测试车辆造成严重的损坏,不能对试验人员安全造成威胁。移动设备指牵引系统和移动平板,主要是作为各种目标物的载体,使目标物能够按照指定的路线和设定速度运动,进而实现各种测试场景。其主要性能要求包括速度精度、加速度精度、转向精度,以及能够在一定范围的高温低温环境中工作、结构强度要求等。

场地测试设备作为"人-车-云-环境-任务"复杂测试环境模拟系统的核心组成部分,涉及高精度融合定位技术、多目标协同控制技术、复杂环境重构技术、多模态传感器融合技术等一系列关键技术。随着汽车智能网联程度等级的提高,人机角色、车辆控制、目标事件探测及响应(Object and Event Detection and Response,OEDR)、DDT反馈以及ODD等多个细化功能要求逐级递增,这也导致测试验证越来越复杂,对于相关技术的攻克也越来越有挑战性。试验场测试装备展示详见二维码。
测试装备

具体而言,L0~L2级的智能网联汽车场地测试中,测试目标物(目标车辆、车道线等)单一,场景简单,对目标物标定要求低。测试过程中关注的也只是基于卫星定位产生的一些基本测试数据项,根据测试功能要将其分解为若干个单一场景分别进行测试。测试结果方面,其评价指标多为经验参数或简单的通过性判断,参与评价的测试项也较少。L3及以上的智能网联车辆,其测试目标(目标车辆、车道线等)较多,场景复杂,对目标物标定要求高。测试过程中除基本测试数据外,往往还需要外接其他数据源,增加测试数据项,如需要外接视频采集器和压力传感器来帮助完成是否进行人工干预的判断。另外,其单次试验就能完成系统多项功能的测试,评价指标可基于自然驾驶数据进行统计学分析,评价方式具有多维度的特点。

10.4.3 开放道路测试装备关键技术

开放道路测试主要用于被测车辆在实际复杂的、交互的开放道路上进行性能测试与验收,被认为是验证智能网联汽车驾驶安全性、车辆性能最直接、最精确的方法,这一阶段能够真实、有效地评估整车级系统的实际性能以及用户层面相关的性能,如图10-18所示。开放道路测试主要是通过软件结合硬件的方式,按照预先设计路线,在实际环境中进行被测系统可靠性和稳定性的开放道路测试,通过主观和客观两种方式,记录系统误报、漏报等问题事件。离线回放中,同步还原并分析事件发生时间段内的车辆总线、视频图像、音频信息、GPS定位等数据,为系统开发人员进行问题定位和系统升级提供依据。

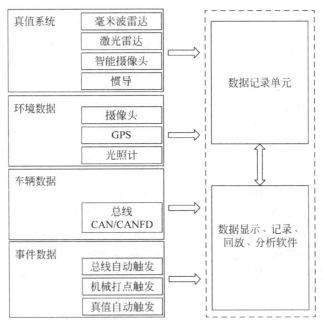

图10-18 开放道路测试框架图

开放道路测试目前有两类方法:基于手动打点记录问题的方法和基于真值结果自动打点记录问题的方法。

基于手动打点记录问题的方法,硬件系统采集的数据主要有环境数据、车辆数据、事件数据三类。其中,环境数据包括车辆内外摄像头、GPS定位、光照计等,车辆数据主要指车辆总线数据(CAN/CANFD等),事件数据则有总线自动触发事件数据、手动打点触发数据。

基于真值结果自动打点记录问题的方法,硬件系统采集的数据主要有真值数据、环境数据、车辆数据、事件数据四类。环境数据和车辆数据与基于手动打点方法记录内容相同。真值数据是通过外接毫米波雷达、激光雷达、智能摄像头、惯导等传感器,融合后得到这些传感器的最终目标识别结果。事件数据则有总线自动触发事件数据、真值结果自动触发数据。

从测试设备上讲,开放道路测试设备大体上可以分为以下几大类:数据采集系统,采集与分析软件,组合导航系统,真值系统,驾驶员监控系统等。数采系统是对道路测试过程中的大量数据进行采集、存储、回放和分析,这些数据包括传感器数据、控制器关键参数、整车CAN 网络数据以及环境数据等。真值系统提供目标识别能力、探测精度等目标结果,通过与车辆本身传感器的目标探测结果进行对比,得到车辆传感器探测性能的测试评价。因此,开放道路测试要求真值传感器(包括毫米波雷达、激光雷达、智能摄像头等)在识别能力、探测精度等指标上高于车辆本身传感器。摄像机的主要功能是实现各种环境信息的感知,其感知能力包括对车道线、障碍物、标志牌和地面标志、可通行空间以及交通方信号灯等的识别。激光雷达一般安装在车辆的四周和顶部,用于解决摄像机测距不准确的问题。毫米波雷达不仅拥有成本适中的优点,而且能够完美解决激光雷达应对不了的沙尘天气的问题。此外,有些车辆还配备了超声波雷达,用于检测车辆周围的障碍物。驾驶员监控系统的作用在于可以确认高级别驾驶自动化系统涉及的后备驾驶员在必要的时刻能够保持警觉和清醒,并能随时准备好执行驾驶任务。同样,随着汽车智能网联程度等级的提高,系统功能需求的不断增加,为获取开放道路测试中更加精准的定位信息,越来越多的开发者和测试人员在开放道路测试中增加惯性导航系统,以提高测试系统定位的准确性。开放道路测试车路协同装备展示详见二维码。

开放道路测试装备

10.5 智能网联汽车测试评价方法与标准体系

除了契合的测试工具,测试评价方法在智能网联汽车的安全性验证过程中也具有十分重要的作用。正确的测试方法可以提高测试效率,降低测试过程的消耗,减少测试时长;而正确的评估方法可以引导企业研发融入真实交通环境,符合消费者认知的高智能等级车辆。此外,标准作为车辆量产上路的必要门槛,其所使用的测试评价内容必须被专门研究。

10.5.1 智能网联汽车测试方法

不同于传统汽车技术的研究,智能网联汽车系统的研发与测试面临着行驶环境复杂且不可预测、场景难以复制、试验安全无法保障、试验周期和成本控制压力骤增等诸多困难与挑战,传统汽车的测试方法已难以满足智能网联汽车测试需求。当前面向智能网联汽车的测试方法主要分为基于功能的测试方法、基于场景的测试方法和基于里程的测试方法。

1. 基于功能的测试方法

在智能网联汽车发展的初期,其功能多以单一节点实现。由于被测功能单一,因此可以针对不同功能选择合适的测试场景配置,预先建立测试用例矩阵。测试用例指的是为某个特殊目标而编制的一组测试输入、执行条件以及预期结果,以便测试某个程序路径或核实是否满足某个特定需求。现有的自动紧急制动(AEB)、自适应巡航控制(ACC)、前向碰撞预警(Forward Collision Waring,FCW)等法规均属于基于功能的测试方法内容体系。该方法的一个特点是对测试过程和测试结果有明确的要求,如对 AEB 的测试,车辆必须在不同条件下通过制动避免与障碍物发生碰撞,来证明功能有效。

基于功能的测试方法首先分析被测功能的工作内容及原理,根据功能特征确定其匹配的测试工况。以 FCW 为例,其通过雷达系统时刻监测前方车辆,判断本车与前车之间的距离、方位及相对速度,当存在潜在碰撞危险时对驾驶者进行警告,其本身不会采取任何制动措施去避免碰撞或控制车辆。根据 FCW 功能范围,其设定的测试方案为前方车辆静止、前方车辆减速、前方车辆低速、单车道多车、前侧存在车辆、弯道车辆、车辆前上方存在物体、车辆前下方存在物体及路侧目标测试。由于功能较为单一,可通过组合测试的方式进行典型情况的全部测试,因此这种方法在智能网联汽车发展早期得到了广泛应用。

由于测试者对测试输入、测试条件和结果非常明确和可控,基于功能的测试方法的测试可重复性强,测试效率高。然而在应用于功能相对复杂和综合的智能网联汽车测试时存在一定不足,首先体现在该方法只能对某项功能进行测试,而无法测试多项功能的综合表现;其次,由于对测试结果有着明确的要求,系统自主决策能力难以体现。

2. 基于场景的测试方法

随着智能网联汽车功能的日益复杂,面向单一功能的测试方法越来越难以适应高等级自动驾驶系统的测试需求。为了应对这一挑战,基于场景的测试理论框架已逐渐得到研究人员及测试机构等认可。基于场景的测试方法是通过预先设定的场景,要求车辆完成某项特定目标或任务来对系统进行测试的方法。该方法的特点在于对测试过程没有明确要求,在不违背给定目标或任务的情况下,被测车辆可以自主选择采取何种方式处理当前状况,具有很高的自由度。

图 10-19 为一个典型的测试场景描述,通过给定被测车辆的初始位置及最终的行动目标,同时设定一段时间内的周围交通环境变化,观察被测车辆在通过整个场景时的操作。车辆可能采取图 10-19 中所示的换道,也可以采取加速超车,甚至可以选择等待周围车辆全部通过后再到达目标点。即使被测车辆在整个测试过程中采取了不同的操作策略,只要完成

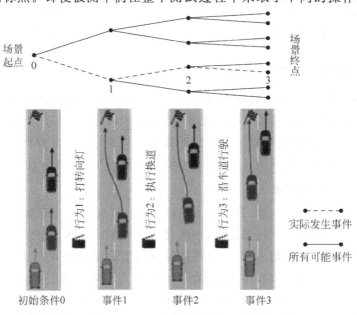

图 10-19 具体测试场景衍生示例[3]

预先设定的测试目标，即可认为通过了该场景下的测试。

场景测试的优势在于该方法只规定了测试的初始条件及最终目标，不预先设定测试过程，可以保障系统自主决策的自由度，能够对系统多种功能的综合性能进行测试，因此更适应高级别自动驾驶系统的测试需求。但为了能够满足多种环境感知传感器的测试需求，同时提供系统决策所需的自由度，测试场景的设计势必更加复杂，环境要素更加丰富，因此测试场景的构建是该方法的一大挑战。

3. 基于里程的测试方法

基于里程的测试通过给定被测车辆与真实道路驾驶情况完全相同的行驶环境（真实道路驾驶或高精度交通环境仿真），通过被测车辆在该环境中持续行驶统计数据确定被测智能网联汽车的设计缺陷。由于整个行驶环境与真实驾驶一致，在测试过程中无法控制其他交通参与者的具体行为（仿真环境中的交通车辆在给定初始模型后不可再对其根据被测智能网联汽车的运动进行进一步控制），因此所有事件均可认为随机发生，该方法可以用于发现一些专家经验未曾考虑到的低概率事件，亦可获得在真实驾驶环境中的统计数据。

基于里程的测试方法已得到了企业机构的广泛应用，但是该方法测试周期长，效率低，测试成本巨大，且公开道路测试还必须考虑安全风险问题以及法律法规的限制，虽然在仿真环境中可以建立相对应的仿真城市，但是相比基于场景的测试该测试方法还是存在周期长、成本低的缺陷。

10.5.2 智能网联汽车评价规程

随着智能网联汽车技术不断更新迭代，全球主要汽车第三方评价机构均推出面向智能网联汽车的测试评价体系，并对其功能性能进行测评。各测评体系如图 10-20 所示。按地域划分，北美洲拥有 2 个测评体系，即 IIHS（美国公路安全保险协会）和 NHTSA（美国国家公路交通管理局）；欧洲主要测评体系为 Euro-NCAP（欧洲新车评价体系）；日本主要测评

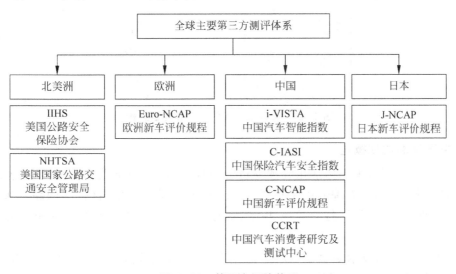

图 10-20 第三方评价体系

体系为 J-NCAP(日本新车评价体系)。作为全球汽车产销大国,中国拥有更全面多维的测评体系,其中包括以中国汽研为代表的 i-VISTA(中国汽车智能指数)、C-IASI(中国保险汽车安全指数);以中汽中心为代表的 C-NCAP(中国新车评价规程)、CCRT(中国汽车消费者研究及测试中心)。

10.5.3 智能网联汽车标准体系

标准和法规引领和支撑整个智能网联汽车产业的发展,已成为相关标准化组织的关注重点。

1. 国际标准法规概况

在国际上,智能网联汽车相关标准制定研究的组织有国际标准化组织(ISO)、国际电信联盟(ITU)、美国汽车工程师协会(SAE)、联合国欧洲经济委员会(UNECE)、国际电气及电子工程师学会(IEEE)和欧洲标准化委员会(CEN)等。大部分标准化组织都与 ISO 成立联合工作组,对智能网联标准进行研究和指定,故以下重点介绍 ISO。

国际标准化组织关于智能网联汽车的标准化组织架构如图 10-21 所示,有两个技术委员会负责智能网联标准化技术的研究和制定。其中,道路车辆技术委员会(ISO/TC 22)主要关注的技术领域在信息采集、处理、决策行为这三个方面;智能运输系统技术委员会(ISO/TC 204)则主要负责道路交通基础设施的信息传输、交通管理信息化方面的研究。

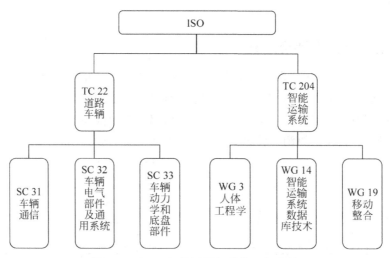

图 10-21 ISO 智能网联标准化组织架构

2. 中国标准法规概述

工业和信息化部、国家标准化管理委员会根据"以汽车为重点和以智能化为主、兼顾网联化"的总体思路,联合编制国家车联网产业标准体系建设指南(智能网联汽车),标准体系框架如图 10-22 所示,综合定义基础、通用规范、产品与技术应用及相关标准四个部分。

全国汽车标准化技术委员会(SAC/TC 114)成立智能网联分标委(SAC/TC 114/SC 34)对智能网联汽车技术领域的国家标准和行业标准进行统一归口管理。如图 10-23 所示,

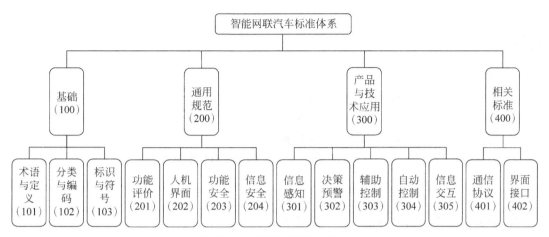

图 10-22　智能网联标准体系

针对不同技术领域,相继成立功能安全、信息安全、先进驾驶辅助、自动驾驶及网联功能和应用标准工作组。

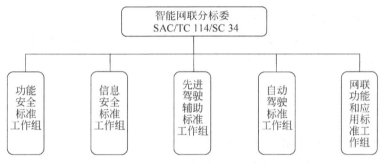

图 10-23　智能网联分标委

整个标准研究涵盖 ADAS 领域、自动驾驶领域、网联功能和应用领域、信息安全和功能安全领域五个部分。

此外,全国智能运输系统标准化技术委员会(SAC/TC 268)、全国信息技术标准化技术委员会(SAC/TC 28)、全国通信标准化技术委员会(SAC/TC 485)、全国信息安全标准化技术委员会(SAC/TC 260)等也从各自专业的角度制定了部分和智能网联汽车相关的、不同层级的标准。

本章小结

主要知识点:智能网联汽车测试工具链主要包括虚拟仿真测试、硬件在环测试、车辆在环测试、试验场测试及开放道路测试关键技术;测试方法包括基于功能的测试方法、基于场景的测试方法和基于里程的测试方法。

重点和难点:测试场景定义与内涵,测试工具链,感知传感器建模,硬件在环测试原理,车辆在环测试方法,测试评价理论。

习题

一、基础习题

1. 智能网联汽车测试场景的生成方式有哪些？
2. 智能网联汽车测试工具链一般包括哪些？
3. 智能网联汽车测试场景要素一般包括哪些？
4. 根据系统测试的不同需求，控制执行系统在环测试可分为哪几个层级？
5. 什么是车辆在环测试？
6. 场地测试装备主要有哪几类？各有什么作用？
7. 智能网联汽车测试方法主要有哪些？

二、拓展习题

1. 基于场景的测试体系中场景共分为几类？它们的特征分别是什么？请举例描述。
2. 对比分析不同智能网联汽车测试工具的优势和不足。
3. 简述毫米波雷达建模流程。
4. 简述相机系统在环测试方案。
5. 封闭场地车辆在环测试方案和转鼓平台车辆在环测试方案各有什么优缺点？
6. 智能网联汽车测试评价有哪些挑战？

参考文献

[1] 朱冰. 智能汽车技术[M]. 北京：机械工业出版社，2021.

[2] Taxonomy and definitions for terms related to driving automation systems for on-road motor vehicles [S]. ISO/SAE PAS 22736：2021.

[3] 余卓平，邢星宇，陈君毅. 自动驾驶汽车测试技术与应用进展[J]. 同济大学学报（自然科学版），2019，47(4)：540-547.

[4] KALRA N, PADDOCK S M. Driving to safety：how many miles of driving would it take to demonstrate autonomous vehicle reliability? [J]. Transportation Research Part A：Policy and Practice，2016，94：182-193.

[5] MENZEL T, BAGSCHIK G, MAURER M. Scenarios for development, test and validation of automated vehicles[C]//2018 IEEE Intelligent Vehicles Symposium(Ⅳ). IEEE，2018：1821-1827.

[6] PEGASUS symposium—how safe is safe enough? Scenario description [EB/OL]. https://www. pegasusprojekt. de/files/tmpl/PDF-Symposium/04_Scenario-Description. pdf.

[7] JULLIEN J M, MARTEL C, VIGNOLLET L, et al. OpenScenario：a flexible integrated environment to develop educational activities based on pedagogical scenarios[C]//2009 Ninth IEEE International Conference on Advanced Learning Technologies. IEEE，2009：509-513.

[8] LOPER M M, BLACK M J. OpenDR：an approximate differentiable renderer [C]//European Conference on Computer Vision. Springer，Cham，2014：154-169.

[9] HUANG H M, PAVEK K, NOVAK B, et al. A framework for autonomy levels for unmanned systems (ALFUS)[C]//Proceedings of the AUVSI's Unmanned Systems North America，2005：849-863.

[10] ROESENER C, SAUERBIER J, ZLOCKI A, et al. A comprehensive evaluation approach for highly automated driving[C]//25th International Technical Conference on the Enhanced Safety of Vehicles

(ESV) National Highway Traffic Safety Administration,2017.

[11] MENG H L, XING X Y, CHEN J Y, et al. Comprehensive evaluation framework of autonomous vehicles'intelligence(CEFAVI)[C]//2019中国汽车工程学会年会论文集(1).中国汽车工程协会,2019:65-71.

[12] 余荣杰,田野,孙剑.高等级自动驾驶汽车虚拟测试:研究进展与前沿[J].中国公路学报,2020,33(11):125-138.

[13] 李克强.电动汽车工程手册第六卷:智能网联[M].北京:机械工业出版社,2020.

[14] 邓伟文.汽车智能驾驶模拟仿真技术[M].北京:机械工业出版社,2021.

[15] 邓伟文,李江坤,任秉韬,等.面向自动驾驶的仿真场景自动生成方法综述[J].中国公路学报,2022,35(1):316-333.

[16] 郭姣.面向汽车智能化仿真的雷达模拟研究[D].长春:吉林大学,2017.

[17] 李雅欣.激光雷达建模与基于激光雷达的汽车行驶环境危险评估方法研究[D].长春:吉林大学,2018.

[18] 赵文博.智能汽车行人避撞系统相机在环测试方法研究[D].长春:吉林大学,2021.

[19] ZHU B, SUN Y H, ZHAO J, et al. Millimeter-wave radar in-the-loop testing for intelligent vehicles[J]. IEEE Transactions on Intelligent Transportation Systems, 2021.

[20] 邢星宇,吴旭阳,刘力豪,等.基于目标优化的自动驾驶决策规划系统自动化测试方法[J].同济大学学报(自然科学版),2021,49(8):1162-1169.

[21] 陈志成.电控助力制动与ESC系统协调失效补偿控制研究[D].长春:吉林大学,2019.

[22] SIEBER M, BERG G, KARL I, et al. Validation of driving behavior in the vehicle in the loop: steering responses in critical situations[C]//16th International IEEE Conference on Intelligent Transportation Systems(ITSC 2013). IEEE, 2013:1101-1106.

[23] 赵祥模,陈南峰,承靖钧,等.基于整车在环仿真的自动驾驶汽车室内快速测试平台[J].中国公路学报,2019,32(6):124-136.

[24] 周金宝,汪铸,王可.汽车试验场总论[M].北京:中国科学技术出版社,2013.

[25] CHEN R, ARIEF M, ZHANG W Y, et al. How to evaluate proving grounds for self-driving? a quantitative approach[J]. IEEE Transactions on Intelligent Transportation Systems, 2021, 22(9):5737-5748.

(本章编写成员:朱冰、张培兴、陈君毅、吴新政、李树、李艺)

第三篇　智能网联汽车应用

第 11 章 辅助驾驶系统应用

随着辅助驾驶与自动驾驶技术研发落地的加速,根据驾驶自动化的程度,各国从动态驾驶任务、最小风险状态、最小风险策略等多角度考量,对汽车自动驾驶系统进行了等级划分。根据中国《汽车驾驶自动化分级》与 SAE J3016 的标准,自动驾驶汽车被划分为 L0~L5 级。其中,L0~L2 级属于驾驶辅助系统,L3~L5 级属于自动驾驶系统。在本章讨论的辅助驾驶系统中,驾驶员必须时刻监督车辆运行,并承担突发事件下的应急操作。以自动紧急制动和自动紧急转向为代表的 L0 级系统仅限于提供警告和瞬时协助;L1 级系统可提供转向或加、减速驾驶辅助,以主动巡航控制与车道保持辅助功能为代表;L2 级辅助驾驶系统能够同时提供转向以及加、减速支持,本章以领航辅助与自动泊车应用为例进行介绍。

11.1 L0 级辅助驾驶系统应用

11.1.1 自动紧急制动系统

对于交通事故的调查分析表明,大量事故是由于驾驶员分心或注意力不集中所导致。如今汽车制造厂商正在开发各种辅助驾驶系统,以提醒驾驶员潜在的碰撞风险,并协助避免碰撞的发生。在紧急情况下施加制动的辅助驾驶系统称为自动紧急制动(AEB)系统[4]。

该类辅助驾驶系统通过激光雷达、毫米波雷达、单目/双目摄像头等传感器来探测前方目标物,并根据目标物体信息(如相对距离、速度和加速度等)计算碰撞可能性及其危险程度。当碰撞危险程度达到设定的临界报警点时,系统会通过声音、视觉等方式给予驾驶员预警信息,提醒驾驶员做出避撞操作,同时在制动回路中预先形成一定液压力,使得需要紧急制动时能够更快达到预期的制动水平。在声光预警动作后,若驾驶员仍未做出反应,系统会通过脉冲式刹车或方向盘振动等方式进一步提醒驾驶员接管车辆。如监测驾驶员并未及时做出避撞反应时,系统会首先进行部分制动。当系统计算的碰撞危险程度达到临界制动点时,此时自车与前方目标物体的碰撞几乎无法避免,系统将会通过全力制动的方式来降低或避免碰撞。

AEB 系统的研究最早始于 1960 年,受限于当时硬件成本过高以及微波技术水平较低等因素,相关研发并未取得突破。1999 年,梅赛德斯-奔驰推出 Distrnic 主动避撞系统,用于其 220 型系列 S 级轿车,该系统使得车辆能够在定速巡航的同时,控制自车与前车的距离。2000 年,日本丰田汽车公司研发了主动预防安全系统,该系统可以探测到自车与前方物体之间的距离,同时检测到乘客和驾驶员的安全带信息,然后通过设定的控制算法进行相应计算,自动执行辅助制动功能。2013年,欧盟经济委员会发布自动紧急制动系统安全法规 ECE R131。2016年,美国公路安全保险协会、美国高速公路安全管理局和20家汽车厂商共同签订了协议,提出在2022年之前AEB系统要成为几乎所有乘用车的标准配置。2017年4月,中国汽车技术研究中心发布了中国新车评价规程(C-NCAP)管理规则(2018年版),该管理规则新增车辆AEB系统的试验和评价方法。2021年,该研究中心又在2018年版的基础上对乘员保护、行人保护及主动安全这三部分进行了修订。

沃尔沃的City Safety系统是典型的AEB系统,其感知单元的布置与作用形式如图11-1所示。雷达等综合感知单元检测突然出现的行人、非机动车、车辆以及大型动物,并通过声音、图像和制动脉冲给予驾驶员预警,如果驾驶员未及时对系统的预警做出避撞反应,系统将启用短促、急剧的制动并在正常情况下停止车辆。该辅助系统为驾驶员在潜在碰撞危险工况下提供帮助,从而减少碰撞事故的发生。

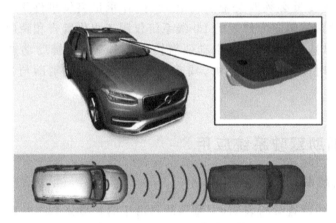

图 11-1 City Safety 系统感知单元

AEB系统所采用的避障算法原理有:

(1) 基于安全距离阈值的避撞算法。20世纪末,马自达公司、本田公司、美国高速公路安全管理局分别提出了各自的安全距离避撞算法。其核心是将行车间距的安全距离作为标准来衡量碰撞风险,从而尽可能避免与前方车辆发生碰撞,通过与算法中的预警安全距离和紧急制动安全距离进行对比判断,来指导执行层与交互层做出相应的预警提醒和辅助紧急制动的操作。算法中所设置的紧急制动安全距离与预警安全距离主要由自车与目标车辆的最大制动减速度、两车的相对车速、制动系统延迟时间、驾驶员的反应时间等参数确定。其系统架构如图11-2所示。

经典的本田安全距离避撞策略采用的是基于安全距离阈值的避撞算法,该算法基于两级预警,即预警安全距离和紧急制动安全距离。

预警安全距离 d_w 可表示为

$$d_w = t_H v_{rel} + d_H \tag{11-1}$$

其中,t_H 为策略中的时间系数;d_H 为策略中的距离系数;v_{rel} 为相对车速。

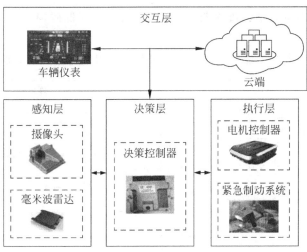

图 11-2 自动紧急制动系统结构

紧急制动安全距离 d_{br} 可表示为

$$d_{br}=\begin{cases} t_2 v_{rel}+t_1 t_2 a_1-0.5 a_1 t_1^2, & \dfrac{v_2}{a_2}\geqslant t_2 \\ t_2 v-0.5 a_1(t_2-t_1)^2-\dfrac{v_2^2}{2 a_2}, & \dfrac{v_2}{a_2}<t_2 \end{cases} \quad (11\text{-}2)$$

其中,v 为自车车速;v_2 为目标车车速;a_1、a_2 分别为自车最及目标车的最大制动减速度;t_1、t_2 分别表示系统延迟时间和驾驶员反应时间。

(2) 基于安全时间阈值的避撞算法。这类算法对行车过程中所遇到的危险情况,采用碰撞时间(Time to Collision,TTC)指标。算法根据自车当前的运动状态,估计与前方目标车辆发生碰撞所剩余的时间,作为衡量碰撞风险的标准。

以碰撞时间倒数 TTC^{-1} 作为评价指标,基于安全时间阈值的避撞算法可考虑驾驶员紧急避撞行为的差异性,将行车工况分为安全、较危险、很危险和极端危险不同等级,基于预设的保守、适中、激进等风格参数,指导执行层与交互层做出相应的碰撞预警提醒和辅助紧急制动操作。

11.1.2 自动紧急转向系统

除了控制纵向运动的 AEB 辅助驾驶系统,在紧急情况下施加转向的辅助驾驶系统称为自动紧急转向(Autonomous Emergency Steering,AES)系统。相关事故研究表明,单纯采用制动措施避障在某些场景中的效果不佳。例如,在车辆高速行驶时,前方突然出现行人横穿道路的情况,前向碰撞预警和紧急制动系统即使及时发现情况并立即采取措施,但由于 TTC 过短,仍不能完全避免碰撞。在这种情况下,汽车的车速较快,即使 AEB 系统起作用,最后对于行人的伤害仍然是致命的。在车速相对较高、附着条件较差等工况下,采取横向避撞策略所需的空间小于纵向避撞。因此,如果错过最后的制动机会,车辆仍然可采用自动紧急转向的方式来有效避免碰撞的发生。

AES 系统利用雷达、视觉等传感器监测前方障碍物等环境信息,在紧急制动不能完全避障时,单独或组合使用转向助力系统、车身电子稳定系统或者后轮主动转向机构产生横摆力矩,通过控制车辆横向运动轨迹来避免碰撞,从而大幅降低碰撞风险以及事故严重程度,提高车辆行驶安全性。

典型的 AES 系统主要由感知层、规划层和控制层组成,如图 11-3 所示。

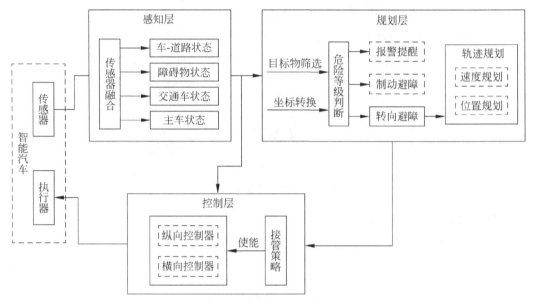

图 11-3 自动紧急转向系统架构

感知层主要感知自车的运动状态、障碍车、相邻车道车辆的状态以及自车与车道线的相对位置等信息,其中感知自身状态的传感器包括定位系统、惯性测量单元、轮速传感器、方向盘扭矩和转角传感器等,感知周围环境的传感器主要包括毫米波雷达、激光雷达、摄像头等。环境感知传感器的配置取决于功能需求,对于不超出本车道范围控制车辆转向避让的要求,大多采用毫米波雷达加摄像头的配置方案;但如果在控制车辆转向避让时需要考虑变道的情形,通常需要在侧部与前部增加雷达甚至激光雷达来增强系统的感知能力,其所需硬件如图 11-4 所示。

图 11-4 紧急转向系统硬件配置

规划层基于感知层得到的目标物运动状态、车道线、自身运动状态等信息,综合考虑周围的交通车辆以及障碍物的信息,来计算自车的安全状态和碰撞危险等级。碰撞等级较低时采用报警等轻微的形式提醒驾驶员,若驾驶员没有采取有效的操作或者碰撞危险等级较高时,系统会进行制动避障,在全力制动仍无法避免碰撞时,自车会进行转向避障的路径规划,生成期望的速度和位置曲线。

控制层基于规划层输出的期望轨迹以及感知层的相关信息,进行车辆纵横向的轨迹跟踪控制。其中,横向控制主要是通过助力转向系统中的执行器进行工作,若驾驶员有控制车辆的意图,控制层需要将车辆的控制权转移给驾驶员,以退出紧急转向避障系统。

由于 AES 的控制过程较为激进,容易影响其他车道车辆的行驶,目前在实际应用中多与 AEB 系统集成,作为一种备选的紧急避撞方法。以雷克萨斯开发的 Pre-Collision 系统为代表的 AES 功能集成就采用了这种思路,如图 11-5 所示。当传感器检测到行人目标时,依次触发前方碰撞预警、紧急制动辅助、自动紧急制动和自动紧急转向系统。在最后的阶段,AEB 与 AES 基本同时触发。

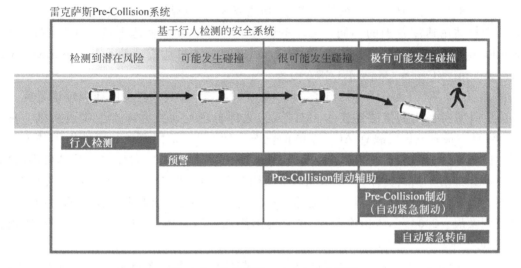

图 11-5 雷克萨斯 Pre-Collision 系统

沃尔沃 S60 与 XC40 搭载的 AES/EMA 系统如图 11-6 所示,其可以实现三个功能。①盲点区域避撞:当发现视野盲区中有其他物体时,将车辆从偏离车道的危险中纠正回来以避免可能的碰撞;②紧急转向避撞 EMA:当系统判断 AEB 不足以避免碰撞时,在驾驶员触发转向之后,EMA 系统会自动介入辅助避撞;③对向邻近车道内开来的车辆避撞:在车辆存在偏离本车道的倾向,存在与对向车道内迎面而来的车辆发生正面碰撞的危险时,系统会协助车辆转回在本车道安全区域内以避免碰撞。

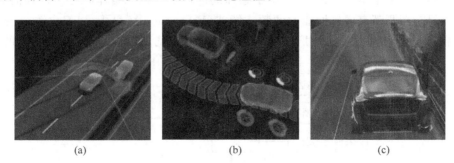

彩图 11-6

图 11-6 沃尔沃 AES/EMA 系统
(a) 盲点区域避撞;(b) 紧急转向避撞;(c) 邻近车道的车辆避撞

11.2 L1级辅助驾驶系统应用

11.2.1 主动巡航控制系统

主动巡航控制系统,又称自适应巡航控制(ACC)系统。在传统定速巡航控制系统的基础上[7],ACC系统能够随跟车目标自动调节车速、保持安全车距,属于更高级别的辅助驾驶系统。该系统在设计之初主要应用于高速公路、高架等路况较好的场景,为车辆提供辅助纵向控制。随着技术的不断发展,它已逐渐地能够应对城市路况。国际标准化组织在ISO 15622—2018中对于ACC系统的控制策略、功能要求、人机界面、失效安全及测试方法予以规范。根据适用速度范围的不同,ACC系统可进一步细分为全速自适应巡航控制(Full Speed Range Adaptive Cruise Control,FSRA),以及限速自适应巡航控制(Limited Speed Range Adaptive Cruise Control,LSRA)。

20世纪60年代,就有学者提出了ACC系统的概念,并做了初步阐释和理论研究。由于当时的计算机技术和传感器技术相对落后,大部分理论研究并未产生实践成果。直至1995年,日本最先发售搭载有ACC系统的汽车。1999年,德国奔驰公司推出了基于毫米波雷达的ACC系统,装于S级和CL级轿车。进入21世纪,ACC技术进入快速发展时期,国内外车企推出了多款装有ACC系统的中高档车型,如奥迪A6、沃尔沃S60、雷克萨斯、本田雅阁、吉利博瑞、通用君威、丰田皇冠等。ACC系统的启用条件也从限定车速范围逐渐向全速范围发展。2006年,丰田汽车推出"全速追踪功能",实现0~100km/h速度范围内的ACC控制技术。

ACC系统在运行时实时监测车辆前方的行驶环境,主要的监测指标有前方有无车辆、前车与自车距离、前车与自车的相对速度等。当前方没有车辆或与自车距离大于设定的安全阈值时,ACC系统控制自车以预设的速度行驶,即定速巡航模式;当前车与自车距离较小或接近速度过大时,ACC系统则以设定的控制策略控制自车行驶,如降低车速以保持安全距离等。ACC系统实现了在特定路况下的驾驶辅助,减轻了驾驶者的负担,降低了事故率。

典型的ACC系统由信号采集单元、控制单元、执行单元和人机交互界面组成,如图11-7所示。其中,信息采集单元即传感器,用于感知周围环境和监测自车状态。结构简易、成本低、对近远目标探测都有优良性能的调频连续波(Frequency Modulated Continuous Wave,FMCW)雷达是常用的传感器。摄像头相对而言成本更低,并可以得到更为准确的目标属

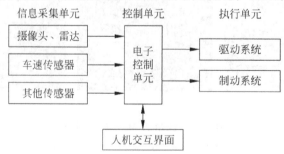

图11-7 ACC系统组成

性(如轿车、摩托车、卡车、客车等车辆类型以及交通限速标志),因此也得到了广泛应用。信息采集单元上传信息至控制系统,由数字信号处理器提取并计算目标的距离和速度。控制单元是ACC系统的核心部分,其任务是基于传感器采集的信息,根据控制策略在电子控制单元ECU中计算控制指令,控制驱制动等执行单元,从而调节车速。执行单元包括自动换挡系统、驱动控制系统、主动制动系统等,负责执行控制系统输出的控制指令。人机交互界面便于驾驶者进行功能选择及参数调整,也用于展示车辆感知到的信息。

ACC系统的算法模块主要包括环境感知、安全车距模型建立、自适应巡航主控系统和执行机构系统控制。

环境感知模块用于识别道路情况和交通参与者信息,通过毫米波雷达和高分辨率摄像头等传感器获取原始数据,由自适应巡航主控系统提取出有效目标动态信息,并作为后续控制算法的依据。

安全车距模型用于在车距控制过程中实时计算自车的安全状态,并根据前车行驶情况决定是否进行加减速操作。目前广泛应用的是固定车间安全时距模型,即安全距离为车速乘以时间常数,再加上静止时的最小安全车距。固定车间安全时距模型的计算基本符合驾驶员对安全车距的期望。考虑到不同驾驶风格的驾驶员对安全车距的预期不同,综合考虑通行安全和通行效率等因素,自适应调节时间常数与最小停车车距等参数的安全车距模型也得到了一定应用。

根据自车及前车的行驶状态确定执行机构的控制动作是ACC系统的核心。目前常用分层式控制结构来实现,上层控制器根据传感器信息以及控制策略确定自车目标加速度或速度,常用的方法有基于线性二次型评价指标和最优控制的方法、基于驾驶习惯自学习的方法等;下层控制器通过对比实际值与目标值的偏差来实现执行器的跟踪控制,常用的方法有基于前馈加反馈二自由度控制的方法、滑模控制方法、自整定模糊PID控制方法、神经网络方法等。

执行机构系统控制主要包括驱动系统输出扭矩控制、制动控制和自动换挡控制等。

本节以本田汽车公司的ACC系统为例进行介绍,其ACC系统将定速巡航功能和车距保持功能集成为一体。如图11-8所示,通过毫米波雷达和单目摄像头的联合感知模式,获

图11-8 本田ACC系统

取自车与前车的距离和相对速度,并根据设定的策略实时地调整自车速度,从而保持安全车距。在适应工况方面,该 ACC 系统除了适用于高速公路工况之外,还包含针对城市拥堵工况的低速追随模式,实现拥堵工况下对前车的启停跟踪,从而降低驾驶员的疲劳感。目前该系统已搭载在 CIVIC、LIFE、ENVIX、FIT 等多款车型上。

11.2.2 车道保持辅助系统

美国国家公路交通安全管理局的研究报告表明,单车道路偏离所导致的撞车事故比其他类型的撞车事故的总数还要多。车道保持辅助(LKA)系统旨在将车辆保持在所行驶的车道内,从而提高行驶安全性。其包含三个子功能,分别是车道偏离预警(Lane Departure Warning, LDW)、车道偏离预防(Lane Departure Prevention, LDP)和车道居中控制(Lane Centering Control, LCC)。当系统检测到车辆偏离车道时,LDW 通过声音、视觉、振动等方式向驾驶员发出预警;若警示无果,在车辆即将驶离车道时,LDP 施加短时的转向干预,修正车辆位置;LCC 持续监控并调整车辆位置,主动将车辆保持在车道中心线附近。在这三大功能中,LDW 功能是必选的,其余两个子功能通常都可以由用户选择是否开启。

LKA 功能的实现需要解决两个关键问题:①如何判定车辆将要驶出车道;②如何控制车辆再次回到车道。

LDW 借助视觉传感器与图像算法试图解决第一个问题。通过对图像数据进行高斯灰度滤波、Canny 边缘检测、霍夫变换等处理获得车道标识,根据 DLC(Distance to Lane Centre)、TLC(Time to Lane Crossing)等指标对车辆偏离趋势进行分析,在车辆接近或保持在车道边缘附近时发出警告。

DLC 法检测车辆与车道边界之间的相对距离。当道路曲率半径大于 1000m 且车辆行驶方向与道路方向偏差小于 5°时,可以将道路左右边界拟合成双曲线,如图 11-9 所示。

$$y - y_0 = A_i(x - x_0) + \frac{B}{x - x_0}, \quad i \in \{l, r\} \tag{11-3}$$

其中,x_0, y_0 为道路左右边界切线的交点;A_l, A_r, B 为待定系数。

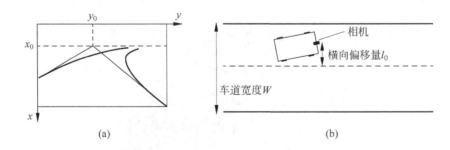

图 11-9 DLC 算法参数示意
(a) 道路交点示意;(b) 横向偏移量示意

横向偏移量 l_0 可据下式计算:

$$l_0 = \frac{A}{\Delta A} W \tag{11-4}$$

其中，W 为车道宽度，$A=\dfrac{A_l+A_r}{2}$，$\Delta A=A_l-A_r$。

一般而言，仅分析静态的横向偏移量 l_0 还不足以判断车辆偏离车道的趋势。TLC 是在假设车速和方向盘转角不变的情况下，估计车辆越过车道线标识的时间，并据此进行预警，如图 11-10 所示。

图 11-10　TLC 算法示意

根据传感器安装位置，LDW 可分为俯视系统和前视系统，如图 11-11 所示。典型的俯视系统是美国卡内基梅隆大学研发的 Aurora 系统，其摄像头安装于车辆的侧面并指向下方，可以监测大约 1.5m 范围内的道路区域，定位精度高，但只在车道标识清晰的结构化道路上适用。前视系统的摄像头安装于车辆前挡风玻璃的上端，可对行驶车道前方的左右车道标识进行检测。相比俯视系统，前视系统可以获得更多的道路信息，并且适用于车道标识不清晰的道路。目前典型应用主要有 Mobileye 公司研发的 AWS(Advanced Warning System)系统，Nissan 公司研发的 LDW 系统以及 Iteris 与 DaimlerChrysler 联合研发的 AutoVue 系统等。

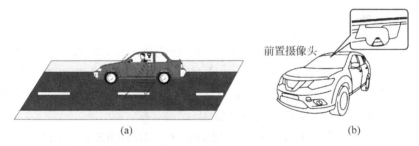

图 11-11　配置俯视与前视传感器的车道偏离预警系统
(a) 俯视系统；(b) 前视系统

LKA 系统中让车辆再次回到车道的功能由 LDP 或 LCC 来实现。其中，LDP 通过短时的干预，将车辆保持在车道内，而 LCC 则施加持续的控制，使车辆保持在车道的中央。不同车辆平台可采取的横向运动控制方法也有所不同。对于配备了电动助力转向系统(EPS)的车辆，通常借助 EPS 实现直接转向控制；对于部分未能配备 EPS 系统的小型车辆，可通过差动制动或四轮驱制动的方式来实现间接的转向控制。

LKA 系统根据车辆偏离车道的趋势预警，结合方向盘力矩等信息对驾驶员意图进行识别，判断是否需要系统介入控制。一经确认，系统会根据车辆横向偏移量及航向角误差控制相应的执行器。1999 年三菱公司成功研制 LKAS(Lane Keeping Assistance System)，Nissan 在 2000 年也推出了搭载 LKAS 的试验车，并于次年实现量产。从 2005 年开始，奥迪、沃尔沃等公司也开始生产配有LKA的车型。LKA系统自2008年开始在全球范围内实现应用，大众、奔驰、现代等纷纷推出了相应的产品。

由本田公司开发的LKA系统效果如图11-12所示。该系统由安装在前挡风玻璃上的摄像头检测道路标识，通过EPS来对车辆进行转向干预。当车辆以45～90km/h的速度行驶在直路或曲率不大的路段上时，LKA系统将会启动。一旦车辆有偏离的趋势，方向盘将会振动并伴以提示音来提醒驾驶员。在LKA激活过程中，如果人为地打转向灯、启动雨刮器、刹车等操作，都会使LKA系统暂时失效。

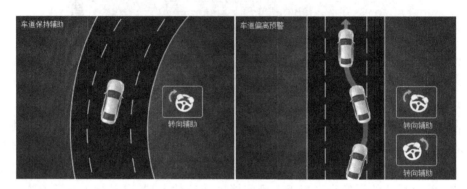

图 11-12　本田车道保持辅助系统

11.3　L2级辅助驾驶系统应用

11.3.1　领航辅助系统

领航辅助（Navigate on Pilot，NOP）为L2级别辅助驾驶功能，也有企业将该技术称为自动辅助导航（Navigate on Autopilot，NOA 或 Navigation Guided Pilot，NGP）。NOP系统的主要应用场景是高精度地图覆盖的高速公路，搭载NOP的车辆能够按照导航规划的路线实现换道、巡航、汇入主路、驶离主路等功能[11]。

特斯拉于2019年5月在中国开放自动辅助导航（NOA）功能内测，相比于自适应巡航（ACC），NOA能够自行判断驶入和驶出高速的时机并自主选择超车的时机，可以实现不需要人为干预的自动变道超车。蔚来汽车在2020年9月的北京车展上正式发布了其领航辅助（NOP）功能，是国内首个使用高精度地图的量产领航辅助驾驶功能。在ACC、LKA等功能的基础上，通过接入导航系统，进行自动变道超车、驶入/驶离匝道、根据道路信息控制车速等智能化操作。2021年1月，小鹏汽车的自动辅助导航（NGP）功能也正式向用户开放，可以覆盖国内大多数高速公路以及城市快速路。

搭载NOP系统的汽车可以在高速公路上开启该功能，车辆会根据导航规划的路线进行自主行驶，但有些情况下仍需要驾驶员干预。在NOP开启时，车辆可以实现如下功能：

（1）自动限速调节和选择最优车道。车辆会自动根据路段限速进行车速调节；此外，车辆不仅可以在道路上跟车巡航，还会根据道路环境自主选择最优/最快车道，NOP会提示变道信息并自动变道到对应车道，并根据周围环境调节车辆的最优车速。

(2) 自动变道超车。在 NOP 判定前方车辆车速较低并且可超越时,系统会开启转向灯,发出提示并从侧方变道超车。

(3) 汇入主路及进出匝道。车辆行驶过匝道后并即将汇入主路时,NOP 会根据高精地图信息,以及主路内车流、车道线等环境感知信息,调节合适的车速,在时机合适时提醒驾驶员并自动打转向灯和变道,汇入主路。若系统未能完成自动汇入主路操作,将向驾驶员发出接管请求。车辆在主路中巡航时,如需驶出主路,车辆将根据定位信息,在距匝道一定距离时,开始选择合适的时机不断向右变道,直至行驶在最右侧车道上,并根据高精度地图信息及周边环境信息调节车速,以便驶入匝道。按照导航路径规划,若车辆驶出主路后将直接进入下一条高速或其他可以开启 NOP 的道路,车辆可以自主行驶过匝道,并择机汇入下条一目标道路。若车辆将驶出 NOP 路段并进入普通道路,系统会提示驾驶员进行接管。

蔚来汽车 NOP 系统的传感器配置为 1 个前向三目摄像头、4 个环视摄像头、1 个前向中距毫米波雷达、4 个角雷达、12 个超声波雷达,高精度地图信息由百度地图提供。基于多传感器融合感知及高精度地图方案,其定位精度可达到 20cm。蔚来的 NOP 不仅可以在高速公路上开启,还能在部分城市高架路段开启。

蔚来 NOP

NOP 系统主要由三大模块组成。

(1) 高精度地图:NOP 系统一般需要依靠高精度地图以及高精度定位系统,高精度地图中除了道路间的拓扑关系外,还包含了车道级的拓扑关系,这使得进行全局路径规划的地图引擎变得更复杂,在进行路径规划时,需要考虑的因素(如最佳换道点的选择)也更多,因此需要算力较强的计算单元。

(2) 环境感知模块:NOP 系统实现自主换道、车速控制的基础是获得精确的环境信息,如自车及周围车辆位置、速度等信息。摄像头获得的信息通过图像处理与深度学习等技术转化为车道数量、位置和车道线类型等信息,与高精度地图中的信息进行匹配,确定自车所在的车道;再通过检测到的车道线与高精地图的车道曲线进行拟合优化,得到自车在对应车道内的横向位置;通过路面上的特征物(如箭头)与高精度地图进行匹配,修正自车的纵向位置。周围车辆信息可通过摄像头及雷达传感器获得的数据进行信息融合,以获得更加精确的周围车辆位置和速度。

(3) 规划控制模块:车辆基于导航定位信息以及地图信息规划全局路径,再依据车辆周围环境信息进行行为决策,如避障、变道等,以此规划局部运动轨迹,控制模块再根据车辆的动力学特性进行轨迹跟踪控制,以保证车辆循迹行驶。

小鹏汽车的自动辅助导航系统(NGP)以小鹏 XPILOT 3.0 系统结合导航路径实现了辅助驾驶功能。其传感器配置为 4 个环视摄像头、10 个高感知摄像头、12 个超声波雷达、5 个毫米波雷达,由高德提供高精度地图,采用 Nvidia Xavier NX 的计算平台。其 NGP 功能只能在高速公路以及城市快速路上开启。

特斯拉的自动辅助导航系统(NOA),其传感器配置为 8 个摄像头、1 个毫米波雷达以及 12 个超声波雷达,定位模块采用 UBLOX-M8L,未配备高精度地图,仅依靠传感器及 GNSS 进行车辆定位。蔚来 ES8、特斯拉 Model X、沃尔沃 XC90 的感知系统硬件配置对比见表 11-1。

表 11-1　不同车型的感知系统硬件配置

硬　　件	蔚来 ES8	特斯拉 Model X	沃尔沃 XC90
摄像头	三目前向	三目前向＋五个侧向	单目前向
毫米波雷达	1 前向＋4 侧向	1 前向	1 前向＋2 后向
超声波雷达	12	12	12
视觉处理器	Mobileye EyeQ4	NVIDIA Drive PX2/Tesla FSD	Mobileye EyeQ3

11.3.2　自动泊车系统

由泊车辅助（Auto Parking Asist，APA）系统升级而来的自动泊车（Automatic Parking，AP）系统已成为智能驾驶时代汽车的基础功能，为便利车主泊车，智能汽车将利用各个车载传感器（如雷达探头或摄像头）首先实现车辆定位，进而根据识别出的车辆定位辅助驾驶员进行泊车。自动泊车系统的前身是基于雷达的泊车辅助系统，二者的目标相近。泊车雷达的目标是辅助驾驶员以避免泊车时出现视线死角、倒车技术不熟练等干扰泊车的状况。自动泊车则比泊车雷达的功能更进一步，在现代的车辆中，自动泊车系统已能实现代替驾驶员暂时接管汽车进行泊车。总体而言，加入了自动泊车系统的智能汽车大大提高了泊车工况的安全性，能有效避免由于驾驶水平导致的一些交通事故。

自动泊车技术减少了整个泊车过程的人工介入，解放了驾驶者的双手，驾驶者在泊车时仅需要选择模式或挡位。自动泊车的雷达传感器数量也有所升级，以辅助进行更精确的定位，该定位作为输入传给车载控制单元，控制执行器动作。

国外对于自动泊车的研究起步较早。1996 年，法国国家信息与自动化研究所使用超声波传感器实现了实验性质的自主泊车，在理论上验证了自动泊车的可行性。真正实现商业用途的泊车系统可以追溯到 2003 年，智能泊车辅助系统（Intelligent Parking Assist System，IPAS）在 Prius 混合动力汽车上展示，其具有车辆后方影像的显示功能，同时可以根据提示信息进行实时的行车轨迹预测；2006 年推出了第二代 IPAS 系统，并配备在 Lexus LS 上。2007 年，Valeo 公司提出基于超声波传感器的泊车系统，命名为 Park4U，该系统并未直接代客泊车，而是提供环境监视功能，向驾驶员展示周围的泊车环境，以辅助驾驶员控制方向盘实现泊车入库。2010 年，斯柯达公司推出的泊车辅助系统在 Superb 实现应用，该系统也基于超声波传感器进行环境感知，并能自动寻位停车，在自动泊车时驾驶员仅需要在必要时踩刹车即可。

为了与更先进的全自动代客泊车（Automated Valet Parking，AVP）系统区分，自动泊车（AP）系统通常被称为半自动泊车辅助，其功能并非完全 L4 级别的代客泊车，而是主要通过控制方向盘来进行简单的车辆移动，而挡位以及突发状况时的刹车动作都需要司机控制。自动泊车系统被各大车企广泛应用。下面介绍一些具备自动泊车功能的代表车辆。

哈弗 H6 的 APA 系统能够辅助驾驶员搜索停车位，并提供两种模式的泊车——平行泊车模式和垂直泊车模式，泊车前需要驾驶员在液晶屏上进行手动模式选择，如图 11-13 所示。

大众汽车公司研发的 PLA 由最初 1.0 版本经历两次更新换代，2017 年升级至 PLA3.0，其在实际应用场景中能进行平行泊车及垂直泊车两种场景下的自动泊车，如图 11-14 所示。

图 11-13　哈弗 H6 自动泊车系统

图 11-14　大众 PLA3.0 系统

小鹏汽车推出的停车场记忆泊车功能面向停车场 GPS 信号弱、毫米波雷达回波干扰强等问题,以环视传感器为基础,融合惯性导航数据,结合语义地图和记忆路径实现自动泊车功能。

蔚来汽车在 2020 年 4 月推出了视觉融合的全自动泊车系统,该系统不仅利用超声波雷达的信息,也会结合车身周围的环视摄像头进行更全面精确的环境感知,采用深度学习技术基于大量图像数据训练,得到场景泛化能力强、检测精度高的语义特征点感知模型,结合面向定制场景研发的高精地图匹配算法,提供自动泊车全过程的稳定空间定位,定位误差达到 10cm 以内,如图 11-15 所示。针对换电泊车场景,还结合云端高精地图进行了定制化算法设计。

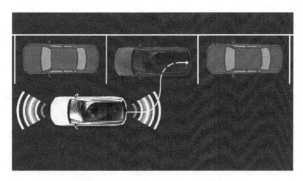

图 11-15　蔚来 S-APA 系统

本章小结

主要知识点：辅助驾驶系统中,驾驶员必须时刻监督车辆运行,并承担突发事件下的应急操作。以自动紧急制动和自动紧急转向为代表的 L0 级系统仅限于提供警告和瞬时协助；L1 级系统可提供转向或加、减速驾驶辅助,以主动巡航控制与车道保持辅助功能为代表；L2 级辅助驾驶系统能够同时提供转向以及加、减速支持,有领航辅助与自动泊车等应用。

重点和难点：各类典型辅助驾驶系统的应用场景,硬件配置与算法原理。

习题

一、基础习题

1. 简述 AEB 系统两种避障算法的原理和各自特点。

2. AES 系统有哪几部分组成？主要用于应对哪些情况下的避障？
3. ACC 系统常用的控制算法有哪些？它们各有什么优缺点？
4. LKA 系统中对车辆偏离车道的检测方法有哪些？
5. 自动泊车系统需要适应哪些泊车场景？系统关键硬件有哪些？

二、拓展习题

1. AES 的关键技术集中于哪几个方面？AES 与 AEB 如何同时辅助驾驶安全？
2. 为何目前 LKA 系统中视觉传感器大都使用前视而非俯视的方案？
3. 为什么领航辅助系统的主要应用场景是高速公路？

参考文献

[1] Taxonomy and definitions for terms related to driving automation systems for on-road motor vehicles：SAE J3016：2018[S/OL]. https://saemobilus.sae.org/content/j3016_201401.

[2] FILDES B, KEALL M, BOS N, et al. Effectiveness of low speed autonomous emergency braking in real-world rear-end crashes[J/OL]. Accident Analysis & Prevention, 2015, e81：24-29. https://doi.org/10.1016/j.aap.2015.03.029.

[3] 王全,杨杰君,周艳辉,等.基于全工况模型的自动紧急制动系统及其控制策略研究[J].控制与信息技术,2021(3)：60-64.

[4] 何仁,冯海鹏.自动紧急制动(AEB)技术的研究与进展[J].汽车安全与节能学报,2019,10(1)：1-15.

[5] VOLVO. City Safety^{TM} 城市安全系统[EB/OL]. [2021-12-31]. https://www.volvocars.com/zh-cn/support/manuals/s90/2018w46/jia-shi-yuan-zhi-chi/city-safety/city-safety-tm-cheng-shi-an-quan-xi-tong.

[6] 李霖,朱西产.智能汽车自动紧急控制策略[J].同济大学学报(自然科学版),2015,43(11)：1735-1742.

[7] 秦严严,王昊,王炜,等.自适应巡航控制车辆跟驰模型综述[J].交通运输工程学报,2017,17(3)：121-130.

[8] Honda. Adaptive cruise control with low speed follow[EB/OL]. (2020-12-01)[2021-12-28]. https://www.honda.com.cn/honda/cartechnology/more/acc.html.

[9] Robert Bosch GmbH. Bosch traffic jam assist[EB/OL]. [2021-12-08]. https://www.bosch-mobility-solutions.com/en/products-and-services/passenger-cars-and-light-commercial-vehicles/automated-driving/traffic-jam-assist/.

[10] 刘灿.城市交通拥堵辅助巡航控制系统策略研究[D].长春：吉林大学,2020.

[11] 章健勇.领航辅助(NOP)使用指南[EB/OL]. (2020-10-08)[2021-12-08]. https://app.nio.com/content/1548547484?load_js_bridge=true&show_navigator=false&content_type=article.

[12] PAROMTHIK I E, LAUGIER C. Autonomous parallel parking of an nonholonomic vehicle[C]// Proceedings of the IEEE Intelligent Vehicles Symposium,1996：13-18.

[13] AYE Y Y, WATANABE K, MAEYANMA S, et al. Generation of time-varying target lines for an automatic parking system using image-based processing[C]//IEEE International Conference on Robotics and Biomimetics,2015,423-427.

(本章编写成员：熊璐、唐辰、周凡楷、侯欣辰、李靖)

第 12 章 自动驾驶系统应用

随着人工智能技术的发展和硬件算力的提升,自动驾驶技术近年来取得了飞速进步,高等级的自动驾驶系统正逐渐走向应用。与辅助驾驶系统不同,自动驾驶系统在安全冗余与事故责任认定上对于智能网联汽车提出了更严苛的要求。L3 级的有条件自动驾驶可以在特定场景下完成车辆的纵横向控制,但在系统请求时,驾驶员必须接管车辆。本章以交通拥堵自动驾驶系统和自主代客泊车系统为例,介绍 L3 级自动驾驶系统的典型配置与功能实现。更高级别的 L4 级自动驾驶系统可以在特定场景下承担全部驾驶任务,本章以矿山、港口、机场为例介绍封闭场景下的 L4 级自动驾驶系统,以自动驾驶出租车(Robotaxi)、物流配送、环卫清扫等场景阐述城市道路环境下 L4 级自动驾驶的运用实践,并以干线物流为例展示高速公路场景下的高等级自动驾驶系统应用。

12.1 L3 级自动驾驶系统应用

12.1.1 交通拥堵自动驾驶系统

交通拥堵自动驾驶系统(Traffic Jam Pilot,TJP)是指在拥堵的高速公路或城市快速路上,在解放驾驶员手脚的同时,允许驾驶员将注意力长时间从驾驶环境中转移,可接听电话或进行娱乐活动。相较于交通拥堵辅助系统(Traffic Jam Assistant,TJA)只能在低速工况下开启的限制,TJP 系统工作的速度区间一般为 40~60km/h。在系统激活后,车辆可以在法规允许的区域内实现 L3 级自动驾驶。当车速超过工作区间后,系统会给予驾驶员 8~10s 的缓冲时间,以接管车辆。若 10s 后驾驶员仍未接管汽车,系统出于安全的考虑,会缓慢减速直至停止,并打开双闪灯。

奥迪公司于 2015 年提出了结合 ACC 和 LKA 的交通拥堵辅助驾驶系统 TJA,以应对低速行驶的拥堵环境,并在奥迪 A4 和 Q7 车型都配备了该系统。为了实现 L3 级自动驾驶,TJP 系统需在此基础上进一步增强环境感知能力。以奥迪 A8 为例,它不仅有长短距离毫米波雷达、四路环视高清摄像头和前置摄像头,还配备有四线激光雷达,图 12-1 展示的是 2019 年奥迪 A8 的自动驾驶硬件。由于法律法规的限制,后期投放市场的奥迪 A8 车型并未搭载 TJP 系统。2021 年 3 月,在日本政府的政策法规支持下,本田汽车发布了 LEGEND Hybrid EX,其搭载的 Honda SENSING Elite 是经日本国土交通省批准的、可以合法上路的 L3 级自动驾驶系统。

为了避免 L3 级自动驾驶系统在事故责任上判定不明的问题,驾驶员监测系统(Driver Monitioring System,DMS)得到了充分重视[3]。当驾驶员出现分心、疲劳或其他非正常驾

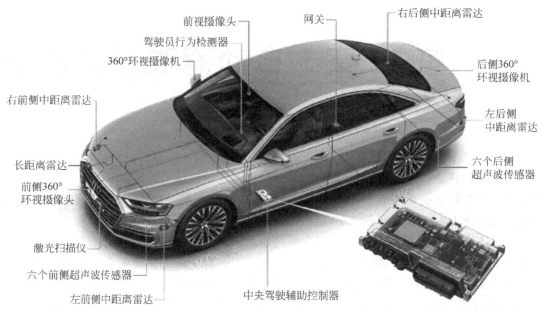

图 12-1 奥迪 A8 自动驾驶硬件

驶行为,DMS 会针对驾驶员的应答及接管能力进行分析,并适时地进行语音、灯光提示。DMS 分为主动式和被动式两类,主动式 DMS 主要基于摄像头和近红外技术,从眼睑状态、视线方向等对驾驶员状态进行判别;被动式 DMS 主要基于车辆行驶状态来间接判断驾驶员状态。

TJP 系统的算法流程大致为:感知模块综合多传感器信息将前方车辆速度、道路边界、车道宽度、前车车距等信息反馈给决策规划单元;决策规划模块计算出车辆期望的加/减速度与横向偏移量;运动控制模块根据规划策略,对车辆实施纵向与转向控制。各部分具体介绍如下:

(1) 环境感知模块主要基于雷达与摄像头组合的传感器方案,根据实现功能的不同,可采用毫米波雷达、激光雷达、超声波雷达等雷达传感器。毫米波雷达具有探测距离远、受天气因素及光照等环境影响小等优点,目前系统中大都采用 77GHz 频率的长距离毫米波雷达。摄像头传感器可识别车辆目标物及道路车道线信息,并与雷达传感器探测的数据进行融合处理从而得到更准确的环境信息。

(2) 决策规划模块主要负责实现前后向防撞、自动跟车、车道居中、防止加塞、弯道限速等功能。决策层根据预设参数选择跟踪目标并决定控制模式。当自车探测域中没有目标车辆时,将基于车道信息进行横向控制;当探测域中有目标车辆时,自车将综合车道线及前车运动轨迹进行横向控制,并最终决策出主车期望的加减速度与横向控制量。

(3) 运动控制模块负责车辆运动状态的跟踪控制,包含驱动、制动、转向等执行器控制模块。根据决策层输出的控制量,结合执行器特性与当前工作状态,通过控制分配策略决定各执行器的控制输出。

12.1.2 自主代客泊车系统

自主代客泊车(Automated Valet Parking,AVP)系统用于实现车辆从停车场进出口到停车位之间这一特定区域内低速的自动驾驶,搭载该功能的智能汽车具备自主行驶至指定位置、自动寻找停车位、自主泊入与驶出等功能[5]。与第11章介绍的自动泊车(AP)系统相比,减少了人为介入,但在某些情况下仍需驾驶员能够监控和接管车辆。随着技术的不断升级,AVP 系统后续有望发展成为 L4 级别的自动驾驶系统。目前自主代客泊车的解决方案大致分为三种,即基于车端、基于场端和车路云协同的技术方案。

(1) 基于车端的 AVP 方案:该方案无须停车场改造及外部信息输入,仅通过车载软硬件系统实现库位搜索、障碍物识别、路径规划等功能。车端方案最大的优势在于适用场景多,无须对场地以及配套设施进行改造;但同时,对于算法软件的要求较高,目前技术还不够成熟,单车传感器硬件成本也相对较高。

(2) 基于场端的 AVP 方案:通过预埋在停车场内的摄像头与激光雷达等传感器,探测车辆的位姿信息,并与停车场的地图信息匹配,经终端计算后将信息传输给车辆,并通过转向与驱动系统控制车辆行驶。该方案的优势在于传感器数据更加精准,对场内环境感知难度更低,安全性较高;缺点则是场端的改造成本较高,不利于推广。

(3) 车路云协同的 AVP 方案:云端同时接收来自车辆与场端传感器的信息,经计算输出车辆控制指令。通过该方案,云端可以登记车辆相关信息并对多个停车场景实施管理;同时,云端信息处理的方案降低了对车载计算单元性能的要求,对场端的改造也较小,方便推广。缺点是车辆、停车场、云端的通信以及整个系统的处理逻辑较为复杂。

AVP 系统所用的高精地图,根据数据表述内容,可分为 3D 特征地图和语义地图。3D 特征地图主要是用于构建停车场内部的空间环境的 3D 结构。语义地图则表示导航和驾驶的其他信息,典型信息包括车道和交叉路口、停车场位置、接送区、充电桩、人行道与交通标志等。根据数据实时性,可分为在线地图和离线地图。

AVP 系统中的定位功能模块需要覆盖室内与室外的停车场景。室外定位通常使用 GNSS/INS 系统,基于滤波算法对多传感器进行融合,保证稳定的高精度定位效果。室内定位通常采用基于人工路标与惯导信息融合的即时定位与地图构建(SLAM)技术,也有使用基于 TOF 算法的 UWB 定位技术,通过分别测量移动终端与多个基站之间信号的传播时间来进行定位,可以在无 GPS 信号场景下满足精准定位的需求。

路径规划模块是根据车辆特性、障碍物信息以及目标位置,规划出满足安全约束且曲率连续、符合人类行车习惯的泊车轨迹。传统基于几何法的路径规划方法根据车辆运动模型、库位位置及尺寸等信息计算出泊车入库的方式。基于 Hybrid A* 的数值优化路径规划方法,解决了传统几何规划方法中曲率不连续、泊车过程连续性差、库位类型适应性不佳等问题。为了进一步克服由库位检测、路径规划、运动控制等功能模块造成的累积误差,部分研究将深度强化学习应用于自动泊车系统的端到端控制。

同济大学和上汽集团合作研发的荣威 E50 AVP 系统属于车端方案,于 2014 年上海工博会上展出,如图 12-2 所示。该系统采用基于多源传感器的组合定位、基于 360°环视的库位检测及闭环跟踪,适用于不同库位类型的自动泊车路径规划与控制等关键技术,使得车辆具备自动行驶至指定位置、自动寻找停车位、在不同道路及停车场的智能自主泊车与驶出等功能。该系统于 2019 年在上汽 Marvel X Pro 上实现量产应用。

图 12-2 上汽集团荣威 E50 AVP 系统

戴姆勒与博世公司在德国斯图加特运行的 AVP 系统属于场端的方案，它可以实现自动查找闲置车位，以及场内车辆的自主泊入与驶出功能。这类系统将自动驾驶的感知与计算任务置于停车场端，不依赖于车辆本身配备的硬件，因此必须对停车场进行部分改造，配备雷达、摄像机、服务器等硬件。

百度基于车路云协同的 AVP 系统由车端、场端、云端三大部分构成，如图 12-3 所示。车端通过自动驾驶软硬件系统实现低速自动驾驶、自动出库、自动泊车等功能；场端通过智能化改造辅助车端自主代客泊车功能的实现，包括标识标牌、监控相机等，可实现盲区补偿、障碍物预警等功能；而云端则通过信息中转和调度管理，实现场内车辆的召唤、还车和调

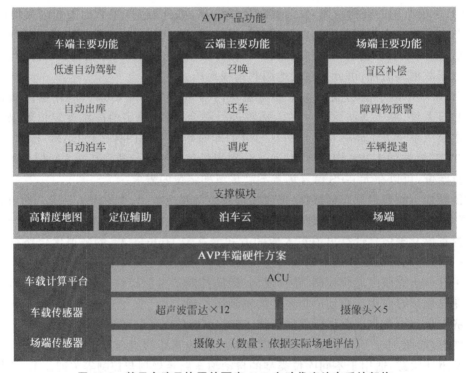

图 12-3 基于车路云协同的百度 AVP 自动代客泊车系统架构

度,并实时监控场内运行状况。除此之外,该系统还包含有高精度地图、定位辅助等支撑模块。

自主代客泊车系统的部署介绍详见二维码。

自主代客泊车

12.2 L4 级自动驾驶系统应用

12.2.1 封闭场景自动驾驶系统应用

对于矿区、港口、机场等相对封闭的场景,由于其行驶环境较为简单、自动化难度较低,率先实现了 L4 级别的智能驾驶系统的商业化落地应用。

1. 矿山场景

矿区作业环境极端、用工成本高、安全隐患多,使得封闭矿山场景对于作业自动化有较高需求。从"十三五"开始,国家层面陆续出台了智慧矿山相关政策,促进我国矿山建设向着数字化、智慧化转型。2020 年,国家发改委等 8 部委联合发布《关于加快煤矿智能化发展的指导意见》,提出到 2025 年实现露天煤矿无人化运输。总体来看,当前我国矿区物流运输自动化、无人化正在加速。

无人矿卡车辆的主要任务是特定路线、场景上的物料运输。矿山场景下的自动驾驶技术架构包括智能网联矿卡、车联网、云平台 3 个层面,如图 12-4 所示。其中,车辆自身需要完成感知、决策、执行;多车之间基于车联网(5G、LTE-V2X 等)进行信息传输;使用云平台进行整个自动驾驶场景的后台管控。

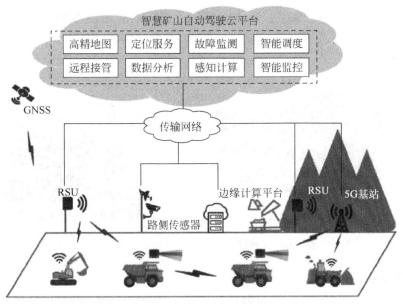

图 12-4 矿山场景自动驾驶总体架构

在国际上,卡特彼勒(Caterpillar)、小松(Komatsu)等公司在 1990 年左右就对于矿山场景下的自动驾驶进行研发,拥有相对领先的技术,但由于政策和成本的限制,国外产品在中国市场的大规模推广仍然具有难度。在产业需求驱动下,国内相继涌现出一批高科技企业,结合工程机械、信息通信、自动驾驶等技术,对于矿山场景下的自动驾驶技术进行了产业化的应用研究。

在国内,慧拓智能公司提出了以平行驾驶理论为基础,结合 V2X 车路协同感知与远程驾驶接管的云端智能管理调度解决方案,实现了面向矿区特殊场景的无人化智能驾驶与挖机协同作业,如图 12-5 所示。在采矿点处,由半自主化挖掘机先进行装载作业,而后依靠智慧云端管理系统的调度,由宽体自卸车装载近 25t 的矿土沿主干线低速自动驾驶至卸矿点,从而完成多机协同的无人化采矿作业。

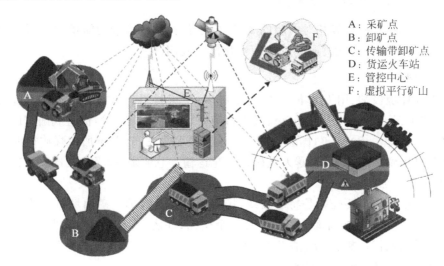

图 12-5 慧拓无人矿山作业系统

踏歌智行公司也提出了端-边-云的智慧矿山无人驾驶解决方案,其中车载智能终端(图 12-6)实现感知控制、云端实现车间调度管理、车联网实现信息交换,整体功能覆盖矿山多种业务需求。

图 12-6 踏歌智行车载系统"睿控"硬件平台

2. 港口场景

在全球化经济发展背景下,港口吞吐量不断上涨,降本增效是港口发展面临的重要问题。由于港区运输对卡车驾驶员经验和资质的高要求,港区内卡车司机的运营费用占到了港口运输成本的很大比例。作业高峰期内卡车司机严重短缺,促使国内各大港口逐渐开展自动驾驶技术应用试点。

港口场景下车辆行驶的线路较为单一,受到干扰的程度也更低,是较易实现自动驾驶商业化应用的场景。自 2017 年年底以来,港口自动驾驶运营的解决方案陆续落地并展开示范运营。目前国内已有 10 余个港口落地自动驾驶集卡,主要分布于北部、中部到南部沿海的几乎所有重要港口,包括洋山港、天津港、青岛港、舟山港、珠海港、厦门港等。

现阶段港口集装箱码头水平运输自动化解决方案主要分为三种形式:自动导引运输车(Automatic Guided Vehicle,AGV)、无人跨运车(Autonomous Straddle Carrier,ASC),以及重型卡车加装改造的无人驾驶集卡。其中,无人驾驶集卡是将自动驾驶技术应用到港区内的集装箱卡车上,通过一整套"感知-决策-控制"系统实现集装箱卡车在满足码头各种装卸工况下的自动驾驶。通过自动驾驶技术完成目标识别、操作、转运等工作,实现人工成本的削减,提升港口的运载效率。

2017 年 12 月,主线科技、中国重汽与天津港达成合作,在天津港港口开展无人驾驶电动集卡示范运营。西井科技、智加科技、飞步科技等分别在各个港口部署了自主智能车辆平台。2019 年 11 月,上汽集团、上港集团、中国移动和上海洋山港合作运营智能重卡示范项目,实现基于 5G 技术的智能网联自动驾驶重卡商业化落地,运用该技术的港口智能重卡具备了从"洋山港码头-东海大桥-深水港物流园区"包含高速及港区的 72km 开放道路自动驾驶及集装箱智能转运,如图 12-7 所示。

图 12-7 上汽集团、上港集团、中国移动的无人驾驶智慧港口项目

3. 机场场景

繁忙的交通网络是机场运营最重要的特征之一,涉及的场景不仅包括旅客和车辆的到达、聚集,还包括多种交通资源的配置和调度。在相对受控的机场场景下,能够实现自主避让来车、主动变道、精准停泊等驾驶任务的无人驾驶车辆将为智慧机场发展带来重大价值。机场无人驾驶可运用于拖运飞机、装运行李、自动扫雪除冰、廊桥通行、接送机场员工通勤、摆渡乘客等。当前,自动驾驶技术已在全球各地的机场得到测试与运用。

在国外,Yeti 公司研发的无人驾驶扫雪车于 2018 年在挪威机场首次接受测试,实现了高效清雪;2018—2020 年,比亚迪公司的自动驾驶巴士在日本羽田机场进行实际场景测试,其最多可搭载 57 人;2019 年,悉尼西田集团的自动驾驶汽车 POD 被用于运送英国曼彻斯特机场的乘客;2021 年,阿姆斯特丹史基浦机场对自动行李牵引车进行试验。

在国内,无人驾驶车辆同样也在机场崭露头角。2017 年驭势科技在广州白云机场推出无人接驳车,乘客能根据自身需求约车;2018 年,驭势科技和香港国际机场针对"无人物

机场场景
无人驾驶

流"开展合作,推出无人驾驶物流车,应对机场复杂环境与大货流的考验,实现无人行李运输试运营;2019年,驭势科技在大兴机场试运营去掉安全员的无人接驳车和无人巡逻车。为保障无人车驾驶安全,驭势科技建立了相应的安全监测体系,包括基于大量样本库的回归测试、面向场景的优化测试、对抗机场运营压力的模拟测试、智能驾驶仿真测试和投放机场实车测试。

机场场景无人驾驶系统的部署介绍详见二维码。

2021年6月,宇通推出小宇2.0无人驾驶巴士,在长沙机场进行机坪内部载人试验。该无人驾驶巴士可实现自适应巡航、动态障碍躲避、适时变道超车、精准路边停靠、车路协同、无人泊车、自动充电、远程辅助驾驶等功能,可以应对暴风雪、浓雾等极端天气,以及廊桥等建筑物对于GPS信号的遮挡。目前已实现廊桥下约4km线路的常态化运行。

12.2.2 城市道路自动驾驶系统应用

1. 自动驾驶出租车

百度
Robotaxi

自动驾驶出租车(Robotaxi)也称作无人驾驶出租车。由于节约了占出租车服务主要运营成本的司机费用,对乘客而言更经济实惠,并加速了出行即服务(Mobility-as-a-Service,MaaS)这一解决方案的普及。

国外的Uber和Waymo先后推出自动驾驶出租车服务,并在车上配备安全员。国内的小马智行、文远知行和滴滴也相继推出无人驾驶出租车试点服务。百度也在长沙、沧州、北京、广州和上海五个城市推出"萝卜快跑"免费预约乘车服务。小马智行在其发布的PonyPilot项目中尝试了全无人驾驶——驾驶位不再配备安全员,可自动识别所在道路的限速、红绿灯,并判断路旁车辆是否有超车、别车、并线的情况。

Robotaxi作为自动驾驶在城市道路场景中运用的一个典型实例,囊括了高精地图(HD MAP)、定位(Localization)、感知(Perception)、预测(Prediction)、规划和控制(Planning & Control)五大功能模块。图12-8展示了百度Apollo系统的软件架构。

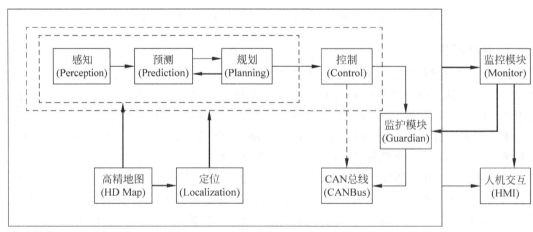

图12-8 百度Apollo软件架构[12]

百度 Apollo Moon 共配备有 13 个摄像头、5 个毫米波雷达以及 2 颗激光雷达,传感器支持自清洁,可应对雨雪风沙环境,通过多传感器融合方案实现车辆周围 240m 区域的全方位探测。为应对城市道路自动驾驶最棘手的"无保护左转",百度 Apollo 通过车路协同和智能交通系统,可以从路端和周围车辆获取超视距的交通信息,提升出行安全性。此外,它还能够实现在车流中择机变道,复杂路口通过,站点停靠,窄路通行和雨水、烟雾、绿植过滤等功能。

其技术特点可概括为:

(1) 全栈冗余设计。针对四等级风险预警,依托全栈冗余设计应对车辆底盘、硬件平台、软件平台三个层次单点故障或功能失效,为完全无人自动驾驶系统提供基础支撑。

(2) 远程控制系统。针对车辆运行过程中可能出现的交通阻塞等场景,基于 5G 及 V2V 技术,远程安全员通过车端实时回传的车辆状态和 360°环视影像信息做出决策,远程控制车辆,实现复杂场景下脱困。

(3) 完全自动驾驶系统测试体系。百度自动驾驶出行服务平台建立了基于安全性、可靠性、智能度为基础的自动驾驶系统测试体系,以保障行车安全。

Apollo 自动驾驶技术公开课详见 http://apollo.auto/devcenter/idpcourse_cn.html。

2. 物流配送

无人配送的概念起源较晚,近年来才逐渐进入大众视野。其中,美团、京东、阿里等从 2016 年就开始了相关技术研发,目前已有多家企业进入无人配送车小批量生产、应用阶段。

无人物流车的核心技术架构与自动驾驶汽车基本一致,以线控底盘作为基础平台,在其上按需加装不同的功能模块。无人配送车线控底盘也有其特殊性:①在产品开发和设计逻辑上,乘用车设计以人的驾乘体验和车内安全为核心,而无人配送车作为生产工具,是以功能性、稳定性、出勤率为核心,不用过多考虑车内安全。②乘用车的供应链、生产制造和成本优势无法复用到无人配送车生产。无人配送车的性能、技术要求和乘用车也有较大差别,其性能要求的重要指标是如何给自动驾驶系统提供控制服务模块、在有限成本范围内实现更高的线控精度和更低的响应延时。

无人配送车与乘用车相比,对激光雷达线束要求较低,目前多采用 16 线、32 线激光雷达。相较于无人配送车初期多搭载 Velodyne 的产品,目前已经逐步实现国产化,禾赛、速腾、大疆览沃、一径科技等国内企业获得了更多的市场。

从 2016 年起,京东着手无人配送车的研发工作,目前已经开发出 L4 级别、车规级的第四代智能快递车产品,如图 12-9 所示。该系统在不需要人工干预的情况下,能够实现自主行驶、智能避障、识别红绿灯、智能取货等功能。2020 年,阿里发布低速无人配送小车"小蛮驴",如图 12-10 所示,目前已形成规模化应用。同时,以一清科技、行深智能等为代表的技术创新企业,聚焦末端配送领域,在各地实现了无人配送系统的规模化、常态化运营,促进了末端物流智能化无人化产业升级。

3. 环卫清扫

环卫清扫工作环境大多数为封闭式,其形式较为单一。利用自动驾驶技术,不仅可以代替环卫人员在高温、寒冷、黑夜等极端环境完成高强度的工作,还可以提高整座城市的环卫清扫效率。近年来以环卫清扫智能车为代表的低速环境下的自动驾驶产业正在快速走向商

图 12-9　京东无人配送车

图 12-10　阿里"小蛮驴"配送车

业化。据统计,包含环卫清扫智能车在内的低速自动驾驶车辆在 2020 年突破了 1 万台。

同济大学先后于 2016 年和 2018 年研发了一代及二代智能驾驶清扫车,如图 12-11 所示,该清扫车融合了高精度定位导航系统、智能感知与控制系统、远程监控系统和线控底盘系统,能够在封闭园区内按照固定路线独立自主地完成清扫作业。

图 12-11　同济大学研发的一代及二代智能电动清扫车

2017 年 9 月,百度携手智行者推出环卫清扫智能车。2018 年 4 月,酷哇与中联环境推出具备多工况清扫、轨迹决策规划等功能的自动驾驶清扫车,如图 12-12 所示。2018 年 11 月,智行者和首钢合作开发"蜗小白"环卫清扫智能车,可以自主完成指定区域的清扫与配送服务,如图 12-13 所示,该车集激光雷达、摄像头、超声波雷达等传感器于一体,清扫作业效率可达每小时 3000 平方米。2019 年 7 月,高仙与浩睿智能联合研发生产的 Ecodrive Sweeper G2 发布,并在鹤壁 5G 产业园投入使用。仙途智能的自动环卫清扫车已在德国威廉港内试运营。通过 360°环视摄像头和云端数据运算处理平台,该车可以自主完成避障、路灯识别、贴边清扫等复杂动作。

图 12-12　酷哇环卫清扫智能车

图 12-13　智行者自动驾驶清扫车

12.2.3 高速公路自动驾驶系统应用

干线物流是指在公路运输网中起骨干作用的线路运输,采用的运输车型主要是牵引车和重型卡车。由于公路货运量大、司机短缺、运营成本高、效率低等特点,高速公路相对规范的道路环境和公路货运行业强烈的应用需求,使得干线物流场景被认为是有望率先实现自动驾驶商业化应用的场景之一。

以图森未来、智加科技、赢彻科技为代表的国内自动驾驶科技公司与中国重汽、一汽解放等主机厂合作,面向 L4 级自动驾驶搭建技术架构和底层硬件配置,与量产重卡进行融合设计,并在国内外进行了高速公路自动驾驶测试。

智加科技与一汽解放合作开发的自动驾驶重卡,于 2021 年在五峰山过江通道公路上进行了无安全员的无人驾驶测试,并且借助 5G 与 V2X 技术,完成自动驾驶与车路协同的技术融合,实现满载重卡多车运输、全过程协同编队行驶,并通过了匝道汇入、前方异物、道路施工和交通拥堵等多个应用场景的测试。其自动驾驶重卡搭载了车规级计算平台 NVIDIA DRIVE Orin,配备 9 个摄像头、5 个毫米波雷达、1 个激光雷达。

在此基础上,基于 5G 和 V2X 等通信技术在智能网联车辆之间进行信息交互,实现干线物流的自动驾驶编队将进一步提高运行安全性、改善燃油效率和通行效率。编队行驶控制策略主要分为领航跟随、虚拟结构、基于行为的方法,如图 12-14 所示。在领航跟随方法中,队列中的一辆车为领航者,遵循其期望轨迹行驶;其余车辆为跟随者,跟踪领航者行驶。领航跟随方法又可以细分为静态领航者、动态领航者、虚拟领航者的方法。在虚拟结构方法中,将整个车辆编队视为虚拟的刚体,并给出该虚拟刚体的期望运动轨迹,使用集中式的控制策略最小化该虚拟结构与编队实际位置之间误差,从而保持编队状态;在基于行为的方法中,每个车辆输出若干种行为,如避障、编队保持等,队列最终根据每种行为的权重,输出所有行为的权值。基于行为的方法主要有运动规划法、势场法、群智能法和群集法等。

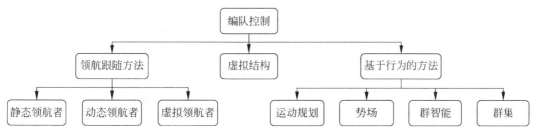

图 12-14 智能网联汽车编队控制方法

图森未来自 2018 年起在美国亚利桑那州 10 号高速公路上开展了小规模商业化试运营,为多家客户提供物流服务。2019 年 12 月,图森未来 L4 级无人驾驶卡车车队在京礼高速完成高速公路全封闭环境下、基于 V2X 车路协同技术的队列跟驰测试工作,如图 12-15 所示。

图 12-15 图森未来列队跟驰测试

本章小结

主要知识点：自动驾驶系统在安全冗余与事故责任认定上对于智能车辆提出了更严苛的要求。L3 级的自动驾驶系统可以在特定情况下完成车辆的纵横向控制，但在系统请求时，驾驶员必须接管车辆，典型应用有交通拥堵自动驾驶和自主代客泊车系统。L4 级自动驾驶系统可以在特定场景下承担全部驾驶任务，目前已应用于矿山、港口、机场等封闭场景，在城市道路工况下的典型应用有自动驾驶出租车、物流配送、环卫清扫等场景，对于高速公路场景已有干线物流的自动驾驶应用。

重点和难点：各类典型自动驾驶系统的应用场景，硬件配置与算法原理。

习题

一、基础习题

1. TJP 系统相较之于 ACC 系统在软硬件上有何改进？
2. AVP 泊车系统在解决方案上可以分几类？分别实现了什么功能？
3. 适合自动驾驶项目的落地的矿山环境，对于自动驾驶中哪些技术提出较为严苛的考验？
4. 为什么港口场景在国内被普遍认为是最先、最快落地的高级别自动驾驶场景？
5. 为何在机场的无人驾驶车辆还需要配备除 GPS 以外的激光雷达、毫米波雷达和相机等定位感知设备？

二、拓展习题

1. 奥迪 A8 后期并未搭载 TJP 系统，并且许多车企跳过了 L3 级直接开展 L4 级自动驾驶系统的研发，请分析其中可能的原因。
2. 试简述 5G 技术对自动驾驶系统研发应用的影响。
3. 无人驾驶出租车无保护左转的关键难点是什么？现有技术是如何解决这一问题的？

参考文献

[1] Automobil produktion[EB/OL]. (2017-08-31)[2021-12-08]. https://www.automobil-produktion.de/hersteller/neue-modelle/audi-a8-autonom-unterwegs-auf-level-drei-111.html.

[2] 章健勇. NIO Pilot 主要功能干货指南[EB/OL]. (2019-06-10)[2021-12-08]. https://www.nio.cn/app-article-503822.

[3] DONG Y, HU Z, UCHIMURA K, et al. Driver Inattention Monitoring System for Intelligent Vehicles: A Review[J]. IEEE Transactions on Intelligent Transportation Systems, 2011, 12(2): 596-614.

[4] KHALID M, WANG K, ASLAM N, et al. From smart parking towards autonomous valet parking: a survey, challenges and future Works[J]. Journal of Network and Computer Applications, 2021, 175: 102935.

[5] 中国智能网联汽车产业创新联盟. 自主代客泊车系统总体技术要求: T/CSAE 156—2020/T/CA401—2020[S]. 中国汽车工程学会, 2020.

[6] BANZHAF H, NIENHUSER D, KNOOP S, et al. The future of parking: a survey on automated valet parking with an outlook on high density parking[C]//2017 IEEE Intelligent Vehicles Symposium (IV). IEEE, 2017. DOI: 10.1109/IVS.2017.7995971.

[7] 康陈, 郝大雨, 王晓燕, 等. 露天矿山智能网联自动驾驶场景与技术研究[J]. 信息通信技术与政策, 2020(8): 52-58.

[8] 踏歌智行. 车载系统"睿控"硬件部署[EB/OL]. http://www.i-tage.com/.

[9] International Air Transport Association. Annual Review 2021[R]. 77th Annual General Meeting, USA, 2021.

[10] 驭势科技. 驭势科技核心技术: U-Drive 智能驾驶平台[EB/OL]. [2021-12-08]. https://www.uisee.com/core.html.

[11] 加速"新四化"战略转型 中国汽车与世界同步[EB/OL]. (2020-11-19)[2021-12-08]. https://www.sohu.com/a/432940151_120334882.

[12] ApolloAuto[EB/OL]. [2022-01-08]. https://github.com/ApolloAuto/Apollo.

[13] 百度 Apollo. 2021 年百度自动驾驶出行服务半年报告[R]. 百度, 2021.

[14] 夏华夏. 无人驾驶在末端物流配送中的应用和挑战[J]. 人工智能, 2018(6): 78-87.

[15] 田野. 自动驾驶赋能干线物流[J]. 智能网联汽车, 2020(5): 20-23.

[16] SONI A, HU H. Formation control for a fleet of autonomous ground vehicles: a survey[J]. Robotics, 2018, 7(4): 67.

(本章编写成员: 熊璐、唐辰、陈炯、刘远志、付武飞、涂承恩)

第 13 章 车路协同系统应用

通信技术、人工智能、物联网、云计算、大数据等技术的深入发展和应用,不断推动智能网联汽车和智能交通走向融合,"车-路-云-网-图"一体化的车路协同系统正在加快形成,该系统可以实现汽车与汽车、汽车与道路、汽车与云、汽车与行人之间的有效交互与协同。本章首先对车路协同系统的概念内涵、特征和发展阶段进行了阐述,然后重点针对车路协同辅助驾驶应用、车路协同自动驾驶应用,以及车联网应用进行了详细分析。

13.1 车路协同系统

车路协同(Vehicle Infrastructure Cooperation)主要是通过多学科交叉与融合,采用无线通信、传感探测等先进技术手段,实现对人、车、路的信息的全面感知和车辆与基础设施之间、车辆与车辆之间的智能协同,从而达到优化并利用系统资源、提高道路交通安全和效率、缓解道路交通拥堵的目标。车路协同系统(Vehicle Infrastructure Cooperative Systems, VICS)则是由服务于车路协同应用的相关交通参与者、硬件设施和软件系统所组成的复杂信息物理系统。

车路协同系统在自动驾驶快速普及之前,主要应用在智能交通领域,是 ITS 的重要子系统,欧、美、日等发达国家针对车路协同的研究和应用相对较早。2003 年,美国交通部发布了车路协同系统项目(Vehicle Infrastructure Integration,VII),由美国联邦公路局、美国公路与运输公务员协会(AASHTO)、各州运输部、汽车工业联盟、ITS America 等组成的特殊联合推进工作组,其目标是通过信息技术和通信技术实现汽车与道路的集成,美国通信管理委员会(FCC)为车路通信还专门分类了 5.9GHz 的专用短程通信(DSRC)频段,为驾驶员提供驾驶安全辅助信息。VII 后来逐步演进并推动了一系列车路协同研究项目,如 IntellDriveSM、协作式智能交通参考框架(ARC-IT)、CARMA 计划(Cooperative Automation Research Mobility Applications),以及各类车路协同应用示范项目,如怀俄明州 I-80 公路车路协同应用示范项目等。

欧盟在 2006 年牵头开展了协同式智能交通系统项目(Cooperative Intelligent Transport Systems,C-ITS),在 6 个国家的试验场开发、测试和评估 C-ITS 系统;欧盟后续又推动了"地平线 2020 计划"、CAR 2 CAR 等车路协同项目(图 13-1)。日本也在 2013 年由内阁发布了日本复兴计划《世界领先 IT 国家创造宣言》,制定发布了《ITS 2014-2030 技术发展路线图》,计划在 2020 年建成世界最安全道路。

我国针对车路协同系统也开展了大量研究,2011 年 11 月,以清华大学为牵头单位的科研团队在国家"863"计划的支持下,围绕车路协同开展了系统性的探索研究,提出了智能车

第13章 车路协同系统应用

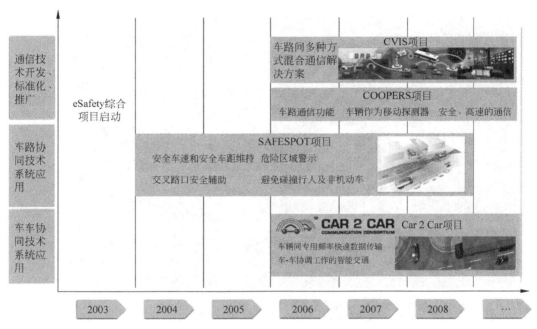

图 13-1 欧洲部分车路协同研究和示范项目

路协同系统(Intelligent Vehicle Infrastructure Cooperative System, IVIC),将车路协同关键技术分为4大类：智能车载系统关键技术、智能路侧系统关键技术、车车/车路通信技术、车车/车路控制技术。

近年来,随着LTE-V2X(LTE Vehicle to Everything,基于LTE的车用无线通信技术)通信和智能网联汽车的快速发展应用,也给车路协同带来了新的内涵和发展动能,不仅可以应用于智能交通,让交通更安全,出行更高效,降低能源消耗,助力实现碳达峰与碳中和；还可以支持开展车路协同辅助驾驶和车路协同自动驾驶应用,让自动驾驶更安全、更经济、更普适,快速实现规模商业化落地。

13.1.1 系统总体架构

结合国内外车路协同研究和发展现状,车路协同系统的总体架构见图13-2,由以下四个主要部分构成。

(1) 人：由出行者所携带的各类信息终端或其他信息处理设备构成。

(2) 车：包括车载单元(OBU)或其他车载智能终端,也可以包括车载计算控制模块、车载感知设备、车载网关、路由器等。

(3) 路：以路侧计算单元(Road Side Computing Unit, RSCU)、路侧单元(Road Side Unit, RSU)、路侧感知设备等为核心,也可包括交通管理设施等其他设施。

(4) 云：包括云控平台和相关第三方平台,提供设备接入管理、数据汇聚共享、业务支撑和相关服务等功能。

其中,路端可由以下设备设施组成,包括但不限于：

(1) 路侧计算单元：支持路侧设备接入,对数据进行汇聚和处理分析。

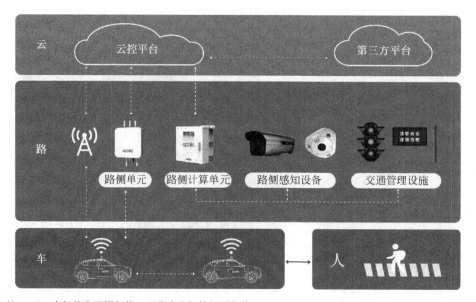

注：(1) 本架构为逻辑架构，不代表实际的部署架构；
(2) 与车路协同应用无直接关联的连接，本架构中未予以体现，如交通安全与管理设施与第三方平台等。

图 13-2 车路协同系统总体架构

（2）路侧感知设备：如感知摄像机、毫米波雷达、激光雷达或其他感知传感器；

（3）路侧通信设施：包括基于蜂窝移动通信的 4G/5G 设施，或者基于直连无线通信的 LTE-V2X、NR-V2X(New Radio Vehicle to Everything，基于新空口的车用无线通信技术) 通信设备 RSU。

（4）交通管理设施：根据应用需要可包括交通监控设施、交通诱导与控制设施、可变标识、辅助定位设施、气象监测设施等。

云端包括云控平台和各类第三方平台，第三方平台包括但不限于：车辆管理与服务平台，如 OEM(Original Equipment Manufacturer，原型设备制造商)平台、公交车管理服务平台、"两客一危"车辆管理平台、施工车辆管理平台等；交通安全与交通管理平台，如交通安全平台、交通管理平台、高速公路管理服务平台等；地图服务平台，如导航地图平台及高精度地图平台；定位服务平台；气象服务平台及其他第三方平台。

13.1.2 系统的特征

车路协同系统是一种集成化、协同化、敏捷化、绿色化、服务化、智能化的新兴业务系统，它与物联网和工业互联网紧密相关，是物联网和工业互联网的垂直细分领域之一，故车路协同系统具备了软件定义、泛在感知、敏捷响应、智能决策、动态优化和全局协同等共性特征；同时，由于汽车和交通行业的特殊性，车路协同系统还具有如下典型特征：

1. 移动多接入

移动多接入是车路协同系统的基础。任何时间、任何地点、任何人、任何物理对象之间通过通信技术(LTE、5G 等)、网络技术和平台技术实现互联互通，产生共享数据，车辆通过对数据进行处理和分析,从而支撑自动驾驶的实现,数据也可以通过平台的共享作用,实现车辆的群体智能和交通管理控制,为行业和市场提供价值服务。车路协同系统需要支持移动、多种类、海量设备的同时接入,才能进行信息交互和操作控制,因此对移动通信技术提出了很高的要求。

2. 实时性

车路协同系统的实时性主要体现在两个方面:一是 C-V2X、5G 等通信技术具有低时延特性,LTE-V2X 可实现最低 20ms 的直连通信端到端时延,LTE-eV2X(LTE enhance-Vehicle to Everything,基于 LTE 的增强车用无线通信技术)进一步将直连通信端到端最低时延缩减至 10ms,且 LTE-V2X 和 LTE-eV2X 的最大时延均低于 100ms,5G NR-V2X 的研究也将实现最低 1ms 的直连通信端到端时延;二是智能终端和边缘计算的应用,数据不再需要传输到中心云,通过中心云进行数据处理、分析和决策,而是通过路侧终端或者边缘云替代中心云执行相关功能,大大减少了数据传输的时间,从而降低时延。

3. 复杂性

车路协同系统的复杂性主要体现在:①涉及对象复杂,该系统利益相关方包括人、车、路、云、管等多个方面,以人为例,涉及对象包括用户主体(行人、驾驶员、交管、施工等)、服务主体(车企、通信运营商、平台运营商等)和支撑人员(高校、科研、规划人员等);②系统功能复杂,车路协同系统不仅是一个信息系统,更是一个复杂功能集成的系统,支持实时感知决策的自动驾驶、交通控制管理、便捷生活服务等;③应用场景复杂,自动驾驶场景很复杂,主要体现在地域(北京、天津、上海等不同城市)、工况(高速、城市、乡村、停车场等重点领域)、环境(晴天、雨天、雪天、雾霾等多种天气)、范围(典型场景、边角场景、事故场景等多种类型)等。

4. 高密度

城市交通不仅要解决大规模的问题,高密度也是交通管理需要考虑的重要问题,尤其是上下班高峰、节日出行、重大活动、突发事件/事故等的车流、人流密度急剧增加,系统和设备需要有充足的余量来应对这些变化。

5. 安全性

安全是车路协同系统必须重点加以考虑的问题,这就对系统的安全性和可靠性提出了很高的要求,尤其是在车路协同控制环境下,车辆和路侧设备进行协同感知和决策控制,需要保证信息的准确性、传递的实时性、决策的正确性。安全性主要体现在两个方面:一是交通和行车安全,重点是保障交通的连续性、安全性和可靠性,关注汽车自动驾驶、设备及系统的安全性;二是从互联网的角度,保证应用的安全运行以提供持续的服务能力,防止重要数据泄露,包括应用安全、控制安全、网络安全、数据安全等。

13.1.3 系统演进阶段

车路协同系统的发展演进总体上可以分为三大发展阶段[1-2],如表 13-1 所示。

表 13-1 车路协同系统发展阶段划分

阶 段	子 阶 段	适 用 标 准	典型应用场景举例
阶段1：信息交互协同	无	T/CSAE 53—2020	碰撞预警、道路危险提示等
阶段2：协同感知	阶段2.1：初级协同感知	T/CSAE 157—2020	交通参与者、交通事件等协同感知，2.2阶段所需的感知能力远高于2.1阶段
	阶段2.2：高级协同感知	T/CSAE 158—2020	
阶段3：协同决策控制	阶段3.1：有条件协同决策控制	T/CSAE 157—2020 T/CSAE 158—2020 T/CSAE 156—2020	协作式换道、无信号灯协同通行、紧急车辆优先、AVP等
	阶段3.2：完全协同决策控制	暂无	5G平行驾驶

注：T/CSAE 53—2020 为《合作式智能运输系统 车用通信系统应用层及应用数据交互标准》；

T/CSAE 157—2020 为《合作式智能运输系统 车用通信系统应用层及应用数据交互标准（第二阶段）》；

T/CSAE 158—2020 为《基于车路协同的高等级自动驾驶数据交互内容》；

T/CSAE 156—2020 为《自主代客泊车系统总体技术要求》。

1．阶段1：信息交互协同

车载终端 OBU 与路侧单元 RSU 进行直连通信，实现车辆与道路的信息交互与共享，通信方式可以是 DSRC 或 LTE-V2X。

2．阶段2：协同感知

在阶段1的基础上，随着路侧感知能力的提高，自动驾驶的感知和决策的实现不仅仅依赖于车载摄像头、雷达等感知设备，而且需要智能道路设施进行协同感知。协同感知分为初级协同感知和高级协同感知两个分阶段。

（1）阶段2.1 初级协同感知：道路感知设施相对单一、部署范围有限、检测识别准确率较低、定位精度较低，达不到服务于L4级自动驾驶车辆的要求。

（2）阶段2.2 高级协同感知：道路感知设施多样、道路全面覆盖、检测识别准确率高、定位精度高，能够服务于L4级自动驾驶车辆。

3．阶段3：协同决策控制

在阶段2协同感知的基础上，道路具备车路协同决策控制的能力，能够实现道路对车辆、交通的决策控制，保障自动驾驶安全、提高交通效率。协同决策控制分为有条件协同决策控制和完全协同决策控制两个分阶段。

（1）阶段3.1 有条件协同决策控制：在自动驾驶专用道、封闭园区等环境下实现协同决策控制，或实现自主代客泊车。

（2）阶段3.2 完全协同决策控制：在任何时间、任何道路和交通环境下，都可实现车路全面协同感知、协同决策控制功能。

要实现车路协同系统的演进阶段3，还需要攻克一系列的关键技术，包括协同感知技术,如传感器高精度标定技术、环境感知技术和融合与预测技术;高精度地图与高精度定位技术,如高精度地图和路侧辅助定位技术;协同决策与协同控制技术,如意图预测、博弈仲裁、引导调度等协同决策、车辆、设施、人类等协同控制引导;高可靠低时延网络通信技术,如直连无线通信技术、蜂窝移动通信技术、交通系统集成优化与有线网络传输技术等;云计算技术,如边缘计算 MEC 技术、多级云控平台技术、大数据和人工智能平台技术;功能安全与预期功能安全;物联网技术;网络安全技术等。

13.2 车路协同辅助驾驶和自动驾驶应用

车路协同系统有两个主要核心应用领域:一是基于 C-V2X 的车路协同自动驾驶,包括车路协同辅助驾驶和车路协同自动驾驶两个方面;二是基于蜂窝移动通信的车联网应用服务,提升出行者的驾乘体验。

其中,车路协同辅助驾驶是通过车路协同系统为车辆驾驶员或驾驶辅助系统提供驾驶辅助服务,保证驾驶安全、提高交通效率。车路协同自动驾驶是在单车智能自动驾驶的基础上,通过车辆自动化、网络互联化和系统集成化,最终构建一个自动驾驶车辆协同系统。本节将深入讨论相关应用场景。

13.2.1 车路协同辅助驾驶应用

车路协同辅助驾驶通过车路协同系统为车辆驾驶员或驾驶辅助系统提供驾驶辅助服务,保证驾驶安全、提高交通效率。车路协同辅助驾驶类应用场景主要分为两大类:道路安全类应用及交通效率类应用。其中,道路安全类应用直接关系到生命财产安全,是车路协同辅助驾驶应用的核心内容,相关场景关注度较高,通常对 V2X 传输时延、数据可靠性等有较高要求;交通效率类应用可显著提升交通效率、降低能源消耗和减少环境污染,也是研究的重点。

各国对车路协同辅助驾驶开展了大量研究。美国交通部联合多家车企通过碰撞避免标准联盟(Crash Avoidance Metrics Partnership,CAMP)的 VSC-A 项目(Vehicle Safety Communications-Applications),研究了基于 V2X 通信的道路安全应用,通过对碰撞的频度、碰撞造成的经济损失、碰撞引起的人员伤亡、碰撞带来的社会损失等因素进行综合分析,初期选择了 7 个防碰撞应用场景,后续通过 CAMP VSC3 驾驶员接受度评估项目增加了左转辅助应用,共选择确定了 8 个核心道路安全类应用场景。这 8 个应用被美国、欧洲及中国的应用层标准[6]部分或全部采纳,并在测试中进行验证。

我国针对车路协同辅助驾驶也开展了大量的技术研究、测试验证、标准制定和示范应用工作,在应用场景方面,先后发布了 T/CSAE 53(T/ITS 0058)、T/CSAE 157(T/ITS 0118)等相关标准,明确了每个场景的技术实现方案、V2X 信息交互内容和技术要求,为推动行业的发展奠定了基础。标准中提出的场景如表 13-2 所示。

以下结合美国和中国提出的车路协同辅助驾驶场景,分别从道路安全类应用、交通效率类应用两个方面,对相关场景进行介绍。

表 13-2 车路协同辅助驾驶应用场景

序号	场景来源	应用场景	V2X 通信方式	V2X 消息集
1	T/CSAE 53、T/ITS 0058	前向碰撞预警	V2V	BSM、MAP、SPAT、RSI、RSM
2		交叉路口碰撞预警	V2V/V2I	
3		左转辅助	V2V/V2I	
4		盲区预警/变道辅助	V2V	
5		逆向超车预警	V2V	
6		紧急制动预警	V2V	
7		异常车辆提醒	V2V	
8		车辆失控预警	V2V	
9		道路危险状况提示	V2I	
10		限速预警	V2I	
11		闯红灯预警	V2I	
12		弱势交通参与者碰撞预警	V2V/V2I	
13		绿波车速引导	V2I	
14		车内标牌	V2I	
15		前方拥堵提醒	V2I	
16		紧急车辆提醒	V2V	
17		汽车近场支付	V2I	
18	T/ITS 0118	交通参与者感知共享	V2V/V2I	MAP、PAM、PMM、TPM、VPM、PSM、RSC、RTCM、SSM、VIR、TEST、PAM、PMM、TPM
19		协作式变道	V2V/V2I	
20		协作式匝道汇入	V2I	
21		协作式交叉口通行	V2I	
22		差分数据服务	V2I	
23		动态车道管理	V2I	
24		特殊车辆优先	V2I	
25		场站路径引导服务	V2I	
26		道路异常状况提醒	V2I/V2V	
27		浮动车数据采集	V2I	
28		慢行交通预警	V2P	
29		车辆编队管理	V2V	
30		道路收费服务	V2I	

1. 道路安全类应用

下面以 8 个典型应用为例,对道路安全类应用进行简要说明。

1) 紧急制动预警(Electronic Emergency Brake Light,EEBL)

当远车(Remote Vehicle,RV)RV-1 进行紧急制动时,通过车路协同通信广播紧急制动状态信息。此场景下,对于主车(Host Vehicle,HV)来说,虽然 RV-2 可能遮挡 HV 和 RV-1 之间的视线,但 HV 能够接收到前方车辆 RV-1 的紧急制动状态信息,如判断该事件与本车有关,则进行预警,避免发生追尾碰撞,如图 13-3 所示。

2) 前向碰撞预警(Forward Collision Warning,FCW)

当前方同一车道的车辆 RV-1 与主车 HV 存在追尾碰撞危险时(RV-2 可能遮挡 HV 和

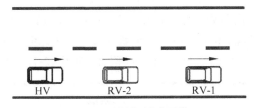

图 13-3 紧急制动预警

RV-1 之间的视线),前向碰撞预警应用对主车的驾驶员进行预警,避免发生追尾碰撞,如图 13-4 所示。

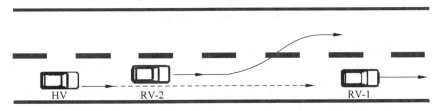

图 13-4 前向碰撞预警

3) 盲区预警(Blind Spot Warning,BSW)

当主车 HV 的相邻车道有同向行驶或停止的公交车或大车出现,对即将通过车道的行人或非机动车进行遮挡,造成行人或非机动车处于 HV 的盲区的情况,盲区预警应用对主车驾驶员进行预警。盲区预警应用可避免车辆与通过车道的行人或非机动车发生侧面碰撞,如图 13-5 所示。

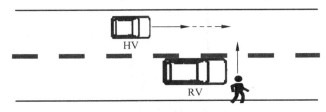

图 13-5 盲区预警

4) 变道预警(Lane Change Warning,LCW)

当主车 HV 尝试进行变道操作时,如果相邻车道有同向行驶的 RV 处于或将进入 HV 的盲区时,变道预警应用对主车驾驶员进行预警。变道预警应用可避免车辆变道时与相邻车辆发生侧面碰撞,如图 13-6 所示。

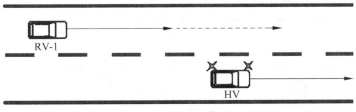

图 13-6 变道预警

5）逆向超车预警（Do Not Pass Warning，DNPW）

当主车 HV 的前方车辆 RV-1 行驶速度过慢，HV 意图借用逆向车道进行超车时，如果超车路段被逆向行驶的车辆 RV-2 占用，导致 HV 无法安全超过前方慢速行驶的车辆 RV-1，则逆向超车预警应用对 HV 驾驶员进行预警，如图 13-7 所示。

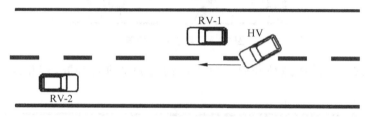

图 13-7　逆向超车预警

6）交叉路口碰撞预警（Intersection Collision Warning，ICW）

当主车 HV 通过交叉路口，与侧向行驶的 RV-1 可能发生碰撞时（RV-2 可能遮挡 HV 和 RV-1 之间的视线），交叉路口碰撞预警应用将对 HV 驾驶员进行预警。交叉路口碰撞预警应用可减轻或避免侧向碰撞，提高交叉路口交通安全性，如图 13-8 所示。

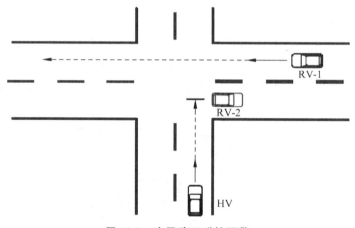

图 13-8　交叉路口碰撞预警

7）车辆失控预警（Control Loss Warning，CLW）

当远车 RV 出现失控状态，触发制动防抱死系统（ABS）、电子稳定系统（ESC/ESP）、牵引力控制系统（Traction Control System，TCS）、车道偏移预警系统（LDW）等功能时，RV 广播失控状态信息，对主车 HV 驾驶员进行预警。主车根据收到的消息识别出 RV 失控，可能影响主车行驶路线，从而提前预警，如图 13-9 所示。

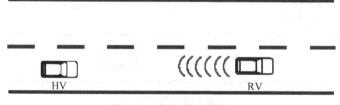

图 13-9　车辆失控预警

8）左转辅助（Left Turn Assist，LTA）

当主车 HV 在交叉路口左转，与对向行驶的远车 RV 可能发生碰撞时，左转辅助应用对主车驾驶员进行预警。左转辅助应用可辅助减轻或避免侧向碰撞，保障交叉路口交通安全，如图 13-10 所示。

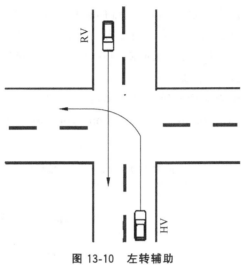

图 13-10　左转辅助

以上道路安全类应用中的信息传输可利用 V2V 通信方式，在车车间进行信息交互。其中，交叉路口碰撞预警应用以及左转辅助应用还可利用交叉路口的红绿灯等路侧设施提供辅助信息，通过 V2I 通信提高交叉路口的安全通行能力。

在中国汽车工程学会制定发布的 V2X 应用层及应用数据交互标准中，对上述 8 类典型应用的通信需求进行了总结，如表 13-3 所示。

表 13-3　道路安全应用场景对 V2X 通信要求

序号	应　　用	通信类型	频率/Hz	最大时延/ms	定位精度/m	通信范围/m
1	紧急制动	V2V	10	100	1.5	150
2	前向碰撞预警	V2V	10	100	1.5	300
3	盲区预警	V2V	10	100	1.5	150
4	变道预警	V2V	10	100	1.5	150
5	逆向超车预警	V2V	10	100	1.5	300
6	交叉路口碰撞预警	V2V/V2I	10	100	1.5	150
7	车辆失控预警	V2V	10	100	1.5	300
8	左转辅助	V2V/V2I	10	100	1.5	150

3GPP TS 22.185 中对道路安全类应用的通信需求进行了总结：节点间 V2V/V2P/V2I 通信最大时延为 100ms，预碰撞感知等特殊情况的最大通信时延为 20ms；V2N 通信端到端时延不超过 1000ms；不包括安全开销的情况下，周期性广播消息的负荷为 50～300Byte，事件触发类消息的负荷最大为 1200Byte；最大消息发送频度为 10Hz；车车通信范围要足够支持驾驶员的反应时间进行处理（如典型值为 4s）；支持 V2V 应用最大相对速度为 500km/h，支持 V2V 和 V2P 应用最大相对速度为 250km/h，支持 V2I 应用最大相对速度为 250km/h。

除了以上通信需求,在数据处理方面,据统计单车每天产生上千吉字节数据,通过汇聚车辆、道路和交通等信息数据,需要满足海量数据存储以及实时共享、分析和开放的需求。在定位方面,定位精度需满足车道级(米级)定位需求,需要获知道路拓扑结构等信息。

2. 交通效率类应用

车路协同系统可以增强交通感知能力,通过构建智慧交通体系,实现交通系统的智能化和网联化。通过智能路侧系统动态调配路网资源,及时获取并提供准确的静态和动态交通信息,进行拥堵或事故/事件提醒,支撑完成协作式变道、协作避免碰撞等协作驾驶行为,规划合理的出行路线,提高交通运输效率等。

各国都在开展交通效率类应用的研究与测试验证。美国交通部通过多部门合作,开展动态移动应用项目(Dynamic Mobility Applications Program,DMA),完成了六大类应用场景组合,如表13-4所示。

表13-4 美国DMA项目应用场景示例

序号	应用分类	应用示例
1	多模式智能交通信号系统	智能交通信号系统、交通和货运信号优先、移动接入行人信号系统、紧急车辆抢占
2	智能交通网络流量优化	动态速度协同、排队告警、协同自适应巡航控制
3	响应,紧急救治和通信,统一管理和疏散	应急人员的事故现场到达前救治指南、驾驶员和工人的事故现场工作区警报、紧急通信和疏散
4	使能高级出行者信息系统	使能高级出行者信息系统

在中国汽车工程学会及相关标准组织制定发布的V2X一阶段和二阶段应用场景中,也提出了一系列的交通效率类应用场景,如表13-5所示。

表13-5 典型交通效率类车路协同自动驾驶应用场景举例

序号	适用标准	场景名称
1	T/CSAE 0053	绿波车速引导
		车内标牌
		前方拥堵提醒
2	T/CSAE 0157	协作式优先车辆通行

交通效率类应用场景根据各地区的实际情况有不同的侧重,可利用V2V通信,也可利用V2I通信辅助实现。以下以绿波车速引导和协作式优先车辆通行2个典型应用场景为例进行说明。

1) 绿波最优车速引导(Green Light Optimal Speed Advisory,GLOSA)

当主车HV通过信号灯控制的交叉路口,收到路侧单元RSU发送的道路数据及信号灯实时状态数据时,绿波车速引导应用将给主车驾驶员建议车速区间,使其经济舒适地通过该路口,如图13-11所示。

2) 协作式优先车辆通行(Cooperative High Priority Vehicle Passing,CHPVP)

对于紧急车辆,如消防车、救护车、警车或其他紧急呼叫车辆,当主车HV行驶时,如果

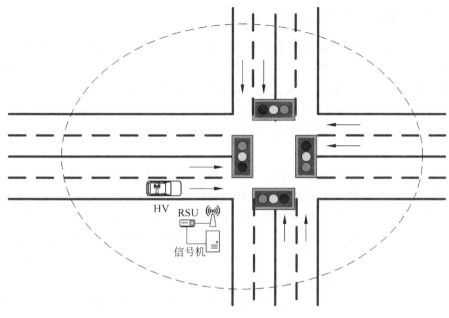

图 13-11 绿波车速引导

收到紧急车辆 RV 的提醒信息,需要让行。路侧单元 RSU 收到紧急车辆成为优先级车辆的消息后,可调度道路沿线信号灯,开辟绿色通道,如图 13-12 所示。

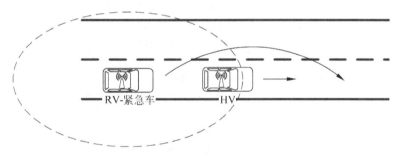

图 13-12 协作式优先车辆通行

在中国汽车工程学会制定的应用层及应用数据交互标准中,上述 2 类典型应用的通信需求见表 13-6。

表 13-6 交通效率应用场景对 V2X 通信要求

应 用	通信类型	频率/Hz	最大时延/ms	定位精度/m	通信范围/m
绿波车速引导	I2V	≥2	≤200	≤1.5	≥150
协作式优先车辆通行	V2V/V2I	≥10	≤100	≤5	≥300

利用 V2X 通信技术对交通状态信息进行全面感知,优化交通信号和驾驶操作,可用更少的资源满足交通需求,提升通行效率。在这些不同的场景中,基于交通参与者交互的信息,如何优化交通资源的调度和使用,是实现车联网车路协同价值的关键。

13.2.2 车路协同自动驾驶应用

车路协同自动驾驶是在单车智能自动驾驶的基础上，通过先进的车、道路感知和定位设备（如摄像头、雷达等），对道路交通环境进行实时高精度感知定位，按照约定协议进行数据交互，实现车与车、车与路、车与人之间不同程度的信息交互共享（网络互联化），并涵盖不同程度的车辆自动化驾驶阶段（车辆自动化），以及考虑车辆与道路之间协同优化问题（系统集成化）。通过车辆自动化、网络互联化和系统集成化，最终构建一个自动驾驶车辆协同系统。

车路协同自动驾驶可以保证自动驾驶安全运行，推动自动驾驶规模商业化落地，是自动驾驶未来发展的必然趋势。为推动车路协同自动驾驶的快速发展，工信部、中国通信标准化协会、中国汽车工程学会、中国智能交通产业联盟等组织牵头制定了《基于车路协同的高等级自动驾驶数据交互内容》（YD/T 3978-2021）标准，该标准在车路协同辅助驾驶类应用场景的基础上，提出了8个面向L4及以上高等级自动驾驶车辆的车路协同应用场景，如协同感知、自主泊车等，是国内外首个面向高等级自动驾驶的车路协同应用标准。

结合YD/T 3978标准，以及国内外开展的车路协同自动驾驶应用研究，以下列举出4个大类11个典型应用场景，如表13-7所示。

表13-7 典型车路协同自动驾驶应用场景举例

序号	场景类别	场景名称
1	全量交通要素协同感知定位	动静态盲区/遮挡协同感知
		车辆超视距协同感知
		路边低速车辆检测
2	道路交通事件协同感知定位	违章停车、"死车"事件识别
		排队事件识别
		道路遗撒事件（施工锥筒、货物等）
3	路侧信号灯融合感知	
4	其他自动驾驶增强应用场景	车辆编队行驶
		高级半自动/自动驾驶
		传感器扩展
		远程驾驶

本节从全量交通要素感知定位、道路交通事件感知定位、路侧信号灯融合感知、增强应用四个方面，对各个应用场景进行描述。

1. 全量交通要素协同感知定位

自动驾驶车辆协同在智能道路方面具备对全量交通要素（包括机动车、非机动车、行人、障碍物等）的实时准确感知能力，交通要素感知的准确率、位置精度、端到端全链路时延等核心指标达到了高等级要求，比如感知定位达到0.5m（均值）、速度大小精度1.5m/s（均值）、感知对象漏检率<2%、路侧对象感知端到端时延≤200ms（99分位）、数据发送频率10～20Hz等。同时，自动驾驶车辆协同可实现交通要素对象级位置融合和速度融合，并基于路侧感知方面零速检测准确性优化、速度波动优化、静转动时延的专项优化等一系列方法，可

实现动静态盲区融合感知、车辆超视距融合感知、路边低速车辆检测等一系列高难度复杂场景感知识别。

1) 动静态盲区/遮挡协同感知

受限于单车智能的传感器感知角度限制,在出现静态障碍物或动态障碍物(如大型车辆)遮挡时,网联自动驾驶汽车(Connected Autonomous Vehicles,CAV)主车难以准确获取盲区内车辆或行人的运动情况。通过路侧多传感器部署,可以实现对多方位、长距离连续检测识别,并与 HV 主车感知进行融合,实现自动驾驶车辆对盲区内车辆或行人的准确感知识别,车辆可提前做出预判和决策控制,进而降低事故风险。

动态盲区或遮挡协同感知:主车 HV 在路口左转或掉头时,由大卡车或公交车产生的动态盲区遮挡住了后面的车辆,通过车路协同自动驾驶全量协同感知,主车可以获取盲区车辆的运动情况,避免了车辆急刹或事故的风险,如图 13-13 所示。

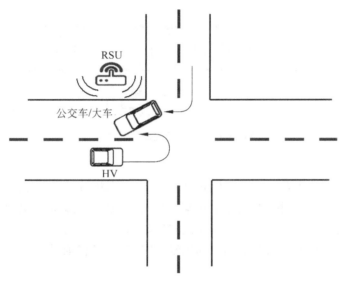

图 13-13 左转/掉头盲区或遮挡协同感知

静态盲区或遮挡协同感知:当主车 HV 直行时,右侧大车遮挡住了横穿的电动车,通过车路协同自动驾驶动静态盲区协同感知,车辆可以提前获取盲区车辆、非机动车或行人的运动情况,避免了车辆急刹的情况或降低事故发生的风险,如图 13-14 所示。

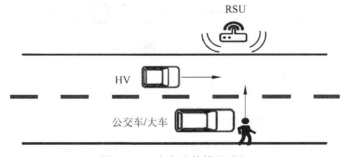

图 13-14 大车遮挡协同感知

盲区协同感知

动静态盲区协同感知详见二维码。

2) 车辆超视距协同感知

受限于车载传感器的类型、感知范围、分辨率等因素，主车 HV 对超出车载传感器覆盖范围的交通运行状况、交通参与者或障碍物检测结果不稳定，容易出现类型跳变等问题。通过路侧多传感器部署，实现对多方位、长距离连续检测识别，并与主车感知信息进行融合，实现自动驾驶车辆对超视距范围内车辆或行人的准确感知识别，并且车辆可提前做出预判和决策控制，进而降低事故风险。

主车 HV 很难对较远处的障碍物进行稳定检测（行驶路径上没有障碍物显示），容易造成急刹和事故的发生。通过车路协同自动驾驶超视距协同感知，车辆可以提前获取前方车辆、非机动车或行人的运动情况，避免了车辆急刹的情况并且降低事故的风险，如图 13-15 所示。

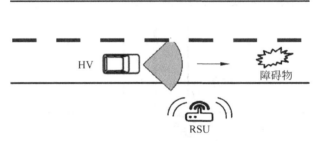

图 13-15　车辆超视距协同感知

3) 路边低速车辆检测

受车端传感器感知视角及车辆实时运动等因素的影响，主车 HV 对路边低速车辆检测的速度估计不准，如路边缓慢倒车、路边车辆驶出等，造成潜在碰撞或急刹的风险。通过路侧多传感器部署，实现对道路多方位、长距离连续检测识别，并与主车感知进行融合，实现自动驾驶车辆对低速车辆或行人的准确感知识别，并且车辆可提前做出预判和决策控制，进而降低事故风险。

当主车 HV 直行时，通过基于车路协同自动驾驶的协同感知，对路边缓慢驶出车辆可以进行稳定检测，准确获取车辆速度、位置等信息，发送到主车进行融合感知定位，进而避免了主车急刹的情况或降低事故的风险，如图 13-16 所示。

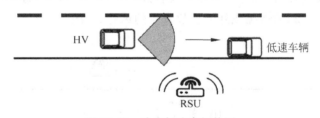

图 13-16　路边低速车辆检测

2. 道路交通事件协同感知定位

自动驾驶车辆需要对各类交通事件（如违章停车、"死车"、排队、施工、遗撒等）进行实时准确感知识别，但是交通事件往往具有一定的复杂性、实时性，仅依靠车辆很难进行准确全面地识别定位，车端由于观察的角度、视距时长受限，面对违章占道停车、"死车"等场景，难以对交通态势进行及时的语义判断,使得车辆刹车或变道距离短,容易造成急刹。车路协同自动驾驶可通过对背景建模实现交通态势的语义判断,进行交通事件实时感知,为车辆提供交通事件协同感知服务,让车辆提前进行预判和决策控制,如变道绕行或停车等,从而避免急刹的情况发生或减低事故的风险,保障自动驾驶车辆安全。

1) 违章停车、"死车"等交通事件识别

当主车 HV 前方有大车、"死车"并停占用两个车道,邻近路口主车由于无法判断前方信息而停滞不前。通过基于车路协同自动驾驶的交通事件协同感知,可以长时间对道路车辆进行跟踪和预测,及时将"死车"事件播发给主车,主车可以及时做出变道等决策,如图 13-17 所示。

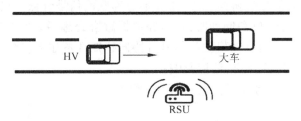

图 13-17 违章停车、"死车"等交通事件识别

2) 排队交通事件识别

跟车状态下,前方路口红灯,直行车辆出现排队现象;而主车 HV 此时由于无法判断前车停止原因(排队中),因此会选择往左侧(左转车道)并线超车;然而临近路口时,却因为车道中的排队车辆而无法再并线回原车道。通过基于车路协同自动驾驶的交通事件协同感知,可及时发现前方排队事件,并将排队事件及时发送给主车,主车可以根据排队信息做出不变道超车并在车道内排队等候的决策,如图 13-18 所示。

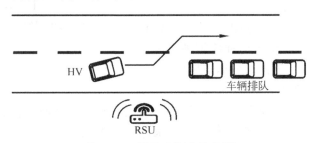

图 13-18 排队交通事件识别

3) 道路遗撒(施工锥筒、货物等)事件识别

由于辅助驾驶车辆的感知视角有限,对低矮障碍物的准确检测需要较近距离才能实现,容易造成车辆急刹。通过基于车路协同自动驾驶的交通事件协同感知,可对道路遗撒低矮障碍物进行有效检测,并通过车路协同技术远距离提前发送给车辆,从而提前进行预判和车辆决策控制,如变道绕行,如图 13-19 所示。

3. 路侧信号灯融合感知

信号灯数据获取是自动驾驶必须解决的问题,单车智能主要通过视觉智能获取,但仍存在很多不足,例如识别信号灯能力有限,异形信号灯无法识别;车端视角受限,容易被前车遮挡;易受逆光、雾天、扬尘、夜晚等外界环境限制;识别的数据维度有限,倒计时信息识别不准等问题。

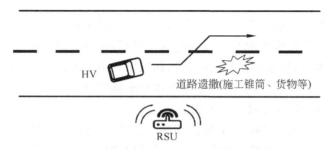

图 13-19　道路遗撒(施工锥筒、货物等)事件识别

车路协同自动驾驶信号灯协同感知,主要通过物联网信号灯数据接入、路侧多视觉融合感知等技术,获取信号灯灯色和倒计时信息,经数据融合处理后,通过车路协同技术发给自动驾驶车辆。基于车路协同自动驾驶的信号灯协同感知具备如下优势:

(1) 获取方式不受灯的外观、环境影响;

(2) 获取到的数据内容丰富(包括灯色、倒计时);

(3) 车辆可在很远的距离提前获取信息,提前进行决策控制。

以路口前方大车遮挡信号灯场景为例,可通过车路协同自动驾驶信号灯协同感知实时获取准确的路口信号灯灯色和倒计时数据,并通过 V2X 将信号灯数据发送给路口的车辆,以便车辆提前做出预判和决策控制,避免出现闯红灯或者急刹的情况,如图 13-20 所示。

为满足自动驾驶要求,路侧识别信号灯灯色和倒计时数据的准确率、端到端时延等满足相应

图 13-20　路侧信号灯融合感知

指标要求,如信号灯灯色倒计时数据识别准确率不低于 99.9999%,信号灯端到端时延低于 200ms,数据发送频率不低于 8Hz 等。

综上所述,根据车路协同自动驾驶对交通对象感知定位、交通事件感知定位、信号灯能力的要求,提出了对应典型特征、具体指标要求,如表 13-8 所示。

表 13-8　典型自动驾驶车辆协同应用场景性能要求指标

	道路功能或性能要求	具体指标
交通对象感知定位	类型识别 (机动车、非机动车、行人、障碍物等)	准确率≥95% 召回率≥95%
	位置精度	3m(99 分位) 0.5m(均值要求)
	速度大小精度	4.5m/s(99 分位) 1.5m/s(均值)
	速度方向精度	10°(99 分位)
	感知对象漏检率	<2%
	路侧对象感知端到端时延(含通信时延)	≤200ms(99 分位)
	数据发送频率	10~20Hz

续表

道路功能或性能要求		具 体 指 标
交通事件感知定位	事件类型识别	准确率≥95%
		召回率≥95%
	定位精度	3m(99分位)
	事件感知端到端时延(含通信时延)	≤200ms(99分位)
	数据发送频率	≥10Hz
信号灯能力	路侧信号灯颜色感知准确率	99.9999%
	故障灯状态识别率	99.9999%
	信号灯数据端到端时延	≤200ms(99分位)
	信号灯数据发送频率	≥8Hz

4. 其他自动驾驶增强应用场景

在自动驾驶增强应用场景方面,国际标准化组织3GPP将自动驾驶增强应用场景分为以下4类:车辆编队行驶、高级驾驶、传感器扩展和远程驾驶[8-9]。

1) 车辆编队行驶

支持车辆动态组成车队进行行驶,所有编队行驶的车辆都能够从头车获取信息,使得编队行驶的车辆间保持米级车间距;同时,编队车辆可以通过车路协同获取路侧交通数据,从而提高交通运输效率,减少风阻,降低油耗。典型应用有车辆编队行驶中的信息共享等。

2) 高级半自动/自动驾驶

支持半自动/自动驾驶,可以通过邻近车辆之间共享感知数据共享自己的驾驶意图,并进行驾驶策略的协调和同步,实现运动轨迹和控制操作的协同。典型应用有协作冲突避免、紧急驾驶轨迹对准、协作变道等。

3) 传感器扩展

要求交通参与者,如车辆之间、车辆与路侧单元RSU之间、车辆与行人以及车辆与V2X应用服务器之间,能够实现车载传感器或者车载动态视频信息的交互,从而扩展传感器的感知范围,以便获得更全面的当前道路环境信息,包括全量交通要素协同、道路交通事件协同及其他传感器扩展增强应用场景,这类应用一般要求的数据传输速率比较高。

4) 远程驾驶

通过远程驾驶员或者V2X应用服务器对远程车辆进行操控和驾驶,这类应用要求更小的时延和更可靠的通信服务。

3GPP SA1(3GPP运营需求和业务组)在TS22.886中给出了对增强应用场景的描述,同时在TS 22.186中给出了明确量化的性能需求指标,表13-9~表13-12说明了增强应用对应的车路协同通信的性能指标需求。

表 13-9 车辆编队行驶应用的性能需求

通信场景描述		有效负荷/Byte	发送频率/Hz	最大端到端时延/ms	可靠性	数据速率/(Mb/s)	最小通信范围/m
场景	自动化程度						
车辆编队协作驾驶：一组支持车辆编队应用的车辆间进行信息交互	最低	300~400	30	25	90%		
	低	6500	50	20			350
	最高	50~1200	30	10	99.99%		80
	高			20		65	180
支持车辆编队应用的车辆间以及车辆和 RSU 间的信息上报	N/A	50~1200	2	500			
支持车辆编队应用的车辆和 RSU 间的信息共享	较低	6000	50	20			350
	较高			20		50	180

表 13-10 高级驾驶应用的性能需求

通信场景描述		有效负荷/Byte	发送频率/Hz	最大端到端时延/ms	可靠性	数据速率/(Mb/s)	最小通信范围/m
场景	自动化程度						
车辆间协作冲突避免		2000	100	10	99.99%	10	
自动驾驶车辆间信息共享	较低	6500	10	100			700
	较高			100		53	360
自动驾驶车辆和 RSU 间信息共享	较低	6000	10	100			700
	较高			100		50	360
车辆间紧急驾驶轨迹对准		2000		3	99.999%	30	500
交叉路口车辆和 RSU 间信息共享		上行 450	上行 50			上行 0.25 下行 50	
车辆间协作式变道	较低	300~400		25	90%		
	较高	12000		10	99.999%		
车辆和 V2X 应用服务器间视频共享						上行 10	

表 13-11 传感器扩展应用的性能需求

通信场景描述		有效负荷/Byte	发送频率/Hz	最大端到端时延/ms	可靠性	数据速率/(Mb/s)	最小通信范围/m
场景	自动化程度						
车辆间传感器信息共享	较低	1600	10	100	99%		1000
	较高			10	95%	25	
				3	99.999%	50	200
				10	99.99%	25	500
				50	99%	10	1000
				10	99.99%	1000	50
车辆间视频共享	较低			50	90%	10	100
	较高			10	99.999%	700	200
				10	99.999%	90	400

表 13-12 远程驾驶应用的性能需求

通信场景描述	最大端到端时延/ms	可靠性	数据速率/(Mb/s)
车辆和 V2X 应用服务器间视频共享	5	99.999%	上行 25,下行 1

综上所述,在上述不同应用类型的性能需求指标定义中,对不同的用例定义了不同的通信性能指标的要求,但是这些不同的用例对应的性能指标之间不是互斥的。辅助驾驶车辆增强应用性能需求总结见表 13-13。

表 13-13 辅助车辆增强应用性能需求总结

通信场景描述	有效负荷/Byte	发送频率/Hz	最大端到端时延/ms	可靠性	数据速率/(Mb/s)	最小通信范围/m
车辆编队	50~6500	2~50	10~25	90%~99.99%	最大 65	80~350
半自动驾驶	300~12000	10~100	3~100	90%~99.999%	10~53	360~700
传感器信息交互	1200		3	99.999%	1000	1000
远程驾驶			5	99.999%	上行 25,下行 1	

综合来看,与辅助驾驶车辆协同应用相比,面向自动驾驶的车路协同应用场景,对低时延高可靠性高的通信技术、信息数据交互技术、多传感器融合技术、高精度定位技术、高性能处理平台技术、高精度地图技术等提出了更严苛的要求。在车路协同通信方面,最小的端到端时延要求为 3ms,可靠性最高可以达到 99.999%,直通链路数据速率最大为 1Gb/s,上传数据速率最大为 25Mb/s,负荷最大为 12000Byte,通信范围最大为 1000m。在信息交互方面,需实时交互交通参与者的全息全量数据,利用多传感器融合技术动态更新高精度地图;在数据处理方面,单车每天将产生高达上千吉字节级的数据,这对数据的存储、分析等计算能力提出更高的要求。在定位方面,需达到亚米级甚至厘米级的高精度定位信息。在车载信息娱乐类应用方面,根据 Research and Market 预测,全球车载信息娱乐系统(In-Vehicle Information,IVI)市场份额在 2018 年达到 200.24 亿美元,2027 年将在复合增长率(Compound Annual Growth Rate,CAGR)为 11.7% 的情况下,达到 540.80 亿美元。增长的需求来源于车辆后座娱乐系统、智能手机产业和云技术应用等。

随着 5G 通信技术、虚拟现实和增强现实等技术以及人工智能技术的发展,在无人驾驶时代,汽车成为个人移动空间,IVI 的产品形态和产品类型将会更加丰富多样,智能化和网联化的车辆成为移动办公和移动娱乐的新场所和新载体。

5G 及 NR-V2X 将大大丰富车联网信息娱乐类业务,例如车载高清视频实时监控、视频通话和会议、增强现实导航、车载虚拟现实娱乐、动态实时高精度地图、车辆和驾驶实时监控等。相比于 4G 的网络,以上应用对极低时延、极高可靠性、极大传输速率(传输带宽)等提出了更高的要求。

例如,5G 车联网与 AR/VR 等结合,利用信息技术和人工智能等对车辆驾驶环境进行补充和再造,提供沉浸式的新体验,仍面临很多挑战;从传输速率看,4K 分辨率的 2D 模式的传输速率约为 25Mb/s,如果增加到 8K 分辨率,传输速率约为 1Gb/s;同时为了提供身临其境、无缝连接的沉浸式交互体验,时延要求为几毫秒。

13.3 车联网应用

车路协同系统除了通过路侧 RSU 以 V2I 的方式为车辆提供车路协同服务外,也可通过 V2N(Vehicle To Network,车与网络/云(平台)之间通信)以 Uu 通信(UE 和 E-UTRAN 之间的通信接口)的方式与联网车辆进行信息交互,为车辆提供数据共享服务,可服务的数据包括但不限于信号灯数据、交通运行状况数据、交通事件数据、交通天气信息等,这些数据可以提高驾驶员或智能驾驶系统的安全性,提高交通出行效率。

车路协同系统还可以通过 V2N 的方式为车辆提供驾驶辅助服务,为驾驶员或智能驾驶系统提供协同决策规划服务,实现主动安全避障、实时路径决策规划、实时速度引导等精细化服务,让 L0~L5 各类车辆在混行状态下高秩序化运行,大大提高交通系统运行效率。

本节将从数据共享服务和驾驶辅助服务两方面阐述车路协同系统应用。

13.3.1 数据共享服务

1. 共享数据内容与应用场景

车路协同系统通过 V2N 方式可为车辆(包括前后装车载智能终端、地图 App、移动终端等)提供的共享数据内容包括但不限于:信号灯信息、交通事件信息、交通参与者信息、交通运行状况信息以及交通气象信息等。车辆驾驶员或智能驾驶系统利用获取的数据可实现以下应用场景,见表 13-14。

表 13-14 车路协同系统通过 Uu 方式可提供的数据共享内容与应用场景

序号	场景来源	应用场景名称	V2X 通信方式	云控平台可发送的 V2X 消息集
1	新增	绿灯起步提醒	V2N	SPAT、MAP
2	T/ITS 0058	前向碰撞预警	V2N	BSM、MAP、SPAT、RSI、RSM
3		交叉路口碰撞预警	V2N	
4		左转辅助	V2N	
5		盲区预警	V2N	
6		逆向超车预警	V2N	
7		道路危险状况提示	V2N	
8		限速预警	V2N	
9		闯红灯预警	V2N	
10		弱势交通参与者碰撞预警	V2N	
11		绿波车速引导	V2N	
12		车内标牌	V2N	
13		前方拥堵提醒	V2N	
14		紧急车辆提醒	V2N	
15	T/ITS 0118	交通参与者感知共享	V2N	MAP、PAM、PMM、TPM、VPM、PSM、RSC、RTCM、SSM、VIR、TEST、PAM、PMM、TPM
16		动态车道管理	V2N	
17		特殊车辆优先	V2N	
18		道路异常状况提醒	V2N	
19		浮动车数据采集	V2N	
20		慢行交通预警	V2N	

续表

序号	场景来源	应用场景名称	V2X 通信方式	云控平台可发送的 V2X 消息集
21	T/ITS 0135	协同式感知	V2N	BSM、CIM、RAM、RSC、RSCV、SSM
22		路侧感知"僵尸车"识别	V2N	
23		路侧感知的交通状况识别	V2N	
24		协同式感知的异常驾驶行为识别	V2N	

下面分别以信号灯数据共享场景、重点路段信息共享、车联网地图更新为例,对车路协同系统的车联网应用服务进行介绍。

2. 信号灯数据共享

信号灯是城市交通重要的基础设施之一,信号灯灯色和倒计时信息对车辆的安全有序驾驶至关重要。车路协同系统可以通过多渠道方式获取实时信号灯数据,并通过多触达方式将信号灯数据实时转发给用户,总体服务流程见图 13-21。其中,信号灯数据采集渠道可以是信号控制机、交管交通信号服务平台或其他第三方平台,触达方式包括前后装车载智能终端、地图 App、移动终端等。

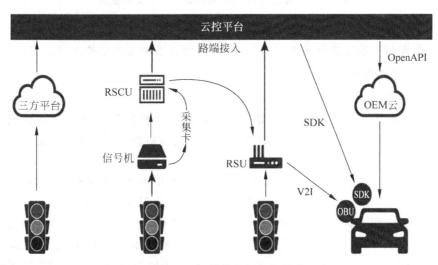

图 13-21 基于 V2N 的信号灯数据共享示意图

基于收到的信号灯数据,驾驶员或智能驾驶系统可实现闯红灯预警、绿灯起步提醒、绿波通行等应用场景。

3. 重点路段信息共享

针对事故多发、恶劣气象多发、拥堵多发的重点路段,车路协同系统可通过 V2N 以 Uu 通信的方式与联网车辆进行信息交互,将重点路段的静态地图信息(车道线、车道标识、车道限速等)、动态地图信息(气象信息、交通事件信息、交通路况信息等),通过云控平台下发至重点路段的联网车辆,从而降低重点路段交通事故和交通拥堵的发生频率。

车路协同系统云控平台与联网车辆建立服务的过程中,需要涉及的交互对象包括云控平台、气象平台、交管平台、车辆/车载终端平台、联网车辆和其他利益相关方。

针对重点路段场景,云控平台通过联网车辆上传的车辆位置、车辆速度、车辆轨迹等数据,经过算法计算得到路段的交通流态势信息;通过气象平台、交管平台获取重点路段的实时气象信息、感知信息、交通事件、交通路况等数据;云控平台将动态数据与静态地图进行匹配融合,形成动态地图数据,并将动态地图数据下发至联网车辆,具体步骤见图 13-22。

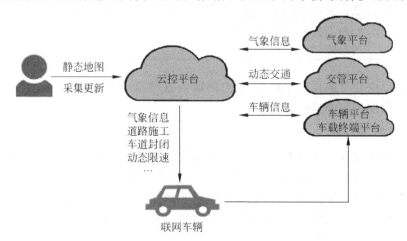

图 13-22 基于 V2N 的重点路段信息共享示意图

联网车辆收到的重点路段数据可以进行 HMI 展示,辅助驾驶员进行驾驶决策;也可以将重点路段数据与车辆智能驾驶系统进行融合,避免交通事故和交通拥堵的发生。

4. 车联网地图更新

车路协同系统可通过路侧单元 RSU 对车辆的地图进行动态更新,保证车辆获取到最新最完整的地图数据。通常情况下,车辆本身已经配置地图数据,但实际道路路网环境会存在区域性的动态变化。车辆通过更新地图的方式获取到最新的道路路网情况,更有利于车辆行驶策略的生成,实现车辆的安全高效行驶。

车路协同系统地图更新建立服务的过程中,需要涉及的交互对象包括云控平台、交管平台、车辆/车载终端平台、联网车辆、路侧单元 RSU 和其他利益相关方。

针对车联网地图更新场景,云控平台将最新版本的地图数据下发至路侧单元 RSU,路侧单元 RSU 周期性向周围发送地图版本信息,车辆接收路侧单元 RSU 发送的地图版本信息,当发现与自车地图版本信息不一致时,车辆发送请求地图更新消息。请求地图更新消息包括车辆标识、车辆地理位置信息、车辆地图版本信息、请求更新地图的区域以及地图数据更新方式(增量、全量)等,路侧单元 RSU 接收到请求地图更新消息后,将地图数据发送给车辆,地图数据包括地图版本、地理位置、地图数据对应区域、地图数据对应更新方式等。车辆接收到地图数据后,对地图进行动态更新,具体步骤见图 13-23。

13.3.2 驾驶辅助类应用

车路协同系统通过 V2N 方式为车辆提供驾驶辅助服务是目前研究的热点方向,其核心是为驾驶员或智能驾驶系统提供协同决策规划服务,实现主动安全避障、实时路径决策规划、实时速度引导等精细化服务,让 L0～L5 各类车辆在混行状态下高秩序化运行,大大提高交通系统运行效率。

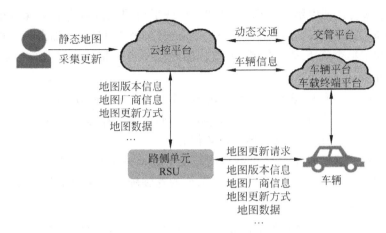

图 13-23 基于 V2N 的车联网地图更新示意图

1. 总体服务流程

在与车载智能终端建立服务的过程中,需要涉及的交互对象包括云控平台、车辆或车载智能终端、车辆平台或车载智能终端平台和其他利益相关方。车路协同系统与车载智能终端建立有效服务的具体步骤见图 13-24,包括以下主要步骤:

(1) 请求地理围栏。车辆/车载智能终端平台向中心云控平台发起地理围栏请求,确定可提供服务的地理范围。

(2) 返回区域云和边缘云控平台地址。中心云控平台接到地理围栏请求后,向车辆/车载智能终端平台返回区域云和边缘云控平台的服务地址。

(3) 车辆/车载智能终端平台向区域云和边缘云控平台提交注册申请。车辆/车载智能终端平台调用区域云和边缘云控平台的车机注册接口,提交车机在该区域的注册申请。

(4) 区域云和边缘云控平台向车辆/车载智能终端平台返回注册申请结果,完成车辆在该区域的注册申请。

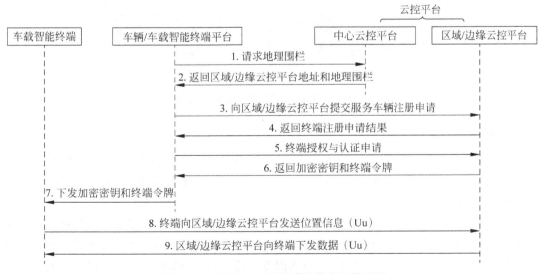

图 13-24 基于 V2N 驾驶辅助服务总体流程

(5)车辆授权与认证申请。车辆/车载智能终端平台调用区域云和边缘云控平台的授权与认证接口,获取 AES(Advanced Encryption Standard,高级加密标准)加密密钥和车辆令牌。

(6)密钥和车辆令牌下发。车辆/车载智能终端平台将接收到的加密密钥和车辆令牌下发给所管辖车辆。

(7)车辆向区域云和边缘云控平台发送 BSM(Basic Safety Message,基本安全消息)数据。车辆进入地理围栏范围时,车载智能终端主动向区域云和边缘云控平台上报位置数据,以便区域云和边缘云控平台获取车辆的位置信息。

(8)区域云和边缘云控平台向车载智能终端下发相关 V2X 报文数据。

下面以实时车速引导为例,对车路协同系统的驾驶辅助类应用服务进行介绍。

2. 实时车速引导

以高速公路为例,英国近几年的高速门架变化很大,每个门架会给出建议的驾驶速度,并且这些建议的速度还在动态变化,每个门架的建议速度也不一样。通过门架的速度实时引导,可以调整高速路上的车流状态,实现全时空的调整。

这种方法在城市交通同样适用,通过车路协同系统可以实现路侧设备的全覆盖,能够无缝、连续地对道路上车辆的速度进行诱导,可以让车辆在多个城市路口实现连续绿灯通行,并且让交通流更加均匀,实现有限道路资源的最大化利用,如图 13-25 所示。

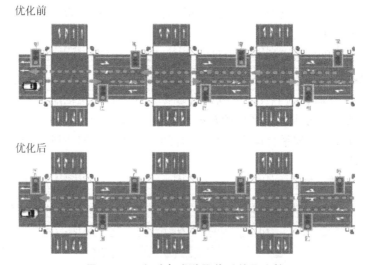

图 13-25 实时车速引导前后效果比较

3. 车辆优先通行

车辆优先通行也是近年来重点研究的一类应用场景,通过赋予公交车辆和特殊车辆(119、120、110)一定的优先通行权利,以提高公共交通出行效率,为特殊车辆开展紧急救援任务节省更多时间。

以特殊车辆为例,在行驶过程中会根据全局路网交通运行情况,进行实时的路径决策优化,缩短行程时间,如图 13-26 所示;在交通路口或拥堵路段,通过 V2N 或地图给周边车辆发出换道或停车决策建议,让出特殊车辆的前方车道,保证特殊车辆优先通过。车辆优先通行的服务示意图见图 13-27。

第13章 车路协同系统应用

图 13-26 实时路径决策规划

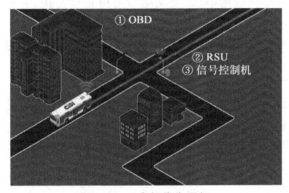

图 13-27 车辆优先通行

车联网应用详见二维码。

本章小结

主要知识点：车路协同系统采用无线通信和互联网技术，全方位实施人、车、路、云信息实时交互，在全时空动态交通信息采集与融合的基础上，开展车辆主动安全控制和道路协同管理；车路协同系统的发展演进经过信息交互协同、协同感知、协同决策控制三阶段。车路协同系统应用包括车路协同辅助驾驶应用、自动驾驶应用、车联网应用，能够实现人、车、路的有效协同，从而形成安全、高效和环保的道路交通系统。

重点和难点：系统总体架构，应用场景定义及分类，应用场景流程及原理。

习题

一、基础习题

1. 车路协同技术在不同的阶段能够提供哪些能力和服务？

2. 车路协同技术在不同的阶段对道路智能化的需求有哪些不同?

3. 除本章提到的车路协同技术外,要实现车路协同自动驾驶落地,还需要攻克哪些关键技术?

4. 车路协同系统中路侧子系统包括哪些路侧基础设施?路侧基础设施之间的拓扑关系是什么?

二、拓展习题

1. 车路协同辅助驾驶应用、自动驾驶应用和车联网应用是否可以同时存在?在应用过程中,辅助驾驶应用、自动驾驶应用和车联网应用是否可以相互结合?

2. 对于车路协同发展的信息交互阶段,车路协同系统能够提供哪些应用服务?对于协同感知阶段,车路协同系统能够提供哪些应用服务?

3. 对于车路协同辅助驾驶应用,哪些数据内容是应用场景通用数据内容?是否存在针对某一辅助应用场景特需的数据内容?

4. 对于车路协同自动驾驶应用,哪些数据内容是应用场景通用数据内容?是否存在针对某一自动驾驶应用场景特需的数据内容?

5. 在车路协同辅助驾驶应用中,以交叉路口碰撞预警为例,分析该应用场景的数据来源包括哪些方面。

6. 在车路协同自动驾驶应用中,以动静态盲区协同感知为例,如何考虑安全责任归属问题。

参考文献

[1] 清华大学智能产业研究院.面向自动驾驶的车路协同关键技术与展望[R/OL].清华大学智能产业研究院,2021. https://baike.baidu.com/item/面向自动驾驶的车路协同关键技术与展望/57582105?fr=Aladdin.

[2] 中国公路学会自动驾驶工作委员.车路协同自动驾驶发展报告(1.0版)[R/OL].中国公路学会,2019. https://www.wtc-conference.com/report/a423.html.

[3] NHTSA. Vehicle-to-vehicle safety system and vehicle build for safety pilot(V2V-SP) final report. Volume 1 of 2, Driver acceptance clinics: national highway traffic safety administration (cooperative agreement number DTFH61-01-X-00014)[R]. 2014.

[4] SAE J2945/1. On-board minimum performance requirements for V2V safety systems[S]. 2016.

[5] ETSI TS 101 539-2, v1.1.1. Intelligent transport systems (ITS), V2X applications, Part 2: intersection collision risk warning (ICRW) application requirements specification[S]. 2018.

[6] 中国汽车工程学会.合作式智能运输系统车用通信系统应用层及应用数据交互标准:T/CSAE 53—2020[S].中国汽车工程学会,2020.

[7] 陈维,李源,刘玮.车联网产业进展及关键技术分析[J].中兴通讯技术,2020(2):5-11.

[8] 3GPP. Service requirements for enhanced V2X scenarios: 3GPP TS 22.186, V16.2.0.[S]. 2019.

[9] 3GPP. Study on enhancement of 3GPP support for 5G V2X services: 3GPP TR 22.886, V16.2.0. [R]. 2018.

[10] 吴冬升,5G车联网业务演进之路的探索与展望[Z/OL]. 2020. https://baijiahao.baidu.com/s?id=1659550991335426277&wfr=spider&for=pc.

[11] 谢朝阳.5G边缘云计算:规划、实施、运维[M].北京:电子工业出版社,2020.

(本章编写成员:袁基睿、王鲲、周谷越、杨凡、胡星)

第 14 章　智能网联云控系统应用

智能网联云控系统是利用新一代信息与通信技术,将人、车、路、云的物理层、信息层、应用层连为一体,进行融合感知、决策与控制,可实现车辆行驶和交通运行安全、效率等性能综合提升的一种信息物理系统,也可简称为"云控系统"。本章首先介绍了云控系统的组成及架构、云控系统的设计方法等基本要点,随后对智能网联云控系统的应用场景进行了简单介绍,最后对典型的云控应用系统功能原理、实施方案进行了详细阐述。

14.1　智能网联云控系统概述

智能网联云控系统是一个复杂的信息物理系统,该系统由智能网联汽车与其他交通参与者、路侧基础设施、云控基础平台、云控应用平台、保证系统发挥作用的相关支撑平台以及贯穿整个系统各个部分的通信网六个部分组成,其系统组成如图 14-1 所示。

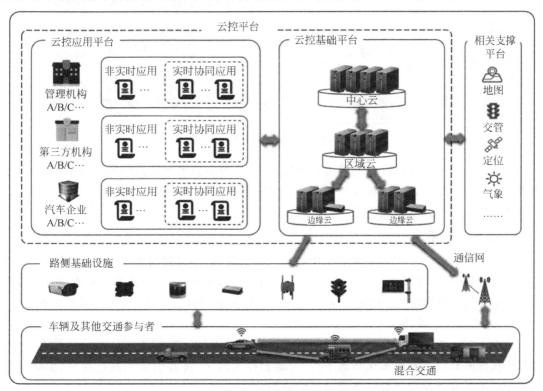

图 14-1　智能网联云控系统组成[3]

图 14-1 同时也展示了六个组成部分之间的关系。车辆及其他交通参与者的信息既可以由路侧基础设施采集和处理后上传云控基础平台,也可以由无线通信网直接上传云控基础平台;云控基础平台结合地图、交管、气象和定位等平台的相关数据,对汇聚于云控基础平台的车辆和道路交通动态信息按需进行综合处理后,以标准化分级共享的方式支撑不同时延要求下的云控应用需求,从而形成面向智能网联汽车产业实际应用的云控平台,为车辆增强安全、节约能耗以及提升区域交通效率提供服务;企业、机构及政府相关部门已有交通/智能网联汽车服务平台,通过云控基础平台无须追加基础设施建设,即可便捷地获得更为全面的交通基础数据以提升其服务。在整个云控系统架构中,通信网根据各个部分之间标准化信息传输与交互的要求,将各个组成部分以安全、高效和可靠的方式有机联系在一起,保障云控系统成为逻辑协同、物理分散、可支撑智能网联汽车产业发展的信息物理系统。

进一步,智能网联云控系统可以提炼为"三层四级"的信息物理系统架构(见图 14-2),按任务分为三层,分别是硬件组成的基础层、平台共性基础软件组成的平台层,以及应用软件组成的应用层。系统按服务区域与实时性分为四级,分别是车路终端级、边缘云级、区域云级与中心云级。

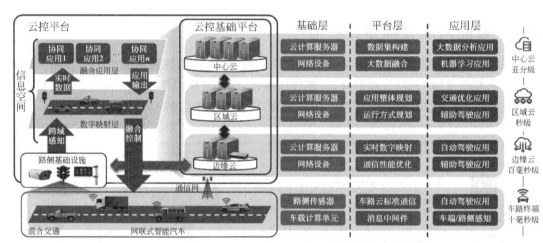

图 14-2 云控系统三层四级架构

从上述组成及组成部分之间的关系可以看出,云控基础平台是云控系统的中枢,是汽车由单纯的交通运输工具逐步转变为智能移动空间和应用终端的产业化核心所在。

智能网联云控系统拓展知识学习详见二维码。

云控系统拓展知识

1. 云控基础平台

云控基础平台由边缘云、区域云与中心云三级云组成,形成逻辑协同、物理分散的云计算中心。云控基础平台以车辆、道路、环境等实时动态数据为核心,结合支撑云控应用的已有交通相关系统与设施的数据,为智能网联汽车与产业相关部门和企业提供标准化共性基础服务。

1) 边缘云组成及功能

边缘云是云控基础平台中最接近车辆及道路等端侧的运行环境。从组成结构上,主要包括轻量级基础设施和虚拟化管理平台、边缘云接入网关、计算引擎和高速缓存、边缘云领域特定标准件和标准化分级共享接口等组成部分。

2) 区域云组成及功能

区域云面向区域级交通监管与交通执法以及域内车辆等提供基础服务,是多个边缘云的汇聚点。从组成结构上,主要包括基础设施和虚拟化管理平台、区域云接入网关、计算引擎和存储分析引擎、区域云领域特定标准件和标准化分级共享接口等组成部分。

3) 中心云组成及功能

中心云面向交通决策部门、车辆设计与生产企业、交通相关企业及科研单位,基于多个区域云数据的汇聚,为其提供多维度宏观交通数据分析的基础数据与数据增值服务。从组成结构上,主要包括基础设施和虚拟化管理平台、中心云接入网关、计算引擎和数据仓库与大数据分析引擎、中心云领域特定标准件和标准化分级共享接口等组成部分。

2. 云控应用平台

云控应用主要包括增强行车安全和提升行车效率与节能性的智能网联驾驶应用、提升交通运行性能的智能交通应用,以及车辆与交通大数据相关应用。根据云控应用对传输时延要求的不同,可以分为实时协同应用和非实时协同应用。

云控应用是企业云控应用平台的核心功能。既有的企业云控应用平台多为各类企业或相关单位根据各自需求建设而成。而在云控基础平台之上建设的云控应用平台是面向智能网联汽车有效整合人-车-路-云信息,结合 V2X 和车辆远程控制技术,通过"车-路-云"协同,实现车辆行驶性能提升与运营全链路精细化管理的协同管控平台。云控应用平台可获取最全的、标准化的智能汽车相关动态基础数据,为企业提供基于产业各类需求的差异化、定制化服务,以支持网联式高级别自动驾驶、盲区预警、实时监控、远程控制、远程升级、最佳路径规划、网络安全监控等众多功能。

3. 路侧基础设施

云控系统的路侧基础设施通常布置于路侧杆件上,主要包括路侧单元(Roadside Unit,RSU)、路侧计算单元(Roadside Calculation Unit,RCU)和路侧感知设备(如摄像头、毫米波雷达、激光雷达)、交通信号设施如红绿灯等,以实现车路互联互通、环境感知、局部辅助定位、交通信号实时获取等功能。

4. 通信网

云控系统的通信网包括无线接入网、承载网和核心网等。云控系统集成异构通信网络,使用标准化通信机制,实现智能网联汽车、路侧设备与三级云的广泛互联通信。无线接入网提供车辆与周边环境的多样化通信能力,实现车与路侧基础设施通信(V2I)、车间直通通信(V2V)、车与人通信(V2P)、车与网络(V2N)/边缘云(V2N/C)的通信。路侧设备与云控基础平台各级云由多级有线网络承载,如光纤、物联网等。云控系统利用 5G、软件定义网络、时间敏感网络、高精度定位网络等先进通信技术手段实现互联的高可靠性、高性能与高灵活性。

5. 车辆及其他交通参与者

云控系统的车辆包括网联辅助信息交互(1级)、网联协同感知(2级)、网联协同决策与控制(3级)三种不同网联化车辆,以及应急辅助(0级)、部分驾驶辅助(1级)、组合驾驶辅助(2级)、有条件自动驾驶(3级)、高度自动驾驶(4级)、完全自动驾驶(5级)等不同驾驶自动化等级车辆。

不同网联化和智能化等级车辆是云控平台的数据采集对象和服务对象。在数据采集方面，对于具有联网能力的车辆，云控基础平台既可以直接通过车辆网联设备采集车辆动态基础数据，也可以间接通过路侧智能感知获得车辆动态数据；对于不具有网联能力的车辆，则间接通过路侧智能感知获得车辆动态数据。在云控服务方面，对于1级及以上驾驶自动化等级的车辆，可以直接接收云控平台输出的协同决策与控制数据，再由其车载智能计算平台或控制器做出响应；对于0级或无驾驶自动化等级的车辆，间接接收云控平台输出的协同决策数据，再由其车载人机交互平台接收决策，并由单车或驾驶员完成控制。

与车辆类似地，云控系统的其他交通参与者包括行人、骑行人等。云控基础平台可以通过路侧智能系统采集其他交通参与者位置与速度信息，也可以通过在云控基础平台已注册的其他交通参与者所携带的定位设备采集其位置与速度信息，并基于云端融合感知向这些已注册的其他交通参与者提供安全预警服务。

6. 相关支撑平台

相关支撑平台是提供云控应用运行所需其他数据的专业平台，包括高精动态地图、地基增强定位平台、气象预警平台以及交通路网监测与运行监管平台等。其中，高精动态地图是云控系统提供动态基础数据服务的主要载体，通过高精度动态地图平台提供的地图引擎，基于动态基础数据可为云控基础平台提供实时更新的动态状态数据；地基增强定位平台是利用全球导航卫星系统（GNSS）的高精度接收机，通过地面基准站网，利用卫星、移动通信、数字广播等播发手段，在服务区域内可为云控基础平台提供米级、分米级和厘米级实时高精度导航定位服务；气象预警平台通过道路沿线布设的气象站设备采集，通过识别能见度、雨量、风向、雷报、大雾（团雾）等气象信息，可为云控基础平台提供实时天气状况；交通路网监测与运行监管平台可为云控基础平台提供路政、养护、服务区以及紧急事件等实时信息。

14.2 云控系统工程设计方法与应用概述

1. 云控系统工程设计方法

作为一个复杂信息物理系统，智能网联云控系统旨在同时面向汽车、交通、政府等不同领域提供基础数据服务。由于其系统规模庞大、服务领域较广、数据异构多样等特点，使其开发周期较长、需求变更频繁，从而更为需要缜密的顶层设计与规划。云控系统的核心基础在于"数字虚体"与"物理实体"的深度融合，其跨学科协同规划设计方法决定其实现效果与合理性。作为典型的复杂系统工程问题，云控系统的发展应在明确的架构开发基础理论之上，辅之以复杂系统研发方法作为支撑。

源自于美国"曼哈顿"计划与钱学森的系统工程被证明是解决该问题最有效的方法之一，该方法首先成功应用于航空航天系统，随后建立了基于模型的系统工程（MBSE）方法，并构建了相应的建模软件工具。系统工程以及MBSE作为针对复杂系统的研发设计范式与方法论，广泛应用于国防军工、航空航天领域的系统设计与开发。

MBSE将复杂信息物理系统的设计过程分解为需求（Requirements）、功能（Function）、逻辑（Logical）、物理模型（Physical）四个方面的设计过程，简称为RFLP。RFLP贯穿于系统的概念设计、方案设计、初步设计以及详细设计整个研制阶段中，对应于每个阶段、每个设计层级、每个系统构建相应的 R 模型、F 模型、L 模型和 P 模型,从而实现对复杂系统需求、架构、功能、行为等不同层面的建模,基于模型支撑整个系统的需求、设计、分析、验证和确认等活动,实现整个设计过程的数据追溯。

在汽车领域 MBSE 已得到初步应用,美国福特公司正在应用 MBSE 完成智能汽车的用户需求分析、系统架构设计、整车级系统仿真验证;德国西门子公司开发了 Teamcenter 平台,覆盖汽车从需求规格、系统开发、详细设计到集成测试的整个过程。随着国际各大汽车企业例如奥迪、戴姆勒、通用等均引入了 MBSE 方法论改造其传统研发流程,以提高车辆产品质量的同时减少研发成本,使得基于模型的复杂系统研发方法也吸引了国内汽车产业和学术界的关注。我国在《信息物理系统建设指南(2020)》与《智能网联汽车信息物理系统参考架构 2.0》中,已提出面向云控系统的研发设计技术路径。通过将 MBSE 的工程方法和工具链技术应用于复杂智能网联云控系统产品的设计和开发,可以打通智能网联云控系统从需求采集和管理、系统架构设计到仿真验证的正向研发链路,并支持整个云控系统全生命周期的运行、组织、管理、维护等环节。在构建研发设计阶段的信息物理系统时,应用 MBSE 工具链技术一方面可以提高生产力和质量,确保信息数据流通更加顺畅,并保证工具间信息的一致性。另外,应用 MBSE 工具链技术可以提高智能网联云控系统设计过程中不同工具间信息的追溯能力,并进行影响分析,使系统需求变更和设计模型变更可以实现联动。

2. 云控系统应用概述

智能网联汽车云控系统的典型案例在世界各地广泛开展,涉及应用领域包括智能驾驶、V2X、智能交通以及智慧城市。智能网联云控系统应用案例根据其服务对象的不同,可以划分为三类:①面向网联车辆的典型应用;②面向政府及管理机构的典型应用;③面向产业链相关企业的典型应用。面向各服务对象的典型应用主要类型如表 14-1 所述。

表 14-1 云控系统面向服务对象的典型应用

服务对象	典型应用
网联车辆	增强网联车辆信息感知、网联车辆协同规划以及对网联车辆实施远程云接管类等服务
政府及管理机构	城市交通优化与交通态势分析、智能网联汽车道路测试车辆监管、交通运输车辆重点管控、监管领域信息安全等服务
产业链相关企业	地图动态更新、基于移动互联网车路协同、动态车险、产业信息安全、车辆信息安全等服务

智能网联云控系统可以应用于车辆纵向行为的协同,可针对不同性能目标进行,如主要提高交通容量的队列控制或协同自适应巡航控制(Cooperative Adaptive Cruise Control,CACC)、提升交通安全的协同避撞,提升交通效率的匝道协同汇车、CACC 与交通信号协同优化或无信号灯路口多车协同通行。车辆横向行为的协同主要进行换道规划多车协同,以协同换道预警,提升安全性。

智能网联云控系统还可以应用于基于车辆速度的交通信号灯控制,对于单路口信号灯的控制问题,一般通过全球导航卫星系统定位信息估计不同车辆/车队到达路口的时间和排队长度,进行交通信号灯配时优化。对于路网中的多路口信号灯协同控制,可结合多个路口的不同通过率设计车流通行绿波带,并根据预测的车辆轨迹将车流划分为不同的分段状态来优化不同路口的信号灯配时；基于信号灯的车辆速度优化，基于信号灯相位时间信息和车辆/车队燃油经济性进行速度轨迹优化，通过减少车辆在路口的停车时长、减少速度变化和发动机空转提高燃油经济性；对于近饱和混合交通路口等复杂交通环境，有必要进行交通信号与车辆速度的协同优化控制，不过交通信号控制与车辆速度轨迹协同设计问题维度高，求解难。云控系统对各路口的交通信号偏移量和各路段的车流平均速度进行优化，以降低整体燃油消耗与通行时间。

但同时不可回避的是云控应用关键技术及大规模应用面临的阻碍也是巨大的，比如通行支撑、信息安全、责任划分、标准规范、市场生态的培育等。目前面向车-路-云结合的智能网联汽车在协同感知、决策与控制的关键技术研究上仍然存在不足。在车辆网联化系统方面，现有的车辆网联化系统主要用于信息与管理服务或特定应用场景的网联驾驶，没有面向实现复杂交通场景下融合感知及各类决策与控制建立系统概念与构型。在交通优化控制方面，现有的方法没有针对路网级智能网联汽车混合交通实现多车协同与交通优化有效地统一协调，进而没有充分利用车辆与交通的调控方式优化交通整体性能。

14.3 典型智能网联云控系统介绍

14.3.1 云控车辆预测性巡航控制

云控系统应用可以极大提高车辆对于交通与环境的感知范围，也为基于云控平台的汽车节能技术的研发提供支撑条件。基于云控平台的汽车预测性巡航控制框架如图14-3所示。车辆通过车与云平台的通信将其位置信息及运动信息发送至云端，云端控制器结合道路信息（如坡道、曲率等）以及交通信息（如交通流、交通信号灯等）对车辆速度和挡位等进行优化，以提高车辆燃油经济性并提高交通效率。

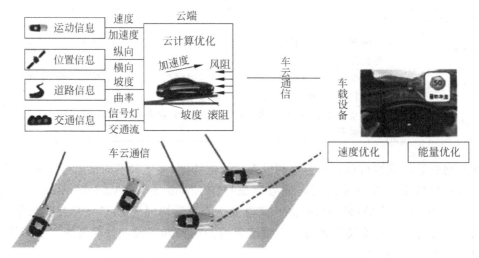

图14-3 基于云控平台的汽车预测性巡航控制框架

车云协同控制对信息的智能化利用能够显著降低汽车能耗，但智能汽车越来越多的驾驶任务需要自动化实时处理，传感器数据的爆炸式增长和车辆控制维度的不断增加，使得只通过车载控制器实时分析处理计算数据越来越困难。新型移动通信技术和云端平台大存储、强计算能力等优势,使得云计算在完成自动驾驶等实时计算密集型任务成为可能。

车云协同控制的诸多优势展现了其应用潜力。例如,俄亥俄州立大学团队充分利用了云端存储空间大、计算能力强的优势,在云端采用动态规划算法,计算车辆行驶过程中的全局优化车速,并指导驾驶员按照最优车速行驶,以降低车辆整体的油耗。最后通过高速道路和城市道路工况验证了该种控制方式的有效性,结果表明,在不明显增加行驶任务时间的情况下,该种控制方式能够有效降低车辆油耗,提高燃油经济性。

1. 车云协同匹配定位

车图匹配是车辆行驶信息和地图信息的实时匹配技术,在地图匹配技术的基础上,精确完成车辆导航、路径预测、巡航速度预测、通行时间预测等行驶任务。地图匹配是通过提取卫星定位与已知电子地图中的道路特征点进行对比,实现车辆位置的确定,在电子地图精度高、特征信息丰富的情况下可以实现车辆的高精度定位。而由于卫星定位系统定位精度低,在结合电子地图进行数据分析处理时经常发生定位点偏离行驶道路的现象,所以需要通过地图匹配的方法修正车辆的定位信息。

基于云控平台的预测性巡航控制车速解析是车图匹配技术的其中一项应用,如图14-4所示。车速解析的步骤如下:

(1) 获取各路点的推荐驾驶信息,各路点的推荐驾驶信息包括各路点的位置信息和推荐速度,各路点的推荐驾驶信息是云平台根据目标车辆的行驶信息生成的。

(2) 根据各路点的位置信息和当前位置信息确定与当前位置信息相匹配的目标路点。

(3) 根据目标路点的推荐速度确定目标车辆的当前行驶速度。

通过云平台能快速计算得到各路点的推荐驾驶信息,车端控制系统只需要根据当前位置信息与各路点进行匹配,便可确定当前行驶速度,在较短的时间内完成匹配,满足车辆自动驾驶的实时性需求。

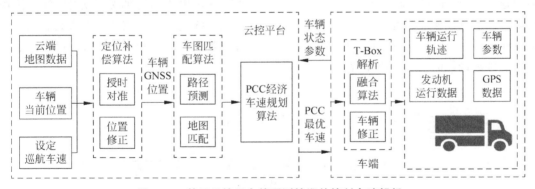

图14-4 基于云控平台的预测性巡航控制车速解析

2. 车云分层协同控制

云控预测性巡航控制旨在已知车辆前方行驶路线和地图数据的前提下,通过云平台依据实际路况与交通状态对车速进行实时动态计算,并向车辆下发最优车速控制序列,从而提高车辆燃油经济性。为了实现行驶路线上车辆燃油经济性的提升目标,经济驾驶控制系统分为两个不同层次的规划目标。

目标1:平均经济车速。与传统经济车速控制系统相比,基于云控的经济车速控制系统可以实时获得交通信号灯信息及交通流信息，使车辆在各个路段上以相对合理的车速水平行驶，总体降低车辆油耗水平。

目标2：实时经济车速。根据云控系统获得的道路及交通状况并结合由目标1获得的结果，规划车辆在接近十字路口、上下坡道以及动态交通条件下的实时最优经济车速，使车辆燃油经济性达到最佳。

第1层规划，云平台计算车辆在每个路段上的最优平均经济车速，把这个车速作为目标车速来控制车辆，从而保证车辆按照最经济车速行驶。在考虑了平路上的经济车速规划方法的基础上进行后续规划；第2层规划，考虑实际行车过程中路段内油耗影响最大的3类典型工况，即跟车工况、坡道工况和起停工况展开车速优化设计：①跟车工况。平直道路上的巡航在自然驾驶中时间占比最大，耗油总量最多，跟车工况下的省油操作效益最明显；②坡道工况，在山区和丘陵地区的高速公路上，坡道尤为常见，节油优化潜力大；③起停工况，加速是造成不同驾驶员节油表现差异的主要原因，可优化空间大。

综上，当车辆进入一个路段后，以第1层规划得到的平均车速为目标车速行驶。第2层控制是路段内的车速优化，如果前方道路出现坡道，按坡道经济车速进行车速控制；如果没有坡道，车辆始终以第1层控制计算得到的平均经济车速作为整体区间内的目标车速行驶；当车辆接近本路段终点时，使车辆在由第1层控制计算得到的时刻到达本路段终点。

道路坡度是影响车辆燃油经济性的重要因素之一，以不合理的车速通过坡道会造成车辆油耗的增加。此外，预测巡航控制最初也是以结合车载道路坡度数据库和GPS定位信息的方式出现的，故本节以仅考虑坡度信息的预测巡航控制为例求解巡航车速曲线。

首先考虑车辆经过坡道的简单场景，假设车辆以 v_{eco} 的初速度行驶，前方道路出现坡道。道路海拔高度如图14-5所示。要求计算车辆的车速曲线使得车辆通过这段路程的总燃油消耗量最低，车辆驶过道路的末速度同样为 v_{eco}。引入Bellman动态规划算法求解上述问题。Bellman动态规划算法是求解多阶段决策过程最优化问题的数学方法，各个阶段决策的选取既依赖于当前车辆面临的状态，又会影响以后行驶状态的发展，组成具有前后关联特征的链状决策结构，是典型的多阶段决策问题，当各个阶段的决策确定后，就形成了一个可以目标最优的可执行决策序列。

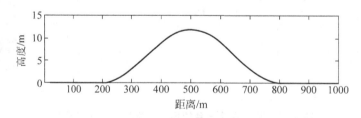

图14-5 坡道示意图

选定一定的距离间隔 Δs 和速度间隔 Δv，将车辆速度策略在 v-s 平面离散，离散状态空间如图14-6所示。图中每列中的散点代表状态空间中每段路程中的速度大小，即每段道路的速度控制范围，每行中的散点代表道路位置坐标，即将未来一段时间内车辆将要驶过的道路分成若干段。通过车辆纵向行驶的动力学状态方程，即可求解出两个阶段间的车辆状态变化与车速控制量的关系，从而确定每个阶段的车速控制量，各阶段的车速控制量连接起来，形成经济车速曲线策略。

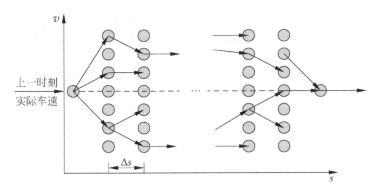

图 14-6 车速-距离离散状态空间示意图

通过动态规划算法可以计算出设定的场景上的经济车速曲线策略,如图 14-7 所示。上坡前,车辆缓慢提速,增加车辆的行驶动能;上坡过程中车速降低,车辆所具有的行驶动能转化为重力势能,避免上坡过程中出现过大的油门开度;下坡时又在重力影响下,将重力势能释放出来,加速到一定的车速值;通过坡道后恢复到车速初始设定值附近。

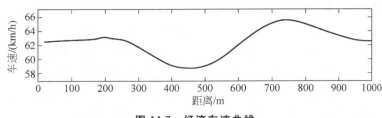

图 14-7 经济车速曲线

云控车辆预测性巡航控制效果演示详见二维码。

巡航控制对比

14.3.2 云控车辆路口绿波通行

在传统的车路协同技术中,路口绿波通行也叫绿波最优车速引导(Green Light Optimal Speed Advisory)。最简单的绿波通行仅考虑信号灯情况,且每个路口单独考虑。然而在实际交通环境中,影响车辆通过路口状态的重要因素还包括车辆前方交通参与者的状态、车道的选取,而且对于连续信号灯路口的路线,将多个路口信号灯状态进行统一考虑是优化通行车速的重要方面,这也契合"绿波"的含义,即都在绿灯期间通过连续路口。因此,完备的路口绿波通行应用应根据路线上多个路口信号灯状态及路线上每个路口前路段的交通状态进行车速优化,并考虑通行车道建议。其中,交通流状态的精确获取,特别是车道级交通流状态的获取是完备功能应用实施的难点与关键点。

相比于只考虑信号灯状态的简单绿波通行方案,云控系统凭借车路融合感知与广域优化能力,降低了实时获取车道级交通流数据的难度,为广域优化能力的提升提供了必要条件,是实现完备路口绿波通行应用最有效的技术方案。路侧设备提供稳定的车道级车辆感知数据,网联汽车上传精确的车辆状态与行驶意图,在不同智能网联汽车渗透率下,云端都能通过多源信息最大限度感知、估计并预测车道级交通状态,通过结合信号灯控制器所上传的信号灯相位信息,云端进行多路口间车速的广域优化,为绿波通行准确的车速规划提供了基础条件。该应用功能由车端、路侧与云平台子系统相互协同实现,系统架构如图 14-8 所示。

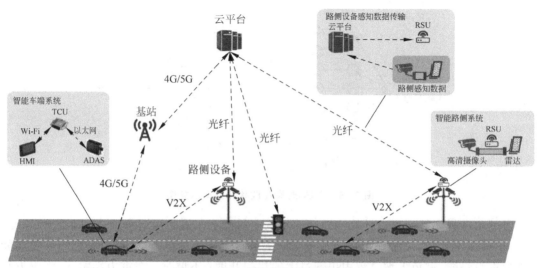

图 14-8　路口绿波通行应用系统架构

1. 云控车辆路口绿波通行应用功能

云控车辆路口绿波通行应用基于云控系统的条件，结合车、路、云三方信息，对车辆进行提示或辅助控制，帮助车辆在绿灯期通过路口，减少停车等待红灯的情况。当主车驶向信号灯控制的交叉路口时，根据主车当前所处位置、信号灯实时状态以及路段的状态信息进行综合信息处理，计算出通过路口的引导车速区间并实时显示在车内的 HMI 界面上提示驾驶员，或发送给驾驶辅助或自动驾驶系统进行自动控制，从而使车辆能够经济、舒适地通过交叉路口，提升交通系统效率。

车端子系统主要使用 TCU (Telematics Control Unit)、HMI、ADAS/自动驾驶控制器等。TCU 接收来自云端的信号灯状态、建议车速以及控制命令等数据，接收来自 ADAS/自动驾驶控制器的车辆状态数据，接收来自 HMI 的控制命令数据；向云端发送车辆状态等数据，向 HMI 发送信号灯状态、建议车速及控制命令等数据，向 ADAS/自动驾驶控制器发送信号灯状态、建议车速及控制命令数据。HMI 接收来自 TCU 的信号灯状态、建议车速及控制命令数据并显示，采集用户输入的操作命令并发送至 TCU。ADAS/自动驾驶控制器接收来自 TCU 的信号灯状态、建议车速及控制命令数据；向 TCU 发送车辆及 ADAS/自动驾驶控制器状态数据；根据接收到的建议车速及控制命令结合车辆及道路的实时状态进行综合决策，按照决策结果控制车辆行驶。

路侧子系统主要使用感知设备（摄像头、雷达）、RSU、路侧计算单元、信号灯控制器。感知设备通过摄像头和毫米波雷达感知道路状况和交通参与者情况。RSU 通过 V2I 方式与车辆 TCU 进行通信，通过光纤与云平台通信，获取车辆数据，广播云平台下发的数据信息至车辆 TCU。路侧计算单元将采集感知设备（摄像头、雷达）的感知数据，上传至云平台。信号灯控制器通过光纤与云平台通信，实时上传信号灯的相位相关信息。

云平台接收由路侧和车端上传的数据信息后，利用路口绿波通行应用程序进行数据分析、存储以及算法处理，将分析与处理结果及时下发至路侧系统和车端系统。

2. 车速轨迹双层优化算法架构

在智能网联云控系统环境下，车速轨迹优化算法包含两层架构。在上层，考虑交叉路口信号灯信息和交通流速约束,通过 Dijkstra 算法计算交叉路口路段之间的平均速度;在下层,考虑道路坡度和上层优化得到的平均速度约束,通过线性最优控制得到道路上车辆行驶的瞬时速度。双层优化方法可以平衡速度优化精度和速度优化时间,在较短时间内计算出燃油经济性较佳的速度轨迹。

在算法中,上层考虑交叉路口信号灯信息和交通流速约束,通过 Dijkstra 算法计算交叉路口路段之间的平均速度;下层考虑道路坡度和上层优化得到的平均速度约束,通过线性最优控制得到道路上车辆行驶的瞬时速度轨迹。当车辆接近交叉路口(Node)时,车辆将会通过车路通信接收路段(Link)上交通流速以及交叉路口交通信号信息,并将此作为约束条件输入,结合通过整个路线上的总油耗这一目标函数构建优化问题,并计算出 Link 上的最优平均车速集 $\{v_1^*, v_2^*, \cdots, v_N^*\}$,其中,$v_i^*$ 表示第 i 个 Link 上车辆通行的平均车速。上述第一层优化得到的平均最优车速将作为额外约束条件输出到第二层优化。第二层中构建以速度波动和加速度加权的目标函数,再结合车辆动力学约束、第一层传输的平均车速约束构建最优控制,得到第 k 个 Link 上的实时最优车速轨迹 $v_k(t)$。

1)第一层优化

当车辆行驶路径确定,其行驶路径上的交通情况和交通信号情况将通过无线通信发送至车辆。在第一层优化的优化问题约束分类上,可将其分为 Node 约束和 Link 约束。Node 约束为道路节点(即交叉路口)的交通信号约束,而 Link 约束为路段上的交通流速的约束。车辆获取的交通信号可在时空图中描述,如图 14-9 所示,其中横坐标表示时间,纵坐标表示位置,g_{ij} 为第 i 个交叉路口第 j 个绿灯相位开始的时刻,r_{ij} 为第 i 个交叉路口第 j 个红灯相位开始的时刻,d_i 为从节点 0(车辆所处位置)到节点 i 的距离。由此可得红绿灯判断条件。

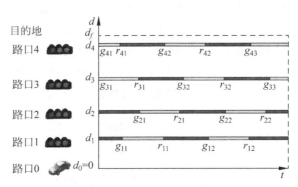

图 14-9 交通信号时空图

根据交通流理论,当路段 i 的交通密度低于交通拥堵密度 k_{jam} 时,车辆可在道路上以自由车速行驶而不受交通流速约束,仅受道路最高限速的约束;而当路段 i 的交通密度高于交通拥堵密度 k_{jam} 时,车辆行驶车速不能高于路段 i 的交通流速 v_i^{flow}。以车辆在多个路段的总油耗为目标函数,结合 Node 约束和 Link 约束构造优化问题。用 Dijkstra 算法对这一问题进行求解。以两个节点 0 和 1 为例:首先将优化问题离散,如图 14-10 所示,绿点(细)表示交通信号绿灯相位,红点(粗)表示交通信号红灯相位。由于车辆仅能在绿灯时间内通过,因此红点只能与同一层的绿点相连,而绿点可与下一层的红点或绿点相连,构造的带权重有向图如图 14-11 所示。

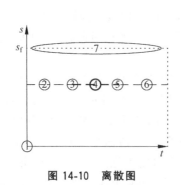

图 14-10 离散图

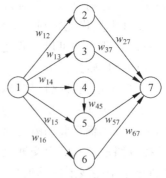

图 14-11 带权重的有向图

2) 第二层优化

在第二层,第一层计算得到的平均车速的约束条件下构造最优控制器对车辆实时车速进行优化。在最优控制器中,为使速度波动小且使加速度降低以减少油耗和增加舒适性,采用加速度和速度的二次型形式作为目标函数。采用动力学模型,结合终端约束以及平均车速约束,构造最优控制问题。此最优控制问题可通过极小值原理或变分法求解。

在直行连续 3 个信号灯路口的场景下进行了路口绿波通行应用辅助驾驶员的实车试验。桃红色曲线为驾驶员驾驶的曲线,蓝线为采用第一层算法计算得到的平均速度曲线(不考虑车辆加减速),绿线为通过双层算法计算得到的实时车辆最优轨迹。从图 14-11 中可以看出,对于不给予任何前方信号灯信息提示的驾驶员而言,其通过 3 个路口经历了较为剧烈的加减速阶段和总时间长达 7s 的怠速过程。相反,在全局红绿灯信息提示下,双层算法可有效平滑速度曲线,减少加减速过程,减少速度的剧烈波动,因此双层算法在机理上可有效提高燃油经济性。实际上,驾驶员驾驶时消耗燃油 84.1g,而采用双层算法优化的曲线驾驶则仅消耗燃油 63.6g。从旅行时间上看,驾驶员驾驶车辆通过整个路线花费时间 125.6s,而双层算法的旅行时间为 120.2s,二者相差无几。试验结果证明,在图 14-12 所示工况下,由于有全局交通信号提示和速度优化,双层算法节油潜力达 24%。

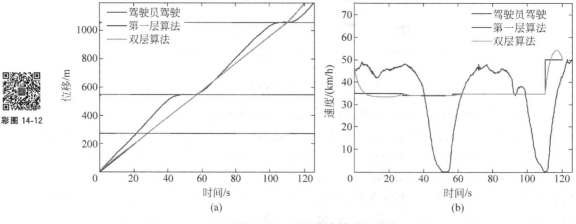

图 14-12 一组试验的对比曲线

(a) 位移曲线;(b) 速度曲线

统计了 59 组试验中驾驶员驾驶和双层算法计算轨迹的油耗和旅行时间。图 14-13 显示了双层算相较于驾驶员驾驶的燃油经济性提高。平均来看,双层算法比驾驶员驾驶油耗降低 22.7g,油耗降低的最小值为 2.9g,最大值为 56.7g。需注意的是,试验所用工况中,3 个交叉路口分布较为密集,在实际交通中,由于交叉路口密度下降,双层算法的节油效果也将相应下降。

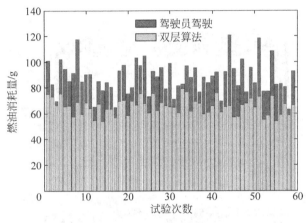

图 14-13 油耗比较

图 14-14 为驾驶员驾驶与双层算法优化的旅行时间差异,正数表示双层算法比驾驶员驾驶旅行时间少,负数则相反。从结果上看,双层算法在大多工况下均能不同程度降低旅行时间,提高交通效率。平均来看,双层算法减少的旅行时间为 13.6s,提高交通效率 11.2%。

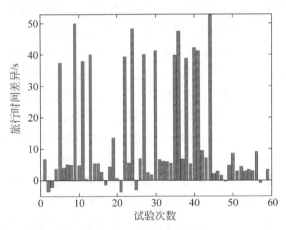

图 14-14 旅行时间比较

14.3.3 支撑数字映射的跨域感知

1. 支撑数字映射的跨域感知架构要求

基于信息物理系统理论数字孪生在云控系统的车路云融合控制闭环运行过程中处于中心位置,如图 14-15 所示。云控系统基于标准化通信与实时数字映射构建信息映射层。标准化通信实现物理空间与信息空间之间的通信链路与闭环控制链路。实时数字映射构建物理空间的人(驾乘人员、行人、车辆与交通管理者等)、网联式智能汽车等道路使用者、道路网、通信网、传感器网等对象在信息空间的模型与实时状态(数字孪生)。基于对系统计算资源与协同应用运行的统一规划而构建的融合应用层,实现协同应用在信息空间中高并发地按需实时运行。云控系统将协同应用的输出反馈到物理空间的网联式智能汽车与交通控制设备上,进行全域车辆行驶与交通运行的分层优化,实现安全、效率等性能的综合提升。

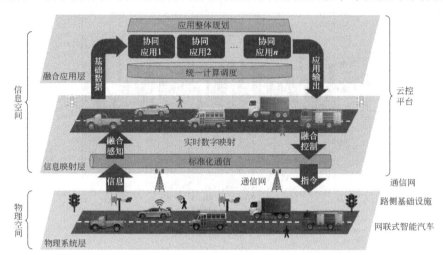

图 14-15 数字孪生在云控系统中的应用

为了适应不同 ICV 渗透率下实现融合决策与融合控制的需求,云控系统需要为 ICV 行驶优化提供稳定可靠的路网内道路使用者实时状态信息,需要对路网微观交通进行稳定的统一感知。其中,基于传感器设备的路侧感知方式是有效的技术手段。因此,在硬件与基础设施层面,云控系统要求在路网中布置路侧传感器,以实现路网道路关键或连续区域的感知覆盖。通常需要布置较多的异构传感器,对布置方案进行优化求解,以在满足功能、性能、工程实现等要求下使总布置成本最小。在软件层面,云控系统通过多级融合感知,实现感知目标的全程实时跟踪,为云控基础平台上的数字孪生提供实时基础数据。

交通全要素实时数字映射,是通过融合车路云的多源异构数据,实现云控系统所需的数字孪生的信息基础,主要由车辆行驶与交通运行相关要素的模型、实时更新的状态数据与历史状态数据组成。实时数字映射的关键是状态更新的频率与时延要满足实时类协同应用对输入数据的要求,因此主要由相对中心云低时延的边缘云与区域云进行构建数字映射的实时感知融合。协同应用对感知数据粒度与时效性的要求可以按层级分类,因此设计了分层的感知融合架构。协同应用对微观数据(如道路使用者状态)的时效性要求高,在路侧与边缘云处进行的微观数据融合须具有高频率与低时延的特点。协同应用对宏观交通与环境数据(如路网宏观交通流车速、气象条件)的时效性要求相对低,在区域云进行的宏观数据融合可以有相对低的频率与更大的时延。边缘云与区域云的部署都是物理分散的,每个机房或数据中心服务一定的地理范围,因而上述的感知融合也是分散进行的。协同应用所需数据的地理范围可能跨越多个云服务区域,因而同级的边缘云与区域云间还需要实时数字映射的同步机制,来保障跨区数据分发的性能。中心云主要利用边缘云与区域云的数字映射构建交通大数据的数据集。

交通全要素实时数字映射是支撑形成数字孪生的重要信息基础,由于其对于状态更新频率和时延有较高的要求,其从硬件层面和软件层面分别对感知方式和数据融合手段提出了要求。在硬件层面,路侧感知是实现低ICV渗透率下稳定感知的主要技术手段,为满足路侧感知覆盖与感知性能等要求,需要设计优化路侧传感器系统的硬件选型配置和路网传感器的部署形式等。另外,路侧感知的有效部署,可以补充和扩展车端的感知范围;相应地,车端传感器配置,就可以在覆盖范围和成本方面做针对性的优化和调整。在软件层面,不同感知传感器之间的数据融合成为关键核心技术,包括单一感知系统的多传感器感知融合算法、不同路侧感知系统的融合感知算法、车端感知系统与路侧感知系统的融合感知算法、云端数字映射方法和数字孪生模型表征方法等。需要在不同工况与场景下使用不同的感知与感知融合机制来提高感知质量与处理性能,并进行不同粒度的数字映射构建与更新,以满足不同协同应用对感知数据粒度与质量的要求。总体而言,云控系统的实时数字映射需要考虑感知范围的全域性、感知要素的全面性与感知性能的稳定性。

2. 车路云感知融合框架

在核心的融合感知技术框架上,车路云融合感知技术将云控平台获取的车路云感知信息,在边缘云上进行微观感知融合,在区域云上进行宏观感知融合,形成交通全要素实时数字映射,在中心云上构建大数据集。每个边缘云与区域云同相邻的同级云进行信息同步与共享,以提升提供数字映射数据的响应与可靠性。图14-16所示为典型技术组成架构。

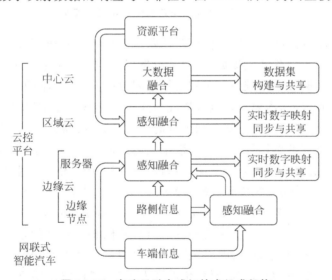

图14-16 车路云融合感知技术组成架构

感知融合的主要任务是将分散感知源获取的感知数据与状态数据转化到系统实时数字映射的标准时空坐标系下,以标准数据格式表示,并进行有效的数据融合。难点主要在于道路使用者数据的融合。通常采用目标级融合,利用位置与运动状态进行目标级数据关联。由于云控系统的车路感知源所感知区域的分散性与随机性,因而可以设计对应方法精确筛选可能需要融合的感知数据,以提高感知融合的效率。感知融合所使用的多源数据融合理论有众多研究成果。不同方法在精度、时间复杂度、先验数据需求等方面有不同的特性,而协同应用对感知数据质量的需求也是多样的。可以设计同时使用不同方法进行数据融合的多重感知融合机制,产生不同质量的融合数据,精准满足协同应用的多样需求。

3. 边缘云跨域感知目标融合流程

在云控系统的边缘云上,设计如下传感器组合间跨域感知融合流程,如图14-17所示。

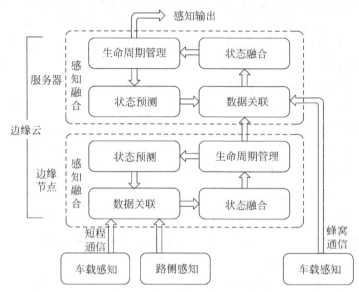

图 14-17　边缘云车路融合感知技术架构

(1) 选取道路使用者对应的运动模型对已跟踪目标的轨迹进行预测,同步量测与目标轨迹的时间。准备需要关联的量测数据,包括数据提取与时空同步。分别提取相邻传感器组合处于感知范围实际重叠区域内的感知目标量测数据。由于不同传感器组合的量测数据对应的感知时刻存在差异,需要将量测数据统一到同一时刻,以提高数据关联的准确性。以最新的感知时刻为基准时刻,对感知时刻更早的感知目标进行状态预测,得到其对应基准时刻的量测数据。对不同的感知目标可以选取不同的运动学或动力学模型,以提高状态预测的精度。而后,将两套传感器组合的量测数据转换到统一的大地坐标系下。

(2) 采用全局最近邻法、联合概率数据关联法等方法,进行不同类型传感器量测与目标轨迹的数据关联。如采用全局最近邻(Global Nearest Neighbor,GNN)方法进行感知目标量测的数据关联。跟踪门用于根据两套传感器组合不同感知目标的量测状态向量之差,筛选出可能来自同一目标的量测对,因而跟踪门需要根据传感器组合的感知误差进行设计。对于满足跟踪门要求的量测对,其配对代价设计为两个量测状态向量的欧氏距离,也可以采用考虑数据协方差的马氏距离。对于不满足跟踪门要求的量测对,其配对的代价设计为一个足够大的定值 c_{out},其取值大于满足跟踪门要求的量测对配对代价的最大值。假设每套传感器组合对每个目标只产生一个量测,数据关联问题被建模为二分图完备匹配下的最大权匹配问题,通过 Kuhn-Munkres 算法在多项式时间复杂度内、完备匹配下求得使总配对代价最小的匹配方案。

(3) 根据数据关联的结果,采用并行式扩展卡尔曼滤波等方法对目标状态进行融合更新。最后,基于证据理论等方法对目标轨迹生命周期进行管理,处理轨迹状态的不确定性,确定用于目标跟踪输出的目标轨迹。以证据理论为例,解释生命周期管理。定义 $\Theta_{\text{track}} =$

$\{N,M,D,T\}$为轨迹生命周期管理辨识框架,其元素分别表示新生、成熟、干扰、终止四种轨迹生命状态。与传感器量测关联成功的轨迹的状态将趋向于稳定,趋向于成熟状态的轨迹将被作为融合感知结果输出。

对于传感器组感知目标与智能网联汽车的关联,需要将路侧传感器量测与智能网联汽车上传的状态数据进行关联。数据关联可以在传感器感知范围内进行。同时,智能网联汽车上报的状态数据通常比传感器组合感知量测的精度更高。这两点使得传感器组合感知目标与智能网联汽车的数据关联通常比传感器组合间感知目标的数据关联更易于实现。在对传感器组合量测与智能网联汽车上传状态数据进行时空同步后,可直接采用上述全局最近邻方法进行数据关联。

传感器组合一般由相机、毫米波雷达、激光雷达三类构成。在实际的应用场景中,相机的检测结果和实际道路近似是一一对应的关系,采用全局最近邻的方法能有效降低算法的时间复杂度,提高数据关联的速度,但毫米波雷达、激光雷达存在欠分割和过分割的目标识别特性,难以保证传感器的检测结果与实际的道路交通参与者呈现一一对应的关系,若采用全局最近邻方法易导致数据关联出现错误。针对此类问题,可采用联合概率数据关联(JPDA)方法,进行感知目标量测的数据关联。

当传感器间因部署的相对位置与角度而无重叠域、存在一定的感知盲区时,传感器间对目标的感知存在时空非连续性的特点,此时无法利用目标在同一时空维度下的位置、速度等状态信息量进行有效的目标关联与跟踪。又因同一目标在不同传感器间被融合感知结果分配为不同的局部身份(ID),将导致在云控平台建立全时空域下目标数字孪生模型时目标身份错乱,无法有效对跨传感器的目标进行全生命周期的轨迹跟踪与实时数字映射。此时需充分结合目标的外观信息,将不同传感器所感知到的同一目标进行跨域关联匹配。

为此,需要构建结合目标外观与转移时间相似度的车辆重识别模型,基于此模型实现的无重叠域下的目标跨域感知如图14-18所示。

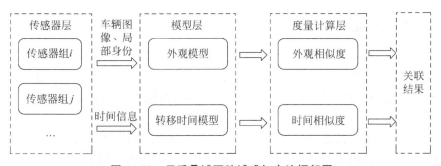

图14-18 无重叠域下跨域感知方法框架图

由于卷积神经网络在图像识别与检索中的强大表征能力,使其在车辆重识别领域有着优异的性能,基于外观特征的重识别模型以构建一个具备辨识车辆身份能力的神经网络为主要目的。经过训练后,网络能将车辆图像投射到高维特征空间中,并以特征空间中的度量相似性表示车辆之间的相似性,特征距离小的车辆图像中的车辆将被看作同一辆车。基于深度学习的车辆重识别任务的关键在于网络结构的设计与损失函数的设计,采用ResNet-50等典型特征提取网络作为外观重识别模型中的骨干网络进行高维外观特征的特征提取模型,采用交叉熵损失与三元组损失作为训练过程中的损失函数,通过最小化组合后的损失函数来优化网络参数。由于传感器部署及感知环境等因素,基于外观特征的重识别方法存在着目标视角差异、部分遮挡、运动模糊以及外观近似等挑战,导致目标出现类间高度相似与类内差异较大的问题,使得仅依靠车辆的外观模型往往难以达到很高的识别准确度。而云控平台背景下的路侧融合感知体系提供的时空信息在重识别的研究中常常被忽略,没有加以充分利用。通过统计探索目标在感知域间穿行所需的转移时间,建立指定感知域间的目标转移时间分布模型,基于此可预测目标在下个感知域中出现的时间窗与概率密度函数,由此缩小外观检索范围,并量化目标跨域时的转移概率,根据综合外观与时间信息后的综合相似度,可选出待检索感知域中的匹配车辆,由此高效准确的实现无重叠域时的车辆跨域重识别。

首先选定两组路侧传感器组合,统计若干车辆样本在两传感器组合间的转移时间。此处转移时间指目标在两个无重叠感知域间转移所需的时间长短。将转移时间作为随机变量,通过对其进行非参数估计,可实现对转移时间的概率分布情况的有效描述。核密度估计是一种应用广泛的非参数建模方法,在样本数量充足的情况下,无须对随机变量的基本分布做出假设,即可建立其概率密度函数。密度函数中,带宽参数的设置决定了密度函数的光滑程度和准确性,过小的带宽会导致函数剧烈波动毛刺较多,过大的带宽导致密度函数过于平坦缺乏数据本身特征。确定核函数与最优带宽后,则可根据概率密度函数计算每个转移时间样本的概率密度取值,将其作为样本的时间相似度,并根据样本分布情况设置时间相似度阈值,对于时间相似度大于阈值的样本,计算其综合相似度,对于相似度最高的车辆样本进行身份一致性的认定,赋予其统一的全局 ID。云控平台以跨域连续跟踪的目标的数据为基础来构建实时数字映射。另外,云控平台将资源平台提供的专业数据,转化为以实时数字映射的时空坐标及数据格式表示的标准化数据,并融入实时数字映射中。区域云跨域感知的主要任务是将各边缘云范围内数字映射的目标级感知数据融合为区域云范围的感知数据,基于目标级感知数据生成交通视角的宏观感知数据,同时挖掘出更多交通视角的信息。

边缘云跨域感知目标融合效果演示详见二维码。

跨域感知目标融合

14.3.4 城市车流混合引导控制

城市道路交叉口是城市道路交通网络的重要节点,对城市道路网络的整体运行效能影响深远,同时也是车辆燃油消耗增加的重要因素。智能网联云控系统应用为交叉口自适应控制系统提供新思路,为引导城市交通流、提高城市道路网络的整体运行效能,减少车辆燃油消耗提供新方法。

目前,全球主流的交叉路口自适应控制系统主要采用基于固定检测器的交通流估计方法,存在交通流检测准确率低、连续性差、交通拥堵状态调整慢等问题,主要包括悉尼协调适应性交通系统(Sydney Coordinated Adaptive Traffic System,SCATS)、绿信比周期相位差优化技术(Split Cycle Offset Optimizing Technique,SCOOT)、自适应控制策略的优化策略(Optimized Policies for Adaptive Control Strategy,OPAC)、实时交通信号控制系统(Real-Time Traffic Signal Control System,RHODES)等。与上述传统交叉路口信号控制系统采用的技术路线不同,智能网联云控系统城市车流混合引导控制应用可以通过网联车辆的海量行驶轨迹数据估算道路交通状态,完成交通流的预测;结合智能网联云控系统快速更新路网的信控配时,然后通过引导控制局部网联车辆行驶行为改善整体车流的运行状态,完成车流引导。该应用可以解决城市道路交通约束强、配时更新慢导致的交通效率优化能力差等问题。

1. 交通流估计

交通流预测是智能交通系统的重要研究领域之一,对交通管理和诱导、提升出行效率具有重要意义。交通流预测的关键问题是同时捕获交通数据的时间、空间特性以及时空相关性。传统交通流预测方法主要有时间序列法、卡尔曼滤波法、支持向量机回归法、K近邻法、机器学习法和人工神经网络等。基于时间序列的交通流预测方法应用广泛,其中时间序列模型分为线性平稳模型和非线性平稳模型。线性模型包括自回归模型、滑动平均模型和自回归滑动平均模型等;非线性模型中最常见的是基于自回归混合滑动平均模型的预测方法。需要指出的是,基于时间序列的交通流预测方法通常假设时间序列的方差不变,而实际时间序列方差是变化的,且这类方法需要复杂的参数估计,影响交通流的预测精度。为提高预测性能,可采用人工神经网络、机器学习法等方法,也可将这些方法与时间序列方法相结合形成混合预测方法,比如不同的时间序列模型与人工神经网络模型相结合形成各种混合模型。传统的交通预测模型简单实用,但不适合处理海量交通数据,也无法捕获交通数据中的复杂时空特性,大量高维数据输入还很容易给传统方法带来维数灾难问题。

随着深度学习技术的发展,其在交通大数据挖掘处理方面的优势逐渐体现出来,给交通流预测提供了新的手段。利用深度自编码器预测交通流,但是由于无监督学习模型的局限性,预测的精度不高。利用基于递归神经网络(Recursive Neural Network,RNN)预测交通流,存在阶梯消失和阶梯爆炸问题,无法用于长期时间序列的建模。将交通流视为图像输入,采用卷积神经网络(CNN)解决交通流预测问题。利用融合卷积神经网络和长短期记忆网络,用于捕获交通数据的时空相关性。利用融合图卷积和时间卷积网络进行交通流预测,都取得了良好的预测效果。

但是目前多数宏观路网交通流模型不能描述智能网联汽车组成的混合交通在路网中的状态变化,也就不能用于混合交通的控制。目前还没有形成成熟的路网宏观混合交通流模型,但已有一些研究探索了智能网联汽车对混合交通流特性的影响。

智能网联云控系统预测交通流模型,将以集计模型为基础的道路交通流理论提升到以对交通主体的精确描述为基础的新道路交通流理论。通过更加准确的交通流模型指导城市信控配时和车流引导。例如,基于云控的经济车速控制系统可以实时获得交通信号灯信息及交通流信息,使车辆在各个路段上以相对合理的车速水平行驶,总体降低车辆油耗水平,并且提高交通通行效率。

2. 信控配时

随着城市交通路网规模日益扩大,以路侧信号机为处理核心的交通控制模式,设备供应商繁多、算力严重不足且信息难以共享,导致大范围交通状态实时估计困难,车流状态调整响应缓慢,难以满足动态多变的城市交通信号管控需求。以城市主干路网为对象,依托云控架构提出了"网联车-信号灯-云平台"三者融合的车流状态混合引导控制方法。通过实时采集网联车辆的海量行驶轨迹数据,增强对交通流感知结果的准确性和及时性,结合云控平台部署并行优化算法,实现对信控路口自适应的配时控制和对网联车辆的混合引导:一方面利用云路之间的网联端口快速下达信控路口的配时信息,改善了信号灯对紧急事件的动态响应能力;另一方面利用云车之间的交互终端引导网联车辆的行驶行为,以局部车辆行为的改变调节整体车流状态,提升了城市主干路网的通行效率。依托该方法开发的云控交通信号管控系统基于历史和实时的轨迹数据，针对常发性和偶发性问题，实现了大规模区域内信号系统问题的实时评估诊断，以及系统性和动态化地调整优化。并具有以下技术特点：①以高质量的互联网浮动车轨迹数据为基础，可不依赖外场检测设备，也可通过与检测器数据相融合来提升系统性能；②有效检测识别交叉口的拥堵状态，及时提出优化方案，减少了人工干预；③支持轻量化部署，上线快、生效快，用户操作界面直观方便，具备良好的可复制性、兼容性和推广性。

2017年云控交通信号管控系统在济南等城市首批落地应用，图14-19是济南市历下区部分干道应用前后的车流状态对比结果。可以看出，重点干道的路口停车等待次数明显下降，干道平均延误指标降低超过30%，显著缓解了城市主干路网的拥堵程度。

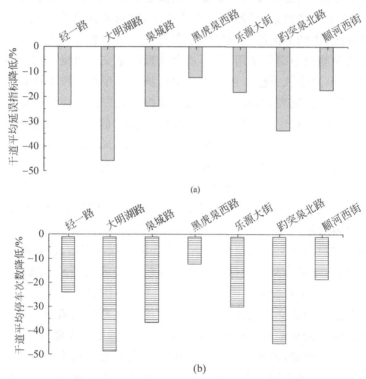

图 14-19 云控交通管控系统对交通车流的调度效果
(a) 干道车均延误降低；(b) 干道平均停车次数降低

目前该云控交通信号管控系统正逐步用于北京、深圳、武汉、柳州等23个大中型城市，为中国大规模城市路网的实时动态响应与拥堵缓解提供了有效的解决方案。

3. 车流引导

现有智能交通系统主要使用间接方式对交通运行进行控制，包括通过动态调节信号灯的配时与相位以按需放行或阻断不同路径的交通流，使用可变限速标志控制路段交通流最高车速，使用可变交通信号标志提示局部实时路况以帮助车辆合理选择路线，使用匝道仪来控制输入高速公路的交通负载。

在混合交通状态下，对人驾驶车辆与自动驾驶车辆的行为进行区分是协同控制引导需要考虑的问题。智能网联车辆发展与推广的过程中，势必会存在一个较长的从传统车辆转变为智能网联车辆的过渡阶段。在未来的 10~20 年,智能网联汽车的市场渗透率(Market Penetration Rate,MPR)将持续增长,而距离所有车辆实现智能网联化则还需要漫长的过程。现代社会即将迎来智能网联车辆与传统车辆混合行驶的混合交通场景,纯智能网联车辆构成的协同式车辆队列控制在短时间内也很难走入现实并普及。考虑混合编队的情况,即由驾驶员驾驶车辆与智能网联车辆混合组成的车辆队列情况,是一个更加实际的问题。同时,智能网联汽车的协同技术涉及感知、决策与控制等过程。协同感知通过车、路与云不同的感知信息源实时获取驾驶相关动态交通要素的精确状态,为规划与控制提供充分的广域感知数据。协同决策与控制通过优化车辆与交通信号的运行方式,实现车辆与交通运行的安全、效率、燃油经济性等性能的综合提升,而智能网联云控系统能够更好地整合以上的技术,更加安全高效地完成城市车流混合引导控制。

  智能网联汽车云控系统的协同能打破传统智能交通系统难以直接有效控制车辆行为所带来的性能局限,与现有交通信号灯、电子标牌、动态限速牌等交通控制手段的结合能有效提升整体交通性能和安全。在车路云协同的条件下,对网联车辆进行协同式路径引导是调节路网交通负载分布的有效手段。利用混合整数规划求解动态路线引导问题,基于经过时间维度扩展的路网图来对路段上交通流动态与拥堵排队状态建模;利用基于车车通信的分布式交通信息系统,使得联网车辆能及时获取实时路况,实现自主式导航,从而在不同交通负载、网联车渗透率与车车通信距离下,降低对路网交通性能的影响。利用基于图论的路网流量建模分别考虑智能网联汽车与非智能网联汽车路径规划,建立相应的非线性规划问题,实现智能网联汽车协同路径引导对整体交通性能的提升。

本章小结

  主要知识点:智能网联云控系统是新一代复杂信息物理系统,主要由智能网联汽车与其他交通参与者、路侧基础设施、云控基础平台、云控应用平台、相关支撑平台以及通信网等六大部分组成。云控基础平台是云控系统的中枢。在云控应用平台上,可以研发针对车辆安全、节能等行驶的控制应用,以及针对交通高效通行的控制应用。

  重点和难点:信息物理系统,数字孪生,动态规划算法,车速轨迹优化算法,交通流估计,车流引导控制。

习题

一、基础习题

1. 试列举智能网联云控系统由哪六个部分组成?
2. 智能网联云控系统的"三层四级"架构中,"三层"和"四级"各分别指什么?
3. 智能网联云控系统应用的应用通常包含哪几类?
4. 设计复杂信息物理系统时,基于模型的系统工程设计方法通常包括哪几个环节?
5. 交通全要素实时数字映射是实现云控系统所需的数字孪生的信息基础,其主要包含的要素有哪些?

二、拓展习题

1. 智能网联汽车云控系统数字孪生包含的主要对象和属性有哪些？数字孪生与传统的实时数据、历史数据缓存有何区别？
2. 跨域感知跟踪能够克服的传感器感知性能局限有哪些？
3. 影响车辆通过连续信号灯路口性能的因素有哪些？各自的影响机制是什么？
4. 求解路口绿波通行速度优化问题的理论难点有哪些？

参考文献

[1] 李克强,李家文,常雪阳,等.智能网联汽车云控系统原理和典型应用[J].汽车安全与节能学报,2020,11(3)：15：261-275.

[2] 李克强,戴一凡,李升波,等.智能网联汽车(ICV)技术的发展现状及趋势[J].汽车安全与节能学报,2017,8(1)：1-14.

[3] 中国智能网联汽车产业创新联盟.车路云一体化融合控制系统白皮书[R/OL].(2020-09-28)[2020-09-28]. http://123.127.164.58：25490/upload/at/file/20200928/1601274380800804kDI6.pdf.

[4] 智能网联汽车产业技术路线图编写小组.智能网联汽车技术路线图 2.0[R].国家智能网联汽车创新中心,2020.

[5] 全国汽车标准化技术委员会智能网联汽车分会.汽车驾驶自动化分级：GB/T 40429—2021[S].北京：中国标准出版社,2021.

[6] OZATAY E,ONORI S,WOLLAEGER J,et al. Cloud-based velocity profile optimization for everyday driving: a dynamic-programming-based solution[J]. IEEE Transactions on Intelligent Transportation Systems,2014,15(6)：2491-2505.

[7] CHEN C,YANG B. A fast map matching method by using grid index[C]//2017 10th International Conference on Intelligent Computation Technology and Automation(ICICTA). IEEE,2017：75-79.

[8] 郭戈,许阳光,徐涛,等.网联共享车路协同智能交通系统综述[J].控制与决策,2019,34(11)：2375-2389.

[9] 黄彬.基于多传感器融合的复杂行驶工况下多目标跟踪方法[D].北京：清华大学,2018.

[10] HUANG B,XIONG H,WANG J,et al. Detection-level fusion for multi-object perception in dense traffic environment[C]//2017 IEEE International Conference on Multisensor Fusion and Integration for Intelligent Systems(MFI). IEEE,2017：411-416.

[11] 刘凯,李泯东,林伟鹏.车辆再识别技术综述[J].智能科学与技术学报,2020,2(1)：10-25.

[12] BOTEV Z I,GROTOWSKI J F,KROESE D P,et al. Kernel density estimation via diffusion[J]. The Annals of Statistics,2010,38(5)：2916-2957.

[13] HEIDENREICH N B,SCHINDLER A,SPERLICH S. Bandwidth selection for kernel density estimation: a review of fully automatic selectors[J]. AStA Advances in Statistical Analysis,2013,97(4)：403-433.

[14] CHU W,WUNIRI Q,DU X et al., Cloud control system architectures,technologies and applications on intelligent and connected vehicles: a review[J/OL]. Chin. J. Mech. Eng. ,2021,34(139)：http://doi.org/10.1186/S10033-021-00638-4.

[15] 李克强,王建强,许庆.智能网联汽车[M].北京：清华大学出版社,2022.

[16] 余倩雯.基于车联网的汽车行驶经济车速控制方法[D].北京：清华大学,2014.

（本章编写成员：高博麟、杜孝平、宣智渊、王亚飞、常雪阳）

附 录

附录 A 智能网联汽车知识结构图

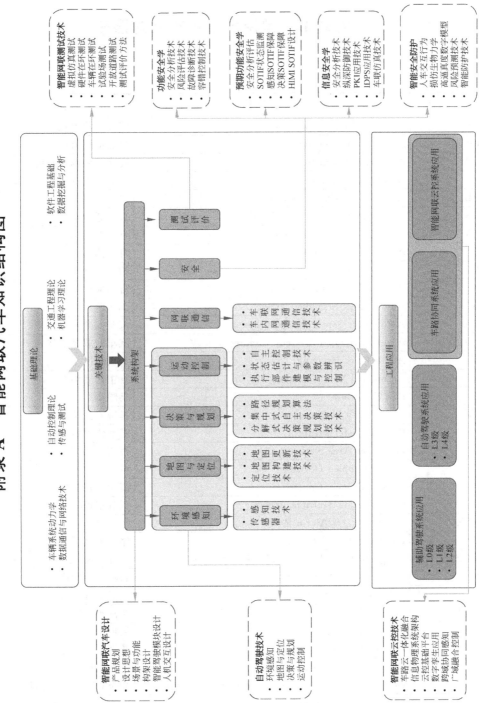

附录 B 常用术语中英文对照表

英文缩写	英文全称	中文名称
ABS	Anti-lock Braking System	制动防抱死系统
ACC	Adaptive Cruise Control	自适应巡航控制
ADAS	Advanced Driving Assistance System	高级驾驶辅助系统
AE	Automotive Ethernet	汽车以太网
AEB	Autonomous Emergency Braking	自动紧急制动
AES	Autonomous Emergency Steering	自动紧急转向
AGV	Automatic Guided Vehicle	自动导引车
AP	Automatic Parking	自动泊车
APA	Auto Parking Asist	泊车辅助
ARS	Adaptive Restraint Systems	自适应约束系统
ASC	Autonomous Straddle Carrier	无人跨运车
ASIL	Automotive Safety Integrity Level	汽车安全完整性等级
AUTOSAR	Automotive Open System Architecture	汽车开放系统架构
AVB	Audio Video Bridging	音视频桥
AVP	Automated Valet Parking	自主代客泊车
BEV	Bird Eye View	鸟瞰图
BSM	Basic Safety Message	基础安全信息
BTP	Basic Transfer Protocol	基本传输协议
CAN	Controller Area Network	控制器局域网络
CCD	Charge-Coupled Device	电荷耦合元件
CDC	Cockpit Domain Controller	座舱域控制器
CDMA	Code Division Multiple Access	码分多址
CFAR	Constant False Alarm Rate	恒虚警率
CIPV	Closest In-Path Vehicle	路径上最近的车辆
CMOS	Complementary Metal Oxide Semiconductor	互补金属氧化物半导体
CNN	Convolutional Neural Network	卷积神经网络
CPS	Cyber-Physical Systems	信息物理系统
C-V2X	Cellular V2X	蜂窝车联网
DCU	Domain Control Unit	域控制器
DDS	Data Distribution Service	数据分发服务
DDT	Dynamic Driving Task	动态驾驶任务
DENM	Decentralized Environmental Notification Message	分布式环境通知消息
DLC	Distance to Lane Centre	车道中心偏移距离
DMRS	Demodulation Reference Signal	解调参考信号

续表

英文缩写	英文全称	中文名称
DMS	Driver Monitioring System	驾驶员监测系统
DoS	Denial of Service	拒绝服务攻击
DSP	Digital Signal Processing	数字信号处理器
DSRC	Dedicated Short Range Communication	专用短程通信
ECU	Electronic Control Unit	电子控制单元
EEA	Electrical/Electronic Architecture	电子电气架构
EHB	Electro-Hydraulic Brake	电子液压制动系统
EPS	Electric Power Steering	电动助力转向系统
ESC	Electronic Stability Control	电子稳定控制系统
FCW	Forward Collision Warning	前向碰撞预警
FDD	Frequency Division Duplexing	频分双工
FDMA	Frequency Division Multiple Access	频分多址
FMEA	Failure Mode and Effect Analysis	故障模式与影响分析
GNSS	Global Navigation Satellite System	全球导航卫星系统
GPS	Global Positioning System	全球卫星定位系统
HAD MAP	High-Definition Autonomous Driving Map	高精度自动驾驶地图
HD MAP	High Definition Map	高分辨率地图
HIL	Hardware-in-loop	硬件在环
HMI	Human Machine Interface	人机交互
ICV	Intelligent and Connected Vehicles	智能网联汽车
IDE	Identifier Extension	标识符扩展
IDM	Intelligent Driver Model	智能驾驶员模型
IDPS	Intrusion Detection & Prevention System	车辆入侵检测与防御系统
IPA	Intelligent Parking Assist	智能泊车辅助
ITS	Intelligent Transportation Systems	智能交通系统
JPDA	Joint Probabilistic Data Association	联合概率数据关联
KF	Kalman Filter	卡尔曼滤波
LCC	Lane Centering Control	车道居中控制
LDM	Local Dynamic Map	局部动态地图
LDP	Lane Departure Prevention	车道偏离预防
LDW	Lane Departure Warning	车道偏离预警
LiDAR	Light Detection and Ranging	激光雷达
LIN	Local Interconnect Network	局部互联网络
LKA	Lane Keeping Assist	车道保持辅助
LSTM	Long Short-Term Memory	长短期记忆网络
LTE	Long Term Evolution	长期演进技术
MaaS	Mobility-as-a-Service	出行即服务
MAP	Map Data	地图消息
MBSE	Model-Based Systems Engineering	基于模型的系统工程
MOST	Media Oriented System Transport	面向媒体的系统传输
MPC	Model Predictive Control	模型预测控制

续表

英文缩写	英文全称	中文名称
MTBF	Mean Time Between Failure	平均无故障工作时间
MTPA	Maximum Torque per Ampere	最大转矩电流比控制
NGP	Navigation Guided Pilot	自动辅助导航
NOA	Navigate on Autopilot	自动辅助导航
NOP	Navigate on Pilot	领航辅助
OBU	On Board Unit	车载单元
ODD	Operational Design Domain	运行设计域
OEDR	Object and Event Detection Response	目标事件探测及响应
OSD	Operational Safety Domain	运行安全域
OTA	Over-the-Air	空中软件更新
PCS	Physical Coding Sublayer	物理编码子层
PID	Proportion Integration Differentiation	比例积分微分
PKI	Public Key Infrastructure	公钥基础设施
PMA	Physical Medium Access	物理介质连接
PMM	Platooning Management Message	编队管理信息
PSM	Personal Safety Message	行人安全信息
PWM	Pulse Width Modulation	脉冲宽度调制
RAM	Roadside for Autonomous Driving Message	路侧辅助自动驾驶消息
RANSAC	Random Sample Consensus	随机采样一致算法
RAT	Radio Access Technology	跨无线接入技术
RCNN	Recurrent Convolutional Neural Networks	循环卷积神经网络
RCS	Radar Cross Section	雷达散射截面积
RCU	Roadside Calculation Unit	路侧计算单元
REM	Road Experience Management	道路经验管理
RNN[1]	Recurrent Neural Network	循环神经网络
RNN[2]	Recursive Neural Network	递归神经网络
RRT	Rapidly Exploring Random Tree	快速遍历随机树
RSC	Road Side Coordination	路侧协调信息
RSCU	Road Side Computing Unit	路侧计算单元
RSCV	Road Side Control Vehicle	路侧控制消息
RSI	Road Side Information	路侧交通信息
RSM	Road Side Message	路侧单元消息
RSU	Road Side Unit	路侧单元
RTCM	Radio Technical Commission for Maritime services	差分增强信息
RTK	Real-time Kinematic	实时动态定位
SAD	Self Attention Distillation	自注意力蒸馏分割网络
SLAM	Simultaneous Localization and Mapping	同步定位与地图构建
SOA	Service-oriented Architecture	面向服务架构
SOTIF	Safety of the Intended Functionality	预期功能安全
SPAT	Signal Phase And Timing	信号灯计时
SSM	Sensor Sharing Message	感知共享信息
TB	Transport Block	传输块

续表

英文缩写	英文全称	中文名称
TCU	Telematics Control Unit	通信控制单元
TDD	Time Division Duplexing	时分双工
TDMA	Time Division Multiple Access	时分多址
TJA	Traffic Jam Assistant	交通拥堵辅助
TJP	Traffic Jam Pilot	交通拥堵自动驾驶
TLC	Time to Lane Crossing	车道跨越时间
TOF	Time of Flight	飞行时间法
TP	Trajectory Planning	轨迹规划
TSN	Time Sensitive Network	时间敏感网络
TTC	Time To Collision	碰撞时间
UHF	Ultra High Frequency	特高频
V2X	Vehicle to Everything	车用无线通信技术
VANET	Vehicular Ad-hoc Network	车载自组织网络
VCC	Vehicle Central Computer	车载中央计算机
VDC	Vehicle Domain Controller	车身域控制器
VIL	Vehicle-in-loop	车辆在环
VIR	Vehicle Intention Request Message	车辆意图及请求消息
VPM	Vehicle Payment Message	车辆支付信息
WLS	Weighted Least Squares	加权最小二乘法
ZCU	Zonal Control Unit	区控制器